Fundamentos Básicos das
GRUPOTERAPIAS

| 271f | Zimerman, David E.
    Fundamentos básicos das grupoterapias / David E. Zimerman — 2.ed.
– Porto Alegre: Artmed, 2000.
    248 p. ; 25 cm.

ISBN 978-85-7307-599-1

1. Saúde mental — Grupoterapia. I. Título

CDU 616.89:159.92 |

Catalogação na publicação: Mônica Ballejo Canto – CRB 10/1023

DAVID E. ZIMERMAN

Psicanalista

Fundamentos Básicos das
GRUPOTERAPIAS

2ª edição

Reimpressão 2010

2000

© Artmed Editora S.A., 2000

Capa:
JOAQUIM DA FONSECA

Preparação do original:
SANDRO WALDEZ ANDRETTA

Supervisão editorial:
LETÍCIA BISPO DE LIMA

Editoração eletrônica e filmes:
GRAFLINE EDITORA GRÁFICA

Reservados todos os direitos de publicação, em língua portuguesa, à
ARTMED® EDITORA S.A.
Av. Jerônimo de Ornelas, 670 - Santana
90040-340 Porto Alegre RS
Fone (51) 3027-7000 Fax (51) 3027-7070

É proibida a duplicação ou reprodução deste volume, no todo ou em parte, sob
quaisquer formas ou por quaisquer meios (eletrônico, mecânico, gravação,
fotocópia, distribuição na Web e outros), sem permissão expressa da Editora.

SÃO PAULO
Av. Embaixador Macedo Soares, 10.735 - Pavilhão 5 - Cond. Espace Center
Vila Anastácio 05095-035 São Paulo SP
Fone (11) 3665-1100 Fax (11) 3667-1333

SAC 0800 703-3444

IMPRESSO NO BRASIL
PRINTED IN BRAZIL

Minha gratidão e homenagem:

À minha esposa, Guite.
Aos meus filhos, Leandro, Idete e Alexandre.
Aos pacientes, meus verdadeiros mestres.

Prefácio à Segunda Edição

Em 1993, pelas razões expostas no prólogo original, ousei publicar a primeira edição deste livro, com um sentimento, agora confesso, de um temor de que ele pudesse ficar encalhado nas prateleiras, porém, ao mesmo tempo, com a esperança de que pudesse atingir os objetivos propostos de servir como um manual de introdução teórico-técnico a todos os interessados, especialmente aos iniciantes, no conhecimento e na prática de grupoterapias.

Talvez pelo livro ter surgido no momento certo, tendo em vista que são evidentes as demonstrações de um crescente interesse pela aplicação das múltiplas atividades fundamentadas na dinâmica do campo grupal, a verdade, para mim muito alvissareira, é que não se confirmou o meu temor inicial; pelo contrário, este compêndio, desde o início até o presente momento, vem encontrando uma excelente receptividade. Assim, é bastante freqüente que de diversos cantos do Brasil e de alguns centros sul-americanos eu venha costumeiramente recebendo palavras laudatórias de reconhecimento e de incentivo. Também sinto uma gratificação muito especial com o fato de que várias instituições de ensino, em distintos graus de informação e de formação, venham adotando este livro nos seus programas de ensino-aprendizagem, possibilitando o acesso de seu conteúdo e sua ideologia psicanalítica humanística aos colegas mais jovens, que são justamente aqueles que, no melhor de meus sonhos, eu queria atingir, mobilizar e motivar.

Recentemente, pelo fato de que a última edição estava novamente esgotada, meu editor me pôs diante de um dilema: eu preferia que editassem mais uma reimpressão, ou teria interesse em trabalhar em cima do livro, de modo a preparar uma segunda edição revisada, atualizada e ampliada. Num primeiro momento me flagrei optando pela primeira possibilidade, pensando que "em time que ganha não se mexe"; no entanto, uma reflexão mais ponderada me levou a reconhecer que nesses seis anos que distam do livro original, embora não tenham ocorrido significativas mudanças no panorama teórico-técnico grupal, é inegável que muita coisa evoluiu. Ao mesmo tempo, aumentou a minha participação em inúmeros eventos relativos a grupoterapias, os quais me proporcionaram novos amigos, interlocutores instigantes e um contato mais estreito com colegas de diversos graus de formação, tanto os da nova geração, que transbordam uma garra e uma contagiante motivação pelo trabalho com grupos, como também com grupoterapeutas veteranos e de grande experiência, tanto do Brasil como de Portugal e da Argentina, que muito me enriqueceram e instigam a um continuado aprofundamento de leitura, pesquisa e reflexões acerca de novos vértices de entendimento e de abordagem das grupoterapias em geral. Ao mesmo tempo, as contínuas transformações que venho processando quanto à minha forma de encarar e praticar a contemporânea psicanálise individual vêm repercutindo diretamente na minha maneira pessoal de valorizar diferentemente determinados aspectos da própria ideologia e da prática psicanalíticas e, por extensão, das grupoterapias de fundamentação analítica.

Em relação a essa afirmativa, penso que, atualmente, é imprescindível que se dê um destaque bem maior à existência dos diversos tipos de *vínculos* que se estabelecem entre as pessoas, quer em uma relação bipessoal, quer em uma dimensão grupal e social, sendo que na situação terapêutica — seja a análise pessoal ou a de grupo — a *pessoa real* do terapeuta vai muito além de uma mera pantalha transferencial, e passa a ser encarada como um importantíssimo fator nos destinos, mais ou menos exitosos, de qualquer tratamento psicoterápico. De forma análoga, também devemos levar em conta que está mudando não só o perfil do paciente que procura tratamento, como também o do analista, o do próprio processo psicanalítico e o da realidade socioeconômica do mundo todo, em um acelerado processamento que aponta para uma crescente globalização. Tudo isso converge para a formação de importantes crises, como as que a psicanálise está atualmente atravessando, que exigem que os terapeutas se adaptem aos novos tempos, sem perder a natureza essencial da técnica e dos objetivos de nosso trabalho.

Levando em conta todos esses fatores, dentre tantos outros, entendi que deveria assumir um compromisso comigo mesmo de partilhar com os leitores estudiosos da dinâmica grupal algumas das concepções renovadas acerca das grupoterapias. Assim, reli todo o livro original, linha por linha, atentamente e com o melhor de meu juízo crítico, com vistas a fazer necessárias correções, eventuais cortes, clareamentos, ampliações, com indispensáveis acréscimos que, pelo menos em meu entendimento, venham a trazer mais substância e solidez para esse renovado compêndio sobre grupos. O que eu não abri mão foi do caráter didático desta obra, por meio de uma leitura que, embora nem sempre muito fácil, seja acessível para todo leitor, nem que para tanto fosse necessário renunciar ao emprego de citações de forma sistemática e minuciosa que, embora pudessem ser justas, se tornariam excessivas e fastidiosas, correndo inclusive o risco de poder sucumbir a uma oculta tentação de exibir erudição. No entanto, a maior e mais difícil renúncia que me impus foi a de não ter convidado reconhecidos colegas e amigos grupoterapeutas que, mais dedicados do que eu ao estudo e à prática de determinadas áreas das grupoterapias, certamente muito contribuiriam com capítulos específicos que sobremodo enriqueceriam este livro; porém eu pagaria o preço de perder uma unidade e coesão de estilo e a possibilidade de estabelecer proveitosos "ganchos" entre diferentes capítulos. Da mesma forma, peço licença aos leitores para a eventualidade de que, em alguns capítulos, eu possa remetê-los para alguma leitura complementar que aparece ampliada em algum de meus outros livros.

Assim, dentro do propósito de ser coerente e fiel a mim mesmo, as modificações propostas para esta presente edição seguem fundamentadas no objetivo de manter o máximo de simplicidade possível, sem perder a essência e a profundidade dos conceitos emitidos, ao mesmo tempo que, praticamente sem nada omitir da edição original, decidi acrescentar alguns esclarecimentos sobre pontos que não ficaram suficientemente claros, fazer algumas necessárias ampliações conceituais e, sobretudo, incluir novos capítulos que complementem e dêem uma maior consistência e solidez aos anteriores já existentes.

Conquanto eu tivesse procurado manter esta edição o máximo possível igual à original, a inclusão de novos capítulos forçou uma alteração na numeração de todos eles neste livro, assim como na paginação, e alguma eventual pequena mudança no título de alguns dos capítulos já antes existentes.

De forma sintetizada, as modificações deste livro em relação ao anterior são as seguintes:

PREFÁCIO À SEGUNDA EDIÇÃO **IX**

O capítulo inicial passou a ser *O homem frente às transformações do mundo na transição do milênio*, título do trabalho que foi apresentado em uma Mesa-Redonda na 8ª Jornada de Psicanálise promovida pelo CEEPU — Centro de Estudos e Eventos Psicanalíticos de Uberlândia —, em março de 1999, e cuja inclusão no presente livro julguei ser indispensável, tendo em vista que as transformações que o mundo vem sofrendo na transição do milênio se constituem visceralmente como de ordem social, portanto aludem diretamente não só às inevitáveis mudanças que a psicanálise está sofrendo, como também à dinâmica interacional dos grupos, nas suas duas dimensões: a micropsicológica e a macrossociológica. No Capítulo 2 — *Uma revisão sobre o desenvolvimento da personalidade* — as mudanças foram mínimas. Já o capítulo que segue, o de número 3, agora intitulado *O grupo familiar: normalidade e patogenia da função materna*, pela crescente importância que a dinâmica da família representa para a prática das terapias psicanalíticas, tanto a individual como a do grupo familiar, sofreu substanciosas mudanças e acréscimos, notadamente no que diz respeito ao papel e a função da mãe. No Capítulo 4 — *Uma revisão sobre as principais síndromes clínicas* — entendi ser útil acrescentar considerações acerca dos "transtornos de alimentação" (obesidade, bulimia, anorexia nervosa, etc.) e sobre aquilo que vem sendo chamado na psicanálise contemporânea de "patologias do vazio" (as carências básicas que se formam no desenvolvimento emocional primitivo). Em relação ao Capítulo 5 — *Uma visão histórico-evolutiva das grupoterapias* —, a atual edição apresenta um maior destaque e detalhamento dos principais autores psicanalistas que, de uma forma ou outra, contribuíram para a grupoterapia psicanalítica, como Freud, Bion, Foulkes e autores das escolas francesa e argentina. O Capítulo 6 — *Importância e conceituação de grupo* — também mereceu o acréscimo de alguns esclarecimentos e a inclusão de renovados pontos conceituais, notadamente naquilo que diz respeito ao "campo grupal". Igualmente, o Capítulo 7 — *Modalidades grupais* — ganhou alguns acréscimos, especialmente em relação aos "grupos de reflexão". O capítulo seguinte, número 8 — *A função "continente" do grupo* —, que não constava na edição original, julguei imprescindível incluí-lo aqui, por funcionar como uma espécie de parâmetro para todos os tipos de interações e de inter-relacionamentos. O Capítulo 9 — *A formação de um grupo terapêutico de base analítica* — mantém a essência de sua forma original, embora acrescido de alguns poucos aspectos a mais. O Capítulo 10 — *O início de uma grupoterapia analítica* —, que se fundamenta na ilustração clínica de uma primeira sessão de um grupo terapêutico, em nada foi modificado. Ao Capítulo 11 — *Campo grupal* — foram acrescentadas considerações acerca da "ansiedade de desamparo" e também no que diz respeito ao fundamental aspecto dos "mecanismos de defesas do grupo". No Capítulo 12, que trata de *Papéis e liderança,* as modificações foram mínimas. Entendi ser indispensável acrescentar o Capítulo 13, que não consta na edição anterior, o qual é resultante de uma conferência especialmente preparada para ser apresentada no *NESME* — Núcleo de Estudos em Saúde Mental e Psicanálise das Configurações Vinculares, em São Paulo, em maio de 1995, e que leva o título atual de *Vínculos e configurações grupais: o vínculo do reconhecimento*. O Capítulo 14, que aborda *Enquadre (setting) grupal*, na edição atual inclui a importante regra técnica do "sigilo" e também dá um maior destaque à importantíssima "função continente do grupo". Todos os demais capítulos técnicos da edição original — *Resistência* (15); *Contra-resistência* (16); *Transferência* (17); *Contratransferência* (18); *Comunicação* (19); *Atividade interpretativa* (20); *Actings* (21); *Insight, elaboração e cura* (22), apesar de estarem acrescidos de alguns aspectos complementares — como particularmente neste último, onde consta um necessário destaque para os aspectos que enfocam os critérios que permitem avaliar o "crescimento mental" dos indivíduos e do grupo como uma totalidade —, mantêm na íntegra a sua forma original. Também o Capítulo 23 — *Perfil e função do grupoterapeuta* — sofreu mudanças mínimas. O Capítulo 24, inédito, é fruto de uma conferência que, a convite especial, em 1995, pronunciei na Sociedade Portuguesa de Grupo-Análise, em Lisboa. Este artigo aparece no presente livro com o título *Semelhanças e diferenças entre a psicoterapia psicanalítica individual e grupal* e, como o próprio nome sugere, visa a promover nos leitores reflexões atuais e necessárias acerca desse tema tão polêmico e controverso. O Capítulo 25 — *Grupos com crianças, púberes, adolescentes, casais, famílias, psicossomáticos, psicóticos e depressivos* — não sofreu alterações maiores, tendo em vista que grupoterapeutas especialistas nessas respectivas áreas já produziram trabalhos específicos que estão publicados no livro *Como trabalhamos com grupos* (Zimerman, Osorio e cols., 1997). Já o Capítulo 26 passou a ser intitulado *Grupos de educação médica* e aparece acrescido de mais exemplos clínicos e de novos comentários. O livro é encerrado com o Capítulo 27, que leva o título *Estado atual e perspectivas futuras das grupoterapias:* em relação ao da edição anterior, é acrescido de indispensáveis considerações acerca das perspectivas de inevitáveis mudanças que as aceleradas transformações do novo milênio irão exigir.

É com esperança de que esta renovada edição atinja os objetivos propostos que eu a entrego aos meus queridos leitores.

Prefácio da Primeira Edição

O que se espera de um prefaciador é que elogie o autor, exalte as qualidades de sua obra e minimize seus defeitos. Há de pensar-se que nada é mais fácil do que isso quando ele não é apenas o colega que se destaca por seus méritos profissionais, mas sobretudo o amigo e companheiro de tantas jornadas pela vida afora. E, no entanto, quão difícil se torna a tarefa pela necessidade de conter sentimentos e ser o mais isento e imparcial possível na sua execução.

Da obra o autor já nos apresenta, com sua habitual capacidade de síntese, uma excelente sinopse no capítulo introdutório, onde comenta suas motivações pessoais e razões circunstanciais para escrevê-la. Já que ninguém poderá falar com mais autoridade sobre sua obra do que seu criador, os leitores certamente me relevarão a intenção de neste prefácio falar antes do autor do que de seu livro.

Disse alguém que o amigo é o irmão que se escolhe. Entre tantos desses amigos-irmãos que a vida foi pródiga em me proporcionar, David é hoje aquele com quem há mais tempo convivo. Conheci-o ainda estudante de Medicina, quando fui estagiar na Clínica Pinel, e lá o tive como meu primeiro supervisor, travando logo contato com aquelas qualidades suas que depois soube reconhecer não só como raras, mas também preciosas. Ele era acima de tudo o continente adequado para com nossas falhas e paciente com nossas inquietações. Coerente com suas preferências, fundadas na etimologia, por educar em lugar de ensinar, sabia deixar espaço para que aflorasse o conhecimento nascente do supervisionado, não impondo aprioristicamente seus pontos de vista, e — talvez sua característica mais marcadamente pessoal — sempre extraindo algo de positivo do mais caótico e inadequado de nossos procedimentos.

Anos mais tarde, acompanhando-o na condução de um grupo F no Laboratório de Relações Humanas a que faz referência na introdução deste livro, pude constatar "ao vivo" suas qualidades para a tarefa de lidar com grupos, os quais conduz invariavelmente de um modo suave, tranqüilo e afável, mas ao mesmo tempo firme e objetivo, sabendo como poucos fazer a síntese dos movimentos do grupo para integrar seus componentes no desempenho da tarefa proposta.

Desde então tenho acompanhado David em inúmeras outras atividades em grupos e não cesso de com ele aprender a como exercer com discrição e serenidade a coordenação dos mesmos. É ele o que se poderia cognominar um "grupoterapeuta nato"!

Além de seu invulgar talento como coordenador de grupos, David tem sido um incansável batalhador pela grupoterapia em nosso meio, quer na direção de entidades associativas como principalmente no treinamento de novos profissionais. E, como corolário deste seu renovado interesse em revitalizar a grupoterapia entre nós e de sua profícua e continuada atividade de professor e supervisor de grupoterapeutas, vem a lume agora este seu *Fundamentos básicos das grupoterapias,* que não só preenche uma importante lacuna em nossa escassa bibliografia nacional sobre a matéria como assegura desde já uma posição ímpar como livro-texto na formação de futuros grupoterapeutas no país e como obra de referência obrigatória para os trabalhos que vierem a ser publicados doravante sobre este ramo das psicoterapias.

Para que não se diga que este prefácio limitou-se aos encômios ao autor, façamos agora algumas breves considerações sobre sua obra.

O autor é psicanalista e como tal é deste ponto de vista teórico que aborda os temas grupais; não obstante, eclético e aberto ao diálogo, mostra-se ele naturalmente receptivo às demais correntes teóricas que influenciam o campo das grupoterapias. Como seria de esperar, contudo, por sua maior familiaridade com o referencial analítico, é ao utilizá-lo na abordagem dos fenômenos do campo grupal que nos traz suas mais fecundas contribuições à matéria. Esses fenômenos são aqui abordados com uma riqueza conceitual e uma simplicidade didática raramente encontradas, mesmo nos textos dos mais renomados especialistas. O estudo desses fenômenos indubitavelmente é o ponto alto do livro.

Nos capítulos que tratam mais especificamente de aspectos técnicos podemos acompanhar as transformações por que passaram no pensamento do autor certas formulações que identificaram a grupoterapia analítica em suas origens. Assim, por exemplo, questiona ele a atitude outrora preconizada de dirigir interpretações sistematicamente ao grupo como um todo no pressuposto de que só assim se estaria conduzindo analiticamente um grupo. Da mesma forma rediscute, à luz dos novos aportes, a teoria da técnica analítica e, sustentando-se em sua experiência clínica de vários lustros com a grupoterapia analítica, outras questões tidas como polêmicas e controvertidas, tais como a valorização da contratransferência como instrumento comunicacional, o emprego das interpretações extratransferenciais, a discriminação das individualidades no contexto grupal, o uso da matriz interativa do grupo como agente terapêutico (através da função interpretativa dos próprios componentes do grupo), e assim por diante.

Destaque-se, ainda, o mérito do autor de expor-se e revelar sua maneira de trabalhar nas várias ilustrações clínicas que dão sustentação às digressões teóricas. Esta é uma qualidade que só é evidenciada por quem tem sua *práxis* bem-sintonizada com seu posicionamento teórico.

Contudo, o mérito essencial da obra talvez escape aos leitores que não conheçam ou convivam com o autor: é a extraordinária coerência entre os conteúdos do texto e a personalidade de quem o redigiu. Aí encontramos o David com seu espírito conciliador e democrático, procurando valorizar em cada detalhe os aspectos humanísticos e éticos do *métier* profissional a que se dedica, conduzindo seu raciocínio com a mesma e invejável dose de bom senso com que conduz seus grupos.

Como disse de início, é extremamente difícil não se deixar levar pelo apreço que se tem ao amigo a quem se prefacia, mas ainda assim creio que os leitores concordarão, após transitarem pelo texto, que estamos diante de uma obra que chega no *timing* preciso e com qualidades suficientes para tornar-se um "livro de cabeceira" para todos nós que nos dedicamos às diversas modalidades de grupoterapia em nosso meio.

De parabéns, portanto, o autor, a editora que acolheu sua obra e nós outros, leitores, que a usufruímos e com ela incrementamos nosso cabedal de conhecimentos sobre a matéria.

Luiz Carlos Osorio

Prólogo da Primeira Edição

A motivação para escrever este livro sobre os fenômenos do campo grupal provém de três fontes. A primeira decorre da constatação de que no Brasil há uma inequívoca necessidade de expansão das atividades grupoterápicas e de formação de técnicos especializados na área. De fato, há no Brasil um profundo abismo entre o número de pessoas que necessita — e certamente poderia beneficiar-se de uma psicoterapia sistemática — e a capacidade assistencial em atender a essa demanda, sendo de lamentar que não esteja ocorrendo melhor aproveitamento de um recurso que tem um significativo potencial terapêutico, como é, sem dúvida, o das grupoterapias.

A segunda razão é a evidência da necessidade de um livro de leitura básica, e isso pode ser medido pelo expressivo número de grupoterapeutas em formação, assim como pelo reclamo de um grande volume de interessados em grupoterapia que se tem manifestado neste sentido. Junto aos demais professores desta área, posso testemunhar a nossa dificuldade quanto à indicação de bibliografia relativa aos conceitos básicos, sem cair no inconveniente de ter que pinçar textos de autores diversos em diferentes obras.

O meu terceiro motivo para escrever este manual é o de que me pareceu adequado partilhar com colegas mais jovens uma experiência intensiva e diversificada no trabalho com distintas modalidades grupais que venho acumulando há mais de 30 anos.

Esta experiência teve início na Clínica Pinel de Porto Alegre, RS, onde desenvolvíamos, de forma sistemática, três tipos de atividades em grupos: as de ordem administrativo-reflexiva (intra e interequipes técnicas), as comunitárias (com a totalidade dos técnicos de todos os níveis hierárquicos, alguns funcionários, pacientes e familiares) e a grupoterapia de finalidade terapêutica (com pacientes psicóticos, internados ou em regime de hospital-dia).

Posteriormente, com o incentivo do Dr. Fernando Guedes, então diretor do Hospital Psiquiátrico São Pedro de Porto Alegre, introduzi e desenvolvemos um trabalho similar nesse hospital.

No Centro Médico da Vila São José do Murialdo, também nesta capital, onde a assistência médica se processa em moldes comunitários, além das costumeiras reuniões com as equipes técnicas multidisciplinares e os grupos de finalidade reflexiva com os alunos dos cursos de especialização, coordenei grupos com crianças, adolescentes e de promoção de saúde, em particular com gestantes.

PRÓLOGO DA PRIMEIRA EDIÇÃO

Por outro lado, participei do "Laboratório das Relações Humanas", programa intensivo de reciclagem de ensino-aprendizagem destinado aos professores da área biomédica, promovido pela Faculdade de Medicina, em conjunto com a Faculdade de Educação da Universidade Federal do Rio Grande do Sul, de Porto Alegre, onde eu coordenava um grupo do tipo "F" (*free*), realizado com docentes universitários em reuniões diárias. No mesmo programa, eram desenvolvidas atividades baseadas em dramatizações, visando à vivência de *role-playings*.

Considero que a minha experiência enriqueceu muito com o trabalho de grupo desenvolvido junto ao PEC (Programa de Educação Médica Continuada), no qual, juntamente com colegas de outras especialidades médicas, básicas, compúnhamos equipes polivalentes e nos deslocávamos para cidades do interior do Estado onde trabalhávamos com as comunidades médicas locais. Fazíamos um trabalho ao vivo, nos respectivos hospitais de cada regional, sendo que a minha função era a de, através de uma sistemática atividade grupal reflexiva, desenvolver nos colegas uma mudança psicológica em relação à sua atitude médica, assim como a de consolidar o seu sentimento de identidade profissional, sempre dentro do clássico tripé: conhecimentos-habilidades-atitudes. Participei desse gratificante programa de educação médica durante exatos dez anos, não só como psiquiatra da equipe de ensino, mas, também, na condição de um dos fundadores e responsável, durante alguns anos, atuando na sua coordenação geral.

Como decorrência dessa experiência, vim a desenvolver, a convite, uma atividade sistemática de "grupos de reflexão", com duração mínima de um ano cada, com médicos-residentes no Hospital Independência de Porto Alegre (especializado em traumatologia) e no Hospital Nossa Senhora da Conceição, também desta cidade, com médicos residentes em Medicina Interna e Medicina Comunitária.

Outro fruto direto do PEC foi o de, junto com os colegas Luiz Carlos Osorio e Geraldina Viçosa, ambos psicanalistas e grupoterapeutas, termos criado o CEPEC (Centro de Programas de Educação Continuada). Nos diversos cursos promovidos pelo CEPEC, os módulos de ensino sempre se desenvolvem em três tempos: a discussão teórica do tema programado, a complementação da teoria através da discussão prática do material clínico trazido pelos alunos e o grupo de reflexão, o qual é baseado no livre aporte de qualquer assunto, cuja meta é a integração entre a reflexão da experiência afetiva grupal e o aprendizado teórico-prático anterior.

Paralelamente, desde 1960, a partir da minha formação psicanalítica, desenvolvi, em minha clínica privada, uma ininterrupta atividade de psicoterapia analítica de grupo com pacientes de organização neurótica da personalidade. Com o correr do tempo, a partir do aporte de novos conhecimentos teórico-técnicos provindos de diferentes correntes da psicanálise e da grupo-análise, assim como da abertura das fronteiras destas últimas com as outras áreas grupoterápicas, e, sobretudo, a partir das vivências que só a cotidiana experiência pessoal propicia, acrescida das que são vividas na supervisão de colegas mais jovens, fui sofrendo modificações na maneira de compreender e trabalhar com grupos em geral, e com a grupoterapia analítica em particular.

Este livro pretende, justamente, condensar os conhecimentos básicos que se encontram esparsos na literatura especializada e integrá-los com os procedentes da minha própria formação e experiência.

Em forma esquemática, as atividades grupais podem ser reduzidas a dois grandes tipos: Grupos Operativos e Grupos Terapêuticos. É preciso fazer a ressalva de que o termo "operativo" refere-se mais genericamente a um esquema conceitual-referencial, sendo que os seus princípios básicos também estão sempre presentes nos demais grupos terapêuticos.

Os grupos operativos propriamente ditos são mais utilizados em tarefas específicas de ensino-aprendizagem e em programas organizacionais.

Os grupos de finalidade terapêutica, por sua vez, podem ser subdivididos em dois tipos: 1) os que têm um âmbito mais abrangente na área da Medicina e não são essencialmente psicoterápicos e 2) os grupos psicoterápicos primordialmente dirigidos ao *insight* e às mudanças na estruturação psíquica.

PRÓLOGO DA PRIMEIRA EDIÇÃO **XV**

Os grupos terapêuticos não essencialmente psicoterápicos estão sendo muito utilizados em diversos programas de saúde mental (Medicina primária, preventiva), em múltiplas aplicações de grupos de auto-ajuda (Medicina secundária, curativa) e em programas de reabilitação (Medicina terciária).

As grupoterapias propriamente ditas, por sua vez, podem estar fundamentadas em postulados provindos de distintas correntes, tais como psicanalítica, psicodramática, sistêmica, cognitivo-comportamental, ou podem estar baseadas em uma abordagem mista, holística, em que há uma certa combinação das correntes anteriores.

Este livro pretende fazer uma revisão generalizada sobre todas as modalidades expostas, porém objetiva dar um maior realce às grupoterapias, mais particularmente às de fundamentação psicanalítica. Os capítulos que o compõem partem da premissa de que um grupo se constitui como uma entidade nova e singular, sendo que isso não exclui que cada um de seus membros continue sendo um indivíduo com identidade própria e sujeito às mesmas vivências psicológicas que caracterizam todo e qualquer vínculo terapêutico bipessoal, como é o da interação analista-paciente, própria de uma psicanálise individual.

Por esta razão, a exposição que é feita dos fenômenos grupais será sempre precedida por uma breve revisão atualizada desses mesmos fenômenos, vistos sob a ótica da psicanálise clássica.

Assim, este manual está sistematizado em quatro partes. Na primeira, são abordados os *Princípios gerais de psicodinâmica,* desdobrados em três capítulos: o primeiro consta de uma breve revisão de como se processa o desenvolvimento psíquico de todo indivíduo, em uma trajetória que vai de um estado de indiferenciação com a mãe e em absoluta dependência desta até um estado adulto e emancipado. Nesse processo de estruturação da personalidade é de fundamental importância a influência exercida pelo entorno familiar original, especialmente pela transmissão de um código de valores, assim como na determinação dos processos identificatórios, e pela atribuição de papéis a serem desempenhados ao longo da vida.

Uma grupoterapia propicia, com mais transparência, a reprodução dessas tão importantes vivências do grupo familiar original. Assim, o Capítulo 2 revisa a influência da família, muito mais particularmente o papel da mãe.

O Capítulo 3 se propõe a fazer uma sumarização das diversas formas de como a estruturação psíquica se configura em cada indivíduo separadamente, tanto do ponto de vista caracterológico como de síndromes psiquiátricas.

A segunda parte, intitulada *Princípios gerais da grupoterapia,* objetiva traçar um painel abrangente das condições básicas que fundamentam as grupoterapias, tanto do ponto de vista histórico-evolutivo (Capítulo 4) e conceitual (Capítulo 5), como o relativo às múltiplas e variadas modalidades grupoterápicas (Capítulo 6). O Capítulo 7 aborda, mais especificamente, o importante aspecto da formação de um grupo terapêutico de base analítica, em especial quanto aos aspectos de encaminhamento, seleção e composição, assim como o das respectivas indicações e contra-indicações. Em continuação, o Capítulo 8 descreve, na íntegra, uma primeira sessão de uma grupoterapia, com os respectivos comentários relativos às leis da dinâmica grupal presentes na sessão, às ansiedades emergentes, aos mecanismos defensivos utilizados pelos indivíduos e pela totalidade do grupo incipiente, à atividade interpretativa do grupoterapeuta, etc.

A terceira parte deste livro estuda mais particularmente os *Fenômenos do campo grupal,* isto é, aqueles aspectos que surgem de forma espontânea e inevitável em qualquer grupo, independentemente da sua natureza. O que, de fato, varia de um tipo de grupo para outro é, fundamentalmente, o objetivo precípuo para o qual cada um deles foi formado: se de ensino ou se psicoterápico e, neste caso, se de apoio, ou para *insight,* etc. Conforme o objetivo de um grupo, caberá ao seu coordenador o emprego de táticas e de técnicas diferenciadas que propiciarão, ou não, a emergência e o manejo dos referidos fenômenos do campo grupal. Assim, o Capítulo 9 aborda, com maior especificidade, o surgimento de ansiedades, os mecanismos defensivos e o complexo jogo de identificações que estão sempre presentes em qualquer situação de dinâmica grupal. Da mesma forma,

XVI PRÓLOGO DA PRIMEIRA EDIÇÃO

há uma imperativa tendência em todo tipo de grupo para uma distribuição de posições e de papéis, notadamente o das lideranças, tal como é estudado no Capítulo 10. Mais particularmente, em relação aos grupos terapêuticos com vistas ao *insight*, seguem-se os capítulos que tratam da importância do *setting* (Capítulo 11), da resistência (Capítulo 12) e contra-resistência (Capítulo 13), da transferência (Capítulo 14), da contratransferência (Capítulo 15), dos aspectos da linguagem e da comunicação (Capítulo 16), da interpretação (Capítulo 17), dos *actings* (Capítulo 18), assim como dos fatores terapêuticos e antiterapêuticos que concorrem para a aquisição do *insight* e daí para a elaboração e a cura (Capítulo 19). Nesse contexto — e dele indissociável —, cresce de importância a figura do grupoterapeuta, cujo perfil e funções são estudados no Capítulo 20.

A quarta parte dedica um espaço particular para a abordagem de *Outras grupoterapias,* tal como é o Capítulo 21, no qual são feitas abreviadas considerações sobre os grupos com crianças, com púberes, com adolescentes, casais, famílias, psicossomáticos, psicóticos e depressivos. Dentre os outros tipos de grupos que não os analíticos, o Capítulo 22 é dedicado a uma forma especial de grupos operativos, que consiste na utilização da técnica do grupo de reflexão aplicada ao ensino médico. Finalmente, o ciclo da temática grupal é encerrado no Capítulo 23, onde são discutidas as condições atuais, assim como as perspectivas futuras das grupoterapias.

Cada capítulo será seguido por uma indicação de fontes bibliográficas de distintas orientações, que foram por mim consultadas, e que podem servir como um roteiro para o leitor que quiser ampliar a sua leitura sobre determinado assunto.

Sumário

Prefácio à Segunda Edição   VII

Prefácio da Primeira Edição   XI
  Luiz Carlos Osorio

Prólogo da Primeira Edição   XIII

Primeira Parte
PRINCÍPIOS GERAIS DA PSICODINÂMICA

Capítulo 1   O Homem Frente às Transformações do Mundo na Transição do Milênio   21
Capítulo 2   Uma Revisão sobre o Desenvolvimento da Personalidade   29
Capítulo 3   O Grupo Familiar: Normalidade e Patogenia da Função Materna   41
Capítulo 4   Uma Revisão sobre as Principais Síndromes Clínicas   52

Segunda Parte
PRINCÍPIOS GERAIS DAS GRUPOTERAPIAS

Capítulo 5   Uma Visão Histórico-Evolutiva das Grupoterapias: Principais Referenciais Teórico-Técnicos   69
Capítulo 6   Importância e Conceituação de Grupo   82
Capítulo 7   Modalidades Grupais   88
Capítulo 8   A Função "Continente" do Grupo   97
Capítulo 9   A Formação de um Grupo Terapêutico de Base Analítica   103
Capítulo 10   O Início de uma Grupoterapia Analítica: Uma Primeira Sessão   109

Terceira Parte
OS FENÔMENOS DO CAMPO GRUPAL

Capítulo 11   Campo Grupal: Ansiedades, Defesas e Identificações   117
Capítulo 12   Vínculos e Configurações Grupais: O Vínculo do Reconhecimento   124
Capítulo 13   Papéis e Lideranças   137
Capítulo 14   Enquadre *(Setting)* Grupal   144
Capítulo 15   Resistência   152
Capítulo 16   Contra-Resistência   157
Capítulo 17   Transferência   160
Capítulo 18   Contratransferência   164
Capítulo 19   Comunicação   168
Capítulo 20   Atividade Interpretativa   173
Capítulo 21   *Actings*   180
Capítulo 22   *Insight,* Elaboração e Cura   185
Capítulo 23   Perfil e Função do Grupoterapeuta   193
Capítulo 24   Semelhanças e Diferenças entre Psicoterapia Psicanalítica Individual e Grupal   202

Quarta Parte
OUTRAS GRUPOTERAPIAS

Capítulo 25   Grupos com Crianças, Púberes, Adolescentes, Casais, Famílias, Psicossomáticos, Psicóticos e Depressivos   211
Capítulo 26   Grupos de Educação Médica   220
Capítulo 27   Estado Atual e Perspectivas Futuras das Grupoterapias   227

Referências Bibliográficas   **235**

Índice   **241**

PRIMEIRA PARTE

Princípios Gerais da Psicodinâmica

CAPÍTULO 1

O Homem Frente às Transformações do Mundo na Transição do Milênio[1]

A profundidade e a velocidade das transformações que estão se processando nas últimas décadas nas ciências em geral, na filosofia, na religião, na arte, nos valores éticos, na sexualidade, nas condições socioeconômicas, culturais, políticas, ambientais, e os múltiplos aspectos da vida cotidiana de cada ser humano em qualquer quadrante do mundo, fazem com que todos nós que temos algum tipo de compromisso como educadores e alguma parcela de responsabilidade com o bem-estar de todos — e neste capítulo vou ater-me, mais especificamente, ao lugar e ao papel da psicanálise e do psicanalista — reflitamos profundamente quanto ao desafio que o novo milênio representa para o homem nele inserido, quanto a viver com dignas condições físicas, mentais e sociais.

Como uma introdução ao presente texto, vale narrar brevemente uma vinheta de minha experiência clínica com grupoterapia analítica, que pratico há aproximadamente 40 anos. Assim, no início da década de 60, uma jovem médica de 21 anos, integrante de um grupo analítico, levou aproximadamente um ano e meio para, cheia de culpas e temores de ser julgada, "confessar" aos demais participantes que ela "mantinha relações sexuais com o seu namorado" (embora fosse um firme namoro de mais de três anos de duração). De forma análoga, num outro grupo, em meados da década de 80, uma outra jovem, da mesma idade que a anterior, também dispendeu mais de um ano para "confessar", bastante envergonhada e temerosa de uma gozação geral, que ela... "ainda era virgem!". O que estou pretendendo evidenciar é o fato de que, embora a natureza humana continue sendo a mesma (ambas as moças apresentavam angústia, culpa, vergonha, temor de provocar decepção, rechaço e um não-reconhecimento e aceitação dos demais), a causa desencadeante foi totalmente oposta uma da outra, porquanto, no espaço de tempo decorrido entre as duas experiências — 25 anos, logo, uma geração —, mudaram as contingências e os valores *socioculturais*. Portanto, é relevante o fato de que todas as considerações que seguem partem do pressuposto de que é impossível separar o indivíduo dos grupos e da sociedade nos quais ele estiver inserido.

Dentre as mudanças mais significativas, impõe-se enfatizar as seguintes.

TRANSFORMAÇÕES BIO-PSICO-SÓCIO-ECONÔMICO-CULTURAIS

Acompanhando de forma íntima a *evolução histórica* da humanidade, as sucessivas, aceleradas e universais transformações de natureza biológica, científica, psicológica, social, econômica, cultural e espiritual acarretam um sério problema de adaptabilidade aos novos padrões emergentes, sendo que todos estes aspectos estão indissociada e reciprocamente relacionados, até mesmo porque vivemos hoje num mundo globalmente interligado, onde qualquer acontecimento importante repercute em todos os quadrantes de nossa "aldeia global". Destarte, não mais cabe o individualismo e o isolacionismo dos indivíduos e nações, sendo que urge criar novos paradigmas em todos os níveis, os quais estão unificados por uma interdependência, o que requer fundamentalmente uma nova forma de pensar e de visualisar todos os problemas coletivos, forma essa que vale ser chamada de *visão sistêmica* do mundo e da vida.

Por *visão sistêmica* entendemos que em qualquer estado ou acontecimento — humano, físico, químico, cósmico, etc. — sempre existem múltiplos elementos que estão arranjados e combinados em determinadas formas, nas quais a *maneira como as diversas partes estão integradas e estruturadas no todo é mais importante do que cada uma delas isoladamente, por mais importantes que elas possam ser.* Por *estrutura* entendemos um arranjo de distintos elementos, onde cada um ocupa um determinado lugar e função, sendo que todos estão sempre inter-relacionados num permanente movimento e interação, de modo que a modificação de qualquer um inevitavelmente provocará modificações nos demais, e toda a estrutura sofrerá uma transformação em busca de harmonia. Trata-se um movimento natural, espontâneo e com flutuações cíclicas em qualquer matéria, orgânica ou inorgânica, psíquica ou biológica, individual ou grupal, subatômica ou cósmica.

A FAMÍLIA

A família nuclear está sofrendo radicais transformações no que diz respeito ao número crescente de casamentos que são seguidos de descasamentos e recasamentos, com uma nova composição familiar em função dos filhos que cada cônjuge traz para o novo lar. Aumenta o número de mães adolescentes, de mães solteiras, entre as quais muitas deliberadamente assumem a condição de uma "produção independente de filhos" (tal como fez a apresentadora Xuxa), assim como também vem aumentando o número de casais que preferem morar em moradias próprias e independentes um do outro. Existe uma evidente mudança nos *papéis* que tradicionalmente eram conferidos ao pai, mãe, avós, etc., de modo que não raramente os papéis e os *lugares* ocupados se superponham ou até se invertam, tudo isso podendo ser encarado com naturalidade, porém também podendo gerar uma séria confusão, principalmente para os filhos, os quais, por sua vez, estão cada vez mais cedo se emancipando da família nuclear. Notadamente o papel da mulher, na sua inserção familiar, social, sexual, política e profissional, vem sofrendo vertiginosas transformações. Igualmente, vem havendo uma progressiva união estável de homossexuais, inclusive com a adoção de filhos, sendo que o aspecto mais importante a destacar é o fato de que a clássica *função de continente* que a família exerce em relação aos bebês e filhos menores tende a ficar severamente perturbada, com os imagináveis traumas precoces. O somatório de tudo isso está contribuindo para uma crescente e generalizada crise de identidade.

CRISE DE IDENTIDADE

A aludida crise de identidade processa-se tanto no âmbito individual como no nosso sentimento de identidade grupal e social. De fato, com a acelerada mudança dos valores éticos, morais e ideológicos que regem o modo e a finalidade de viver, e inseridos num mundo que, cada vez mais, exige uma velocidade crescente para uma exitosa adaptação aos padrões vigentes, os indivíduos sentem-se algo ansiosos, confusos e perdidos quanto à sua identidade, isto é, *quem* eles são, *como* devem ser, *para o que* e *para quem* eles vivem. Um forte motor gerador dessa angústia social reside no fato de que há uma crescente necessidade de *exitismo,* ou seja, desde criancinha o sujeito está programado pela família e pela sociedade para ser bem-sucedido, numa interminável busca pela conquista de êxitos, o que lhe deixa num constante sobressalto de vir a cumprir a pressão dessas expectativas que ele carrega nos ombros e na mente. Um outro fator que vem contribuindo para uma confusão de identidade de indivíduos, comunidades e nações consiste no fato de que a crescente globalização acarreta uma diminuição e borramento das *diferenças* entre os indivíduos, sendo que a manutenção das inevitáveis diferenças representa a matéria-prima na formação de qualquer sentimento de identidade.

VALORES

Uma profunda mudança nos valores humanísticos consiste no fato de que, até poucas décadas, a humanidade era regida pelos valores de *certezas:* era fácil definir em termos absolutos o que era certo ou errado, valorizado ou desvalorizado, dentro de uma concepção universalmente aceita de uma *causalidade linear,* isto é, a toda causa corresponderia um determinado efeito, numa cadeia facilmente explicável pelo raciocínio lógico e objetivo. Atualmente, é impossível desconhecer os avanços em todas as ciências, notadamente nos ensinamentos provindos da física moderna, que conserva os seus princípios clássicos, mas vem cientificamente demonstrando os mistérios, incertezas e paradoxos que cercam os fenômenos da natureza no que se refere ao infinitamente pequeno (física subatômica, quântica) e ao infinitamente grande (a cosmologia, com a difundida concepção de um "universo em contínua e infinita expansão"). Em grande parte, inspirados nessa constatação de que nem tudo pode ser explicado pela lógica mecanicista, os estudiosos da natureza humana reconhecem que o entendimento do homem moderno repousa nos conceitos de *incertezas* (principalmente quanto ao conceito do que *é verdade*), *negatividade* (todo e qualquer fenômeno, físico ou afetivo, sempre tem dois pólos opostos), *paradoxalidade* (a permanente coexistência dos opostos e contraditórios) e *relatividade* (nenhum fenômeno, fato ou conhecimento é absoluto, tudo está inter-relacionado), tudo conduzindo à vigência de um *estado caótico* universal, tanto no que isso tem de negativo, como de positivo, levando em conta o conhecido princípio de que "do caos nasce o cosmos".

A GLOBALIZAÇÃO

A globalização do mundo moderno, à mercê das novas tecnologias ligadas à informática e de uma fantástica rede de comunicação instantânea via satélites, vem contribuindo para o extraordinário poder de formação de nossos corações e mentes, advindo de uma cada vez mais gigantesca e poderosa rede de veículos de comunicação — que podemos chamar de *Midiologia* — que exerce uma decisiva influência no psiquismo de todos, notadamente nas crianças e adolescentes, tanto no que diz respeito à formação de uma ideologia política, um estilo de viver, como à apologia do consumismo, um sagrado culto à importância da estética, dos hábitos de alimentação, e assim por diante. Igualmente, impõe destacarmos a progressiva navegação do homem pelo infinito espaço propiciado pela *Internet*, a *realidade virtual*, inclusive no que diz respeito a relações amorosas, à correspondência instantânea e universal pelos *E-mail*, por um lado aproximando as pessoas, por outro, tornando as relações impessoais e técnicas. Um importante aspecto decorrente dessa vertiginosa mudança de padrões científicos e culturais é a crescente problemática de natureza *bioética* e *psicoética*, decorrente de múltiplos fatores. Assim, os incríveis avanços tecnológicos, o mapeamento genético através do "Projeto do Genoma Humano" (provavelmente por volta do ano 2007, após dispender mais de 3 bilhões de dólares, os cientistas conhecerão o conjunto total de genes existentes em todos os cromossomos de um ser humano), a conseqüente engenharia genética, com os avançados experimentos com a "reprodução de clones", a crescente legalização da prática do aborto (que vem fazendo com que muitos estudiosos da ética formulem a instigante questão: *que tipo de ser é o embrião?*) e outros aspectos afins estão forçando a humanidade a revisar as noções de moral e de ética da cultura atual que vem sendo chamada de época "pós-moderna".

PÓS-MODERNISMO

De forma muito reduzida pode-se dizer que a essência do pós-modernismo consiste na progressiva introdução da *imagem* no lugar classicamente ocupado pelo *pensamento* e pela *palavra* — o que se processa fundamentalmente em função da midiologia e dos incríveis recursos da moderna informática, com a criação das *imagens virtuais*, de sorte que isso promove a possibilidade de que haja uma superposição, e até uma certa confusão, entre o que é *real* e o que é *imaginário*. Isso representa um estímulo à busca de ilusões, de simulacros, fetiches, onde aquilo que *parece ser* é tomado como, de fato, *sendo,* da mesma forma como a participação ativa dos indivíduos e massas fica sendo substituída por uma forma passiva de observação ou de participação mais técnica do que espontânea (veja o moderno carnaval brasileiro). Igualmente, o pós-modernismo tende a repudiar tudo o que representa uma lógica de causalidade e faz a apologia da casualidade, do ilógico, do intuicionismo, das incertezas, do relativismo, do surrealismo e do misticismo. Em relação a isso, há os que encaram a época atual de uma forma *apocalíptica,* esperando as piores desgraças para a humanidade, enquanto outros consideram o pós-modernismo de uma forma *apologética,* isto é, fazem uma apologia dos novos rumos e das novas perspectivas promissoras para o desenvolvimento da humanidade. Dentre os primeiros, vale a pena transcrever alguns trechos de um artigo do ensaísta Roberto Campos (1999), na medida em que suas palavras representam a opinião dos que criticam acerbadamente o pós-modernismo. Assim, afirma ele que: *"a maneira pós-moderna de ver o mundo consiste, antes de mais nada, na fragmentação do discurso e de todo o entendimento. Tudo é relativo, e os enunciados não se comunicam. O significado passa a ser um aglomerado de cacos de idéias, impressões, e por aí afora... Nada de sujeito-verbo-predicado, pois isso é uma lógica antiga... Num universo pós-moderno, ninguém é responsável por coisa alguma, porque responsabilidade pressupõe que se possa falar em causa e efeito, e isso não é mais admissível na nova cultura... Tudo é relativo, até mesmo a relatividade do relativismo... Passivamente situadas diante de realidades cada vez mais virtuais, as pessoas tendem a substituir a articulação de sentidos por uma nova forma de 'pensar em videoclips'. Bestialógico como crítica de ciência, mascara-se de respeitabilidade... Os políticos conseguem um êxito eleitoral com um discurso raso, sem conteúdo. São antes apresentadores de TV do que líderes que representem idéias e programas...".* E esse artigo segue por aí afora...

Particularmente, entendo que é possível admitir a existência tanto dos aspectos positivos — representados pelo incremento da criatividade e o ingresso do indivíduo em planos mais profundos e diversificados do espírito humano, como são as dimensões estética, mítica e espiritual — como também dos negativos, que prevalecem quando o pós-modernismo é sistematicamente empregado com uma excessiva iconoclastia dos valores clássicos.

A CULTURA DO NARCISISMO

A cultura do narcisismo, imperante na atualidade, onde o indivíduo debate-se numa acirrada competição para ter direito a "um lugar ao sol", onde predomina fortemente a "lei do mais capaz", ou, pelo menos, a lei daquele que aparenta ser bem-sucedido, promove num grande contingente de pessoas um desgastante conflito resultante da necessidade de atingir metas idealizadas pela família, pela sociedade, pela cultura e por si próprio, as quais podem ultrapassar as suas inevitáveis limitações. Na linguagem psicanalítica, essa disparidade é conhecida como um conflito entre o "Ego ideal" *versus* o "Ego real". Esse tipo de conflitiva tem gerado um crescente valor de que, falsamente, o sujeito vale mais pelo que *tem* ou *aparenta ser*, do que, de fato, *é* ou, autenticamente, pode *vir a ser*. Embora até um certo grau seja saudável para o sujeito a presença do narcisismo, sempre que a sua presença for excessiva vai representar um alto custo para ele próprio e para os que com ele convivem, tendo em vista o prejuízo nas capacidades de admitir limites, limitações, as inevitáveis diferenças com os demais, a finitude da vida, além de que as capacidades para pensar, aprender, ter tolerância e o amor pelas verdades ficam respectivamente substituídas pela onipotência, onisciência, prepotência e a indiscriminação entre o que é verdadeiro e o que é falso. Uma outra decorrência dessa selvagem luta pela sobrevivência psíquica se traduz pela constatação de que tem aumentado significativamente o número de pessoas que padecem de *carências emocionais, faltas, buracos negros interiores,* constituindo aquilo que podemos chamar como as *patologias do vazio,* e que se manifestam por meio de sintomatologia de psicoses, psicopatias, perversões, drogadições e transtornos de caráter e conduta, numa busca desesperada por um *reconhecimento* por parte dos outros.

O VÍNCULO DO RECONHECIMENTO

O "vínculo do reconhecimento" (Zimerman, 1999) alude ao fato de que, desde o dia em que nasce até o em que morre, todo ser humano tem uma necessidade vital de vir a ser *reconhecido e aceito* pelos demais como um igual, valorizado, respeitado, desejado e amado. Nesse caldo cultural, ao mesmo tempo narcisista e globalizante, existe uma maior propensão à busca de soluções mágicas e ilusórias, a um consumismo exagerado, à substituição de valores autênticos por variados tipos de *fetiches* (algo que parece ser, mas que, de fato, não é!), ao incremento de "atuações" e de adicções, a transtornos da sexualidade, a uma concomitante submissão aos desejos e expectativas socioculturais junto com alguma forma de rebeldia às mesmas, muitas vezes sob a forma de uma ilusória conquista de liberdade. Nesse último caso, pode acontecer que muitas famílias, escudadas por alguma forma de racionalização, adotem uma estrutura em que cada um é "livre" para fazer o que bem entender, do que resulta uma confusão entre "liberdade" e "licenciosidade", uma subversão da necessária colocação de limites, de uma definição de papéis e, sobretudo, da falha de a família funcionar como um adequado *continente* das necessidades e angústias de cada um, principalmente as dos filhos. Essa falha de continência, aliada a uma prematura emancipação num mundo onde a competitividade é cada vez mais feroz, contribui para um estado de *desamparo,* o que pode se constituir como mais um dentre os fatores que podem forjar um aumento da violência urbana.

INCREMENTO DA VIOLÊNCIA

O mencionado incremento da violência manifesta-se em todos os níveis, não só sob a forma da cotidiana violência urbana, de assaltos, crimes, seqüestros, trânsito homicida, etc., mas também na violência manifesta através das injustiças sociais, políticas corruptas e corruptoras, inflação, desemprego, miséria, precária assistência à saúde, poluição, etc. A soma disso tudo, que, em grande parte, mas *não exclusivamente*, se radica nos fatores do desnível socioeconômico, acarreta uma justificada paranóia e um constante sobressalto em toda e qualquer pessoa, o que nos obriga a criarmos mais e mais meios de autoproteção que, inevitavelmente, prejudicam a espontaneidade e a liberdade de nosso estilo de viver. Cabe uma observação a respeito do problema da *transgressão:* freqüentemente, esse termo possui uma significação negativa, pecaminosa e destruidora; no entanto, existem as transgressões que representam um movimento sadio contra padrões culturais e educacionais que por vezes restringem e constrangem uma espontaneidade e liberdade de conduta que, muitas vezes, pode ser melhor que aquelas consideradas como as "corretas". Um bom exemplo disso podemos verificar na conduta dos adolescentes, que tanto podem cometer transgressões malignas, tal como acontece com as *gangues* — onde predomina a pulsão de morte, destrutiva —, como também transgressões não-malignas, positivas, no caminho da criatividade e libertação, a serviço da pulsão de vida.

TRANSFORMAÇÕES NA PSICANÁLISE

Como não poderia ser diferente, seguindo as profundas transformações que acompanham a história da humanidade, também a ciência psicanalítica, nestes seus cento e poucos anos de existência, vem sofrendo significativas mudanças na sua teoria, técnica e aplicabilidade prática. Em uma forma altamente esquemática e sintética, segue um assinalamento de alguns aspectos que enfocam, separadamente, as transformações no perfil do paciente, do analista e do instrumental técnico do processo psicanalítico.

Perfil do Paciente

É inegável o fato de que a cultura imprime as suas características específicas sobre as diferentes configurações psicopatológicas dos indivíduos e dos grupos. Assim, já vai longe a época pioneira em que a absoluta maioria dos pacientes era constituída por pacientes puramente histéricas ou, em menor número, por patologias fóbicas e obsessivas, em cujos casos a essência do método analítico visava, sobretudo, a promover as *des-repressões* das antigas repressões. Posteriormente, mais precisamente a partir dos anos 40, acompanhando um melhor entendimento do desenvolvimento emocional primitivo dos bebês, a psicanálise abriu as portas para um grande contingente de pacientes mais regressivos, como psicóticos, *borderline*, etc. Atualmente, muito mais do que pacientes portadores unicamente de conflitos centrados na luta entre pulsões proibidas e os mecanismos defensivos do Ego, observamos um crescente aumento geométrico no número de pacientes que apresentam basicamente problemas referentes a uma *baixa auto-estima*, com um inevitável acréscimo de patologias *depressivas, narcisistas, falso self,* transtornos referidos ao *corpo*, como são as diversas formas de pacientes "somatizadores"; também um incremento de manifestações de pessoas *estressadas*, com um alto grau de *angústia livre* (a alta incidência da "síndrome do pânico" talvez seja um bom exemplo disso), desencadeado pela obrigação de um "exitismo" exigido pelos novos padrões culturais. Igualmente, cabe mencionar o gradativo aumento de pessoas acometidas por *transtornos alimentares* (tipo bulimia e anorexia nervosa), em grande parte devido ao rígido padrão estético proclamado pela midiologia, e o significativo aumento, sobretudo em jovens, de inúmeras formas de *drogadições, perversões e psicopatias*. Acima de tudo, os atuais psicoterapeutas estão atentos aos pacientes que, de forma claramente manifesta ou bem disfarçada, apresentam o que está sendo conhecido com o nome de *"patologia do vazio"*, que alude ao fato de que as precoces falhas de continência da maternagem redundaram na formação de verdadeiros "buracos negros" no psiquismo da criança.

Perfil do Psicoterapeuta

Também vai longe a época em que o papel do psicanalista consistia tão-somente em reunir os atributos de perspicácia e um bom conhecimento dos conflitos edípicos, de modo a se postar como um privilegiado observador, descodificador e "interpretador" do "material" contido nas "livres associações" de qualquer de seus pacientes. Atualmente, o terapeuta sabe que não adianta ficar exclusivamente nessa posição, pelo contrário, o paciente constitui, *juntamente* com o analista, um campo dinâmico, onde ambos *interagem* o tempo todo, e com isso vêm ganhando maior relevância os fenômenos relativos à *transferência-contratransferência,* as formas de *comunicação não-verbal*, o estilo (agora mais coloquial) *de interpretação* e o reconhecimento da grande importância que representa a *pessoa real do psicoterapeuta*, como um novo e melhorado modelo de identificação para o paciente. Igualmente, o psicanalista hodierno está menos rígido na aplicação das regras analíticas como, entre outros exemplos, o fato de que está havendo uma progressiva aceitação de um menor número de sessões semanais, ou do uso de psicotrópicos concomitantemente com o curso da análise.

Mudanças no Método Analítico

Ninguém contesta que a psicanálise está atravessando uma séria crise, uma a mais dentre tantas outras que ela já atravessou nesse seu primeiro século de existência e que, de alguma forma, foram superadas, com significativas transformações. Atualmente, os graves problemas econômicos que assolam quase todas as nações do mundo, a outorga dos planos de saúde a companhias seguradoras, a pressa em resultados imediatos que caracteriza o homem desse final de milênio, os comprovados bons resultados da moderna psicofarmacologia para determinados casos, a pletora de métodos alternativos que, em sua maioria, prometem curas fáceis, um visível descrédito da psicanálise em muitos cantos do mundo, quando praticada de forma rigidamente ortodoxa e clássica, etc., obrigam a uma adaptação do método psicanalítico a esses novos parâmetros, mesmo àqueles de natureza sociológica, bem como também mudanças técnicas que alcancem exitosamente o novo perfil do paciente que nos procura. Um bom exemplo disso é o fato de que, gradativamente, vão sendo reduzidas as antes radicais diferenças entre a psicanálise e as várias formas das assim chamadas psicoterapias de fundamentação psicanalítica, ao mesmo tempo que ganham espaço as psicoterapias de grupo, as focais, as cognitivas e as sistêmicas, exercidas, inclusive, por psicanalistas de formação ortodoxa. Além disso, o critério de "cura analítica" também vem mudando substancialmente, haja vista que os analistas pioneiros preconizavam tão-somente "a passagem do sintoma para a transferência, daí para a neurose de transferência, a qual servia como uma ponte para a neurose infantil, sistematicamente erigida sobre as ruínas do conflito edípico", com uma pretensão terapêutica restrita, tanto que o próprio Freud postulava que o máximo a que a psicanálise poderia aspirar seria tornar consciente aquilo que fosse inconsciente, de modo a possibilitar ao analisando *"passar da miséria neurótica* para os *infortúnios da vida comum"*. Sabemos que, atualmente, o método analítico está mais voltado para, juntamente com o paciente, fazer o mapeamento das distintas regiões psíquicas deste, quanto às suas *formas, capacidades* e *limitações*, assim construindo um *pré-consciente*, com uma crescente capacidade para ligar imagens, formas, palavras e significações, e também favorecer a construção de um *consciente* capaz de perceber, pensar, conhecer, discriminar, agir, criar e melhorar a qualidade de vida, indo muito além da simples remoção dos penosos sintomas, mas também visando a um desabrochar de capacidades e talentos latentes e a uma curtição de prazeres e lazeres. Por isso, os psicanalistas contemporâneos, no lugar de "cura analítica", preferem a denominação *"crescimento mental"*. Ainda um outro aspecto relevante do momento atual da psicanálise é o que diz respeito à sua inserção, correlação e intercâmbio de idéias, experiências e perspectivas com as demais disciplinas da área humanística.

INTERAÇÃO DA PSICANÁLISE COM AS DEMAIS CIÊNCIAS

Uma das críticas mais costumeiras, contundentes, e em grande parte verdadeiras, é aquela que diz respeito ao isolamento que durante a maior parte do tempo a psicanálise manteve em relação aos demais campos do conhecimento humano, tanto no que se refere às ciências em geral (medicina biológica, física, química, matemática, etc.), como também às artes, filosofia, antropologia, sociologia, lingüística, economia, etologia, mitologia, religião, misticismo, cinema, literatura, etc. Nas últimas décadas tem havido uma maior aproximação, bastante fértil, por sinal, porém ainda aquém do que pode vir a ser.

Se nós, trabalhadores da alma humana, tivermos olhos para *enxergar*, ouvidos para *escutar* e uma mente não saturada que possibilite uma tolerância, provinda de outras fontes, para um *aprendizado* daquilo que não nos é familiar, que difere de nossos valores habituais e ofende a nossa ignorância, ficaremos estupefatos diante da riqueza que está ao nosso alcance e que ainda não estamos conseguindo usufruir e que, possivelmente, se constitui como o maior desafio que o próximo milênio representa. Um outro grande passo que nos aguarda consiste em conciliar e ajustar o método analítico às modificações que certamente continuarão acontecendo, principalmente as de ordem econômica, sendo que, em meu parecer, um grande papel deverá caber a um sensivelmente melhor e mais extensivo aproveitamento da psicoterapia analítica de grupo.

NOTA

[1] Trabalho apresentado em Mesa-Redonda da 8ª Jornada de Psicanálise promovida pelo CEEPU — Centro de Estudos e Eventos Psicanalíticos de Uberlândia —, em março de 1999.

CAPÍTULO 2

Uma Revisão sobre o Desenvolvimento da Personalidade

Desde Freud conhecemos o princípio básico de que o grupo e as individualidades são indissociados e se encontram em um permanente jogo dialético entre si. Este postulado justifica a necessidade de revisarmos os principais movimentos que processam a normalidade, ou a patologia, da formação da personalidade dos indivíduos.

As considerações que seguem não visam mais do que a uma tentativa de sistematizar os conceitos evolutivos, que são amplamente conhecidos mas também comumente acompanhados de uma certa imprecisão conceitual e de uma falta de ordenamento claro, o que se deve ao fato de as contribuições dos pesquisadores procederem de múltiplas escolas do pensamento psicanalítico com diversos vértices teóricos, os quais, sob diferentes denominações, muitas vezes se superpõem, convergem ou divergem, num complexo jogo combinatório.

Por esta razão, a sumarização que se apresenta a seguir resulta de uma livre utilização dos conhecimentos adquiridos, a partir dos autores mais representativos das diversas correntes psicanalíticas, sem privilegiar nenhuma, mas, sim, pelo critério de como eles estão elaborados em nós.

INTERAÇÃO BIOPSICOSSOCIAL

Sempre há, de acordo com a equação etiológica de Freud, uma constante interação entre os inatofatores biológicos, em nível neurofisiológico, e os estímulos provenientes do mundo exterior. A evolução dos primeiros caracteriza o processo de *maturação,* sendo que o crescimento do indivíduo como um todo, especialmente o lado psicológico, é considerado como sendo o *desenvolvimento.*

Certos autores, como Melanie Klein e seguidores, por exemplo, privilegiam os fatores inatos, pulsionais, enquanto outros (como Winnicott, Kohut, Margareth Mahler e Lacan) enfatizam a importância estruturante do meio ambiente, sobretudo o da mãe.

PULSÕES

Os fatores inatos compreendem a presença de pulsões (ou impulsos) e de um Ego arcaico, o qual já traz embutido em si toda uma gama de potencialidades a serem maturadas e desenvolvidas. Tais pulsões (o termo "pulsão" é a melhor tradução para *trieb,* do original alemão, em Freud, e deve ser diferenciado de *instinkt,* cuja tradução literal designa os instintos irreversíveis e específicos para cada espécie do reino animal) são binárias, isto é, se constituem das forças coesivas e desagregadoras (*disruptivas*).

Conforme Freud, as pulsões têm quatro características: uma fonte, uma finalidade, uma força e um objeto ao qual se dirigem (exterior e/ou ao próprio corpo).

As denominações que qualificam as pulsões têm variado conforme o paradigma conceitual, em seus distintos lugares e épocas; no entanto, sempre é conservada uma dualidade. Assim, Freud inicialmente as denominou pulsões do Ego (de autopreservação) e pulsões sexuais (preservação da espécie). Posteriormente, as classificou em pulsões libidinais e agressivas, sendo que, a partir de 1920, passou a denominá-las como de vida (*eros*) e de morte (*tanatos*). Em sua concepção estruturalista, ele reuniu todas as pulsões na instância "Id" (termo latino que corresponde ao *das es* alemão).

Melanie Klein, por sua vez, inspirada em Freud, construiu toda a sua teoria a partir do conceito de "instinto de morte", sendo importante registrar que essa primitiva vivência interna de morte é semantizada pelo Ego arcaico como uma ameaça de uma total destruição interna (ansiedade de aniquilamento).

EGO INCIPIENTE

A crença na existência ou inexistência de um Ego desde o nascimento tem dividido os autores. Àqueles que utilizam o referencial dos teóricos das relações objetais (Fairbairn, M. Klein e seguidores) impõe-se a obrigatória convicção de que existe no recém-nascido um Ego rudimentar encarregado de fazer os indispensáveis contatos com o mundo exterior, com a tarefa de lidar, ainda que de uma forma muito primitiva, com os fortes estímulos provenientes tanto de dentro como de fora do nascituro. O conceito da existência inata de um Ego rudimentar fica mais claro a partir da seguinte analogia: o nascituro já respira bem antes do seu aparelho respiratório estar plenamente constituído.

Os referidos estímulos sobre o bebê podem ser prazerosos ou desprazerosos, sendo que estes decorrem sobremaneira dos estados de sede, fome, frio, dor e desamparo.

Forma-se um arranjo de combinação entre as pulsões originais e os referidos estímulos dolorosos, sendo que ambos provêm de distintas zonas corporais, e como o Ego incipiente não tem condições neurobiológicas para discriminá-las, o bebê entra em um estado de "confusão" generalizada. Em outras palavras, por falta de maturação mielínica, há uma óbvia incapacidade em fazer a discriminação entre o eu e o outro, entre o que é de dentro e o que vem de fora, entre mente e corpo, entre as fontes, objetos e conteúdos pulsionais, entre as partes e o todo corporal, ausência da noção de espaço, de tempo, etc.

Esse primitivo estado de indiferenciação do bebê com o mundo exterior (mãe) tem recebido distintas denominações. Assim, em momentos diferentes, Freud o designou como auto-erotismo, narcisismo primário, estado de Nirvana, Ego do prazer puro. Winnicott descreve-o como "estado de ilusão e onipotência". Kohut diz que se trata do "estado narcisista perene". Conforme Edith

Jacobson, corresponde ao *"self* psicofisiológico primário"*. Segundo M. Mahler, trata-se de um estado de "autismo normal" (seguido de uma condição de simbiose com a mãe). Para J. Bleger, é um "núcleo aglutinado", enquanto que Pacheco Prado o denominou "estado de entranhamento", e assim por diante.

O importante a considerar é que todas essas vivências de não-integração (ou de "desintegração", se o vértice conceitual for o da existência primária do instinto de morte) provocam um estado de ansiedade, com a conseqüente mobilização de primitivos recursos defensivos do Ego. Mais adiante, esses dois aspectos — ansiedades e defesas — serão considerados detalhadamente.

REPRESENTAÇÕES NO EGO

De alguma forma, todas as sensações indiscriminadas vão sendo registradas (como que "fotografadas") no Ego sob a forma de representações (inicialmente o estado é o de "presentações", ou seja, o registro das vivências ainda não tem uma nomeação, e elas se confundem como se estivessem, de fato, concretamente presentes).

As representações se constituem da combinação de uma série de elementos que interagem entre si: pulsões, sensações, afetos, objetos, fantasias, memória e significações.

É útil lembrar que todas as representações são revestidas de uma carga afetiva, sendo que os primeiros objetos introjetados são considerados como odiados, uma vez que eles foram os frustradores, responsáveis, portanto, pela necessidade de suas ausências serem substituídas por representações. Nos casos em que houver um nítido predomínio do ódio, estará aberto o caminho para a instalação de futuras somatizações e quadros psicopatológicos em geral.

Não é demais repetir a importância exercida pelas frustrações impostas à onipotência da criancinha como o meio indispensável para a transição do princípio do prazer para o da realidade, desde que tais frustrações sejam adequadas e coerentes para não despertarem um ódio excessivo.

EVOLUÇÃO E FUNÇÕES DO EGO

Em Freud, as primeiras etapas da estruturação do Ego estão alicerçadas nos princípios do prazer e da realidade, e seguem a seguinte escalada evolutiva: a) ausência de Ego, b) Ego do prazer puro, c) Ego da realidade primitiva e d) Ego da realidade definitiva.

É útil lembrar que, para Freud, o Ego é, antes de tudo, corporal! Dessa forma, assim como o corpo com as respectivas fantasias e significações contidas nas distintas zonas corporais está representado no Ego, também é verdade que nos distúrbios psicossomáticos é o Ego ameaçado que está representado no corpo.

À medida que o Ego vai sofrendo um processo neurofisiológico de maturação, ele vai encontrando as condições necessárias para a adaptação do princípio do prazer ao da realidade, bem como a transição de um funcionamento baseado em um processo primário para um secundário, até alcançar a possibilidade de atingir o pleno uso das funções mais nobres.

O Ego pode ser definido como um conjunto de funções, as quais, em linhas gerais, são as seguintes:

- Mediador entre o Id, o Superego e a realidade exterior.
- Mecanismos de defesa.
- Funções mentais (sensoriais e motoras, além das de atenção, memória, inteligência, pensamento, juízo crítico, capacidade de antecipação e postergação, etc.).
- Formação de símbolos.
- Processa e sedia a formação da angústia-sinal.

32 DAVID E. ZIMERMAN

- É a sede das representações e significações.
- Processa a formação das identificações e do sentimento de identidade.
- Reconhece as emoções e processa o seu destino.

PAPEL DO GRUPO FAMILIAR

Desde que nasce, até o pleno amadurecimento neurofisiológico, a evolução biológica segue um mesmo processo linear e imutável em todos os indivíduos da espécie humana. Assim, o bebê sente frio e calor desde o nascimento. Começa a ouvir a partir das primeiras semanas e a ver por volta do primeiro mês. Do sexto ao oitavo mês começa a reconhecer o corpo do outro, e, só então, poderá se reconhecer, em espelho, como uma unidade corporal. Desenvolve uma mais organizada motricidade do primeiro ao quarto ano, e a lateralidade (reconhecimento de direita e esquerda, etc.) em torno do quinto ao sexto ano. Da mesma forma, as noções de espaço, tempo, discriminação, causalidade, etc., obedecem a uma definida seqüência temporal, sendo interessante assinalar, tendo em vista o que se reedita na relação terapêutica, que a criança apresenta condições de utilizar o "não" antes do "sim".

A qualidade do desenvolvimento das funções egóicas vai depender intrinsecamente da inter-relação da criancinha com o seu meio ambiente, mais precisamente de como se processa o seu apego inato (*attachment*) com a mãe. Justamente por essa razão, o próximo capítulo estudará os papéis desempenhados pela mãe dentro de um contexto com as demais pessoas de um grupo familiar.

ETAPAS EVOLUTIVAS

Indo além da clássica concepção da evolução psíquica em fases bem delimitadas (oral, anal, fálica, etc.), pode-se dizer que a progressiva formação da personalidade é entendida, atualmente, como um longo processo de separação-individuação.

Assim, nos primórdios, o bebê não existe sem a mãe e, durante alguns meses, ambos compõem uma díade inseparável. É a primeira etapa evolutiva, e se define por um estado de indiferenciação em que prevalece uma condição de "espelhamento" com a mãe.

A fase oral propriamente dita não se restringe às gratificações e frustrações pela via exclusiva da boca, como a etimologia pode sugerir (o étimo latino *os, oris* quer dizer *boca*). Ela abrange todos os órgãos dos sentidos, sendo que a pele merece um destaque especial porque se comporta como um meio de contato e de comunicação entre o mundo interior e o exterior.

Da mesma forma, a fase anal não se limita a vicissitudes da evacuação e da micção. O desenvolvimento da capacidade muscular-motora, especialmente a marcha, assim como a articulação da fala e o exercício do uso do "não", como oposição às exigências das pessoas do seu meio ambiente, definem as principais linhas de representações no Ego dessa fase evolutiva.

Seguem-se as fases fálica (e toda a constelação edípica), a puberdade, a adolescência e as demais etapas críticas da evolução do indivíduo, cada uma com as suas bem conhecidas características específicas. O que importa ressaltar, no entanto, são as seguintes particularidades:

- Tais fases não correspondem a uma realidade biológica ou psicológica constante e imutável, antes, elas apenas assinalam a prevalência de certos tipos de comunicação com o mundo, os quais guardam as peculiaridades típicas das respectivas épocas de vida.
- Elas não são estanques; pelo contrário, há uma interpenetração das fases (e as respectivas fantasias e ansiedades) entre si. Por exemplo: nas crianças de dois a cinco anos é

muito comum a ocorrência de sonhos e pesadelos com nítidas fantasias orais canibalísticas impregnadas de um simbolismo fálico.

- Um aspecto importante em relação ao esquema de "fases" é o referente aos fenômenos de fixação, regressão e compulsão à repetição.

FIXAÇÃO

Devido a uma hiperestimulação que se forma a partir de um excesso de gratificações ou de frustrações, ou ainda de incoerência entre ambas, o Ego "fixa" certas representações relativas a aspectos do desenvolvimento da personalidade em determinada fase. Se a fixação for parcial (o que é o mais comum), teremos uma interrupção no desenvolvimento de certas funções e capacidades, sem prejuízo de outros aspectos; se a fixação for total, haverá uma detenção da evolução psíquica.

REGRESSÃO

A *regressão* corresponde ao fato de que, diante de estados de ansiedade excessiva, o indivíduo abandona algumas capacidades adquiridas e retorna às estações em que fez as fixações, ou seja, aos modos de funcionamento mais primitivos. Este fenômeno adquire uma especial importância nos grupos humanos: a história está repleta de exemplos em que as massas podem regredir a níveis arcaicos, quando, fascinadas, são comandadas por líderes carismáticos e patogênicos.

COMPULSÃO À REPETIÇÃO

A *compulsão à repetição* é um acontecimento de máxima importância para o entendimento da conduta humana. Freud a estudou a partir dos fenômenos da transferência, da elaboração repetitiva dos fatos traumáticos e, sobremaneira, do masoquismo. Baseado neste último, formulou o "instinto de morte" — uma compulsão do indivíduo a retornar ao estado inanimado. Atualmente, a compulsão à repetição é entendida como decorrente de uma necessidade irrefreável de "buscar" algo que faltou no passado, muitas vezes em um nível que visa a um retorno ao "apego" original com a mãe, independentemente se foi bom e gratificante ou frustrante e, até mesmo, se foi de natureza sádica por parte da mãe.

DESENVOLVIMENTO DA SEXUALIDADE

Sabemos todos o quanto Freud valorizou a sexualidade como o principal eixo da construção do edifício psicanalítico. No entanto, deve ficar bem claro que ele não conceituou sexualidade como sinônimo de genitalidade, como muitos detratores ainda hoje teimam em confundir.

Freud concebeu e valorizou as zonas corporais erógenas de onde partem as satisfações das necessidades básicas e postulou que um prazer extra soma-se à gratificação destas últimas. A este *plus* de prazer denominou como "sexual"; assim, o bebê mama no seio da mãe para saciar a sua fome e sede, porém o tempo extra que ele, já saciado do alimento leite, se demora em contato com o mamilo foi considerado por Freud como a expressão de uma sexualidade inerente ao prazer obtido através da mucosa de sua boca.

Em outras palavras, para Freud, todas as experiências de excitação corporal, inclusive as dolorosas, podem se tornar uma fonte de um prazer "sexual". Portanto, o conceito de sexualidade deve ser entendido em um sentido mais amplo, como toda experiência de prazer da qual participam, ao mesmo tempo, o corpo e a mente.

Freud comprovou que a criança constrói diversas "teorias sexuais", a fim de encontrar explicações para os intrigantes mistérios relativos à concepção, ao nascimento, à diferença de sexos, à doença e à morte. As distintas etapas evolutivas se interpenetram e se interinfluenciam, porém cada uma delas guarda uma certa especificidade na formação das fantasias pertinentes às teorias sexuais de cada criança, cujo destino, em combinação com as angústias formadas e os mecanismos defensivos mobilizados pelo Ego, irá determinar a normalidade ou a psicopatologia.

Tendo como base a triangularidade edípica, os modelos sexuais da mãe e do pai exercerão uma categórica definição na determinação do gênero da criança. Cabe, aqui, traçar uma importante diferença entre sexo e gênero. *Sexo* designa a condição biológica, isto é, se a criança nasce com pênis ou com vagina. *Gênero,* por sua vez, se refere a um tipo de comportamento, se masculino ou feminino, dentro dos padrões convencionais de uma determinada cultura — e depende diretamente dos modelos identificatórios. Destes últimos, os mais importantes consistem no fenômeno da transgeracionalidade, isto é, as expectativas provindas dos pais da criança (e, por tabela, dos pais internalizados destes pais) quanto à determinação de uma conduta a ser seguida pelo filho: se mais ou menos viril, se com maior ou menor valorização de atributos, tais como agressividade, passividade, delicadeza, triunfo, donjuanismo; se o gênero da criança vai ser o de preencher o "sexo" que não foi conseguido nos outros filhos, e assim por diante. Um outro aspecto que também deve ser considerado na determinação do gênero é o que se refere à pressão exercida pelos grupos sociais e pela cultura vigente.

ANSIEDADE

É de consenso entre os psicanalistas o princípio de que o bebê sofre de ansiedades desde o seu nascimento (segundo muitos autores, desde a gestação). Apesar de a ciência psicanalítica ainda não dispor de um método científico de registro e de mensuração das aludidas ansiedades, é inegável que a sua presença é confirmada por fatos objetivos. Assim, a simples observação de qualquer bebê mostra-nos o quanto ele oscila entre uma serena expressão de um completo bem-estar e um intenso sofrimento, o qual fica traduzido, entre outros sinais, por um indiscutível rito doloroso.

As ansiedades podem ser descritas a partir de distintos referenciais. Assim, ao longo de sua obra, Freud descreveu dois tipos de ansiedade: a angústia automática e a angústia-sinal. A primeira corresponde a um excesso de estímulos que o Ego não tem condições de processar e, por isso, os reprime; daí o surgimento da ansiedade por represamento. A conhecida "angústia-sinal" (descrita a partir de 1926, em *Inibição, sintoma e angústia*), ao contrário da anterior, é concebida como um sinal que o Ego emite diante de uma ameaça, e só então é que se processa a repressão.

Para M. Klein, a ansiedade se manifesta por três modalidades: a) persecutória (corresponde à posição esquizoparanóide), b) depressiva (corresponde à posição depressiva), c) confusional (entre as duas anteriores).

Do ponto de vista genético-evolutivo, a partir do fato de que cada etapa da vida do indivíduo determina uma certa especificidade na configuração das ansiedades, pode-se traçar o seguinte esquema conceitual:

- *Ansiedade de aniquilamento* (também conhecida como desintegração, desmantelamento, despedaçamento, catastrófica, etc.). Está presente desde o nascimento e corresponde à intensa presença, no interior do bebê, das pulsões agressivas (instinto de morte, na teoria kleiniana) e dos estímulos desprazerosos. Assim, as primeiras frustrações são semantizadas como uma ameaça de morte, como um aniquilamento da vida.

- *Ansiedade de engolfamento.* Corresponde a uma fixação na etapa evolutiva em que há uma indiferenciação entre o eu e o outro, tal como ocorre na díade fusional mãe-filho, de natureza simbiótica-narcisística.
- *Ansiedade de separação.* Forma-se durante a primeira infância e é devida a duas condições básicas: uma é o medo da perda do objeto necessitado, e a outra, o da perda do amor deste objeto. É claro que estes medos tanto podem estar justificados por uma realidade exterior desfavorável, como ela pode ser conseqüente de fantasias inconscientes, sendo o mais comum uma combinação de ambas.
- *Ansiedade de castração.* Está intrinsecamente ligada às conhecidas vicissitudes que cercam o conflito edípico. Não é demais ressaltar que, em grau moderado, esse tipo de ansiedade é muito importante para a estruturação psíquica, porquanto é ela que introduz a presença e a "lei" do pai para desfazer a díade simbiótica com a mãe, assim permitindo a transição do plano imaginário narcísico para o simbiótico e o real edípicos.
- *Ansiedade decorrente do Superego.* Esta forma de ansiedade forma-se a partir dos mandamentos, proibições, valores e expectativas dos pais, bem como dos paradigmas sócio-culturais de uma determinada geografia e época, estendendo-se até o período de latência.

É útil enfatizar os três aspectos seguintes relativos ao fenômeno da ansiedade: a) comumente, os diversos tipos de angústias citados anteriormente não são estanques entre si; antes, elas se tangenciam e interpenetram; b) os derivados clínicos da ansiedade costumam manifestar-se por somatizações, *actings* ou sentimentos de culpa, vergonha, medo e humilhação; c) podem manifestar-se por um estado de angústia livre, traduzida por concomitantes equivalentes fisiológicos, tais como uma opressão pré-cordial, dispnéia suspirosa, sudorese e sensação de cabeça inchando, entre outros.

MECANISMOS DE DEFESA

Com esta expressão designam-se os distintos tipos de operações mentais que têm por finalidade a redução das tensões psíquicas internas, ou seja, das ansiedades.

Os mecanismos de defesa se processam pelo Ego e são, praticamente, sempre inconscientes. Se admitirmos a hipótese de que a ansiedade está presente desde o nascimento, como postula a escola kleiniana (além do que é útil lembrar o "trauma do nascimento" de Otto Rank), teremos que aceitar a crença de que o Ego rudimentar do recém-nascido está lutando para se livrar dessas angústias penosas e obscuras. É óbvio que quanto mais imaturo e menos desenvolvido estiver o Ego, mais primitivas e carregadas de magia serão as defesas.

Pode-se dizer que o mecanismo fundamental do Ego é o de rejeitar de qualquer forma — através da utilização das múltiplas formas de Negação — a vivência e o conhecimento de tais vivências ansiogênicas.

As formas mais primitivas de Negação, alicerçadas em uma onipotência mágica, são as seguintes:

- *Negação em nível mágico.* A forma extrema, própria dos estados psicóticos, é denominada *Forclusão* (ou Repúdio) e consiste em fazer uma negação, extensiva à realidade exterior, e substituí-la pela criação de uma outra realidade ficcional (o melhor modelo está contido no fenômeno que Freud descreveu como a "gratificação alucinatória do seio", quando o bebê está desprovido do mesmo). Uma outra forma de negação em nível de magia, porém de menor gravidade do que a forclusão psicótica, por ser mais parcial e estar encapsulada no Ego, é a que conhecemos como *Denegação* (ou Renegação, Recusa, Desmentida). Tal defesa é típica das estruturas perversas e consiste em um mecanismo no qual o indivíduo nega o conhecimento de uma verdade, que bem no fundo ele sabe que existe (o melhor modelo é o que ocorre no fetichismo, da maneira como Freud descreveu tal perversão: o sujeito sabe que a mulher não tem pênis; no entanto, para negar a sua ansiedade baseada na fantasia de que esta falta se deve a uma castração que de fato tenha ocorrido, ele denega a verdade com um pensamento do tipo "não, não é verdade que a mulher não tem pênis", e reforça essa falsa convicção com a criação de um fetiche).

- *Dissociação* (das pulsões, dos objetos, dos afetos e do Ego).
- *Projeção* (nos primórdios da vida, é uma forma de se livrar de tudo aquilo que for desprazeroso).
- *Introjeção* (é uma forma de incorporar tudo o que puder contra-arrestar o mau que a criança sente como estando dentro de si).
- *Idealização* (de si próprio ou de outros como uma forma de evitar uma sensação de impotência e de desamparo).

À medida que o Ego for evoluindo e amadurecendo neurobiologicamente, ele começa a empregar defesas menos arcaicas, tais como o *deslocamento,* a *anulação,* o *isolamento,* a *regressão* e a *transformação ao contrário.* Tais defesas são típicas dos quadros obsessivo-compulsivos e fóbicos, o que não quer dizer, é claro, que não estejam presentes em outras situações caracterológicas e psicopatológicas.

Por sua vez, um Ego mais amadurecido tem condições de utilizar defesas mais estruturadas, como a *repressão,* a *racionalização,* a *formação reativa* e a *sublimação.*

É preciso deixar bem claro que, em sua ausência, todos esses mecanismos defensivos são estruturantes para a época de seu surgimento. No entanto, todos eles, se indevida ou excessivamente utilizados pelo Ego, podem funcionar de uma forma desestruturante. Um exemplo é a utilização da identificação projetiva: ela tanto pode servir como um meio de se colocar no lugar de um outro (empatia), como pode ser a responsável pelas distorções psicóticas do campo das percepções.

Por outro lado, a importância dos mecanismos de defesa pode ser medida pelo fato de que a modalidade e o grau de seu emprego diante das ansiedades é que vão determinar a natureza da formação — e a normalidade ou patologia — das distintas estruturações psíquicas.

FUNÇÕES DA MENTE

A finalidade primeira do ser humano é a de adaptar-se (cuidado: não confundir com "acomodar-se") ao meio ambiente que o cerca, às pessoas e aos grupos humanos com os quais convive e partilha experiências. A função de adaptação é feita através de capacidades do Ego consciente, como são, entre tantas outras, as de percepção, pensamento, juízo crítico, conhecimento, linguagem, comunicação e ação.

A função de *percepção* diz respeito ao tipo de ótica com que o indivíduo percebe os demais, ou seja, de como pensam, sentem e intencionam. Os distúrbios da percepção, desde os discretos — inerentes ao cotidiano de qualquer pessoa — até os mais graves, sob a forma de alucinações ou delírios psicóticos, são resultantes de um demasiado e inapropriado uso de identificações projetivas e introjetivas. Por outro lado, os traços caracterológicos predominantes em cada indivíduo é que irão se constituir como as lentes desta ótica perceptual: assim, uma mesma pessoa, ou acontecimento, é percebido de forma diferente, se o observador for um paranóide, um depressivo ou um narcisista, e assim por diante. A forma como se processa a percepção influencia e é influenciada pelas demais funções do Ego, a saber:

O *pensamento,* atributo exclusivo do ser humano, apresenta em seu desenvolvimento evolutivo uma escala crescente de complexidade e sofisticação, de acordo com uma ordenação cronológica e segundo as leis da maturação neurobiológica específicas da espécie humana. Assim, desde uma forma primitiva, em que não há uma obediência aos princípios da lógica, mas sim aos da magia e concretude, o pensamento pode evoluir até o nível abstrativo-simbólico, que possibilita a sua utilização para fins dedutivos-científicos. Os estudos de Piaget, epistemólogo suíço, são de fundamental importância para um melhor entendimento das sucessivas etapas que caracterizam a estruturação da função do pensamento.

Bion, a partir de referenciais psicanalíticos, foi um profundo estudioso dos processos do pensamento, tendo postulado que a gênese dos mesmos depende essencialmente de uma maior ou menor capacidade do Ego em tolerar as frustrações, o que se deve ao montante de ódio que pode resultar das situações frustrantes e vir a impossibilitar o aprendizado que todo indivíduo deve extrair das experiências da vida, sendo que esse aprendizado, nos casos em que o ódio for excessivo, fica substituído pela onipotência e a onisciência. Bion vai mais longe: ele considera que o ato de pensar pode estar composto por elementos α (alfa) (permitem a elaboração dos sonhos, a comunicação, a abstração, etc.) ou β (beta), os quais não têm uma função elaborativa, mas sim evacuativa, como é o caso dos *actings.*

É útil estabelecer uma distinção entre pensamento, juízo e raciocínio. O juízo crítico supõe uma capacidade do Ego em articular e discriminar os diversos pensamentos que estão separados entre si. A função de raciocínio, por sua vez, implica em uma articulação dos vários juízos.

A função de *conhecimento* está ganhando uma crescente importância em todas as correntes psicanalíticas, sendo que alguns autores, como M. Klein, chegaram a postular a existência de um impulso epistemofílico. As evidências da relevância do conhecimento podem ser encontradas desde a Bíblia, passando pela Mitologia, Filosofia, Literatura, Ciência e Psicanálise.

Assim, a Bíblia enfatiza os castigos que Deus impôs a Adão e Eva por terem transgredido a sua proibição de não comerem os "frutos da árvore do conhecimento". No campo da Filosofia, basta mencionar Sócrates, o qual pode ser considerado um legítimo precursor da ideologia psicanalítica, pelo fato de que ensinava seus discípulos a "fugirem das verdades acabadas", insistia com eles que "a verdade é difícil porque dói", e os estimulava ao exercício da indagação e da reflexão para um autoconhecimento, único caminho, segundo ele, "para atingir a felicidade". Por isso, Sócrates foi considerado perigoso, julgado e condenado. Na Literatura, vamos nos limitar ao clássico drama shakespeariano de Hamlet, debatendo-se entre a cruel dúvida do "ser ou não ser" (na verdade, "saber ou não saber"). Da mesma forma, Sófocles nos dá um relato dramático do mitológico Édipo penando entre as dúvidas entre conhecer ou não a terrível verdade que, ao ser revelada, lhe custou o cruel castigo da cegueira que ele se auto-impôs. No campo das Ciências Físicas, sabemos todos do terrível castigo que foi imposto, pelo *establishment* da época, ao físico Copérnico e, posteriormente, a Giordano Bruno, pelo "crime" de ambos terem revelado ao mundo um conhecimento que o narcisismo humano se recusava a aceitar: o de que a Terra não era o centro do universo, como ensinava Ptolomeu, não passando de um simples satélite do sistema solar. Da mesma forma, Freud amargou, durante muito tempo, impiedosa hostilização e desprezo por ter ousado desvelar o conhecimento, denegado, de que as puras e ingênuas criancinhas não só eram portadoras de uma sexualidade, como, ainda, sua constatação era evidente a quem tivesse a coragem de ver e conhecer.

Entre os autores psicanalíticos que têm estudado com profundidade a normalidade e a patologia do conhecimento, é justo destacar Bion, que estuda a função do "não-conhecimento" (-K, sendo que K é a inicial de *knowledge:* conhecimento) como uma forma que o Ego utiliza quando não quer, ou não pode, tomar ciência da existência de verdades penosas, tanto externas quanto internas. Para esse propósito, segundo Bion, o Ego chega a se automutilar, pois lança mão de um "ataque aos vínculos" que permitiriam a percepção e a correlação de tais verdades intoleráveis. Como referimos antes, o grau máximo dessa negação da tomada de conhecimento é denominado *forclusão* (termo de Lacan), fenômeno muito estudado para uma melhor compreensão das estruturas psicóticas.

O uso exitoso do conhecimento implica, necessariamente, uma boa capacidade de discriminação por parte do Ego, ressaltando-se que a ênfase dada a essa função se deve ao fato de que o "saber" é o caminho que leva o indivíduo a "ser".

Linguagem e Comunicação

Da boa ou má resolução das funções do pensamento e do conhecimento resultará a qualidade da estrutura lingüística e comunicacional. Nos primeiros tempos da vida, o bebê comunica-se com o mundo através de uma linguagem corporal (choro, careta, vômito, diarréia, etc.). Se a mãe consegue descodificar as mensagens emitidas por essa linguagem primitiva, vai se formando um clima de entendimento recíproco, o qual propicia a formação de núcleos de confiança básica no *self* da criancinha. Respaldada nessa confiança básica, a criança vai poder tolerar a frustração de vivenciar as perdas temporárias da mãe, em função das inevitáveis separações físicas com ela. A possibilidade da criança fazer a substituição de um objeto ausente (inicialmente a mãe) por uma representação deste constitui o início de uma importantíssima função egóica: a formação de símbolos. É importante destacar que a aquisição da palavra, cuja relevância é desnecessário ressaltar, se constitui como um símbolo, portanto uma via de acesso ao campo das abstrações, das conceituações e da comunicação verbal.

No entanto, nos indivíduos nos quais a capacidade de formação de símbolos tenha ficado seriamente prejudicada, a palavra pode estar sendo utilizada a serviço das "equações simbólicas". Esta expressão designa uma condição na qual o pensamento, e daí as palavras, adquire uma concretude mágica e se confunde como se, de fato, fosse as coisas que apenas deveria representar.

Por outro lado, não é demais repetir que a linguagem própria do Discurso dos pais (conteúdo, forma, significação, estilo, etc.) vai assumindo uma decisiva importância na estruturação não somente da modalidade de linguagem e de comunicação do filho, como também na do seu próprio inconsciente.

A função de *ação* do Ego corresponde ao plano comportamental, ou seja, da conduta do indivíduo. É preciso considerar que o ser humano tem uma característica única que o distingue de qualquer outro na escala animal: um longo período de tempo em que ele fica inerte, sem condições motoras, e totalmente entregue aos cuidados de quem está à sua volta. Desde o nascimento há um enorme afluxo de sensações e informações vindo do exterior e do organismo da criança, provocando um aumento da tensão interna, a qual ela não tem condições de descarregar através da motricidade e da ação. A existência de uma enorme defasagem entre a maturação sensória e a motora, assim como a que há entre o desenvolvimento das gônadas e a capacidade genital para a reprodução, é exclusiva da espécie humana.

Tudo isso prolonga e intensifica a dependência da criança e estabelece profundas conexões entre as suas sensações e fantasias e a sua capacidade motora, sobretudo a da marcha. Se não houver uma suficiente harmonia entre a conduta e as funções do pensamento e do conhecimento, o indivíduo reproduzirá as mesmas vivências de sua impotência infantil e descarregará as suas ansiedades não através de atividades sublimadas, mas, sim, através de atos e condutas sintomáticos. Constituem exemplos disso a conduta inibida em demasia (própria dos obsessivos), a sedutora (como nas estruturas histéricas), a psicopática e a perversa, entre outras, sendo que cada uma estará expressando uma configuração específica de personalidade, assim como traduzindo uma forma arcaica de comunicação.

Não são todos os estudiosos do comportamento humano que privilegiam o seu entendimento como devendo partir sempre da estrutura psíquica do mundo interior do indivíduo. Há uma expressiva corrente — denominada comportamentalista (ou behaviorista) — que preconiza um caminho inverso, ou seja, o de que uma mudança psíquica deve se processar a partir de estímulos — tanto os positivos como os inibitórios — provindos de um treinamento da conduta exterior.

AQUISIÇÃO DO SENTIMENTO DE IDENTIDADE

A meta maior do desenvolvimento de todo indivíduo é a aquisição de uma plena identidade. Isso significa que ele, após a inevitável passagem pelas etapas simbiótico-narcisistas, nas quais esteve indiferenciado da mãe e do ambiente, vai gradativamente adquirindo condições de maturação e desenvolvimento em direção a uma progressiva diferenciação, até atingir as condições de uma constância objetal e de uma coesão do *self* que lhe permita ter vida própria e vir a ser alguém autônomo e autêntico.

O sentimento de identidade se processa em vários planos — sexual, social, profissional, etc. — e se forma a partir das identificações. Em relação à estruturação das identificações e da formação das diversas formas de identidade, os seguintes fatores devem ser levados em conta:

- Os valores socioculturais, com as suas normas, hábitos, leis e preconceitos.
- As pessoas que, em seu jeito de ser, são tomadas como modelos de identificação (no início, os pais e demais familiares; mais tarde, os professores, colegas, etc.).
- O Discurso dos pais, que veiculam "enunciados identificatórios", ou seja, impregnam a criança de rótulos ("este menino é uma peste, um preguiçoso...") e de predições ("este menino, quando crescer, será um médico famoso" ou "um vagabundo", etc.). A imputação destes rótulos e predições pode determinar que a criança se identifique com a identidade que lhe é imposta, sendo que a conseqüência mais comum é a de que a sua conduta irá confirmar o "aviso" dos pais e, assim, forma-se um círculo vicioso que pode adquirir uma natureza maligna.
- As identificações que estão previamente presentes no mundo interior de cada um dos pais da criança, com os respectivos conflitos, valores, expectativas e proibições, sendo que, como todos sabemos, tudo tende a ser reproduzido nos filhos.
- A forma como o pai está representado dentro da mãe (e vice-versa) e, portanto, de como a sua figura será transmitida ao filho, e assim introjetada por ele. Tal representação tem especial importância na determinação da identidade de gênero e na profissional.
- Os significados que os educadores conferem aos fatos, atos, sentimentos e palavras que constituem as experiências da vida cotidiana da criança. Por exemplo: uma mãe fobígena emprestará um significado de perigo-pânico a qualquer acontecimento natural da vida de cada um (uma tempestade, uma doença, etc.).
- Os papéis que devem ser desempenhados no contexto familiar e social, sendo adjudicados pelos pais aos filhos.

O senso de identidade, como já ressaltamos, não se constitui como um bloco monolítico; pelo contrário, um indivíduo pode estar identificado, total ou parcialmente, com várias figuras diferentes, sendo que, em relação a cada uma, pode estar havendo uma identificação com aspectos contraditórios de uma mesma pessoa. Desta forma, por exemplo, um indivíduo pode estar identificado, ao mesmo tempo, com o lado tirânico e com o lado bondoso de um mesmo pai, e assim por diante, em uma complexa rede de combinações. Assim, a identidade de um indivíduo tanto pode ser estável como instável, harmônica ou desarmônica, autêntica ou falsa, de natureza narcisista ou socialista, etc.

Em termos grupais, é útil registrar pelo menos dois tipos de formação do senso de identidade. Um se refere ao tipo de identidade que é erigida em torno do que conhecemos como um "falso *self*", ou seja, o indivíduo adquire uma personalidade camaleônica, procurando ostentar uma conduta e valores que lhe garantam a aprovação e a admiração dos demais, nem que para tanto apele para algum tipo de impostura. Um segundo tipo de identidade a ser destacado é o de natureza fortemente narcisista. Neste caso, o indivíduo se comportará em grupos sociais de uma forma que lhe garanta, a qualquer custo, a manutenção de sua auto-estima, a qual é forte unicamente na aparência, porquanto frágil na essência. O paciente portador de uma identidade narcisística utilizará as pessoas dos grupos com quem convive de uma forma a envolver aqueles que se prestam a lhe devotar uma admiração e uma sujeição incondicionais. Sabemos que os indivíduos predominantemente narcisistas, em sua desesperada luta para que a sua auto-estima não despenque, necessitam: a) eleger algum atributo que funcione como um fetiche representativo de um grande valor (beleza, poder, prestígio, riqueza); b) a este atributo, o narcisista empresta uma escala de valorização binária, ou seja, ou ele é o melhor ou o pior, etc.; c) da mesma forma, a identidade narcisística se caracteriza pelo fato de que a parte costuma ser significada como se fosse o todo. Assim, diante da evidência de uma parte do corpo considerada feia (nariz, excesso de peso, etc.), a identidade desse indivíduo pode tomar uma configuração baseada em uma convicção de que ele é totalmente horroroso. Resulta daí que, com facilidade, o seu sentimento de identidade se transmuda para o de uma intensa desvalia, possivelmente acompanhado de um quadro clínico depressivo.

As múltiplas e variadas vicissitudes que acompanham o desenvolvimento dos indivíduos determinam uma maior ou menor patologia da estruturação caracterológica, assim como a formação de detenções evolutivas, de pontos parciais de fixação para futuras regressões, de inibições, sintomas, estereótipos e os mais diversos quadros clínicos que se formam a partir do tipo e grau de ansiedades e dos mecanismos de defesa que o Ego lança mão para contra-arrestá-las.

O Capítulo 4 objetiva, justamente, sumariar como tais estruturas se manifestam na clínica.

CAPÍTULO 3

O Grupo Familiar: Normalidade e Patogenia da Função Materna

O GRUPO FAMILIAR

Atualmente é consenso entre todos os psicanalistas, independentemente se a orientação conceitual deles se inclina mais para o foco pulsional ou ambiental, que o *grupo familiar* exerce uma profunda e decisiva importância na estruturação do psiquismo da criança, logo, na formação da personalidade do adulto e, também, na formação dos seus *grupos internos*, cuja importância reside no fato de que tais grupos é que vão determinar como o sujeito irá interagir e configurar as suas relações grupais e sociais com os inúmeros demais grupos com os quais conviverá ao longo da vida.

O termo *grupo familiar* designa não apenas a influência exercida pela mãe, mas também a do pai, irmãos, os inter-relacionamentos entre eles, e também a das demais pessoas que interagem diretamente com a criança, como babás, avós, etc. Neste capítulo, dada a sua extraordinária importância, nos deteremos mais demoradamente na *função materna*, tomada em seu sentido genérico, que tanto pode referir-se unicamente à mãe concreta, como a qualquer outra pessoa que, de forma sistemática e profunda, venha a exercer essa função.

Em relação aos fatores que influem decisivamente na formação da dinâmica do grupo familiar, os seguintes merecem uma consideração especial.

Fatores Socioculturais

Preliminarmente, é útil lembrar que a configuração dos *grupos familiares* vem sofrendo profundas transformações com a passagem das sucessivas gerações, e é inquestionável que isso traz significativas repercussões no bebê, na criança, no adolescente e futuro adulto, tanto no que diz respeito à formação de sua identidade individual, como também à grupal e social. Alguns dos fatores culturais e sociológicos que contribuem para este estado de coisas são:

- Um novo significado de família, com novos valores, expectativas e papéis a serem desempenhados.
- Uma maior emancipação da mulher, que geralmente deve trabalhar fora e que, por isso, deve fazer uma extenuante ginástica para conciliar as funções de maternagem com as profissionais.
- Em contrapartida, também o perfil do homem tem mudado bastante, especialmente quanto à sua maior participação na economia doméstica e nos cuidados precoces com os filhos.
- Igualmente os avós, de modo geral, não têm mais o mesmo tipo de uma disponível participação ativa que tinham junto aos netos.
- O crescente índice de divórcios e recasamentos, sendo que, nesse último caso, acresce o fato de uma mistura dos respectivos filhos.
- Um número cada vez maior de mães adolescentes e solteiras.
- Um significativo aumento de casais estáveis de homossexuais, inclusive com a adoção de filhos, situação essa que conta com a aceitação de muitos países desenvolvidos.
- Igualmente, deve pesar o fato de que é cada vez maior a separação precoce dos filhos (a da filha, principalmente) em relação aos pais.
- Uma crescente mentalidade consumista, em grande parte ditada pela "mídia", que também exerce influência na formação de valores ideológicos.
- A angustiante necessidade de ter que conviver com a violência urbana; uma generalização da angústia de ordem econômica, etc.

Dinâmica do Grupo Familiar

A família se constitui como um campo dinâmico, no qual agem tanto os fatores conscientes como os inconscientes, sendo que a criança, desde o nascimento, não apenas sofre passivamente a influência dos outros, como, reciprocamente, é também um poderoso agente ativo de modificações nos demais e na estrutura da totalidade da família.

Um primeiro fator a ser considerado é a *transgeneracionalidade*, isto é, cada um dos genitores da criança mantém a internalização de suas respectivas famílias originais, com os correspondentes valores, estereótipos e conflitos. Há uma forte tendência no sentido de que os conflitos não resolvidos pelos pais da criança com os seus respectivos pais originais interiorizados (como, por exemplo, os conflitos edípicos de cada um deles) sejam reeditados nos filhos. A propósito disto, é relativamente comum que uma mãe, fixada edipicamente em seu pai, menospreze o seu marido, enquanto repete com o filho o mesmo enredo incestuoso mal resolvido; desta forma, ela delega ao filho o papel de tomar o avô (o pai dela) como um admirado modelo para identificação, com a exclusão da figura paterna, que resta desvalorizada. É claro que o mesmo vale para as fixações mal resolvidas do pai, reproduzidas através dos filhos.

Não são somente os conflitos neuróticos (ou psicóticos, psicopáticos, perversos, somatizadores, etc.) das gerações precedentes da família nuclear que se reeditam nos próprios pais, e dentre eles, e daí para os filhos, numa combinação que envolve, no mínimo, três gerações, num continuado jogo de mútuas reprojeções. Também há a transmissão de valores e de significados, tanto os de natureza *pulsional* (por exemplo: o estímulo excessivo, ou o bloqueio, da sexualidade, ou da agressão), como também os *egóicos* (identificação com certos atributos e capacidades, por exemplo), os provindos do *Superego* (mandamentos e proibições) e do *Ideal do Ego* (ambições e expectativas).

Assim, o grupo familiar vai se unindo através das recíprocas e prévias representações internalizadas em cada um, de sorte que a família, além de sua condição real e concreta, também se configura como uma entidade abstrata, a qual pode constituir para a criança uma estrutura interna mais importante do que cada pessoa separadamente. É comum que cada membro exerça uma exigência para que os outros conservem uma mesma imagem da família, e isso faz com que a identidade de cada pessoa se apóie na família compartida que os outros têm dentro de si. Destarte, faz muita diferença na evolução psíquica de um indivíduo se a sua família compartida o deixa orgulhoso ou envergonhado, se tem uma tradição a cumprir ou não, e assim por diante.

O grupo familiar nunca é estático; antes, sofre contínuas transformações e comporta-se como um campo grupal dinâmico, onde circulam, em todos os níveis, uma rede de necessidades, desejos, demandas, relações objetais, ansiedades, mecanismos defensivos, mal-entendidos da comunicação, segredos ocultos ou compartilhados, afetos contraditórios, etc., sendo necessário destacar três aspectos essenciais: 1) as características pessoais, em todos os sentidos, do pai e da mãe separadamente, e especialmente da relação entre eles, sendo que é essencialmente relevante a imagem e a valoração que cada um deles tem em relação ao outro, pelo fato de que essa imagem é que, em grande parte, constituirá as *representações* internas que o filho terá de cada um dos pais e, por conseguinte, de si mesmo; 2) este fenômeno está diretamente conectado com o aspecto das *identificações*, matéria-prima da formação do primacial *sentimento de identidade* e da auto-estima; 3) a designação e definição de *papéis* (como, por exemplo, o de *bode expiatório*; *orgulho da mamãe*; *doente da família,* etc.) a serem cumpridos dentro e fora da família.

De acordo com todos os aspectos referidos, as famílias estruturam-se com um perfil caracterológico variável de uma para outra, porém com uma especificidade típica de cada uma, que, por exemplo, pode ser de natureza excessivamente simbiótica ou de características predominantemente obsessivas, narcisistas, paranóides, fóbicas, depressivas, sadomasoquistas, etc., ou, naturalmente, apresentam-se como famílias bem estruturadas e sadias.

Uma família bem estruturada requer algumas condições básicas, como a necessidade de uma hierarquia na distribuição de *papéis, lugares, posições* e *atribuições,* com a manutenção de um clima de liberdade e respeito recíproco entre os membros. Caso haja um uso exagerado de *identificações projetivas* de uns nos outros, a tal ponto que predomine uma posição geral *esquizoparanóide* em detrimento de uma *depressiva,* haverá o grave risco de que se percam os necessários limites, direitos, deveres, privilégios e o reconhecimento das limitações de cada um e, conseqüentemente, os lugares que cabem a um pai, mãe ou filho podem ficar borrados, confusos ou trocados.

Qualquer uma dessas situações, é óbvio, repercute fundamentalmente na formação do psiquismo do filho, e isso justifica que nos alonguemos nos lugares e funções que, basicamente, cabem aos progenitores, notadamente a função materna, desde o nascimento do filho.

NORMALIDADE E PATOGENIA DA FUNÇÃO MATERNA

Devido à razão de que a estrutura de um grupo terapêutico lembra bastante a de um grupo familiar, sendo que a relação do terapeuta com os seus pacientes, especialmente os mais regressivos, guarda muita semelhança com a de uma interação mãe-filhos, impõe-se a necessidade de nos alongarmos em relação aos principais atributos que caracterizam uma boa maternagem.

Assim, uma adequada maternagem — que Winnicott denomina como sendo aquela provinda de uma *mãe suficientemente boa* — alude ao fato de que essa mãe não frustra e nem gratifica de forma *excessiva,* possibilitando um sadio crescimento do *self* do seu filho. Essa condição de maternagem requer uma série de atributos e funções da mãe, que tanto podem pautar por uma normalidade como também adquirir características patogênicas. Pela extrema importância que esses múltiplos aspectos da relação mãe-filho exercem no desenvolvimento do ser humano, cabe descrevê-los separadamente.

Normalidade da Função Materna

Uma mãe *suficientemente boa* (termo de Winnicott), levando em conta as óbvias diferenças individuais de cada uma delas, deve preencher satisfatoriamente as seguintes condições:

- Ser *provedora* das necessidades básicas do filho (de sobrevivência física e psíquica: alimentos, agasalho, calor, amor, contato físico, etc).
- Exercer a função de *paraexcitação* dos estímulos que o Ego incipiente da criança não consegue processar, pela sua natural imaturidade neurofisiológica. Esses estímulos tanto procedem das tensões e traumatismos derivados das primeiras experiências sensoriais e emocionais da infância, como também se originam nas desprazerosas sensações emanadas do próprio corpo. Neste caso, elas podem ser *exteroceptivas* (parte externa do corpo), *proprioceptivas* (camadas profundas da pele), *enteroceptivas* (órgãos internos, como, por exemplo, uma cólica intestinal do bebê), *cenestésicas* (sensação de equilíbrio). A mãe compreendendo e, na medida do possível, atendendo aos apelos do bebê, o alivia das tensões insuportáveis que se expressam por um estado de excitação.
- Possibilitar uma *simbiose adequada*: as sensações corporais antes referidas adquirem uma grande dimensão na criancinha, pois, além do fato de ela não ter condições de reconhecer de onde as sensações procedem nem as diferenças entre elas, essas ainda vêm acompanhadas de uma arcaica sensação de "não integração" das diversas partes do corpo. Assim, é função da mãe, de certa forma, "emprestar o seu corpo" ao bebê, temporariamente, através do "encaixe" dos corpos de ambos, o que se traduz na forma de quando a mãe o segura no colo, o embala, faz a sua higiene, etc.
- *Compreender e descodificar* a arcaica linguagem corporal do bebê, que vai se transformando gradativamente desde os iniciais reflexos sensório-motores até uma crescente maturação neuronal e da corticalidade cerebral. Uma das formas de o bebê comunicar-se com a mãe é através do *choro* (pode ser o sono, as mamadas, etc.), e cabe à mãe descodificar se este choro expressa fome, frio, fraldas *"cocosadas"*, dor no ouvido, cólica, um apelo por companhia, etc.; essa presença continuada da mãe que "entende e atende" a essas necessidades básicas do bebê vai propiciar para a criança um *senso de continuidade*, baseado na prazerosa sensação de que ela "continua a existir".
- Uma maternagem adequada também implica não só essa necessária *presença* da mãe, mas também a sua condição de saber *estar ausente* e, com isso, promover uma progressiva e necessária "desilusão das ilusões".
- Isso nos remete a uma função essencial de uma boa maternagem: a de *frustrar adequadamente*. As frustrações, além de serem inevitáveis, também são indispensáveis ao crescimento emocional e cognitivo da criança. No entanto, como será exposto mais adiante, as frustrações podem se constituir como patogênicas, se incorrerem em um destes extremos: as frustrações poderiam ter sido evitadas, sem prejuízo para ninguém; são excessivamente escassas, ou por demais exageradas; ou, ainda, continuadamente incoerentes. Especialmente no caso de as frustrações ambientais serem excessivas e inadequadas, o bebê reage agressivamente com a emissão de sinais de forte agitação, como que à espera de que alguém contenha as suas sensações e primitivas emoções intoleráveis (as quais constituem aquilo que Bion denomina como "elementos beta", que são "evacuadas" para fora através das "identificações projetivas".
- A função de a mãe *conter* as aludidas cargas de identificações projetivas está sendo reconhecida como fundamental para a estruturação sadia da criança. Essa capacidade de *continência*, ou de *rêverie*, como Bion as denomina (Winnicott a conceitua com o nome de *holding*), implica no exercício da *função alfa* (conceituação de Bion).

- Essa última consiste na função de a mãe: estar disponível para *acolher* o "conteúdo" das necessidades e angústias da criança; *contê-las* dentro de si; *descodificá-las; transformá-las*; dar para si própria um *sentido*; um *significado*; uma *nomeação* e, daí, uma *devolução* para o filho da compreensão das referidas angústias, agora devidamente desintoxicadas. Posteriormente, além das necessidades básicas, com as respectivas angústias, a mãe também terá que ser continente dos desejos, demandas e ataques agressivos, do tipo da fase da teimosia e birra que acompanha aquela da criança sistematicamente dizer "não", de acusar a mãe com "tu és má", "não gosto de ti", "tu não existes para mim"..., e a mãe "sobreviver" tranqüilamente a esses ataques.
- A função de *rêverie* deve vir acompanhada de uma capacidade de *empatia*, ou seja, de uma forma de comunicação primitiva entre a mãe e o bebê, através da qual a mãe consegue "intuir" o que está se passando com o filho.
- A capacidade de a mãe *sobreviver* aos ataques destrutivos e às demandas vorazes do filho, sem um revide retaliador e, muito menos, sem sucumbir a um estado de depressão (que exacerba as fantasias da criança a respeito de sua maldade e destrutividade).
- Uma boa maternagem implica que a mãe deve *permitir* que a criança exercite o seu direito — e necessidade — de devanear, imaginar e fantasiar; assim como também deve permitir temporariamente que a criança demonstre aquilo que Kohut (1971) denomina como "*self* grandioso" e "imago parental idealizada".
- Deve ser destacada a importância do *discurso* da mãe, porquanto ela dá nomes e significados de toda ordem, que ainda são desconhecidos pela criança e que, por isso mesmo, são potencialmente os fundantes dos valores e das auto-representações da criança. Uma forma particularmente importante relativa ao "discurso" da mãe é aquela que diz respeito à sua emissão de "duplas mensagens" para o filho, aspecto que será abordado mais adiante.
- A mãe deve *emprestar* as suas "funções do Ego", como as capacidades de perceber, pensar, juízo crítico, etc., de modo a organizar e processar essas funções do Ego de seu filho, enquanto ele ainda não as tem desenvolvidas.
- Um importante aspecto da maternagem consiste no fato de que a mãe representa para a criança ser como um *espelho*, tal como aparece nessa frase de Winnicott (1967), tão bela como verdadeira: "*o primeiro espelho da criatura humana é o rosto da mãe, seu olhar, sorriso, expressões faciais...*".
- Como decorrência do item anterior, torna-se necessário incluir a função materna de *reconhecimento,* não só das angústias, mas também das *capacidades* do filho, notadamente dos pequenos (para ele, enormes) progressos que esteja conquistando.
- Assim, a mãe deve favorecer a formação no psiquismo da criança de *representações* valorizadas e admiradas tanto do próprio filho como também dos pais que estão sendo internalizados pela criança. Assim, é especialmente relevante *a representação que a mãe tem do pai do seu filho, porquanto essa será a imagem que a criança terá de seu pai.* Da mesma forma, *a visão que a mãe tem dos potenciais de seu filho se torna parte importante das representações que este terá de si próprio.*
- Igualmente, a mãe deve ter bem claro para si que ela funciona como um importantíssimo *modelo de identificação* para o seu filho.
- Uma adequada maternagem deve facilitar uma lenta e gradual *dessimbiotização* e, assim, abrir um caminho para a entrada em cena de um *pai*, respeitado e valorizado. A partir daí, a mãe estará promovendo a seu filho a passagem de uma díade exclusiva com ela para um triângulo edípico. Assim, a criancinha adquire a capacidade de *reconhecimento* da existência de terceiros, o que propicia a importante transição de um estado de narcisismo para um de socialismo.

- Uma importante função materna é aquela em que a mãe funciona como um *espelho* do filho, de tal sorte que, mirando-se em seu olhar, a criança se representará como uma criança amada que faz a mãe feliz (no caso de o olhar da mãe ser de felicidade), ou vice-versa. Nesse mesmo sentido, a modalidade da *voz* com que a mãe se dirige ao filho também se comporta como um espelho.
- Da mesma forma, é relevante a maneira como a mãe *manipula* a criança durante os cuidados corporais: se com a predominância de um prazer amoroso ou com uma impaciência irritadiça, tendo em vista principalmente o fato de que o toque de suas mãos no corpo do filho, o deslizar de seus dedos vão como que "colando" os distintos pedaços corporais que ainda não estão integrados, ao mesmo tempo que vão definindo os contornos da imagem corporal, estabelecendo os limites com a realidade exterior e promovendo as primeiras inscrições e representações da imagem corporal no Ego incipiente da criança.
- É evidente que as funções estruturantes do psiquismo da criança não dependem unicamente da mãe, mas sim que, além de outras eventuais pessoas, elas estão íntima e indissociadamente conectadas às funções que comumente cabem à figura *paterna*.
- É imprescindível levar em conta como os pais dos respectivos pais da criança estão internalizados em cada um deles separadamente, porquanto isso empresta uma dimensão de, no mínimo, uma *trigeracionalidade*, numa composição grupal no mundo interno do filho, de personagens presentes-vivos e ausentes-desaparecidos-mortos, com as respectivas expectativas e valores de cada um deles, os quais vão ter uma importante influência no funcionamento do psiquismo da criança, notadamente nas suas futuras relações grupais.

Funções do Pai

Na literatura psicanalítica freudiana a figura do pai tinha um relevo extraordinário, enquanto na teoria kleiniana ficou muito ofuscada pela hegemonia atribuída à mãe, sendo que, atualmente, a psicanálise está resgatando a importância do lugar e dos papéis e funções pertinentes ao pai. Assim, dentre as fundamentais funções que devem ser exercidas pelo pai, merecem ser destacadas:

- A segurança e a estabilidade que ele dá, ou não, à mãe, na tarefa, por vezes árdua e extenuante, de bem educar e promover o crescimento do filho.
- Dentro da concepção da *transgeracionalidade*, é útil saber como foi o seu vínculo com o pai, e até que ponto ele o está repetindo com seu filho; qual a representação interna que ele tem da esposa (mãe da criança), que influirá na que o filho terá da mãe; e, também, qual o "lugar" que ele ocupa no desejo e na representação que sua esposa tem dele.
- A ênfase que merece ser dada ao papel do pai incide no fato de que a sua presença — física e afetiva — é de fundamental importância no processo de *separação-individuação* (Mahler, 1986) referente à díade mãe-filho. Em outras palavras, é o pai que, no papel de "terceiro", interpondo-se como uma cunha normatizadora e delimitadora entre a mãe e o bebê, irá propiciar a necessária passagem de Narciso a Édipo.
- É especialmente importante assinalar, nos tempos atuais, que o pai moderno também exerce a importante função de *continente*, tanto para o filho, desde os primórdios do desenvolvimento emocional primitivo, como também para a mãe (a sua esposa), porquanto tanto mais essa vier a sentir-se amparada, compreendida e contida em eventuais acréscimos de angústia, melhor mãe será.

- Assim, um pai excessivamente ausente, ou déspota, ou desvalorizado (nesse caso, muitas vezes devido ao discurso *denegridor* da mãe), impedirá que a criancinha se volte para ele e o inclua no campo afetivo-triangular. Uma decorrência direta da qualidade dessa triangulação edípica é a importância do pai como figura de *identificação sexual* tanto para o menino como para a menina.
- As adequadas frustrações impostas pela função paterna, através da colocação de *limites*, reconhecimento das *limitações* e aceitação das *diferenças*, promovem a necessária, embora dolorosa, passagem do princípio do "prazer-desprazer" para o da "realidade". Da mesma forma, as frustrações promovem um estímulo às *funções do Ego* da criança, especialmente a formação da *capacidade para pensar*.
- As fantasias inconscientes que se formam em torno da "cena primária" e que vêm a desempenhar uma decisiva determinação na tão importante resolução do complexo edípico dependem diretamente do comportamento dos pais e de como cada um deles, por sua vez, resolveu em si próprio esses mesmos conflitos edípicos. Uma vez ultrapassada a ligação simbiótica com a mãe (graças à necessária presença e função castratória da figura paterna), e resolvido o conflito edípico, a criança, mais assegurada em sua identidade, vai poder renunciar à mãe como seu interesse exclusivo, e abrir-se para uma socialização com o pai, irmãos e amizades.

Papel dos Irmãos

A literatura especializada nem sempre valoriza o *"complexo fraterno"*, isto é, a influência recíproca entre os irmãos. No entanto, essa interação é de capital importância na estruturação dos indivíduos e do grupo familiar. Pode-se dizer que os irmãos funcionam como objetos de um duplo investimento: o primeiro é o que diz respeito às conhecidas reações ambivalentes de amor e amizade, mescladas com sentimentos de inveja, ciúmes, rivalidade, etc. O segundo investimento consiste em um defensivo deslocamento nos irmãos de pulsões libidinosas ou agressivas, que primariamente seriam dirigidas aos pais.

Assim, é comum observar situações em que os irmãos criam camufladas brincadeiras eróticas entre si; ou quando um irmão torna-se um zeloso e enciumado guardião dos namoros de sua irmã mais velha; ou quando adota uma postura maternal em relação a um irmão (ou irmã) mais moço(a); ou quando se manifesta uma acentuada regressão a níveis de necessidades que estão sendo gratificadas pela mãe para um irmãozinho caçula, ou doente, e assim por diante.

Por outro lado, não é raro observar que a um irmão é dado substituir a um outro já falecido (ou abortado), de quem deve herdar tudo o que os pais esperavam daquele, como, por exemplo, nome, gênero sexual, expectativas, etc. Da mesma forma, pode-se observar o fato de que um, dentre os irmãos, desempenhe, junto a um outro, o papel de "duplo", assim complementando para este, e vice-versa, tudo o que este não consegue fazer ou ter, como é o caso das diferenças de sexo, por exemplo. Por vezes, essa condição de "duplo" adquire tal intensidade que ambos não conseguem se separar, e se envolvem em uma típica *folie a deux*, sendo que a ruptura dessa ligação simbiótica, especialmente na adolescência, pode trazer conseqüências graves para um dos dois.

Esse tipo de ligação simbiótica entre irmãos (posteriormente extensiva a todas as demais inter-relações entre eles) pode estar refletindo o modelo de como é a união dos pais, que freqüentemente assume a característica de uma simbiose que se manifesta disfarçada pelo predomínio de um recíproco *sadomasoquismo*, de sorte que o casal não consegue viver junto, porém tampouco separado.

Uma outra situação bastante comum é aquela encontrada nos indivíduos que se sabotam ou se deprimem diante de seus sucessos na vida adulta, nos casos em que eles tenham tido irmãos precocemente falecidos, ou com sérias limitações orgânicas e psíquicas, ou malsucedidos de forma geral. Essa auto-sabotagem se deve: 1) às culpas inconscientes por terem concretizado o triunfo de uma velha rivalidade com os irmãos; 2) ao fato de que, para não humilhar e fazer sofrer os que não acompanharam o seu sucesso, o sujeito faça um voto de *"solidariedade às vítimas"* e boicote o seu próprio crescimento enquanto não conseguir uma "reparação", geralmente impossível, de que os demais irmãos (e/ou pais) acompanhem o seu sucesso.

São muitos os mitos bíblicos que referem diretamente os conflitos entre irmãos — como, por exemplo, os de *Caim e Abel, Esaú e Jacob, José e seus irmãos* —, sendo que todos se constituem em um rico manancial para o entendimento da importância da patologia entre irmãos, dentro de um contexto familiar (Zimerman, 1993).

Patogenia da Função Materna

Assim como a mãe, principalmente desde os primitivos vínculos com o bebê, constitui-se como o primacial fator estruturante do desenvolvimento do filho, também costuma acontecer que as falhas da função materna sejam poderosos determinantes da "des-estruturação" do psiquismo da criança e, por conseguinte, do futuro adulto.

Dentre os fatores patogênicos — ou seja, daqueles que promovem a gênese da patologia — impõe-se assinalar os seguintes.

Simbiose

O tipo de amor que a mãe devota à criança é predominantemente *objetal* ou *narcísico?* Em outras palavras: tanto pode prevalecer nela o desejo de ter um filho para ajudá-lo a crescer até ter condições de se emancipar, como também é possível que ela sinta o filho como uma posse sua, dentro do seu projeto inconsciente de uma *"gestação eterna"*. Pode acontecer, portanto, que a mãe tenha uma *necessidade* vital do seu filho, e o induza a funcionar como o seu *complemento sexual ou narcísico*, ou ambos. Nos casos em que a mãe seja basicamente uma pessoa deprimida, ou tenha uma fobia de ficar sozinha, costuma acontecer que invista em algum dos filhos (às vezes em alguns ou em todos) um vínculo simbiótico, cimentado de culpas, de modo a garantir o seu *"seguro-solidão"*, como costumo definir essa situação, nada rara.

Corpo

Nestes casos de predominância "narciso-simbiótica", é comum que se forme uma relação muito particular da mãe com o *corpo* da criança, como pode ser visto nas situações mais extremas, nas concepções de J. MacDougall (1987) acerca de *"um corpo para dois"*. Comumente, essa "confusão dos corpos" se expressa através da determinação imposta pela mãe no uso de roupas da criança (se ela sente frio, o filho obrigatoriamente deve ficar superabrigado, mesmo que na realidade não esteja tão frio assim); na manipulação dos genitais durante a rotina higiênica; no abuso de enemas, etc.; e, particularmente, por meio da construção de uma *atitude hipocondríaca*, que obriga a criança a sentir os mesmos sintomas e angústias corporais que ela, mãe.

Prover e Frustrar

A função de "prover" implica em levar em conta as coordenadas de *espaço* (um lugar-continente para as projeções do bebê) e *tempo* (gratificar rápido demais estimula a simbiose, gratificar lento demais gera protesto porque é vivido pelo bebê como frustração). As *frustrações,* como antes destacado, tanto podem ser adequadas, quando então indispensáveis e estruturantes, como também inadequadas e desestruturantes. As frustrações inadequadas têm origem numa dessas três possibilidades:

- São por demais *escassas,* em cujo caso a mãe tende a resolver todas as necessidades e desejos da criança antecipando-se à capacidade desta de poder *pensar* para achar soluções para os problemas criados. Assim, a mãe não só inibe no filho a capacidade para pensar, como também, ao mesmo tempo, reforça excessivamente a onipotência, a vigência do "princípio do prazer" e um vínculo simbiótico que pode atingir um nível que determine uma *"identificação adesiva",* tal como Meltzer (1975) conceitua.
- Quando são continuadamente *exageradas,* tanto na intensidade como numa possível qualidade de injustiça contra o filho, essas frustrações geram na criança um sentimento de *ódio* intenso, acompanhado de uma "ansiedade de aniquilamento", com sensações corporais insuportáveis, a tal ponto que elas não conseguem ser metabolizadas e, de alguma forma, necessitam ser evacuadas (Bion denomina essas terríveis sensações como "elementos beta", as quais não se prestam para "serem pensadas", mas sim "atuadas" ou "somatizadas").
- As frustrações *incoerentes,* que provocam na criança um estado de confusão, instabilidade e um permanente sobressalto quanto à reação dessa *"mãe enigmática".*

Em resumo, cabe equacionar a existência de três tipos principais de métodos patogênicos de educação: a severidade excessiva, a indulgência excessiva e a incoerência das atitudes dos educadores, ou entre eles, e, pior que tudo, uma *indiferença* pela criança. No caso de uma exagerada indulgência por parte dos pais, uma provável conseqüência nas crianças será a formação de um Superego de características muito severas e rígidas, porquanto ela própria terá que policiar as suas ameaçadoras pulsões internas.

Conter

Em relação à importantíssima função de *continência* materna, a primeira observação a ser feita é a necessidade de que se estabeleça a distinção entre "continente" e "recipiente", porquanto este último, como o nome sugere, não passa de um mero depósito passivo, onde a criança expele os seus excrementos emocionais, como se fosse um penico. O grave prejuízo, para a criança, dessa *"mãe-recipiente (penico)",* é que ela será introjetada e representada como uma figura muito frágil e desvalorizada, aumentando no filho sentimentos culposos, de onipotência, de agravamento da dissociação da figura feminina e de uma autodesvalia.

Em contrapartida, o conceito de *"continência"* se refere a um processo ativo da mãe, no qual ela "acolhe", "transforma" e "devolve" para o filho, devidamente desintoxicado, significado e nomeado, o "conteúdo" das identificações projetivas dele. Na hipótese de que a mãe não consiga exercer essa função, a criança se vê obrigada a incrementar o uso das identificações projetivas, num movimento de *hipérbole,* como um apelo desesperado para ser compreendida e contida, e isso acarreta sérias conseqüências, as quais podem ser sintetizadas naquilo que Bion denomina como sendo *"a parte psicótica da personalidade".*

Entre outros distúrbios da "função de continência materna", além daqueles da 1) *mãe-enigmática* e da 2) *mãe-recipiente*, antes referidos, também cabe mencionar as possibilidades de: 3) uma *mãe-indiferente* (ela não "escuta", logo, não compreende e não contém as ansiedades do filho que, por isso, entra num estado de desamparo e cria vazios existenciais); 4) uma *mãe-ansiosa* que, embora amorosa, não tem boa capacidade de *rêverie* e, por isso, manipula exageradamente o filho, de modo a devolver as mesmas ansiedades que ele projetou, acrescidas das que lhe são próprias (dela). Alguns analistas da "escola francesa de psicanálise" (Rocha, 1988) referem uma *mãe-abismo* — "quando a criança é induzida a acreditar que é unicamente o complemento narcísico e sexual da mãe, sempre será insuficiente tudo que ela der ou fizer pela mãe". De um outro vértice, creio que essa "mãe-abismo" pode ser entendida como aquela que, além de não conseguir funcionar como continente do filho, ainda troca de papéis com ele, fazendo-o funcionar como continente dela, de tal maneira que, diante dos desejos insaciáveis ("abismo") da mãe, o filho deverá se comportar como *criança-rolha*.

Espelho

A "função especular materna" para o desenvolvimento da criança, onde ela se vê refletida e reconhecida no olhar da mãe, é tão importante que justifica prolongar a metáfora de *"seio bom e seio mau"* de M. Klein para a de *"olhar bom e olhar mau"* da mãe. Neste contexto cresce muito a responsabilidade da mãe real, pois, sendo um espelho do seu filho, ela tanto pode refletir o que ele realmente é, ou, qual um espelho que distorce as imagens — o que lembra aqueles espelhos côncavos e convexos que aparecem em parques de diversão —, pode refletir aquilo que ela própria é ou imagina ser. No entanto, pior que essa, há a 6) *mãe-distorcionadora*, que é aquela que funciona como um 7) *espelho-opaco*, que nada reflete, nem de bom nem de mau.

Discurso

No mínimo, três aspectos decorrentes do discurso da mãe em relação ao filho são singularmente importantes: um é o das *significações*; o outro se refere à construção das *predições e expectativas do Ideal do Ego*; e o terceiro alude ao *duplo vínculo* (composto de *duplas mensagens)*.

Significações. Diante de um mesmo fato, cada mãe pode atribuir uma significação que reflete o seu próprio mundo interno. J. MacDougall (citada em Rocha, 1988, p. 33) exemplifica com três possibilidades: a mãe que sistematicamente *condena* a experiência afetiva do filho ("basta, ninguém gosta de criança que chora"), a que *nega* ("não é verdade que você detesta seu irmão, você o adora"), ou a que a *substitui* por um discurso consoante com os problemas inconscientes dos pais.

Assim, uma mãe fóbica — portanto alarmada e alarmante — emprestará um significado de "perigo" a qualquer acontecimento (por exemplo, um raio acompanhado de um trovão ou uma briga podem adquirir um significado terrorífico de tragédia iminente, etc.) e fará a apologia da "evitação"; enquanto uma outra de características paranóides, obsessivas, narcisistas, hipocondríacas, e assim por diante, plantará na mente da criança os significados correspondentes, que poderão acompanhá-la para o resto da vida (daí por que a psicanálise contemporânea está valorizando bastante a necessidade de o psicanalista ajudar o analisando a fazer *des-significações,* seguidas de *neo-significações*).

Ideal do Ego. Uma mãe de características fortemente "narciso-simbiotizadoras" doutrinará seu filho no sentido de *quem ele é* (na visão dela), *como ele deve ser* (especialmente que aprenda a funcionar, tendo como desejo maior o de ser o maior "desejo" da mãe), *o que e quem ele será* quando crescer, e *como ele deve sentir, agir e amar* ("Teu nome é João, tu és o filhinho querido da mamãe, vais ser obediente, e vais me dar muito orgulho porque espero que sejas o primeiro da aula, e no futuro um médico famoso..."). Da mesma forma, esse tipo de mãe usará um discurso catequisador de modo a excluir a figura do pai do campo afetivo da criança, com as conseqüências previsíveis. Um aspecto particularmente importante em relação à construção dos ideais é a atribuição de *papéis* de distintas modalidades, algumas patológicas, que precocemente são conferidas à criança, e que essa carrega como uma obrigação inconsciente de desempenhar ao longo da vida.

Duplo vínculo (*double bind,* no original). Bateson e colaboradores (1955) utilizam esse termo para referir-se a situações nas quais as mensagens contraditórias e paradoxais emitidas pelos pais, invariavelmente, deixam a criança no papel de perdedora e num estado de confusão e desqualificação. Pode servir como exemplo, banal, a sentença da mãe que diz ao filho: "Eu te ordeno que não deixes ninguém te dar ordens", ou grita a altos brados para que a criança nunca grite, etc. Dessa forma, a criança fica presa nas malhas de um duplo vínculo: receia ser castigada se interpretar as mensagens da mãe tanto acertada como equivocadamente. Aliás, o termo *"bind"* originalmente alude a uma condição de "prisioneiro", tal como é o cabresto nos animais.

O emprego do "duplo vínculo" é bastante comum por parte das mães que se sentem ameaçadas com a aproximação afetiva do filho e, como uma forma de controlar a distância afetiva, rejeitam-no, porém, ao perceberem e sentirem que a recusa foi um ato agressivo, que pode ameaçar uma separação, buscam uma nova reaproximação simbiotizadora, num círculo vicioso ambíguo e interminável. Na verdade, o uso do duplo vínculo visa à manutenção de uma dependência eternamente simbiótica, sendo que, na prática analítica, pode acontecer que pacientes que desde a infância tiveram esse molde impresso em seu psiquismo desenvolvam alguma forma severa de "impasse psicanalítico".

Resta evidente que não obstante a ênfase deste texto ter incidido na mãe, a mesma é indissociada da figura do pai. Mais especificamente, a ação patogênica da figura paterna consiste nas condições em que o pai esteja excessivamente *ausente,* tanto física como afetivamente, ou também quando é demasiado frágil ou por demais desqualificado pelo discurso materno. Nestes casos, haverá uma grave falha na necessidade de que haja a presença de um "terceiro", uma figura de pai forte e respeitado, que exerça a função de impor a "lei" (a *"castração simbólica",* como conceitua Lacan), de modo a desfazer a "díade narcisística" com a mãe, e instituir o "triângulo edípico". Da mesma forma, a presença de um pai excessivamente sedutor ou tirânico impedirá uma boa e necessária simbiose transitória com a mãe, assim como dificultará a resolução edípica.

CAPÍTULO 4

Uma Revisão sobre as Principais Síndromes Clínicas

As estruturas caracterológicas, as inibições e os sintomas que configuram as síndromes clínicas resultam de um jogo dialético entre as relações objetais, as ansiedades e, para contra-arrestá-las, o tipo de mecanismos de defesa que são utilizados pelo Ego. Pode-se dizer que fazer um diagnóstico clínico implica em uma análise sintática de como se articulam entre si as diferentes partes e níveis das várias subestruturas psíquicas, sendo que, de início, é necessário estabelecer uma distinção entre sintoma, inibição e caráter.

Quando falamos em *sintoma,* estamos nos referindo a um estado de sofrimento que o paciente acusa, e do qual está querendo se ver livre, porquanto o sente como um corpo estranho a si.

O termo *caráter* designa um estado organizado da mente e da conduta que, por mais sofrimentos que possa estar causando aos outros, ou de prejuízos para si mesmo, é vivido pelo próprio indivíduo como sendo sintônico com a sua pessoa; portanto, sem sofrimento.

A *inibição* é um estado que tanto pode ser a preliminar de um sintoma que está se organizando, como pode já estar constituído como um permanente traço de caráter.

Uma das tarefas mais importantes de um terapeuta, quando o objetivo do tratamento visa à obtenção de mudanças caracterológicas, consiste em transformar a maneira como o paciente sente o que se passa consigo, ou seja, que um traço caracterológico egossintônico passe a ser sentido de uma forma egodistônica. Exemplificando: um paciente diz que não participa de grupos sociais simplesmente porque "não gosta de estar com gente". Enquanto ele persistir com essa racionalização, trata-se de um traço de caráter, apesar de visível aos outros, que é uma forma de inibição. Se o terapeuta conseguir fazê-lo sentir angústia diante do fato de que o "não gostar" de gente está, na verdade, encobrindo um "medo" de estar com gente, houve a conversão para a vivência de um sintoma, no caso, fóbico, sendo que esse *insight* pode abrir caminho para uma verdadeira mudança.

O esquema nosológico que aqui será utilizado não tem o compromisso de seguir o rigor científico do DSM e, muito menos, a pretensão de ser completo. É um esquema altamente simplificador e visa tão-somente a estabelecer com o leitor uma comunicação conceitual que mantenha uma uniformidade semântica.

Dessa forma, os distúrbios caracterológicos e as doenças mentais podem ser classificados em cinco grandes grupos: Neuroses, Psicoses, Transtornos de Conduta, Doenças Psicossomáticas e as assim recentemente chamadas Patologias do Vazio, que constituem uma variedade de "Novas Patologias".

As considerações que seguem pretendem apresentar um apanhado geral e sintético de cada uma dessas cinco espécies, com suas respectivas subclassificações e características principais, sempre tendo em vista o fato de que, para se ter uma boa compreensão do que se passa no nível grupal, é indispensável o conhecimento do psiquismo dos indivíduos.

Ademais, convém enfatizar que, em qualquer tipo de patologia psicanalítica, sempre devemos levar em conta a conjunção entre as diversas concepções teórico-técnicas da psicanálise e o *contexto histórico* nas quais essas se desenvolvem. Em outras palavras, é incontestável o fato de que *a cultura imprime as suas características específicas sobre as diversas configurações psicopatológicas*. Da mesma forma, partimos da posição de que não há uma nítida delimitação entre as clássicas patologias neuróticas e as que contemporaneamente surgem com maior freqüência na clínica psicanalítica, que podem ser englobadas com o nome genérico de "patologias graves". Assim, antes de *claros* limites entre elas, é mais apropriado entendermos que existe um *ponto de confluência* entre as distintas estruturas psíquicas, porquanto, a rigor, em toda neurose, encontraremos núcleos e fenômenos narcisistas manifestos ou enquistados

NEUROSES

Os pacientes portadores de estruturas neuróticas se caracterizam por apresentarem algum grau de sofrimento e de desadaptação em alguma (ou mais de uma) área importante de sua vida: a sexual, familiar, profissional ou social. No entanto, apesar de o sofrimento e o prejuízo, em alguns casos, poderem alcançar um nível de gravidade, os indivíduos neuróticos sempre conservam uma razoável integração do *self* e uma boa capacidade de juízo crítico e de adaptação à realidade. Outra característica dos estados neuróticos é a de que os mecanismos defensivos utilizados não são tão primitivos como, por exemplo, aqueles presentes nos estados psicóticos.

Pode-se discriminar cinco tipos de estruturas neuróticas: de angústia, histeria, obsessivo-compulsiva, fobia e depressão.

Neurose de Angústia

Trata-se de uma síndrome clínica que se manifesta através de uma angústia livre, quer sob a forma de um estado permanente, quer pelo surgimento em momentos de crise. Em outras palavras, a ansiedade do paciente se expressa por equivalentes somáticos (como uma opressão pré-cordial, taquicardia, dispnéia, etc.) e por uma indefinida e angustiante sensação de medo de que possa vir a morrer, enlouquecer, ou da iminência de alguma tragédia.

Na maioria das vezes, tais sintomas indicam que está havendo uma falha do mecanismo de repressão diante de um — traumático — excesso de estímulos, externos e/ou internos. Nos quadros clínicos em que prevalece uma recorrência de episódios de crises de angústia, é necessário que se levante a hipótese de que esteja se tratando da síndrome conhecida como "doença do pânico", a qual costuma responder muito bem a uma medicação específica, que pode ser utilizada simultaneamente com a continuidade da psicoterapia.

Neurose de Histeria

De início, é preciso consignar que o termo "histeria" costuma abarcar um largo espectro de conceituação, que vai desde um pólo de uma simples indicação de alguns traços caracterológicos, derivados de uma baixa tolerância às frustrações (e que, portanto, lembram o comportamento de uma criancinha), até o pólo de uma grave síndrome própria de um estado psicótico.

Em termos clínicos, costuma-se dividir as neuroses histéricas em dois tipos: as *dissociativas* (por exemplo, sonambulismo, personalidade múltipla, escrita automática, estados de "transe", crepusculares ou de *belle indiference,* etc.) e as *conversivas* (os conflitos se convertem em manifestações corporais, através dos órgãos dos sentidos — como no caso da cegueira, ou surdez histérica — e do sistema nervoso da vida voluntária, como nos conhecidos casos de parestesias ou de paralisia histérica, entre outros).

A estruturação histérica, em linhas gerais, se fundamenta nas seguintes características:

- Um caráter histérico, devido à sua grande plasticidade de manifestação, é difícil de ser descrito; porém, é fácil de ser reconhecido. Fundamenta-se em um tipo de comportamento que, conforme foi dito, lembra o de uma criança insegura e cheia de caprichos coabitando em um corpo adulto.
- Muitas vezes ele se organiza contra um possível surgimento de uma temida depressão ou erupção psicótica que esteja subjacente. Assim, a estrutura histérica se constitui como um combinado de negação (de verdades intoleráveis), de um limiar muito baixo às frustrações e de uma sensação de catástrofe iminente.
- Comumente, o mecanismo de defesa predominante é o da *repressão,* que se institui contra o reconhecimento das fantasias edípicas. Pode-se dizer que a sexualidade do histérico é de natureza oral (pré-genital), enquanto a sua oralidade costuma adquirir uma forma sexualizada.
- O fato anterior se deve à razão de que a histeria se estrutura em torno de uma combinação, e uma certa confusão, entre uma permanente busca "pelo seio da mãe" e o "pênis do pai".
- A fim de negar a verdade psíquica intolerável ou proibida, a pessoa histérica costuma usar os recursos de sedução (para conseguir esse seio ou pênis) e persuasão (para provar a sua tese). Da mesma forma, a regra é que ela faça uma "identificação histérica" com algum objeto do plano imaginário.
- Virtualmente sempre detectamos no neurótico histérico a influência exercida por uma mãe histerogênica, a qual, na educação da criança, exacerbou os sentimentos de dependência, avidez, inconstância e uma preferência pelo mundo da ilusão. Quando é o caso de mulher histérica, o habitual é que tenha havido a presença de um pai sedutor que valorizou (e hiperexcitou) a sexualidade da menina.
- Além do ganho primário (manter a repressão dos desejos proibidos), a neurose histérica possibilita a obtenção de um ganho secundário, isto é, a própria doença se constitui como uma forma de manipular o meio circundante no sentido de ser gratificada (e premiada) com a obtenção de ganhos, vantagens, além de demonstrações de atenção e preocupação dos demais.
- No curso do tratamento psicoterápico, o discurso do paciente histérico tem uma característica típica: ele emprega termos superlativos e é rara a sessão em que não conte, freqüentemente sob uma forma dramática, o "drama do dia", no qual sempre aparece como tendo sido vítima da incompreensão e da injustiça por parte dos outros.
- No vínculo com o terapeuta, é comum que o neurótico histérico apresente os seguintes aspectos: recorre à busca de uma idealização recíproca para provar a sua perfeição (logo, confirma que ele é vítima da maldade dos outros); quer convencer o terapeuta a

FUNDAMENTOS BÁSICOS DAS GRUPOTERAPIAS **55**

abandonar a sua técnica de neutralidade (muitas vezes o acusa de ser um "covarde"); projeta no terapeuta os seus aspectos narcísicos e histéricos e fica com a convicção de estar vivendo uma situação de um "grande amor" com este; mantém uma dissociação de suas partes doentes, fazendo o terapeuta crer que está sadio. Por todas essas razões, é evidente que o aspecto contratransferencial adquire uma importância fundamental no tratamento da neurose histérica.

Neurose Fóbica

Da mesma forma que nas histerias, também a estruturação fóbica (e, de resto, todas as demais neuroses) se manifesta desde a forma de discretos traços de caráter (através de diversos tipos de inibições) até os de uma doença grave e totalmente incapacitante.

As características mais marcantes são:

- No mínimo, um dos pais, geralmente a mãe, de alguma forma é ou foi fóbico, e transmitiu um discurso de natureza fobígena (na base de: "cuidado, é perigoso").
- Praticamente sempre constatamos que ocorreu uma intensa relação simbiótica com a mãe, com evidente prejuízo na resolução das etapas da fase evolutiva da separação-individuação. Na prática clínica, é fácil observar a persistência desse vínculo simbiótico com a mãe, seja esta a real ou a que está internalizada. Correlato a isso, a figura do pai quase sempre foi (comumente, a partir da mãe) desvalorizada e excluída.
- A ansiedade que está presente é a que está ligada às separações e, subjacente a esta, há a tensão inerente à ansiedade de aniquilamento.
- Na clínica, os estados fóbicos geralmente vêm acompanhados de manifestações paranóides e obsessivas e sempre estão encobrindo uma depressão subjacente.
- Tanto ou mais do que a sexualidade, sempre encontramos uma má elaboração das pulsões agressivas.
- Há uma acentuada tendência a manifestações de natureza psicossomática.
- Basicamente, o que define uma condição fóbica é o uso, por parte do paciente, de uma "técnica de evitação" de todas as situações que lhe pareçam perigosas. Essa sensação de perigo decorre do fato de que a situação exterior fobígena (por exemplo, um elevador, um avião, etc.) está sendo o cenário onde estão dissociados, projetados, deslocados e simbolizados as pulsões e os afetos internos, representados no Ego como perigosos.
- Por saber da irracionalidade de seus sintomas, o indivíduo fóbico desenvolve uma "técnica de dissimulação", por vezes até o nível de um falso *self,* tal o grau de sua culpa, vergonha e humilhação diante de seus temores ilógicos. Muitas vezes, a fobia não aparece manifestamente, e somente pode ser detectada através de seu oposto, isto é, de sua conduta contrafóbica.
- Outra característica marcante consiste na "regulação da distância afetiva" com as pessoas muito significativas de seu convívio mais íntimo: assim, ele não fica nem próximo demais para não correr o risco de vir a ser "engolfado", e nem tão longe que possa correr o risco de perder o vínculo e o controle sobre o outro.
- Há, sempre, uma escolha de pessoas que se prestem ao papel de acompanhantes e de continuadores da fobia. Essa é a razão pela qual determinadas características fóbicas, em certas famílias, se perpetuam durante gerações. É útil assinalar que a grande "união" que muito casais e famílias se vangloriam de possuir ("estamos sempre juntos, nunca nos separamos para qualquer circunstância, etc.") muitas vezes pode estar expressando uma modalidade fóbica, na qual predomina a técnica de controle mútuo.

- Na prática psicoterápica costuma ocorrer que os pacientes fóbicos, como uma forma de regular a distância com o seu terapeuta, faltem a muitas sessões, ou apresentem outros tipos de resistências, sendo que não é rara a possibilidade de que façam um tratamento "descontinuado", ou seja, com uma alternância de muitas interrupções e outras tantas retomadas, quase sempre com o mesmo terapeuta.

Neurose Obsessivo-Compulsiva

Como sabemos, o termo "obsessão" refere-se aos pensamentos que, como corpos estranhos, atormentam o indivíduo, e, por sua vez, o termo "compulsão" designa os atos motores que o neurótico executa como uma forma de contra-arrestar a pressão dos referidos pensamentos.

As seguintes particularidades merecem ser enfatizadas:

- A manifestação caracterológica mais típica dos indivíduos obsessivo-compulsivos consiste em uma demasiada preocupação com a ordem, limpeza, disciplina, além de outras de natureza afim. Em suma, o Ego dessa pessoa não é livre, porquanto está submetido a um Superego rígido e punitivo que, sob o peso de sérias ameaças, o obriga a cumprir determinados mandamentos ou proibições.
- Os mecanismos defensivos mais utilizados pelo Ego para poder sobreviver à carga das ameaças são os de anulação (desfazer o que foi feito, sentido ou pensado), isolamento (isolar o afeto da idéia), racionalização e intelectualização, além daqueles de formações reativas. Assim, a presença compulsória e recorrente de certos pensamentos obsessivos visa justamente a anular outros que estão significados como proibidos.
- Pode-se dizer que há dois tipos de estruturação obsessivo-compulsiva: uma se manifesta de forma passiva (corresponde à fase anal retentiva) e a outra é de natureza ativa (corresponde à fase anal expulsiva). A primeira é própria dos indivíduos que evidenciam uma intensa submissão perante as pessoas que são submetedoras e controladoras, sendo que estas pertencem ao segundo grupo.
- Os obsessivos do tipo "passivo-submetidos" apresentam uma necessidade enorme de agradar (melhor seria dizer: não desagradar) todas as pessoas, devido à sua intensa ansiedade em vir a perder o seu amor. Por essa razão, um traço patognomônico de tais indivíduos é uma ambivalência constante e um torturante estado de dúvida diante da tomada de qualquer tipo de decisão.
- Os indivíduos obsessivos de natureza "ativo-submetedora" podem ser reconhecidos como aqueles que fazem do uso do poder o valor mais importante de suas vidas. Para tanto, exercem sobre os demais um domínio tirânico e sádico, através de uma absoluta intolerância às eventuais falhas, limitações e erros dos outros, aos quais sempre impõem as suas verdades.
- Em ambos os tipos de neuróticos obsessivo-compulsivos há uma permanente presença de pulsões agressivas mal-resolvidas, de um superego rígido e, muitas vezes, cruel ante a desobediência de suas determinações; e de um Ideal do Ego cheio de expectativas a serem cumpridas. É fácil concluir que tudo isso concorre para a vigência de um constante e fustigante sentimento de culpa.
- Os pontos de fixação, o curso do desenvolvimento da personalidade, estão predominantemente arraigados na fase anal-sádica e, daí, se estruturam os traços ou sintomas de obstinação, teimosia, controle rígido, escrupulosidade, ambição, mania de colecionar, intolerância a sujeiras e a certos odores, conflito entre o dar e o receber, etc.

FUNDAMENTOS BÁSICOS DAS GRUPOTERAPIAS

- A escolha de suas relações objetais costuma recair em pessoas que se prestem a fazer a complementação dos dois tipos antes descritos, como é, por exemplo, o de uma relação tipo dominador x dominado.
- Na situação psicoterápica, o risco é o de que o paciente obsessivo consiga fazer prevalecer o seu controle sobre si mesmo e sobre o terapeuta, através do uso de seus habituais mecanismos defensivos: um controle onipotente, o deslocamento (para detalhes, que se tornam enfadonhos), a anulação (com o emprego sistemático do "é isto, mas também é aquilo, ou, não é nada disto..."), a formação reativa (sempre gentil, educado e bem comportado, o paciente não deixa irromper a sua agressão reprimida), o isolamento (pelo uso da intelectualização, ou de uma ruminação obsessiva, desprovida de emoções, etc.). É preciso levar em conta que a força mágica que o neurótico obsessivo empresta aos seus pensamentos e às suas palavras colabora para que o seu Ego mobilize essas defesas.

Neurose Depressiva

As seguintes características necessitam ser bem conhecidas:

- As manifestações clínicas mais comuns de um neurótico depressivo consistem no fato de que, em um grau maior ou menor, ele apresenta um estado de desvalia, de desânimo, uma sensação de vazio, uma fácil auto-recriminação e uma forma de resignação pela obrigação de viver (ou de sobreviver). Um sentimento comum a todos os deprimidos é uma baixa auto-estima. Uma neurose depressiva pode se apresentar de uma forma cronificada, ou sob a modalidade de agudizações intermitentes. É importante que o terapeuta tenha bem claro o diagnóstico clínico do quadro depressivo, especialmente no que tange à possibilidade de a depressão ser de natureza endógena, em cujo caso o uso associado de uma medicação antidepressiva é de comprovada utilidade.
- Muitas vezes, o estado depressivo não se manifesta claramente no plano afetivo, e nem mesmo por um humor de tristeza, sendo que os sintomas típicos são substituídos e ficam mascarados por outros equivalentes, como, por exemplo, alguns rasgos de fuga maníaca, alguma forma de adicção, por somatizações, bem como por uma conduta de natureza masoquista, que pode atingir um nível de risco de uma autodestruição.
- A história genético-dinâmica costuma evidenciar que a mãe desse paciente deprimido também foi uma pessoa depressiva, que não conseguiu funcionar como um adequado continente que pudesse conter as angústias e a agressão de seu filho. Da mesma forma, na história de um paciente deprimido sempre há a vivência de importantes perdas, reais ou fantasiadas.
- A depressão pode se instalar no indivíduo devido a um forte abalo narcisista, isto é, quando ele não preenche as expectativas de seu Ego ideal (a imagem de perfeição que ele tem de si próprio) e as do Ideal do Ego (as expectativas grandiosas que ele acredita que os outros, representantes dos seus pais, esperam dele).
- Outro aspecto a considerar é que a pessoa deprimida possa estar auferindo um ganho secundário dessa sua condição, a partir de sua crença de que a dor, o sofrimento e o seu infortúnio representam um passaporte que lhe reassegure a atenção e o afeto dos outros.
- No curso das psicoterapias, o paciente deprimido representa uma constante fonte de preocupações para o terapeuta, quer pela carga ansiogênica do afeto depressivo e niilis-

DAVID E. ZIMERMAN

ta, quer pelos riscos masoquistas, e até suicidas, que parecem sempre iminentes. A sensação contratransferencial pode ser uma sensação de impotência, e daí o risco de que o terapeuta fique identificado com a depressão de seu paciente.

PSICOSES

O que define a situação psicótica de um indivíduo é o fato de que, em algum grau de intensidade, ele está rompido com a realidade. Este aspecto tem um tão largo espectro de possibilidades que justifica a utilização de um esquema simplificador, em três categorias: condições psicóticas, estados psicóticos e psicoses propriamente ditas.

Condições Psicóticas

As *condições psicóticas* dizem respeito à presença de intensos núcleos psicóticos (corresponde ao que Bion denomina de "Parte psicótica da personalidade", a qual, em estado latente e em grau moderado, faz parte do mundo interno de qualquer pessoa) que estão subjacentes a certas neuroses, como, por exemplo, as obsessivas, fóbicas ou histéricas graves. Os indivíduos portadores dessas condições psicóticas não evidenciam com nitidez uma ruptura com a realidade, no entanto, são potencialmente vulneráveis a essa possibilidade, tendo em vista que apresentam um elevado grau de ansiedade, que está contida pela sua organização defensiva adaptativa.

Estados Psicóticos

Os *estados psicóticos* designam os pacientes que, sem ser francamente psicóticos, apresentam um relevante nível de regressividade. Este tipo de psicotismo aparece na clínica nos estados *borderline*, em personalidades demasiadamente paranóides ou narcisistas, em perversões, psicopatias, drogadições, hipocondrias graves, etc. Do ponto de vista psicanalítico, eles podem ser enquadrados como "pacientes difíceis", termo que está em voga.

Psicoses Propriamente Ditas

As *psicoses propriamente ditas* indicam que o juízo crítico e o senso de realidade do indivíduo estão seriamente prejudicados. Em linhas muito gerais, estas psicoses compreendem três tipos: esquizofrenias, psicoses afetivas (também conhecidas como "psicoses maníaco-depressivas") e psicoses orgânicas.

Esquizofrenias

As *esquizofrenias,* por sua vez, também apresentam um vasto elastério de tipo, grau e natureza da doença. O termo "esquizofrenia" tanto pode designar uma florida reação psicótica aguda (a qual, se bem manejada, pode ser de um excelente prognóstico, inclusive o de uma plena recuperação e preservação da personalidade sadia), como pode indicar um processo insidioso e sem sintomas ruidosos, mas que podem ser irreversíveis e de péssimo prognóstico.

Psicoses Afetivas

As *psicoses afetivas*, clinicamente, podem ser unipolares (os surtos psicóticos são unicamente de natureza depressiva ou maníaca) ou bipolares (há uma alternância entre as duas formas). A forma maníaca (ou hipomaníaca, em que os sintomas nem sempre são claramente percebidos pelos outros) se apóia no clássico tripé: controle, triunfo e desprezo, sendo que, além disso, há uma intensa instabilidade afetiva e uma aceleração do pensamento e da conduta. A forma depressiva, pelo contrário, manifesta-se por uma lentidão e um aplastamento geral, sendo que a auto-estima cai a um grau zero, o que representa um sério risco de suicídio. As psicoses afetivas têm uma nítida etiologia endógena, de natureza constitucional hereditária, e costumam responder bem a um plano terapêutico que combine os recursos da psicoterapia (a de grupo tem se mostrado excelente para estes pacientes) com os modernos psicofármacos, como os antidepressivos e os produtos com sais de lítio.

Psicoses Orgânicas

As *psicoses orgânicas* são aquelas que podem resultar de traumatismos cranianos, bem como de acidentes vasculares cerebrais, ou de doenças como a sífilis, ou as degenerativas do tipo arteriosclerose cerebral, doença de Alzheimer, senilidade, etc.

TRANSTORNOS DE CONDUTA

Apesar da ressalva de que a denominação "distúrbio de conduta" seja por demais abrangente, podemos subdividi-la em dois grandes subgrupos: as *psicopatias* e as *perversões*.

Psicopatias

Por *psicopatias* (também conhecidas como "sociopatias") designamos o distúrbio psíquico que se manifesta no plano de uma conduta anti-social. Os exemplos mais comuns são os indivíduos que roubam e assaltam, mentem e enganam (impostores), seduzem e corrompem, usam drogas e cometem delitos, transgridem as leis sociais e envolvem outros, etc.

A estruturação psicopática se manifesta através de três características básicas: a impulsividade, a repetitividade e o uso prevalente de *actings* de natureza maligna, acompanhados por uma aparente ausência de culpa pelo que fazem.

Algum traço de psicopatia é inerente à natureza humana; no entanto, o que define a doença psicopática é o fato de que as três características recém enfatizadas vão além de um uso eventual; antes, elas se tornam um fim em si mesmas e, além disso, são egossintônicas, muitas vezes idealizadas pelo indivíduo, e são acompanhadas por uma falta de consideração pelas pessoas que se tornam alvos e cúmplices do seu jogo psicopático.

Perversões

As *perversões*, por sua vez, são habitualmente consideradas como o emprego de padrões de conduta sexual que a sociedade vigente considera como desvios da normalidade. Além dessas, que são as perversões sexuais, também se considera como uma forma de perversão, em um sentido mais amplo, qualquer "desvio" da finalidade precípua de uma determinada função. Em ambos os casos, a explicação clássica é a de que haveria a predominância ativa de alguma pulsão parcial, que ficou fortemente fixada e que não foi suficientemente reprimida. Atualmente, não é possível conceber a estrutura perversa como sendo unicamente a persistência de uma pulsão parcial, mas, sim, que é necessário o entendimento de como está se processando nesse paciente a articulação dialética entre as estruturas narcísica e edípica.

As síndromes clínicas mais comuns da estruturação perversa referentes às pulsões parciais erógenas são: homossexualismo, fetichismo, travestismo, voyeurismo, exibicionismo, pedofilia, intensa promiscuidade donjuanesca ou ninfomaníaca, erotização sadomasoquística, etc. Pela sua alta incidência e por uma larga polêmica que provoca, notadamente o homossexualismo (é doença ou é uma simples e respeitável inclinação do erotismo?), a estrutura perversa tem merecido uma atenção especial por parte dos estudiosos. É necessário fazer uma distinção entre os componentes parciais da sexualidade (fixações na fase evolutiva conhecida como "disposição perverso-polimorfa") quando os mesmos são praticados como recursos sadios, e preliminares, de uma genitalidade adulta, e quando estão a serviço de uma perversão. Neste caso, o uso dessa sexualidade parcial é sempre pré-genital, não funciona como um meio, um recurso erógeno, mas como uma finalidade em si mesma, e o indivíduo não consegue ter um controle sobre a sua impulsividade.

No caso das estruturas que fora da área sexual são consideradas perversas, pode-se considerar as drogadições em geral, sendo que o comer compulsivo da obesidade pode ser tomado como um exemplo de uma adicção sem drogas. Da mesma forma, em sua atual abrangência, o conceito de conduta de perversão também se estende ao nível das relações interpessoais, em cujo caso consiste no fato de que houve um desvio, uma subversão da finalidade original da dita relação. Um bom exemplo disso é a relação paciente-terapeuta, a qual pode ficar pervertida se assumir as características de um mútuo envolvimento (tipo erotização, intimidade social, feitura de negócios, etc.). Neste exemplo, o propósito inicial da busca da psicoterapia — procurar fazer modificações — fica pervertido em: buscar "tratamento" para não fazer mudanças.

É importante deixar claro que uma parcial estruturação perversa de um indivíduo, ou de um grupo, pode não ter nada a ver com o diagnóstico clínico de perversão propriamente dita (desvios da sexualidade pré-genital) e, muito menos, com o rótulo pejorativo de "perverso". Também é necessário acentuar que a conduta perversa não deve ser tomada como sinônimo de psicopatia, apesar de que, muitas vezes, elas podem coexistir num mesmo indivíduo.

Quanto à etiologia da estruturação perversa, admite-se que o principal fator genético repousa na díade simbiótica com a mãe, combinada com uma exclusão do pai. Isso provoca um incremento da onipotência da criança e uma recusa em reconhecer as diferenças de sexo, geração, capacidades, etc., que existem entre ela e os adultos, o pai principalmente.

DOENÇAS PSICOSSOMÁTICAS

Sabemos que há uma íntima interação entre o corpo e a mente: os conflitos psicológicos muitas vezes se expressam através do corpo, sendo que a recíproca é verdadeira. Os distúrbios psíquicos se expressam pela via corporal por três modalidades: conversões, hipocondria e somatizações.

O fenômeno *conversivo*, como o nome diz, corresponde ao fato de que o conflito reprimido se converte em um sintoma corporal, próprio dos órgãos dos sentidos (cegueira ou surdez histérica, etc.) ou da musculatura voluntária (paralisias, espasmos, etc.), sem provocar uma lesão orgânica propriamente dita. Como a conversão é um fenômeno próprio da estruturação histérica, admite-se que o sintoma expressa simbolicamente o conflito que está sendo reprimido.

A *hipocondria* manifesta-se sob a forma de uma preocupação obsessiva com doenças que o indivíduo imagina estarem habitando o seu corpo, juntamente com as fantasias de que a sua vida

FUNDAMENTOS BÁSICOS DAS GRUPOTERAPIAS **61**

está ameaçada. São pacientes que freqüentam muito os consultórios médicos e se submetem repetidamente a baterias de exames biológicos. Os sintomas aparecem de forma errática e múltipla e costumam mobilizar a preocupação ou irritação dos circunstantes, sendo que, em certos casos, atingem o nível de uma escravização dos mesmos. Muitas vezes, uma hipocondria severa indica um sério grau de regressividade, pelo fato de que ela traduz uma primitiva ansiedade de aniquilamento, além de um estado persecutório que tem os órgãos como cenário.

O fenômeno da *somatização* implica na formação de algum tipo de lesão orgânica, sendo que isso pode ocorrer em praticamente todos os órgãos. Os exemplos são inúmeros: úlcera péptica, retocolite ulcerativa, eczemas, etc.

Ao contrário das conversões, é muito difícil reconhecer nas somatizações alguma especificidade de significação simbólica do conflito. Atualmente, principalmente a partir de autores da escola francesa de psicanálise, admite-se a forte possibilidade de que os pacientes somatizadores tenham tido um sério prejuízo em sua capacidade de desenvolver e representar as fantasias inconscientes oriundas das exigências pulsionais e ambientais. Assim, eles sofrem de "alexitimia", ou seja, uma incapacidade de "ler" as próprias emoções, e isso se constitui em uma razão a mais para incluí-los entre os pacientes considerados "difíceis".

Vale repisar que a inclusão deste capítulo num livro sobre grupoterapia se deve a duas razões: uma é a de que não é possível conhecer um grupo sem conhecer bem o que se passa no nível das individualidades. A outra é a de que, na etiologia de todas as síndromes psiquiátricas, sempre há a participação interativa do ambiente social, representado principalmente pelo grupo familiar.

Transtornos Alimentares

Ainda em relação às manifestações psicopatológicas corporais, impõe-se destacar os *transtornos alimentares*, cada vez mais freqüentes, cujas formas clínicas mais comuns se constituem como obesidade, bulimia e anorexia nervosa, as quais eventualmente podem estar associadas entre si, sendo que cada uma também pode conservar uma existência psicopatológica autônoma das demais. Dessa forma, resultam muitas combinações, tais como: nem todo bulímico *é* obeso ou gordo, nem todo gordo *é* obeso e nem todo obeso *está* gordo. Nem todo magro *é* anoréxico e nem todo anoréxico *está* magro. Nem sempre a bulimia se contrapõe à anorexia ou vice-versa, pelo contrário, elas podem coexistir entre si, de forma alternada. O que importa registrar é que há um certo *continuum* conceitual entre a anorexia, a bulimia e a obesidade, e que estes três quadros, embora as suas óbvias diferenças clínicas, sofrem as influências das mesmas vertentes etiológicas, das quais vale registrar as seguintes: 1. *Biológicas* (constitucionais, neuro-hormonais, etc.). 2. *Familiares* (vínculos simbióticos, uma ideologia comum em relação aos hábitos alimentares, etc.). 3. *Socioculturais* (pressão dos grupos sociais em relação aos padrões de ideais estéticos exigidos por uma determinada cultura vigente, etc.). 4. *Psicodinâmicas* (são tão variados e complexos os fatores emocionais — o que não quer dizer que sejam mais importantes que os anteriores —, que não cabem nesse resumo).

Obesidade

A *obesidade* deve ser considerada propriamente mais como uma síndrome do que uma doença específica, porquanto é uma manifestação corporal que se expressa por um exagerado acúmulo de gordura e conseqüente aumento de peso, mas que pode, no entanto, ser resultante de diversos fatores, além dos psicológicos, como os de natureza dietética ligada a uma cultura alimentar da família, tendência genética-constitucional ou os distúrbios orgânicos de causa neuroendócrino-metabólica. Quando os fatores psíquicos é que são os francamente preponderantes da obesidade, muitos autores propõem denominá-la como sendo uma *adicção sem drogas*. É interessante destacar que muitas pessoas sofrem de um transtorno, nada infreqüente, que vem sendo chamado de *sugar craving* (ou seja: vorazes por açúcar), que só recentemente vem sendo considerado como de origem endócrina e não psicológica, porquanto resulta de uma deficiência na produção de serotonina, que, entre outras funções, também é a responsável pela estimulação do centro de saciedade no cérebro. Quando a obesidade é excessiva, ela pode estar indicando uma doença com graves prejuízos e riscos orgânicos. Um outro aspecto que cabe mencionar consiste no fato de que a imagem corporal que o indivíduo tem de si nem sempre acompanha aquela que é a real: assim, um magro pode imaginar-se como sendo obeso, e a recíproca é verdadeira. A inclusão do problema da obesidade neste capítulo deve-se ao fato de que cabe afirmar que dificilmente um programa de tratamento global da obesidade não conte com algum tipo de abordagem grupal, notadamente o emprego de grupos de reflexão, que propiciam tanto uma abordagem de fundamentação psicanalítica como um enfoque cognitivo que, sobretudo, promova uma educação dos hábitos alimentares.

Bulimia

Esse quadro clínico de transtorno alimentar está ficando cada vez mais freqüente, acometendo principalmente moças jovens, a tal ponto que pesquisas em universidades americanas apontam um percentual de 5 a 20% de alunas bulímicas, ao mesmo tempo que, de modo geral, entre as pessoas que buscam tratamento para a obesidade, cerca de 30% se devem à bulimia. O termo "bulimia", segundo Zukerfeld (1992), significa etimologicamente "fome de boi", o que bem traduz as principais características dessa psicopatologia que, segundo o autor (p. 92), são as seguintes: a) episódios recorrentes de voracidade, com um consumo rápido de grande quantidade de alimentos, geralmente muito calóricos, num curto período de tempo (os próprios pacientes costumam chamar esse impulso irrefreável de *ataques*); b) o "ataque" costuma vir seguido de uma "purga" através do *vômito autoprovocado*; c) o vômito autoprovocado, por sua vez, habitualmente acarreta um estado de ânimo depressivo com pensamentos autodestrutivos; d) tentativas repetidas de perder peso com dietas exageradamente estritas, vômitos autoprovocados, uso de diuréticos e laxantes, assim alternando "banquetes" e "jejuns", de modo que também apresentam grandes oscilações no seu peso. Convém registrar que esses ciclos, quando muito freqüentes, podem produzir sérias conseqüências físicas, como desidratação, arritmias cardíacas, contraturas musculares, perda do esmalte dental, transtornos menstruais, etc.; e) o "grupo de risco" mais propenso a sofrer dessa psicopatologia bulímica é constituído por mulheres jovens, inteligentes, com espírito de liderança, porém com uma necessidade constante de um reasseguramento de sua auto-estima que, bem no fundo, é muito baixa.

Anorexia Nervosa

Esse grave tipo de transtorno alimentar vem sendo reconhecido desde longa data, sendo que os primeiros registros com fundamentação científica aparecem em trabalhos publicados por volta de 1870. Inicialmente, os cientistas tentavam explicar os seus sintomas — especialmente um incrível emagrecimento, às vezes em nível de caquexia, quase sempre acompanhada com amenorréa — como sendo decorrente de problemas orgânicos ligados à glândula pituitária. Posteriormente, com o advento da psicanálise, o pêndulo da busca das causas etiológicas da anorexia nervosa inclinou-se para os fatores psicológicos, especialmente os centrados nos seguintes aspectos: uma espécie de histeria de conversão como expressão simbólica de um repúdio à sexualidade, a ponto de não permitir qualquer vestígio de alguma proeminência abdominal que sequer remotamente pudesse lembrar a concretização de alguma fantasia de gravidez; este ataque à feminilidade parece ser uma constante e invariavelmente estaria ligado a uma péssima relação com a mãe primitiva que está introjetada na paciente como uma mãe que, muito antes da conflitiva edípica, já não estaria permitindo o pleno crescimento da filha, porquanto o seu desejo seria o de mantê-la eternamente dependente e submissa. Os mais recentes avanços psicanalíticos apontam para um grave transtorno da *imagem corporal*, resultante das inscrições no corpo da criança das antigas sensações e experiências emocionais ligadas ao corpo, com as respectivas significações atribuídas pelas pessoas do meio ambiental. Atualmente, os autores têm preferido um enfoque multidimensional, de modo que vêm chamando a atenção para as zonas de intersecção que existem entre a anorexia nervosa e a depressão maior, tendência ao abuso de álcool e drogas, e outros transtornos da personalidade, assim como também vem sendo dado um importante papel etiopatogênico às demandas culturais em relação ao padrão estético de beleza, que a mídia faz incidir na magreza. O que ninguém contesta é o fato de que o flagrante emagrecimento do anorético não pode exceder um certo percentual máximo, a partir do qual deve haver uma providência urgente para uma hospitalização clínica, porquanto o risco de morte pode ser iminente.

PATOLOGIA DO VAZIO (DAS CARÊNCIAS)

Os recentes e aprofundados conhecimentos teórico-técnicos relativos ao desenvolvimento emocional primitivo dos bebês permitem afirmar com convicção que nem toda a psicopatologia deriva unicamente dos *conflitos* entre pulsões do Id, defesas do Ego e ameaças do Superego. Pelo contrário, cada vez fica mais evidente que há um crescente contingente de pessoas que, antes de conflitos, sofrem de primitivas *carências* afetivas básicas, pelo fato de que as suas mais precoces necessidades vitais — leite, calor, amor e paz — não foram suficientemente bem preenchidas, e daí a formação de verdadeiros *buracos negros*.

Assim, cada vez mais as investigações da psicanálise inclinam-se das neuroses para as situações clínicas que resultam das fixações ou regressões concernentes às etapas mais primitivas do desenvolvimento emocional. Dentre as referidas situações clínicas, existe uma que há mais de 50 anos vem preocupando os analistas pesquisadores dos transtornos autísticos de certas crianças, não aquelas que são de natureza genético-neurológica, mas os quadros de "autismo-psicogênico" (ou "autismo secundário"), nos quais essas crianças parecem "desligadas" do mundo exterior e transmitem-nos a impressão de que olham não *para* as pessoas, mas *através* delas. A esse respeito, a psicanálise contemporânea, principalmente a partir de F. Tustin (1986), fez duas revelações muito importantes: a primeira é a comprovação de que essas crianças sofrem de "vazios", uma ausência quase absoluta de emoções, ou seja, elas estão cheias daquilo que Tustin chama de *buracos negros* (nome tirado da física cósmica que designa uma espécie de "autofagia" da luminosidade das estrelas), os quais são resultantes da formação de uma rígida carapaça, uma "concha autística" contra a ameaça de um sofrimento provindo das frustrações impostas pela realidade exterior. A segunda revelação relativa à existência desses "buracos negros" na constelação psicológica, que começa a ocupar a atenção da moderna psicanálise, é a de que esses estados autísticos não são exclusivos das crianças, sendo também encontrados em certos estados neuróticos de adultos e, mais notadamente, em situações psicopatológicas mais regressivas, como psicoses, *borderline*, perversões, drogadições, etc., sendo que um fator comum a todos eles parece ser uma "separação traumática do corpo da mãe", em um período no qual ainda não se processara suficientemente bem na criança a etapa de uma "diferenciação" ("discriminação") com a mãe, com um conseqüente prejuízo das subetapas de "separação" e "individuação", se usarmos a terminologia de M. Mahler (1975).

A importância dessas constatações reside no fato de que tais pacientes, como já foi assinalado, requerem uma outra abordagem técnica que consiste em o terapeuta sair ativamente em busca desse paciente, criança ou adulto, que, mais do que escondido ou fugindo, está realmente perdido e necessitado de ser encontrado e "sacudido" para despertar de um estado de "desistência" de viver a vida, conformado que está em unicamente sobreviver, qual um vegetal. Em outras palavras: o fundamental é que o analista possa propiciar a esse paciente algum tipo de "experiências de ligação", já que não adiantam as interpretações do analista, por mais corretas que sejam, porque esse paciente, escudado na sua cápsula autística, não se liga a elas; tampouco adianta uma boa função continente do terapeuta, porquanto o paciente "não está nem aí" e não fica sensibilizado pela "continência" que lhe é oferecida.

Por isso, Tustin faz a metáfora de que para esses casos o *setting* analítico seja uma espécie de "útero psicológico", funcionando como uma "incubadora" para que o *self* em estado prematuro possa obter aquelas provisões essenciais para o seu desenvolvimento, que não se realizaram na sua infância. Assim, a proposta analítica contemporânea é aquela antes referida, a de, de alguma forma, ir ao encontro e sacudir as emoções escondidas atrás do escudo protetor até obter alguma resposta que sirva de escada para novas sacudidas, com vistas a transformar um estado mental de *de-sistência* num outro de *ex-sistência*.

Essas falhas e faltas no desenvolvimento primitivo da criança estão virtualmente presentes em todas aquelas pessoas que constituem, na nossa clínica individual ou grupal, os assim chamados *pacientes de difícil acesso*, os quais, pelo seu grande comparecimento no nosso trabalho cotidiano e pelas dificuldades que representam, justificam um detalhamento mais amplo.

Destarte, cabe destacar as seguintes características mais marcantes nos *pacientes de difícil acesso*:

- A história genética mostra que houve sempre um precoce fracasso ambiental em relação às necessidades de apego da criança, quer pela privação materna, quer por uma realimentação patológica da mesma. Em outras palavras, ou foram mães indiferentes, ou foram mães intrusivas, de uma possessividade narcisista, com o que usaram seus filhos com fins exibicionistas, contribuindo para que a figura do pai ficasse sendo denegrida e em um papel de terceiro excluído.
- Decorre daí um prejuízo na constância objetal, na construção da confiança básica e na passagem da indiferenciação para a separação e a individuação.
- Tais pacientes mostram uma particular dificuldade para depender — com o fim de evitar novas humilhações — e para as separações, pois estas estão sempre ligadas a uma ansiedade do tipo aniquilamento e ao risco de cair em uma depressão anaclítica.
- O limiar de tolerância às frustrações é baixíssimo e esse tipo de paciente apresenta uma notável facilidade para sentir-se decepcionado. Ao sentimento de decepção segue-se o de indignação com planos de vingança, e após isso vem o sentimento de desânimo e de vazio, às vezes um vazio de morte.
- Há um excessivo uso dos mecanismos de dissociação e de identificação projetiva. O controle onipotente é um pré-requisito básico.
- Como resultado, os seus inter-relacionamentos são baseados na designação de papéis predeterminados, para si e para os outros.
- Há uma alta prevalência pela formação de vínculos de natureza sadomasoquista.
- Há sempre uma forte presença de elementos narcisistas da personalidade, portanto um exagerado amor e ódio a si próprio. Daí resulta que esse paciente costuma sentir-se ora como um rei Midas (aquele que transformava em ouro tudo o que tocava), ora como um rei Midas ao contrário.
- A prematura incapacidade para tolerar frustrações gera uma hipertrofia da onipotência, a qual, por sua vez, impede o sadio desenvolvimento das capacidades de simbolizar, pensar, abstrair e de ter juízo crítico.
- A auto-estima é regulada pelo uso de uma lógica de tipo binário, excludente, na base da preferência ou do desprezo.

- Há uma precária capacidade para tolerar as verdades, especialmente acerca de si mesmo, pois a verdade lhes é uma permanente fonte de dor e, por isso, eles mostram uma nítida preferência pelo mundo das ilusões.
- Em qualquer nível evolutivo manifesto, por mais floridas que sejam as evidências genitais-edípicas, a fixação patológica predominante sempre é de natureza pré-genital. Narciso ocupa um espaço bem maior do que o de Édipo.
- Há uma elevada tendência a *actings,* em que sobressaem os de natureza perversa.
- Também é útil incluir nessa categoria de pacientes a presença virtualmente sempre existente de uma, assim chamada, organização patológica, a qual alude ao fato de que, operando desde dentro do Ego, existe como que uma "gangue" de objetos internalizados de raízes narcisistas, que sabotam o crescimento do próprio Ego, porquanto não querem perder o falso privilégio de viver no mundo da ilusão. Por se tratar de uma parte do psiquismo que, qual "inimigo na trincheira", age contra o próprio sujeito, eu venho propondo o nome de *contra-Ego.*

SEGUNDA PARTE

Princípios Gerais das Grupoterapias

CAPÍTULO 5

Uma Visão Histórico-Evolutiva das Grupoterapias: Principais Referenciais Teórico-Técnicos

A psicologia grupal é resultante da confluência das contribuições provindas da teoria psicanalítica e das Ciências Sociais, através dos ramos da Sociologia, Antropologia Social e Psicologia Social.

Uma completa revisão da história evolutiva do movimento grupal seria por demais longa, fastidiosa e até confusa, tal a sua abrangência conceitual, a multiplicidade de suas raízes e a diversidade nas concepções teóricas e aplicações práticas.

Não nos ocuparemos dos macrogrupos e, em relação à evolução dos grupos pequenos, vamos nos limitar a uma visão panorâmica, a partir dos principais autores de cada uma de suas múltiplas vertentes: empírica, psicodramática, sociológica, filosófica, operativa, institucional, comunitária, comunicacional, gestáltica, sistêmica, comportamentalista, psicanalítica.

Empírica. Por contribuição de natureza empírica designamos aquela que é mais fruto de uma intuição e experimentação do que, propriamente, de bases científicas.

Dessa forma, atribui-se a inauguração do recurso grupoterápico a J. Pratt, um tisiologista americano que, a partir de 1905, em uma enfermaria com mais de 50 pacientes tuberculosos, criou, intuitivamente, o método de "classes coletivas", as quais consistiam em uma aula prévia ministrada por Pratt sobre a higiene e os problemas da tuberculose, seguida de perguntas dos pacientes e da sua livre discussão com o médico. Nessas reuniões criava-se um clima de emulação, sendo que os pacientes mais interessados nas atividades coletivas e na aplicação das medidas higienodietéticas ocupavam as primeiras filas da aula.

Esse método, que mostrou excelentes resultados na aceleração da recuperação física dos doentes, está baseado na identificação desses com o médico, compondo uma estrutura familiar-fraternal e exercendo o que hoje chamaríamos de "função continente" do grupo. Pode-se dizer que tal sistema empírico foi o modelo de outras organizações similares, como, por exemplo, a dos "Alcoolistas Anônimos", iniciada em 1935, e que ainda se mantém com uma popularidade crescente.

Psicodramática. O grande nome dessa corrente é Jacobo Levy Moreno, médico judeu, nascido na Romênia em 1892, tendo migrado para os Estados Unidos em 1925, onde criou, desenvolveu e sistematizou suas descobertas, e onde veio a falecer, em 1974, aos 82 anos. Desde muito cedo Moreno trabalhou com grupos. Em 1910, por exemplo, ele montava encenações e enredos com crianças em parques abertos de Viena; em 1913, trabalhou com grupos de discussão e dramatização com prostitutas e também com presos. Em 1930, Moreno criou a expressão *terapia de grupo* e, anos depois, fundou, em Viena, o seu conhecido "Teatro de Improvisação", que se constituiu como o protótipo original daquilo que veio a ser conhecido como o seu — ainda vigente — "psicodrama", o qual será melhor explicitado no Capítulo 7.

Sociológica. A vertente sociológica é fortemente inspirada em Kurt Lewin, criador do termo *dinâmica de grupo,* que substitui o conceito de "classe" pelo de "campo". Este autor, a partir de 1936, concentra todos os seus esforços no sentido de integrar as experiências do campo das ciências sociais à dos grupos. Para tanto, criou "laboratórios" sociais com a finalidade de descobrir as leis grupais gerais que regem a vida dos grupos humanos e diagnosticar uma situação grupal específica. São relevantes os seus estudos sobre a estrutura psicológica das maiorias e das minorias, especialmente as judaicas. Da mesma forma, são importantes suas concepções sobre o "campo grupal" e a formação de papéis. Para K. Lewin, qualquer indivíduo, por mais ignorado que seja, faz parte do contexto do seu grupo social, o influencia e é por ele fortemente influenciado e modelado.

Filosófico-existencial. A contribuição dos filósofos e literatos à compreensão da dinâmica grupal pode ser sintetizada na obra de J. P. Sartre. Esse autor, em seu último escrito filosófico-existencialista, *Crítica da razão dialética* (Ribeiro, 1960), ocupa-se basicamente com as questões da liberdade e das responsabilidades, individual e coletiva, bem como do jogo dialético entre ambas. Para tanto, estudou o processo de formação dos grupos, em especial no que diz respeito à formação da "totalidade grupal", a qual se comporta como uma nova unidade, ainda que jamais totalmente absoluta. Partem daí as suas importantes concepções acerca da "serialidade", que serão abordadas no próximo capítulo. Ademais, Sartre, em *Hui-Clos* (na versão brasileira, *Entre quatro paredes*), ilustra, de forma magnífica, como os três personagens interagem de acordo com as leis grupais e as leis do mundo interior de cada um, às quais estão irreversivelmente presos.

Grupos operativos. O grande nome nessa área é o do psicanalista argentino Pichon Rivière (Moreno, 1978), que, partindo de seu *Esquema conceitual referencial operativo* (ECRO), aprofundou o estudo dos fenômenos que surgem no campo dos grupos que se instituem para a finalidade não de terapia, mas, sim, de operar numa determinada tarefa objetiva, como, por exemplo, a de ensino-aprendizagem. A partir das postulações de Pichon Rivière, abriu-se um vasto leque de aplicações de grupos operativos que, com algumas variações técnicas, são conhecidos por múltiplas e diferentes denominações.

Institucional. O autor que mais estudou as organizações institucionais foi Elliot Jacques (1965), psicanalista inglês de formação kleiniana. Ele concebe que as instituições, da mesma forma que os sistemas sociais, se estruturam como defesas contra as ansiedades persecutórias e depressivas. Jacques enfatiza as subjacentes fantasias inconscientes, bem como o jogo das identificações projetivas e introjetivas entre os membros das instituições que são as responsáveis pela distribuição dos papéis e posições. Partindo desse enfoque, e de novos referenciais teóricos de outros autores, a moderna psicologia organizacional vem adquirindo uma sólida ideologia específica e uma crescente aceitação.

Grupos comunitários. Deve-se principalmente a Maxwell Jones o aproveitamento de todo o potencial terapêutico (ambientoterapia) que emana dos diferentes grupos que estão presentes no ambiente de uma instituição assistencial — um hospital psiquiátrico, por exemplo — e que totalizam o que ele denominou de "comunidade terapêutica".

Na década de 40, Foulkes foi o criador de uma importante comunidade terapêutica no Northfield Hospital.

Comunicacional-interacional. Esta vertente vem ganhando uma importância cada vez maior entre todos os interessados em grupos. Muitos são os estudiosos que têm esclarecido a semiótica, a sintaxe e a semântica da normalidade e da patologia da comunicação, tanto a verbal como a não-verbal. É justo, no entanto, destacar os trabalhos de D. Liberman, psicanalista argentino que estuda os diferentes estilos lingüísticos que permeiam as inter-relações humanas.

Gestáltica. O fundador da gestalterapia é Frederik Perls, que se baseia no fato de que um grupo se comporta como um catalizador: a emoção de um desencadeia emoções nos outros, e a emoção de cada um é amplificada pela presença dos outros. A gestalterapia empresta grande importância à tomada de consciência do comportamento não-verbal dos elementos do grupo, e daí eles utilizam um elevado número de exercícios que possibilitam a melhora da percepção e da comunicação interacional.

Teoria sistêmica. Base da moderna terapia da família, essa teoria, como o nome sugere, concebe a família como um sistema em que os seus diversos componentes se dispõem numa combinação e hierarquização de papéis que visa, sobretudo, a manter o equilíbrio do grupo. Voltaremos ao assunto no Capítulo 25.

Cognitivo-comportamental. A corrente comportamentalista parte do princípio de que o importante não é o acesso e a abordagem da conflitiva inconsciente profunda dos pacientes; antes, ela preconiza a relevância de que o paciente deva ter um claro conhecimento da sua conduta consciente, em relação ao seu grupo social. A partir daí, são utilizadas as variadas técnicas de reeducação.

Teoria psicanalítica. De forma direta ou indireta, inúmeros psicanalistas pertencentes a diferentes correntes e gerações têm contribuído decisivamente para a compreensão e utilização da técnica grupal. Como o presente livro privilegia o enfoque psicanalítico — sem estabelecer comparações qualitativas com as demais correntes —, fica justificada a razão para conceder um maior espaço para autores da psicanálise que, de forma mais direta ou indireta, exerceram uma decisiva colaboração e uma forte influência na dinâmica psicanalítica de grupo, notadamente Freud, Foulkes, Bion e vários autores franceses.

FREUD

Freud, por quem começa qualquer vertente psicanalítica, construiu o sólido edifício teórico-técnico (descoberta do inconsciente dinâmico, ansiedades, regressão, complexo de Édipo, formação do Superego, etc.) que, indiretamente, se constitui como o alicerce básico da dinâmica grupal. Aliás, ele assinalou que *a psicologia individual e a psicologia social não diferem em sua essência.* Apesar de Freud nunca ter praticado ou recomendado a grupoterapia (sua única referência mais direta é o elogio que fez ao psicanalista Simmel, pelo seu trabalho com grupos de neuróticos de guerra, em 1914), ele trouxe valiosas contribuições específicas à psicologia dos grupos humanos em cinco trabalhos: *As perspectivas futuras da terapêutica psicanalítica* (1910); *Totem e tabu* (1913); *Psicologia das massas e análise do Ego* (1921); *O futuro de uma ilusão* (1927); *Mal-estar na civilização* (1930).

Já no trabalho de 1910, Freud revela uma de suas geniais previsões ao conceber que... *"o êxito que a terapia passa a ter no indivíduo haverá de obtê-la igualmente na coletividade".* Em *Totem e tabu*, ele nos mostra que, por intermédio do inconsciente, a humanidade transmite as suas leis sociais, assim como estas produzem a cultura. No entanto, o seu trabalho de 1921 (*Psicologia das massas e análise do Ego*) é considerado como particularmente o mais importante para o entendimento da psicodinâmica de grupos. Nesse trabalho, Freud faz as seguintes abordagens: uma revisão sobre a psicologia das multidões, os grandes grupos artificiais (Igreja e Exército), os processos identificatórios (os projetivos e os introjetivos), as lideranças e as forças que influem na coesão e na desagregação dos grupos.

Nesse mesmo trabalho, Freud pronuncia a sua clássica afirmativa de que *"a psicologia individual e a social não diferem em sua essência",* e completa apontando para a existência de forças coesivas e disruptivas que juntam e separam os indivíduos de um mesmo grupo. Essa última situação é ilustrada por Freud com uma metáfora que ele tomou emprestada do filósofo Schopenhauer, a qual alude à idéia de *"uma manada de porcos-espinhos que habitam as estepes geladas dos países nórdicos: no inverno todos procuram se juntar em um recíproco aconchego aquecedor; no entanto, a excessiva aproximação provoca ferimentos advindos dos espinhos e força uma separação, num contínuo e interminável movimento de vaivém".*

Igualmente, é justo mencionar que no seu trabalho *Caminhos de progresso na terapia psicanalítica,* apresentado em 1918 no Congresso Psicanalítico de Budapeste, Hungria, há um clássico pronunciamento — que passou à história com o nome de *Discurso de Budapeste* — no qual Freud afirmou profeticamente que *"a atividade terapêutica do psicanalista é muito limitada diante da enorme quantidade de sofrimento neurótico que existe no mundo... é uma lástima que as psicoterapias permaneçam restritas a uma fração mínima das classes mais abastadas... a esperança é que no futuro o Estado possa compreender que as classes menos favorecidas economicamente possuem tanto direito aos tratamentos psicoterapêuticos quanto às intervenções cirúrgicas e aos demais tratamentos... então nós nos depararemos com a tarefa de adaptar nossa técnica às novas condições"* (referia-se ao aproveitamento de grupos).

Além disso, Freud sempre acreditou na influência do grupo familiar e da cultura social na determinação da estruturação psíquica do indivíduo, e isso pode ser facilmente comprovado em inúmeras descrições pormenorizadas que estão contidas no relato de determinados sonhos, ou na maioria dos seus historiais clínicos. Assim, unicamente para exemplificar, vale mencionar o importante sonho do próprio Freud que passou para a história da psicanálise com o conhecido nome de *Sonho da injeção em Irma,* cujo conteúdo consiste no agrupamento de uma série de personagens, entre parentes, pacientes e colegas de Freud, numa permanente interação, e cujas associações revelavam a complexidade do grupo interno que habita todo e qualquer indivíduo. Da mesma forma, cabe fazer menção a pelo menos dois famosos e belos trabalhos clínicos de Freud, conhecidos popularmente como, respectivamente, *O caso do menino João* e o *Caso Dora,* os quais, se lidos com a atenção voltada para a dinâmica do grupo familiar, permitem um instigante e apaixonante estudo dos vínculos existentes no campo da dinâmica de grupo.

FOULKES

Durante a década de 30, os psicanalistas P. Schilder e S. R. Slavson começaram a praticar uma forma de psicoterapia psicanalítica num enquadre grupal, no qual a ênfase interpretativa incidia sobre o *indivíduo* no grupo, e não na *totalidade* do grupo, como anos mais tarde passou a ser preconizado.

Considera-se, no entanto, como sendo S. H. Foulkes quem, em Londres, em 1948, inaugurou a prática da *psicoterapia psicanalítica de grupo* — que ele costumava chamar de *psicoterapia grupo-analítica* — com um enfoque gestáltico, ou seja, para ele o grupo se organiza como uma *nova totalidade*, diferente da soma dos indivíduos. O autor introduziu uma série de conceitos e postulados que serviram de principal referencial de aprendizagem a sucessivas gerações de grupoterapeutas, sendo que ele é considerado o líder mundial da psicoterapia analítica de grupo.

Foulkes nasceu na Alemanha, em 1898, e migrou para a Inglaterra em 1933, onde faleceu em 1976, com 78 anos. Era psicanalista da Sociedade Britânica de Psicanálise, porém aos poucos vai se desligando da mesma, embora fizesse questão de jamais abandonar a sua condição de psicanalista. Por outro lado, admitia o fato de ter sido fortemente influenciado por Kurt Lewin, especialmente na concepção de que o ser humano é eminentemente grupal, social, ligado, como um nó, à realidade exterior, de modo que deva ser sempre visto na sua *rede de comunicações*, de sorte que Foulkes estabeleceu uma metáfora de que o *"grupo se comporta como uma rede, tal qual como o cérebro, onde cada paciente, como cada neurônio, é visto como um ponto nodal"*. A essa rede de comunicações ele denominava como *network*. Foulkes também trabalhou com a criação de uma *Comunidade Terapêutica* no Northfield Hospital, assim como também exerceu *terapia com grupo familiar; terapia do grupo de casais; grupo de atividades; grupo social; grupos terapêuticos; psicoterapia de grupo; psicoterapia grupo-analítica.*

Dentre as suas contribuições originais, vale mencionar, ainda que muito brevemente, as seguintes:

- O grupo, em si, como o principal veículo e instrumento terapêutico.
- A transposição para o grupo dos principais referenciais psicanalíticos, como a presença de fantasias inconscientes, com as respectivas ansiedades e mecanismos de defesa, o valor das interpretações em nível inconsciente, o reconhecimento da importância da transferência e da livre associação de idéias e, basicamente, a sua crença na possibilidade de o grupo promover verdadeiras mudanças caracterológicas.
- A introdução de sua concepção de *matriz* grupal, a qual define como o fenômeno de que o "o grupo como um todo forma uma matriz, qual uma mãe que gera em seu seio processos novos, diferentes daqueles experimentados no passado por cada um dos participantes".
- Foulkes descreveu o processo de *ressonância*, o qual consiste no fato de que um determinado fato significativo trazido por um paciente ressoa nos demais também de forma significativa, porém de acordo com o momento psicológico de cada um dos demais, estabelecendo uma "comunicação inconsciente" entre todos.
- Uma contribuição especialmente importante de Foulkes consiste na comparação que ele estabeleceu entre a situação do grupo e a de uma *sala de espelhos*, onde cada indivíduo pode entrar em contato com os seus aspectos psicológicos e sociais que estão refletidos nos demais do grupo.

BION

Durante a década 40, Wilfred R. Bion, eminente psicanalista da Sociedade Britânica de Psicanálise, fortemente influenciado pelas idéias de M. Klein, com quem se analisava na época — especialmente as concepções dessa autora acerca dos primitivos mecanismos defensivos do Ego e o fenômeno da identificação projetiva —, partindo de suas experiências com grupos realizadas em um hospital militar durante a Segunda Guerra Mundial, e na Tavistock Clínica, de Londres, criou e difundiu conceitos totalmente originais acerca da dinâmica grupal.

Em plena vigência da Segunda Guerra Mundial, a psiquiatria e a psicanálise ascenderam a um plano de muita importância, porquanto os distúrbios emocionais se constituíam visivelmente como a causa mais importante da inativação dos militares. Por essa razão, as forças armadas propunham programas de reabilitação e de readaptação. Bion, ao retornar à atividade militar em 1940, observou que no serviço de terapia do hospital em que ele operava existia um equilíbrio na "insegurança", uma espécie de conluio inconsciente entre pacientes, o corpo médico e a instituição hospitalar. Por outro lado, o exército precisava aumentar muito o seu quadro de oficiais, e era tão grande o número de candidatos que se impunha um método mais adequado de seleção.

Desse modo, premido por essas duas circunstâncias, ocorreu a Bion a genial idéia de utilizar o recurso grupal. No tocante ao projeto de readaptação dos militares estressados, Bion executou no hospital militar um plano de reuniões coletivas, nas quais se discutiam os problemas comuns a todos, e se estabeleciam programas de exercícios e atividades. Assim, em 1942, no hospital Northfield, que comportava 200 leitos no "pavilhão de tratamento" e 400 no "pavilhão de readaptação", Bion iniciou os seus experimentos com grupos. Ele se reunia diariamente numa sala com 15 pacientes, e promovia uma discussão grupal, com o objetivo precípuo de readaptá-los à vida militar, ou então para julgar se eles eram capazes de voltar ativamente a essa vida. Um fruto visível desse trabalho grupal foi o de que Bion conseguiu restabelecer a disciplina e manter uma ocupação útil dos seus homens e, com isso, constituiu-se um verdadeiro "espírito de grupo". Por razões que nunca ficaram bem esclarecidas (a mais provável é a de que a cúpula dos oficiais superiores teria ficado alarmada com a mudança do clima do hospital), essa experiência durou apenas seis semanas. Uma das sementes que germinou dessa curta experiência foi o fato de que o hospital Northfield tornou-se o berço da "comunidade terapêutica", cujo modelo, após a guerra, ganhou uma enorme expansão, principalmente nos Estados Unidos.

Em relação à seleção de oficiais, Bion deixou de lado o método habitual de priorizar as qualidades militares dos postulantes ao oficialato e propôs a técnica de "grupo sem líder". A mesma consistia na proposição de uma tarefa coletiva aos candidatos, como, por exemplo, a construção de uma ponte, enquanto os observadores especializados avaliavam não a capacidade de como cada um deles construiria uma ponte, mas sim a aptidão do homem em estabelecer inter-relacionamentos, em enfrentar as tensões geradas nele e nos demais, pelo medo do fracasso da tarefa do grupo e o desejo do êxito pessoal.

A aplicação dessa técnica possibilitou quatro vantagens que foram reconhecidas por todos: economizou-se um tempo que era habitualmente despendido na seleção; permitiu uma avaliação compartilhada coletivamente com outros técnicos selecionadores; propiciou a observação de como os candidatos interagiam entre si; e facilitou a importante observação dos tipos de lideranças.

No início de 1948, Bion organizou os seus grupos unicamente terapêuticos, a partir dos quais fez importantes observações e contribuições que, atualmente, permanecem vigentes e inspiradoras.

Dentre as concepções originais acerca da dinâmica do campo grupal, além das que já referimos em relação aos grupos de reabilitação e de seleção, os grupos sem líder e abertura para a comunidade, vale a pena destacar ainda as seguintes, e atualmente clássicas, conceituações e designações.

Mentalidade Grupal

Alude ao fato de que um grupo adquire uma unanimidade de pensamento e de objetivo, transcendendo aos indivíduos e se instituindo como uma entidade à parte.

Cultura do Grupo

Resulta da oposição conflitiva entre as necessidades da "mentalidade grupal" e as de cada indivíduo em particular.

Valência

Esse é um termo extraído da Química (o número de combinações que um átomo estabelece com outros) e que designa a aptidão de cada indivíduo combinar com os demais, em função dos fatores inconscientes de cada um. Bion alertava para o fato de que "sempre teria que haver algumas valências disponíveis para ligar-se a algo que ainda não aconteceu".

Cooperação

Essa palavra designa a combinação entre duas ou mais pessoas que interagem sob a égide da razão; logo, ela é própria do funcionamento do que Bion denomina como "grupo de trabalho".

Grupo de Trabalho (GT)

Bion afirma que todo grupo propriamente dito opera sempre em dois níveis que são simultâneos, opostos e interativos, embora bem delimitados entre si. Um nível é o que ele denomina como "grupo de trabalho", o outro é o "grupo de base" (ou de "pressupostos básicos").

O "grupo de trabalho" está voltado para os aspectos conscientes de uma determinada tarefa combinada por todos os membros do grupo e, se quisermos comparar com o funcionamento de um indivíduo, o grupo de trabalho equivale às funções do Ego consciente operando em um nível secundário do pensamento (conforme a concepção de Freud).

Grupo de (Pré)Supostos Básicos (SB)

O *grupo de (pré)supostos básicos (SB)* (no original inglês: *Basic Assumption*) é, certamente, na área grupal, a concepção mais original de Bion, e a mais largamente conhecida e difundida.

Os supostos básicos (SB) funcionam nos moldes do processo primário do pensamento e, portanto, obedecem mais às leis do inconsciente dinâmico. Assim, os supostos básicos ignoram a noção de temporalidade, de relação causa-efeito, ou se opõem a todo o processo de desenvolvimento, e conservam as mesmas características que as reações defensivas mobilizadas pelo Ego primitivo contra as ansiedades psicóticas.

Bion descreveu três modalidades de supostos básicos, por ele denominadas respectivamente de supostos básicos de "dependência", de "luta e fuga" e de "acasalamento" (ou "pareamento").

É claro que as emoções básicas, como amor, ódio, medo, ansiedades, etc., estão presentes em qualquer situação. Porém, o que caracteriza particularmente cada um dos três supostos básicos é a forma como esses sentimentos vêm combinados e estruturados, exigindo um tipo de líder específico apropriado para preencher os requisitos do suposto básico predominante e vigente no grupo.

O suposto básico de "dependência" designa o fato de que o funcionamento do nível mais primitivo do todo grupal necessita e elege um líder de características carismáticas em razão da busca do recebimento de proteção, segurança e de uma alimentação material e espiritual. Os vínculos com o líder tendem a adquirir uma natureza parasitária ou simbiótica, mais voltados para um mundo ilusório.

O suposto básico de "luta e fuga" alude a uma condição em que o inconsciente grupal está dominado por ansiedades paranóides e, por essa razão, ou a totalidade grupal mostra-se altamente defensiva e "luta" com uma franca rejeição contra qualquer situação nova de dificuldade psicológica, ou eles "fogem" da mesma, criando um inimigo externo, ao qual atribuem todos os males, e, por isso, ficam unidos contra esse inimigo "comum". O líder requerido por esse tipo de suposto básico grupal deverá ter características paranóides e tirânicas.

O suposto básico de "acasalamento" consiste no fato de que o grupo espera que, conforme a primeira descrição de Bion, um casal dele gere um filho "Messias" que será o redentor de todos. Posteriormente, o conceito desse suposto básico deixou de levar em conta o sexo dos indivíduos envolvidos (daí a preferência pelo termo "pareamento"). Destarte, as esperanças messiânicas do grupo podem estar depositadas em uma pessoa, uma idéia, um acontecimento, etc., que virá salvá-los e fazer desaparecer todas as dificuldades. Nestes casos, o grupo costuma se organizar com defesas maníacas, e seu líder deverá ter características messiânicas e de algum misticismo.

Essas modalidades de supostos básicos não se contrapõem entre si; pelo contrário, podem coexistir em um mesmo grupo e se alternarem no surgimento. Como exemplo disso, pode ser citado o arianismo e o seu líder, Adolf Hitler, que, a meu juízo, preencheu os três supostos básicos em que estava mergulhado o povo alemão da época.

Uma Dimensão "Atávica" de Grupo

É interessante registrar que, na década de 70, em meio a seus estudos sobre a "cesura", Bion indiretamente acrescentou uma nova dimensão à conceituação dos supostos básicos. Meltzer (1990, p. 31) se refere a isso dizendo que o ser humano tem a tendência inata, herdada do seu passado animal, a unir-se em rebanhos e a formar famílias, tribos e clãs, e que Bion assinalou que as partes pré-natais da personalidade tendem a cindir-se na cesura do nascimento e isso permanece nas organizações sociais muito primitivas, sob a vigência do psiquismo protomental, representado pelos supostos básicos. Seria, com outras palavras, uma vida tribal, atávica e profundamente internalizada nos indivíduos.

Uma Dimensão "Mítica" de Grupo

No plano transpessoal, esse atavismo grupal, no que diz respeito a uma imposição de uma plena submissão a Deus, à custa de um ataque ao conhecimento das verdades, aparece sob a forma de mitos grupais, como, por exemplo: 1) o mito de *Éden* (paraíso), tal como narrado na Bíblia, ou seja, consiste no castigo que Deus, representante das autoridades, impôs a Adão e Eva por lhe terem desobedecido, ousando comer a maçã proibida que lhes daria acesso ao *conhecimento*; 2) o mito de *Babel*, o qual evidencia, segundo Bion, que Deus estabeleceu uma confusão de línguas entre os homens que pretendiam chegar perto dele, como uma forma de atacá-los por sua ânsia de conhecimento eivada com uma curiosidade arrogante; 3) o mito da *Esfinge*, tal como aparece na encruzilhada de Édipo, figura que simboliza alguém que possuía o conhecimento, porém luta pelo *não-conhecimento*, tal como aparece na clássica sentença da Esfinge: "decifra-me ou te devoro", ou ainda: "me devoro (suicídio) se me decifrares"; 4) o mito de *Édipo*, que foi severamente castigado com a cegueira devido a sua curiosidade arrogante e desafiadora em querer conhecer a qualquer preço uma verdade que não podia ser revelada. 5) Creio que caberia que Bion tivesse acrescentado um quinto mito, o de *Narciso*, o qual foi advertido pelos deuses de que morreria caso viesse a *conhecer a si mesmo*. A importância prática desses mitos consiste na necessidade de o grupoterapeuta conhecer bem os mecanismos grupais que, provindos das autoridades que moram dentro dos indivíduos, ou de cada um deles próprios, atentam contra o conhecimento das verdades penosas, as internas e as externas, muitas vezes sob a ameaça de punições.

O Grupo de Trabalho Especializado

Seguindo Freud, Bion também estudou a dinâmica dos dois grandes grupos — o Exército e a Igreja — aos quais ele acrescentou o entendimento, sempre dentro de uma ótica dos supostos básicos de um terceiro grande grupo: o da Aristocracia.

Dessa forma, Bion assevera que a Igreja funciona sob os moldes do suposto básico de "dependência"; o Exército, sob os de "luta e fuga"; e a Aristocracia, sob o de "acasalamento". Além dessas, devem ser levadas em conta as formas mistas e as formas aberrantes, as quais não são tão típicas como as outras, sendo que o "cisma" religioso pode servir como um exemplo.

As Lideranças

Tanto Freud como Bion estudaram o fenômeno das lideranças, porém a partir de perspectivas diferentes. Para Freud (1921), um grupo se constitui como o emergente de seu líder (por exemplo: Jesus, introjetado pelos devotos, forma o grupo cristão da Igreja; um comandante militar encontra uma ressonância projetiva nos seus subordinados; etc.), enquanto para Bion, de uma forma bem oposta, o líder é que é o emergente das necessidades do grupo. Creio que a diferença entre essas duas posições fique mais clara a partir do exemplo, real, da forte e decisiva liderança de Churchill no momento mais difícil para a população inglesa durante a Segunda Guerra Mundial. Para Freud, seria a magnitude de Churchill que teria dado um ânimo e resistência ao povo; Bion sustentaria o seu vértice a partir das próprias palavras que Churchill dirigiu à nação: "Se vocês me elegerem como vosso líder, só me cabe fazer o que todos esperam de mim".

O Grupo sem Líder

Como já referido, Bion utilizou esse recurso como um método de seleção de candidatos ao oficialato militar, recolhendo interessantes observações de tais experiências: a) fica visível que nem sempre uma liderança que é a formalmente designada coincide com a que surge espontaneamente; b) são muitos os tipos de lideranças espontâneas, e o seu surgimento varia com as distintas circunstâncias de cada grupo; c) um grupo sem nenhuma liderança tende à dissolução.

A Relação do "Gênio" com o *Establishment*

Bion estudava os grupos do ângulo da psicologia social, isto é, através da interação entre o indivíduo, o grupo e a sociedade. Um "gênio" (que em outros momentos ele nomeia como "herói" ou "místico") é aquele que, por ser portador de uma idéia nova, representa uma ameaça de mudança catastrófica para o *establishment* (pode ser uma cultura, uma instituição, um poder político, etc.) que está firmemente constituído e aceito, para certa época e lugar. Ele utiliza como exemplo a pregação de Jesus, tão ameaçadora para o *establishment* do poder romano. Bion nos ensina também que, para enfrentar a ameaça do "gênio", o *establishment* ou o segrega (através da configuração do bode expiatório), ou dá um jeito de absorver e cooptá-lo no próprio *establishment*.

O Grupo e os Mecanismos Psicóticos

Outra diferença na visualização dos grupos entre Freud e Bion é que o primeiro os estudou a partir dos mecanismos neuróticos e da relação de objeto total (embora Freud, em *Psicologia das massas,* de 1921, tenha chegado próximo dos mecanismos psicóticos, quando esmiuçou os trabalhos de Le Bon referentes às turbas e grupos primitivos). Bion, pelo contrário, conectou o entendimento da dinâmica de grupo à psicose e à relação de objeto parcial.

A Contratransferência do Grupoterapeuta

A própria natureza dos fenômenos dinâmicos de um campo grupal propiciou que, com base em Bion, se conclua que é indispensável que um grupoterapeuta funcione como um continente adequado ao incessante e cruzado bombardeio de identificações projetivas de uns nos outros. Aliás, Bion foi dos primeiros psicanalistas a reconhecer a contratransferência resultante das identificações projetivas maciças como uma forma de comunicação primitiva, e de como essa contratransferência pode servir como uma excelente bússola empática.

À guisa de sumário, pode-se dizer que os trabalhos que Bion desenvolveu com grupos contribuíram para o desenvolvimento dos aspectos a seguir indicados:

- Ele foi o criador pioneiro de uma série de concepções totalmente originais acerca de dinâmica de grupo, através de experiências realizadas com grupos, em distintos locais e com objetivos diferentes. Da mesma forma, empregou uma terminologia inédita que ainda se mantém vigente.
- Bion propiciou um melhor entendimento da dinâmica inconsciente profunda dos grupos — os supostos básicos — que estão sempre subjacentes ao nível de qualquer "grupo de trabalho", o qual opera voltado para uma tarefa comum.
- Criou uma tradição de terapia de grupo, conhecida pelo nome de "estilo Tavistock".
- Suas descobertas sobre a psicologia social dos grupos abriram as portas para a criação e florescimento das comunidades terapêuticas.
- Da mesma forma, os seus estudos acerca da relação do "místico" (o indivíduo contestador e inovador) com o *establishment* alargaram o entendimento da psicologia dos grandes grupos, nos planos social, político, religioso, psicanalítico, etc.
- Criou e introduziu um método original e duradouro de *seleção* de oficiais nas Forças Armadas.
- Propiciou o desenvolvimento de métodos de *ensino* em grupos.
- Demonstrou um método de conduzir os debates com um público grande, posto que freqüentemente ele provocava uma dinâmica de grupo com o auditório.
- Promoveu uma significativa mudança na prática da psicoterapia analítica de grupo.
- Todos os escritos de Bion sobre grupos foram reunidos em uma única publicação, em 1961, sob o título original *Experiences in Groups and other papers* (na edição argentina, de 1963, traduzido por: *Experiencias en grupos*). As demais publicações que estão con-

tidas neste livro único são: "Tensões intragrupais em Terapia" (1943); "Experiências em Grupos" (1951); "Dinâmica de Grupo: uma revisão" (1952).

ESCOLA FRANCESA

Na década de 60 começam a surgir os trabalhos sobre a dinâmica dos grupos por parte de psicanalistas da "escola francesa" (Kaës, 1992a), principalmente Didier Anzieu e René Kaës, os quais aportam os importantes conceitos de "ilusão grupal" e "aparelho psíquico grupal". A ilusão grupal consiste em uma sensação de que o grupo, por si só, completará as necessidades de cada um e de todos. Corresponde ao "espaço transicional" de Winnicott, que medeia a passagem do nível do imaginário ao da realidade. É uma fase inevitável de todo grupo, e vai exigir um trabalho de desprendimento com respeito à necessidade de uma desilusão das ilusões. Por outro lado, Anzieu parte da idéia de que em toda situação grupal, de qualquer natureza que seja, os processos inconscientes são os mesmos. O aparelho psíquico grupal existe e está dotado das mesmas instâncias que o individual, mas não dos mesmos princípios de funcionamento.

A partir desses dois autores, o edifício que abriga as grupoterapias começa a adquirir alicerces referenciais teóricos específicos e a caminhar para uma identidade própria.

Pela importância que René Kaës está representando entre os estudiosos dos círculos grupopsicanalíticos contemporâneos, é justo que se dê um maior destaque à sua pessoa e às suas idéias.

Assim, num "Diálogo com René Kaës", publicado na revista argentina *Actualidad Psicologica* (n. 193, 1992), o próprio entrevistado assim se refere a ele mesmo: "Sou psicólogo, e desde cedo me inclinei para um interesse de como funciona o pequeno grupo, tanto na família (sou de uma família numerosa e muito sensível) como na escola. Quando tinha 15 anos, fundei um cineclube para crianças e organizei muitas atividades culturais em grupos. Posteriormente, orientei-me entre a Filosofia e a Psicologia e me ative mais ao que pode ser chamado de Psicologia Social. Também me aprofundei em estudos sobre a Etologia animal. Em 1955-1956 conheci a D. Anzieu, que foi meu professor, com quem comecei a fazer psicodrama, e de quem recebi uma forte influência. Posteriormente, conduzi-me a pôr o acento sobre um método que já tinha como predecessores na França o trabalho de numerosos colegas sobre a transformação do psicodrama moreniano em psicodrama analítico e em tudo que se aproximava à situação analítica. Daí evoluí para o estudo das *representações sociais do grupo*, que se referem à representação intrapsíquica, resultante da inscrição de experiências emocionais vividas em grupos, o que me levou a trabalhar muito sobretudo na formação dos mitos, os sistemas míticos e os sistemas ideológicos. Assim, creio que o grupo é um conjunto intersubjetivo, um conjunto organizado em que o sujeito toma um lugar, e em alguma medida esse lugar vai determinar a sua representação psíquica do grupo".

Atualmente, tem havido por parte dos grupoterapeutas um grande interesse pelo estudo de um fenômeno a que Kaës vem dedicando estudos progressivamente aprofundados, retomando uma concepção original de Freud, que o descreveu originalmente com o termo alemão *anlehnung,* que nos escritos franceses aparece com o nome de *etayage,* nos espanhóis com a denominação de *apuntalamiento,* enquanto no idioma brasileiro ainda não se definiu um termo definitivo, embora apareça seguidamente como *anáclise* (palavra grega que designa "inclinar-se; apoiar-se"). Por tratar-se de um fenômeno que designa um "apoiar-se em alguém" (primordialmente alude à mãe, apoiando o bebê), estado esse que persiste representado na mente, ao longo de toda a vida, às vezes sob a forma de uma necessidade de o indivíduo reencontrar a primitiva âncora materna, me atrevo a sugerir o termo *ancoragem* para designar, no nosso idioma, esse importante processo de fixação e de representação intrapsíquica.

De acordo com Kaës (1992b), a "ancoragem" é um dos processos mais importantes da construção do psiquismo, possuindo quatro características: 1) é *múltipla*: alude às relações desse psiquismo nas suas diversas dimensões, intra e interpessoais, do corpo, do grupo e da cultura; 2) é *reticular*: apesar de serem diferentes, as diversas "ancoragens" (das quais as principais são a maternagem e a influência da cultura) são interdependentes e se organizam em redes, por meio de complementos, suplementos e antagonismos no estabelecimento de relações objetais; 3) é *mútua*: de forma resumida, pode-se dizer que na relação mãe-bebê não é unicamente a criança que se ancora na mãe, porquanto a recíproca também é verdadeira; 4) é *crítica*: se admitirmos que as formações psíquicas são multiancoradas, as variações qualitativas e quantitativas na organização reticular e nas relações mútuas geram perturbações notáveis, com a instalação de crises na estruturação do psiquismo e no mundo dos relacionamentos.

Uma síntese do aludido trabalho de Kaës permite dizer que ele empresta três significados às funções da "ancoragem": como uma forma de *apoio* (uma leitura mais atenta dessas idéias de Kaës permite, creio eu, estabelecer uma analogia entre essa "ancoragem" e a *função alfa* própria da mãe que tenha uma boa condição de *continente)*, como um *modelo*, diretamente ligado aos processos identificatórios, e como uma forma de *inscrição* no psiquismo da criança, com as respectivas *transcrições* de primitivas experiências emocionais, que determinam as características singulares, únicas e irrepetíveis do sujeito, que no entanto vai compartir padrões comuns de conduta com as demais pessoas de seus grupos de convivência.

Outras duas concepções originais de Kaës que contribuem para um melhor entendimento da dinâmica dos grupos são os fenômenos que ele denomina como "*pacto denegativo*", que consiste no fato de que duas ou mais pessoas mantêm um conluio inconsciente para manter a "denegação" (uma forma de negação que também costuma ser denominada como "desmentida" ou "recusa") de tudo aquilo que está reprimido e que o grupo conluiado entre si não quer tomar conhecimento, ou todo aquele conteúdo que deve ser expulso da mente consciente de todos. O segundo fenômeno diz respeito mais diretamente à clínica grupal, é por ele denominado como *intertransferência* e alude ao fato de que, nas terapias grupais realizadas com dois terapeutas, "é necessário levar em consideração o que se reactualiza, o que se repete, o que se cria *entre* os analistas pelo efeito do vínculo, a forma como agrupam a sua equipe, desde os seus desejos, tomados na fantasmática para cada um deles". Assim, diz Kaës, "um dos terapeutas pode receber certos aspectos da transferência que estejam clivados em um, ou no outro", isto é, podem apresentar-se diversas configurações na transferência, inclusive a de um estado de "ancoragem" de um deles em relação ao outro, em momentos de depressão.

ESCOLA ARGENTINA

Os nomes dos psicanalistas argentinos L. Grinberg, M. Langer e E. Rodrigué já são bastante conhecidos, porquanto o seu livro *Psicoterapia del grupo* tornou-se uma espécie de bíblia para algumas gerações de grupoterapeutas em formação. Atualmente, é necessário destacar: Gerardo Stein, com as suas concepções originais a respeito do que denomina "psicanálise compartida"; Rubén Zuckerfeld, com as suas importantes contribuições na utilização de técnicas grupais no atendimento a pacientes portadores de transtornos de alimentação; e um grupo de autores argentinos — no qual, entre outros, pontifica o nome de Janine Puget — que vêm estudando e divulgando a moderna "psicanálise das configurações vinculares", notadamente com casais, famílias e grupos.

GRUPOS NO BRASIL

No Brasil, a psicoterapia de grupo de inspiração psicanalítica teve começo com Alcion B. Bahia; outros nomes importantes e pioneiros são os de Walderedo Ismael de Oliveira e Werner Kemper, no Rio de Janeiro; Bernardo Blay Neto, Luis Miller de Paiva e Oscar Rezende de Lima, em São Paulo;

e Cyro Martins, David Zimmermann e Paulo Guedes, em Porto Alegre. Atualmente, há no Brasil uma série de pessoas, em diversas e múltiplas áreas, trabalhando ativamente em busca de novos caminhos e de uma assistência mais ampla e abrangente com a aplicação dos recursos da dinâmica grupal.

Um bom exemplo desse movimento renovador relativo às grupoterapias no meio brasileiro consiste no enfoque nas *configurações vinculares* que vem sendo realizado notadamente por um grupo de grupoterapeutas de São Paulo pertencentes à instituição *Nesme*, dentre os quais vale destacar a liderança de José Waldemar Fernandes, um importante e reconhecido grupoterapeuta brasileiro.

CAPÍTULO 6

Importância e Conceituação de Grupo

Da mesma forma como há, na Química, uma relação entre átomo e molécula ou, na Física, entre massa e energia (matéria e campo), ou, ainda, na Biologia, entre célula-tecido-órgão e sistema, também no campo das relações humanas há uma interação e comunicação entre os indivíduos e a totalidade grupal e social.

O ser humano é gregário, e só existe, ou subsiste, em função de seus inter-relacionamentos grupais. Sempre, desde o nascimento, ele participa de diferentes grupos, numa constante dialética entre a busca de sua identidade individual e a necessidade de uma identidade grupal e social.

Um conjunto de pessoas constitui um grupo, um conjunto de grupos e sua relação com os respectivos subgrupos se constitui em uma comunidade, e um conjunto interativo das comunidades configura uma sociedade.

A importância do conhecimento e a utilização da psicologia grupal decorrem justamente do fato de que todo indivíduo passa a maior parte do tempo de sua vida convivendo e interagindo com distintos grupos. Assim, desde o primeiro grupo natural que existe em todas as culturas, a família, no qual o bebê convive com os pais, avós, irmãos, babá, etc., e, a seguir, passando por creches, maternais e bancos escolares, além dos inúmeros grupinhos de formação espontânea e os costumeiros cursinhos paralelos, a criança estabelece vínculos grupais diversificados. Tais agrupamentos vão se renovando e ampliando, na vida adulta, com a constituição de novas famílias e de grupos associativos, profissionais, esportivos, sociais, etc.

É muito vaga e imprecisa a definição do termo "grupo", pois pode designar conceituações muito dispersas, num amplo leque de acepções. Assim, grupo tanto define, concretamente, um conjunto de três pessoas (para muitos autores, uma relação bipessoal já configura um grupo), como também uma família, uma turminha ou gangue de formação espontânea, uma composição artificial de grupos como, por exemplo, o de uma classe de escola, ou um grupo terapêutico; uma fila de ônibus; um auditório; uma torcida num estádio; uma multidão reunida num comício, etc. Da mesma forma, a conceituação de grupo pode se estender até o nível de uma abstração, como, por exemplo, o conjunto de pessoas que, compondo uma audiência, está sintonizado num mesmo programa de televisão, ou pode abranger uma nação unificada no simbolismo de um hino ou de uma bandeira, e assim por diante.

Existem, pois, grupos de todos os tipos, e uma primeira subdivisão que se faz necessária é a que diferencie os grandes grupos (pertencem à área da macrossociologia) dos pequenos grupos (micropsicologia). Em relação a estes últimos, também se impõe a distinção entre grupo propriamente dito e agrupamento.

Por *agrupamento* entendemos um conjunto de pessoas que convivem partilhando de um mesmo espaço e que guardam entre si uma certa valência de inter-relacionamento e uma potencialidade em virem a se constituir como um grupo propriamente dito. Um claro exemplo disso é o agrupamento que Sartre, em 1973, classificou como "coletivo", o qual se configura por uma "serialidade" de pessoas como, por exemplo, as que constituem uma fila à espera de um ônibus. Essas pessoas compartilham um mesmo interesse, apesar de não estar havendo o menor vínculo emocional entre elas, até que um determinado incidente pode modificar toda a configuração grupal. Um outro exemplo seria a situação de uma série de pessoas que estão se encaminhando para um congresso científico: elas estão próximas, mas como não se conhecem e não estão interagindo, não formam mais do que um agrupamento, até que um pouco mais adiante podem participar de uma mesma sala de discussão clínica e se constituírem como um interativo grupo de trabalho. Pode-se dizer que a passagem da condição de um agrupamento para um grupo consiste na transformação de "interesses comuns" para a de "interesses em comum".

Creio que uma metáfora possa mais claramente definir a importante diferença entre o que é um *conjunto* (equivale a um agrupamento) e o que conceitua um *grupo*. Imaginemos um conjunto de instrumentos musicais de uma orquestra: enquanto os músicos estiverem antes do início do concerto, isoladamente, afinando os seus respectivos instrumentos, eles não passam de um mero conjunto, um agrupamento de instrumentos e músicos. A partir do momento em que o maestro começa a reger a orquestra, cada músico, e cada instrumento, assume o seu lugar, papel, posição e função e, principalmente, dialoga e interage com todos os demais, compondo um grupo dinâmico, mais ou menos harmônico, conforme a qualidade da regência.

REQUISITOS QUE CARACTERIZAM UM GRUPO

O que, então, caracteriza um grupo propriamente dito? É quando o mesmo, quer seja de natureza operativa ou terapêutica, vier preencher algumas condições básicas, como as seguintes:

- Um grupo não é um mero somatório de indivíduos; pelo contrário, se constitui como uma nova entidade, com leis e mecanismos próprios e específicos. Podemos dizer que assim como todo indivíduo se comporta como um grupo (de personagens internos), da mesma forma todo grupo se comporta como se fosse uma individualidade.
- Todos os integrantes de um grupo estão reunidos em torno de uma tarefa e de um objetivo comum.
- O tamanho do grupo não pode exceder o limite que ponha em risco a indispensável preservação da comunicação, tanto a visual como a auditiva, a verbal e a conceitual.
- Deve haver a instituição de um enquadre (*setting*) e o cumprimento das combinações nele feitas. Assim, além de ter os objetivos claramente definidos, o grupo deve levar em conta uma estabilidade de espaço (local das reuniões), de tempo (horários, férias, etc.), algumas regras e outras variáveis equivalentes que delimitam e normatizam a atividade grupal proposta.

- Grupo é uma unidade que se manifesta como uma totalidade, de modo que, tão importante como o fato de se organizar a serviço de seus membros, é também a recíproca disso. Para um melhor entendimento dessa característica, cabe uma analogia com a relação entre as peças separadas de um quebra-cabeças, e deste com o todo a ser armado.
- Apesar de um grupo se configurar como uma nova entidade, como uma identidade grupal genuína, é também indispensável que fiquem claramente preservadas as identidades específicas de cada um dos indivíduos componentes.
- É inerente à conceituação de grupo a existência entre os seus membros de uma interação afetiva, a qual costuma ser de natureza múltipla e variada.
- Em todo grupo coexistem duas forças contraditórias permanentemente em jogo: uma tendente à sua coesão, e a outra à sua desintegração. A coesão do grupo está na proporção direta, em cada um e na totalidade dos sentimentos de "pertinência" (é o "vestir a camiseta", próprio de um *esprit de corps*) e "pertencência" (o indivíduo se refere ao grupo como sendo "o meu grupo...", e implica no fato de cada pessoa do grupo ser reconhecida pelos outros como um membro efetivo). Por outro lado, a coesão grupal também depende de sua capacidade de perder indivíduos e de absorver outros tantos, assim como de sua continuidade.
- É inevitável a formação de um campo grupal dinâmico, em que gravitam fantasias, ansiedades, identificações, papéis, etc.

O CAMPO GRUPAL

Como foi mencionado anteriormente, em qualquer grupo constituído se forma um campo grupal dinâmico, o qual se comporta como uma estrutura que vai além da soma de seus componentes, da mesma forma como uma melodia resulta não da soma das notas musicais, mas da combinação e do arranjo entre elas.

Esse campo é composto por múltiplos fenômenos e elementos do psiquismo e, como se trata de uma estrutura, resulta que todos estes elementos, tanto os intra como os intersubjetivos, estão articulados entre si, de modo que a alteração de cada um vai repercutir sobre os demais, em uma constante interação entre todos. Por outro lado, o campo grupal representa um enorme potencial energético psíquico, tudo dependendo do vetor resultante do embate entre as forças coesivas e as disruptivas. Também é útil realçar que, embora ressalvando as óbvias diferenças, em sua essência, as leis da dinâmica psicológica são as mesmas em todos os grupos.

Como um esquema simplificado, vale destacar os seguintes aspectos que estão ativamente presentes no campo grupal:

- O campo grupal que se forma em qualquer grupo se processa em dois planos: um é o da intencionalidade consciente e o outro o da interferência de fatores inconscientes. O primeiro é denominado por Bion (1965) como "grupo de trabalho", pela razão de que nele todos os indivíduos integrantes estão voltados para o êxito da tarefa proposta. Subjacente a ele está o segundo plano, que o aludido autor chama de "supostos básicos", regido por desejos reprimidos, ansiedades e defesas, e que tanto pode se configurar com a prevalência de sentimentos de dependência, ou de luta e fuga contra os medos emergentes, como de uma expectativa messiânica, etc. É claro que, na prática, estes dois planos não são rigidamente estanques, pelo contrário, entre eles costuma haver uma certa superposição e uma flutuação.
- Neste campo grupal sempre se processam fenômenos como os de resistência e contra-resistência, transferência e contratransferência, *actings*, processos identificatórios, etc.

FUNDAMENTOS BÁSICOS DAS GRUPOTERAPIAS **85**

Por um lado, tais fenômenos consistem em uma reprodução exata do que se passa na relação terapêutica bipessoal. Por outro, eles não só guardam uma especificidade grupal típica como também se manifestam exclusivamente no campo grupal.

- Uma permanente interação oscilatória entre o grupo de trabalho e o de supostos básicos, antes definidos.

- Uma presença permanente, manifesta, disfarçada ou oculta, de *pulsões* — libidinais, agressivas e narcisísticas — que se manifestam sob a forma de necessidades, desejos, demandas, inveja e seus derivados, ideais, etc.

- Da mesma forma, no campo grupal circulam *ansiedades* — as quais podem ser de natureza persecutória, depressiva, confusional, de aniquilamento, engolfamento, perda de amor ou castração — que resultam tanto dos conflitos internos como podem emergir em função das inevitáveis, e necessárias, frustrações impostas pela realidade externa.

- Por conseguinte, para contra-arrestar essas ansiedades, cada um do grupo e esse como um todo mobilizam mecanismos defensivos, que tanto podem ser os muito primitivos (negação e controle onipotente, dissociação, projeção, idealização, defesas maníacas, etc.) como também defesas mais elaboradas (repressão, deslocamento, isolamento, formação reativa, etc.). Um tipo de defesa que deve merecer uma atenção especial por parte do coordenador do grupo é o que diz respeito às diversas formas de negação de certas verdades penosas.

- Em particular, para aqueles que coordenam grupoterapias psicanalíticas, é necessário ressaltar que a psicanálise contemporânea alargou a concepção da estrutura da mente, em relação à tradicional fórmula simplista do conflito psíquico centrado no embate entre as pulsões do Id *versus* as defesas do *Ego* e a proibição do *Superego*. Atualmente, os psicanalistas aplicam na prática clínica os conceitos de: *Ego auxiliar* (é uma parte do Superego resultante da introjeção, sem conflitos, dos necessários valores normativos e delimitadores dos pais); *Ego real* (corresponde ao que o sujeito *realmente é* em contraposição ao que ele *imagina ser*); *Ego ideal* (herdeiro direto do narcisismo, corresponde a uma perfeição de valores que o sujeito imagina possuir mas que, na verdade, não possui nem tem possibilidades futuras para tal, mas baseia a sua vida nessa crença, o que o leva a um constante conflito com a realidade exterior); *Ideal do Ego* (o sujeito fica prisioneiro das expectativas ideais que os pais primitivos inculcaram nele); *alter-Ego* (é uma parte do sujeito que está projetada em uma outra pessoa e que, portanto, representa um "duplo" seu); *contra-Ego* (é uma denominação que eu proponho para designar os aspectos que, desde dentro do *self* do sujeito, se organizam de forma patológica e agem contra as capacidades do próprio Ego). Como fica evidente, a situação psicanalítica a partir destes referenciais da estrutura da mente ganhou em complexidade, porém com isso ganhou também uma riqueza de horizontes de abordagem clínica, sendo que a grupoterapia psicanalítica propicia o surgimento dos aspectos antes referidos.

- Um outro aspecto de presença importante no campo grupal é o surgimento de um jogo ativo de *identificações*, tanto as projetivas como as introjetivas, ou até mesmo as adesivas. O problema das identificações avulta de importância na medida em que elas se constituem como o elemento formador do senso de identidade.

- A *comunicação,* nas suas múltiplas formas de apresentação, as verbais e as não-verbais, representa um aspecto de especial importância na dinâmica do campo grupal.

- Igualmente, o desempenho de *papéis,* em especial os que adquirem uma característica de repetição estereotipada — como, por exemplo, o de bode expiatório —, é uma excelente fonte de observação e manejo por parte do coordenador do grupo.

- Cada vez mais está sendo valorizada a forma como os *vínculos* (de amor, ódio, conhecimento e reconhecimento), no campo grupal, manifestam-se e articulam-se entre si, seja no plano intra, inter ou transpessoal. Da mesma maneira, há uma forte tendência em trabalhar com as *configurações vinculares,* tal como elas aparecem nos casais, famílias, grupos e instituições.

- No campo grupal, costuma aparecer um fenômeno específico e típico: a *ressonância,* que, como o próprio nome sugere, consiste no fato de que, como um jogo de diapasões acústicos ou de bilhar, a comunicação trazida por um membro do grupo vai ressoar em um outro, o qual, por sua vez, vai transmitir um significado afetivo equivalente, ainda que, provavelmente, venha embutido numa narrativa de embalagem bem diferente, e assim por diante. Pode-se dizer que esse fenômeno equivale ao da "livre associação de idéias" que acontece nas situações individuais e que, por isso mesmo, exige uma atenção especial por parte do coordenador do grupo.

- O campo grupal se constitui como uma *galeria de espelhos,* onde cada um pode refletir e ser refletido *nos* e *pelos* outros. Particularmente nos grupos psicoterapêuticos, essa oportunidade de encontro do *self* de um indivíduo com o de outros configura uma possibilidade de discriminar, afirmar e consolidar a própria identidade.

- Um grupo coeso e bem constituído, por si só, tomado no sentido de uma abstração, exerce uma importantíssima função, qual seja, a de ser um *continente* das angústias e necessidades de cada um e de todos. Isso adquire uma importância especial quando se trata de um grupo composto por pessoas bastante regressivas.

- Apesar de todos os avanços teóricos, com o incremento de novas correntes do pensamento grupalístico — e a teoria sistêmica é um exemplo disso —, ainda não se pode proclamar que a ciência da dinâmica do campo grupal já tenha encontrado plenamente a sua autêntica identidade, as suas leis e referenciais próprios e exclusivos, porquanto ela continua muito presa aos conceitos que tomou emprestado da psicanálise individual.

- Creio ser legítimo conjecturar que, indo além dos fatos, das fantasias e dos conflitos, que podem ser percebidos sensorial e racionalmente, também existe no campo grupal muitos aspectos que permanecem ocultos, enigmáticos e secretos. À moda de uma conjectura imaginativa, cabe ousar dizer que também existe algo cercado de algum mistério, que a nossa "vã psicologia ainda não explica", mas que muitas vezes se manifesta por melhoras inexplicáveis, ou outras coisas do gênero.

- Da mesma forma como, em termos de micropsicologia, foi enfatizada a relação do indivíduo com os diversos grupos com os quais convive, é igualmente relevante destacar, em termos macroscópicos, a relação do sujeito com a cultura na qual está inserido. Uma afirmativa inicial que me parece importante é a de que o fator sociocultural somente altera o *modo de agir,* mas não a *natureza do reagir.* Explico melhor com um exemplo tirado da minha prática como grupoterapeuta, para ilustrar o fato de que uma mesma situação — a vida genital de uma mulher jovem e solteira — foi vivenciada de forma totalmente distinta em duas épocas distantes uns vinte anos uma da outra. Assim, na década de 60, uma jovem estudante de medicina levou mais de um ano para "confessar" ao grupo que mantinha uma atividade sexual com o seu namorado, devido às suas culpas e ao pânico de que sofreria um repúdio generalizado pela sua transgressão aos valores sociais vigentes naquela época. Em contrapartida, em um outro grupo, em fins da década de 80, uma outra moça também levou um longo tempo até poder partilhar com os demais o seu sentimento de vergonha e o temor de vir a ser ridicularizada e humilhada por eles pelo fato de "ainda ser virgem". Em resumo, o modo de agir foi totalmente oposto, mas a natureza (medo, vergonha, culpa, etc.) foi a mesma. Cabe tirarmos duas conclusões: uma, é a de que costuma haver o estabelecimento de um conflito entre o Ego individual e o Ideal de Ego coletivo; a segunda constatação é a de que o discurso do Outro (pais e cultura) é que determina o sentido e gera a estrutura da mente.

- Todos os elementos teóricos do campo grupal antes enumerados somente adquirem um sentido de existência e de validade se encontrarem um eco de reciprocidade no exercício da técnica e prática grupal. Igualmente, a técnica também não pode prescindir da teoria, de maneira que ambas interagem e evoluem de forma conjugada e paralela. Pode-se afirmar que a teoria sem a técnica vai resvalar para uma prática abstrata, com uma intelectualização acadêmica, enquanto a técnica sem uma fundamentação teórica corre o risco de não ser mais do que um agir intuitivo ou passional.
- É necessário fazermos uma distinção entre a simples emergência de fenômenos grupais e aquilo que se constitui como um processo grupal terapêutico. A primeira é de natureza ubíqua, pois os fenômenos se reproduzem em todos os grupos, independentemente da finalidade de cada um deles, enquanto o processo grupal necessita de um enquadre apropriado e é específico dos grupos terapêuticos.
- O grupo com finalidade operativa ou terapêutica necessita de uma coordenação para que a sua integração seja mantida. O coordenador deve estar equipado com uma logística e uma técnica definidas, assim como com recursos táticos e estratégicos. Ainda não há uma sólida e unificada escola da teoria da dinâmica de grupos, sendo que a maioria dos grupoterapeutas combina os conhecimentos sobre a dinâmica do campo grupal com a de uma determinada escola psicoterapêutica de tratamento individual, usualmente a de alguma corrente psicanalítica.
- Pela importância que as *ansiedades, defesas* e *identificações* representam no campo grupal, elas serão melhor explicitadas num capítulo específico, mais adiante.
- A importância do "campo grupal" pode ser sintetizada nessas sábias palavras de Osorio (1998): "Nesta já longa trajetória lidando com grupos, terapêuticos ou não, fui adquirindo uma crescente convicção de que não é na *palavra* e sim na *atitude* do terapeuta (ou coordenador de grupos) que reside a essência de sua contribuição para o processo grupal. É através da adequação de sua atitude que se estabelecerá o *clima* grupal propício para que aqueles a quem se destina o grupo em questão busquem os seus objetivos".

CAPÍTULO 7

Modalidades Grupais

O capítulo anterior, além de enfatizar a importância dos grupos e a possibilidade da utilização do seu potencial dinâmico, dedicou-se a responder à pergunta: "O que é grupo?". Em continuidade a ela, outras perguntas se impõem: Quem pode praticar as técnicas grupais? Para quem se destinam? Quais são os seus objetivos? Como se processam na prática? Vamos tentar respondê-las indiretamente, ao longo do texto, partindo do princípio de que os fenômenos grupais são sempre os mesmos em qualquer grupo, variando as respostas às perguntas feitas, e essa variação é que irá determinar a finalidade e, portanto, a modalidade grupal.

É tão largo o leque de aplicação das atividades grupais que poderíamos nomeá-las seguindo a trilha quase completa do abecedário. Vamos exemplificar, somente a título de ilustração:

A: analítico; auto-ajuda; adolescente; alcoolistas...
B: Balint; *borderline;* bioenergético...
C: capacitação; casais; crianças...
D: dramatização; discussão; diagnóstico...
E: ensino-aprendizagem; egressos...
F: formação; família...
G: gestáltico; gestantes...
H: homogêneo; holístico...
I: integração; institucional; idosos...
L: livre; laboratório (de relações humanas)...
M: maratona...
N: numeroso (refere-se ao grande número de participantes)...
O: operativo; orientação; organizacional; obesos...
P: psicodrama; psicossomático...
Q: questionamento...
R: reflexão; reabilitação...

S: saúde mental (comunitária); sobrevivência social (*gays,* etc.); sensibilização; sala de espera...

T: treinamento; (com pacientes) terminais...

U: união...

V: vivências...

Por esta pálida amostragem podemos perceber o quanto denominações diferentes podem estar se referindo a uma mesma finalidade grupal e, da mesma forma, um mesmo nome pode estar designando atividades que, em sua essência, são diferentes. Ademais, muitas vezes, a prática grupal permite a criação de novas táticas, inclusive com a combinação de algumas delas, e tudo isso, aliado a um largo espectro de aplicações, pode gerar uma confusa rede conceitual.

Para atenuar este estado de coisas impõe-se a necessidade de uma classificação, sendo que qualquer intento classificatório sempre partirá de um determinado ponto de vista, que tanto pode ser o de uma vertente teórica, como o tipo de *setting* instituído; a finalidade a ser alcançada; o tipo dos integrantes; o tipo de vínculo com o coordenador, e assim por diante.

Assim, muitos autores costumam catalogar os grupos de acordo com a técnica empregada pelo coordenador e com o tipo de vínculo que ele estabeleceu com os indivíduos integrantes. Exemplo disso é o conhecido critério de classificar os cinco tipos seguintes:

- *Pelo* grupo: seguindo um modelo chamado exortativo, o grupo funciona gravitando em torno do líder, através do recurso da sugestão, ou de uma identificação com esse líder, tal como acontecia nos "Grupos Pratt", ou como acontece nos "Grupos de Apoio" com pacientes excessivamente regressivos. Em outras palavras, mercê de seu carisma, o terapeuta trabalha *pelo* grupo, que unicamente orbita em torno dele.

- *Em* grupo: neste caso, os pacientes estão reunidos *em* um grupo, porém os assinalamentos e interpretações do terapeuta são dirigidos separadamente a cada paciente em particular. De certa forma, trata-se de um tratamento individual feito na presença dos demais.

- *Do* grupo: aqui, o enfoque interpretativo do grupoterapeuta está sempre dirigido ao grupo como uma totalidade, como se essa totalidade constituísse uma nova individualidade. Por exemplo, diante de um determinado conflito ou emergência de angústia, o terapeuta, de forma sistemática, interpreta mais ou menos assim: "o grupo está me dizendo que...; o ataque a mim, que vem *do* grupo, está mostrando que o grupo sente inveja de mim porque...". Nessa época, havia uma clara recomendação de que o grupoterapeuta nunca particularizasse qualquer assinalamento.

- *De* grupo: nesse caso, o interesse do grupoterapeuta pelos relatos de cada um, e a sua atividade interpretativa, tanto privilegia as individualidades, e a partir dessas abrange a generalidade, como também, partindo da generalidade do grupo, há sempre uma valorização da participação e contribuição de cada indivíduo, o que diferencia da técnica habitual da análise individual, porquanto ela assume características próprias e se constitui como uma análise *de* grupo.

- *Com* o grupo: atualmente, está ficando cada vez mais consensualmente aceito o fato de que os pacientes do grupo devem interagir ativamente entre eles e com o terapeuta, sendo que um dos critérios de crescimento do grupo consiste justamente no fato de que cada paciente tem a liberdade de exercer uma capacidade interpretativa para os seus pares e junto *com* todos eles, o que evidencia que eles estão introjetando adequadamente a "função psicanalítica" do seu grupoterapeuta. Uma excelente descrição dessa análise *de* grupo, funcionando *com* o grupo, aparece no livro *Psicoanálisis compartido,* de Gerardo Stein.

CLASSIFICAÇÃO DOS GRUPOS

A classificação que aqui será adotada baseia-se no critério das finalidades a que se propõe o grupo e parte da divisão nos seguintes dois grandes ramos genéricos: *operativos* e *terapêuticos*.

Cada um destes ramos, por sua vez, se subdivide em outras ramificações, conforme o esquema simplificador:

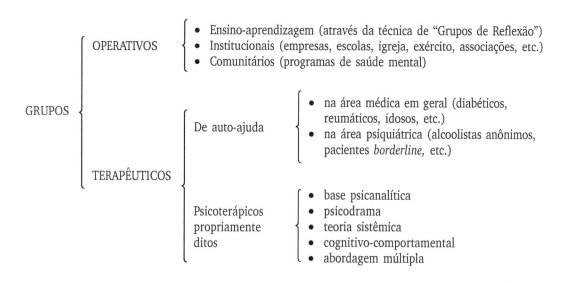

É claro que, na prática, essas distintas ramificações não são perfeitamente delimitadas; antes, elas, muitas vezes, se interpõem, se completam e se confundem. Por exemplo: os grupos operativos costumam propiciar um benefício psicoterápico e, da mesma forma, os grupos psicoterápicos se utilizam do esquema referencial operativo. É desnecessário frisar que muitas outras ressalvas equivalentes podem ser reconhecidas na classificação acima.

Não é demais repetirmos que o fundamental é que o terapeuta tenha bem claras as respostas às seguintes questões: que espécie de mudanças ele pretende, que tipos de técnicas aplicadas para qual tipo de pacientes, por qual tipo de terapeuta e sob quais condições.

Grupos Operativos

É tão abrangente a aplicação dos postulados dos grupos operativos que muitos preferem considerá-los como sendo, genericamente, um continente de todos os demais grupos, incluídos os terapêuticos, mesmo os de natureza analítica.

A conceituação e a aplicação dos grupos operativos, como foi dito antes, se devem muito a Pichon Rivière (Berstein, 1986) que, desde 1945, os introduziu, sistematizou e divulgou. Este autor construiu o seu "esquema conceitual referencial operativo" (ECRO) considerando uma série de fatores, tanto conscientes como inconscientes, que regem a dinâmica de qualquer campo grupal, e que se manifestam em três áreas: mente, corpo e mundo externo.

Pichon Rivière construiu uma extensa e sólida edificação teórica, cuja reconhecida importância justifica que nos alonguemos na enumeração de seus principais conceitos, ainda que, aqui, nos limitemos praticamente a uma titulação dos mesmos.

- Teoria dos vínculos (todo vínculo bicorporal é sempre tripessoal, tendo em vista os personagens parentais que estão introjetados em cada indivíduo).
- Formação de papéis (porta-voz; bode expiatório; sabotador; líder, que, por sua vez, pode ser do tipo autoritário, democrático, *laissez-faire* ou demagógico).
- Esquema corporal (tem muita similitude com a concepção do "estágio do espelho", de Lacan).
- Modelo do "cone invertido" (leva em conta os seguintes sete vetores: afiliação, pertencência, pertinência, comunicação, aprendizagem, cooperação e "tele", sendo que este último designa o clima emocional do grupo).
- Conceitos de verticalidade (a história de cada indivíduo) e de horizontalidade (o aqui e agora da totalidade grupal).
- Conceito de "pré-tarefa" (movimentos grupais que impedem a realização de uma ação de real transformação).
- A noção dos "três D" (o depositante, o depositado e o depositário das ansiedades básicas que, inevitavelmente, surgem no campo grupal).

A atividade do coordenador dos grupos operativos deve ficar centralizada unicamente na tarefa proposta, sendo somente nas situações em que os fatores inconscientes inter-relacionais venham a ameaçar a integração ou a evolução exitosa do grupo que cabem eventuais intervenções de ordem interpretativa.

Grupos Operativos Voltados ao Ensino-Aprendizagem[1]

A ideologia fundamental deste tipo de grupo é que o essencial é "aprender a aprender", e que "mais importante do que encher a cabeça de conhecimentos é formar cabeças". Incontáveis são as modalidades de aplicação dos grupos operativos, sendo que, muitas vezes, sob múltiplas denominações distintas, designam um funcionamento assemelhado. Assim, especificamente em relação à tarefa de ensino e treinamento, são conhecidos os grupos "T" *(training-groups);* os grupos "F" (a letra é a inicial de *free* e de *formation,* o que diz tudo da característica de tais grupos); os grupos "Balint" (nome de um renomado psicanalista inglês que realizava uma atividade sistemática com grupos de médicos não-psiquiatras visando a dar-lhes condições de desenvolverem uma atitude emocional empática para uma ação psicoterápica clínica); e os "grupos de reflexão" (nos termos descritos por Dellarossa [Dellarossa, 1979]).[2]

Um excelente trabalho sobre a aplicação dos princípios de Pichon Rivière pode ser encontrado no também psicanalista argentino J. Bleger (1987), que aprofunda o estudo dos processos do pensamento no aprendizado. O exemplo de n° 7, mais adiante, pode servir de ilustração prática de como os "grupos de reflexão" podem ser aplicados na tarefa de ensino-aprendizagem.

Grupos Institucionais

Cada vez mais a atividade está sendo utilizada nas instituições em geral. Assim, as escolas estão promovendo reuniões que congregam pais, mestres e alunos, com vistas a debaterem e a encontrarem uma ideologia comum de formação humanística. O mesmo se passa nas diversas associações de classe, como, por exemplo, nos sindicatos, na Igreja, no Exército e nas empresas. Especialmente esses últimos estão montando serviços dirigidos por psicólogos organizacionais — que se destinam a aumentar o rendimento de produção da empresa através de grupos operativos centrados na tarefa de obtenção de um clima de harmonia entre os seus diversos subgrupos.

Grupos Comunitários

O melhor exemplo se encontra no campo da saúde mental.

Partindo da definição que a OMS deu à saúde, como sendo "um completo bem-estar físico, psíquico e social", é fácil entendermos que as técnicas grupais encontram (ou deveriam encontrar) uma larga área de utilização, sobretudo em comunidades.[3]

Esses grupos comunitários são utilizados na prestação tanto de cuidados primários de saúde (prevenção), como secundários (tratamento) e terciários (reabilitação).

Assim, são de comprovada utilidade a realização de grupos, por exemplo, com gestantes, adolescentes sadios, líderes naturais da comunidade, pais, etc. Um bom exemplo da utilização prática de grupos comunitários é o excelente trabalho com adolescentes desenvolvido em Florianópolis pelo psiquiatra Francisco Baptista Neto (1986).

Técnicos de distintas áreas de especialização (além de psiquiatras, outros médicos não-psiquiatras, psicólogos, assistentes sociais, enfermeiros, sanitaristas, etc.) podem, com relativa facilidade, ser bem treinados para essa importante tarefa de integração e de incentivo às capacidades positivas, desde que fiquem unicamente centrados na tarefa proposta e conheçam os seus limites.

Grupos de Reflexão

Em relação ao termo "reflexão", é preciso esclarecer que muitas outras denominações costumam ser utilizadas para este mesmo fim de atividade grupal. Desta forma, é de uso corrente o emprego de "grupo F" (letra inicial das palavras inglesas *free* e *formation*, as quais, por si só, caracterizam a ideologia destes grupos); assim como o de "grupo de discussão", ou "grupo de integração", etc.

Particularmente, prefiro a terminologia "grupo de reflexão", proposta pelo psicanalista argentino Dellarossa (1979), pelas seguintes duas razões: a primeira está contida em sua etimologia, composta a partir de re+flexão, ou seja: sugere que cada um e todos do grupo façam uma renovada e continuada flexão sobre si próprios, assumindo as responsabilidades que lhes são próprias. A segunda razão é o fato de que a palavra "reflexão" indica a propriedade de um espelho, ou seja: o fato de que também este tipo de grupo comporta-se como uma "galeria de espelhos" onde cada um pode refletir-se de forma especular, nos demais e vice-versa.

Para completar a conceituação de "grupo de reflexão", vale acrescentar mais dois aspectos: o primeiro se refere à sua ubicação: este tipo de grupo pertence à categoria mais abrangente de "grupos operativos", nome cunhado por Pichon Rivière (1977) que traçou os pilares fundamentais de seu esquema conceitual referencial operativo. Assim, o grupo de reflexão é uma das modalidades de grupo operativo e segue as regras básicas deste, sendo que o segundo aspecto que o caracteriza é o fato de que este grupo reflexivo tem a finalidade precípua de servir como um instrumento de primeira grandeza para a área do ensino-aprendizagem, isto é, da educação.

Dentro destes critérios, pode-se dizer que o grupo de reflexão é uma indicação prioritária em todos os programas educacionais, que visam fundamentalmente a aliar ao propósito da informação o da formação, especialmente no que se refere à aquisição de atitudes internas.

Nesta altura, alguém poderia objetar: "mas, uma mudança de atitudes implica em modificações emocionais de certa profundidade que, por sua vez, implicam em um processamento psicoterápico. Isso é da competência dos grupos de reflexão?". Minha resposta seria esta: ainda que o grupo de reflexão não seja uma forma de psicoterapia analítica, e não siga as regras básicas desta, e nem sequer seja essa a sua finalidade, é inegável que, por seus mecanismos específicos, ele exerce uma definida ação terapêutica, que se traduz em modificações na atitude e na conduta.

Tenho comprovado isso em minha experiência com grupos de reflexão, principalmente com estudantes de medicina; com médicos residentes em diversos cursos de especialização; com equipes polivalentes e multidisciplinares; e como parte inerente aos módulos dos programas de educação continuada que temos em andamento.

No entanto, cabe a pergunta: quais são os mecanismos pelos quais os grupos de reflexão determinam as mudanças de atitudes internas dos indivíduos, e como são as mesmas?

Em linhas gerais, pode-se responder que a atitude fundamental a ser desenvolvida é a de que os indivíduos "aprendam a aprender" (Bion, 1957). Mais do que uma simples frase bonita, isso tem uma profunda significação, e implica em que se trabalhe com as seguintes quatro funções do Ego: percepção, pensamento, conhecimento e comunicação.

A *percepção* refere-se a como um indivíduo, ou um grupo, percebe os estímulos provindos do mundo exterior, e isso varia de acordo com a natureza e o grau das possíveis ansiedades de que eles sejam portadores. Dessa forma, se a ansiedade predominante em um indivíduo for de natureza paranóide, por exemplo, ele perceberá de uma forma distorcida tudo o que seus órgãos dos sentidos captarem. Resulta daí que, contrariamente à realidade objetiva, ele verá caras feias a reprová-lo ou ouvirá frases agressivas que visam a atingi-lo. Outras seriam as distorções se as ansiedades prevalentes fossem de natureza depressiva, ou confusional, e assim por diante. Não é difícil concluir o quanto um grupo de reflexão propicia trabalhar nessa área.

Intimamente ligada a essa função perceptiva está a do *pensamento,* coluna mestra das funções do Ego voltadas para o aprendizado. O estudo da normalidade e da patologia da gênese e funcionamento do pensamento é muito complexo e fascinante, mas não cabe aqui esmiuçá-lo. Podemos encontrar uma excelente abordagem relativa à sua importância no trabalho *Grupos operativos no ensino,* de J. Bleger (1987). Nele, o autor destaca a inter-relação que há entre o processo do pensamento e o narcisimo e a onipotência, assim como a atitude de um encontro obsessivo através de condutas estereotipadas.

Uma das finalidades mais importantes de um grupo de reflexão é a de possibilitar aos indivíduos uma forma mais adequada de utilização do pensamento. Os participantes de um grupo dessa natureza têm a oportunidade de flagrar o quanto podem pensar que estão pensando criativamente, quando na verdade estão gastando o melhor de suas energias mentais voltados contra o pensamento de um outro; ou submetidos ao pensamento de alguém, fora ou dentro dele; ou narcisisticamente voltados a impor a sua verdade absoluta; ou, ainda, fazendo um emprego maciço de racionalizações para impedir o surgimento de qualquer fato novo que venha a pôr em risco a sua segurança, e assim por diante.

Este último aspecto nos remete à importante função do *conhecimento.* Sabemos todos que, na evolução normal da criança, existe um natural e sadio impulso epistemofílico destinado a querer conhecer as verdades das coisas e dos fatos que lhe cercam. No entanto, também existe em todo ser humano uma tendência ao desconhecimento das verdades penosas, tanto as externas como as internas.

É variável a intensidade e a modalidade dos recursos de negação do Ego que têm o propósito inconsciente de evitação do conhecimento, sendo que em um grupo de reflexão fica possibilitada a capacidade de reconhecer o elevado preço que cada indivíduo paga para manter a amputação parcial ou até mesmo total dessa importante função do contato com as verdades.

Para tanto, cresce de importância o desenvolvimento, em cada um e em todos do grupo, da capacidade de fazer indagações de ordem dialética.

Já aludimos aos processos de percepção de pensamento e de conhecimento; no entanto, é na função de *comunicação* que um grupo de reflexão encontra a sua utilização mais relevante.

Não é demais repisar que "o grande mal da humanidade é o problema do mal-entendido". Por sua vez, os mal-entendidos decorrem da patologia da percepção do pensamento, e resultam especialmente do emprego excessivo de identificações projetivas nas relações interpessoais. Cada pessoa costuma depositar e atribuir a outra tudo aquilo que detesta e não suporta em si própria. Também não cabe, aqui, fazer um aprofundamento destes aspectos que nos levariam, inevitavelmente, aos problemas de inveja, ciúme, rivalidades, ansiedades, identificações, etc.

Nesse ponto cabe uma pergunta de ordem técnica: estes aspectos devem ser abordados e interpretados? A resposta é a seguinte: de forma sistemática, não. No entanto, sempre que estes aspectos estiverem muito emergentes, a ponto de estarem interferindo no livre curso da tarefa explícita proposta pelo grupo, impõe-se a conscientização e a elaboração dos mesmos.

Linguagem

A linguagem empregada pelas pessoas, quer quando transmitem as mensagens ou quando as recebem, depende fundamentalmente da *significação* que as mesmas adquirem, tanto para o emissor como para o receptor, a qual está intimamente ligada aos padrões socioculturais vigentes numa determinada época e geografia, tal como será explicitado no capítulo que aborda a "Comunicação".

Ainda em relação à comunicação, não é demais lembrar que ela pode se processar em uma linguagem tanto verbal como pré-verbal, como a dos *actings* e somatizações, por exemplo, sendo que a capacidade de verbalização pode e deve ser desenvolvida em um grupo de reflexão.

Outra atribuição importante do grupo de reflexão diz respeito aos *papéis,* por parte dos integrantes do grupo, especialmente se os mesmos se mantiverem fixos e estereotipados. Exemplos disso podem ser a assunção de um papel permanente de "bode expiatório", ou de "bonzinho", ou de "delegado" da prática de *actings,* ou de porta-voz da agressividade dos demais, etc.

Antes de encerrar, vale fazer mais umas duas ou três breves observações. Uma é o fato de que toda autêntica mudança de atitude e de conduta implica em um sofrimento e incremento de ansiedades. Decorre daí uma segunda observação: a de que o coordenador de um grupo de reflexão deve ter um preparo adequado para essa tarefa. Faz parte desse preparo uma aptidão para possibilitar que o grupo de reflexão transcorra em um clima de liberdade, fator que considero como essencial no processo de ensino-aprendizagem. Liberdade para contestar, criar e amar, assim como também para errar e experimentar a sua agressão. Isto só se consegue a partir de uma liberdade interior.

Em outras palavras: o grupo de reflexão não tem uma finalidade explícita de obtenção de resultado psicoterápico, mas implicitamente atinge esse objetivo, especialmente ao possibilitar que os indivíduos saiam da condição de sujeitadores, ou de sujeitados, e se tornem sujeitos livres para pensar e criar.

Exemplos práticos da aplicação e funcionamento de grupos de reflexão aparecem no capítulo que trata de sua aplicação na área médica.

Grupos Terapêuticos

Grupos de Auto-Ajuda

Esta modalidade grupal merece ser destacada tanto pela razão de uma inequívoca comprovação de sua eficiência como pelo largo âmbito de áreas beneficiadas e a sua incrível expansão. Somente nos Estados Unidos, no campo da saúde mental, estão em pleno andamento mais de 800 programas oficiais baseados neste tipo de aplicação grupal.

Os grupos de auto-ajuda, como o nome designa, são compostos por pessoas portadoras de uma mesma categoria de necessidades, as quais, em linhas gerais, especialmente no campo da Medicina, podem ser enquadradas nos seguintes seis tipos de objetivos da tarefa do grupo:

- Adictos (obesos, fumantes, toxicômanos, alcoolistas, etc.).
- Cuidados primários de saúde (programas preventivos, diabéticos, hipertensos, etc.).
- Reabilitação (infartados, espancados, colostomizados, etc.).

- Sobrevivência social (estigmatizados, como os homossexuais, defeituosos físicos, etc.).
- Suporte (cronicidade física ou psíquica, pacientes terminais, etc.).
- Problemas sexuais e conjugais.

Como cada um destes seis subgrupos permite novas ramificações, é fácil entender o número quase infinito de modalidades grupais possíveis e, portanto, a quantidade de pessoas que podem ser atingidas.

Os benefícios auferidos com os grupos de auto-ajuda decorrem de fatores que serão mais detalhadamente explicitados no Capítulo 25.

Grupos Psicoterápicos Propriamente Ditos

Ainda não há um específico corpo teórico-técnico que dê uma sólida fundamentação às terapias grupais dirigidas ao *insight*. Enquanto isso, elas vão se utilizando de outras fontes, das quais merecem um registro à parte as quatro seguintes: a psicanalítica, a psicodramática, a da teoria sistêmica e a da corrente cognitivo-comportamentalista. Além delas, deve ser incluída uma grupoterapia de abordagem múltipla, holística, a qual consiste no emprego de uma certa combinação das anteriores.

Corrente Psicanalítica.   Por sua vez, abriga muitas escolas: freudiana ortodoxa; teóricos das relações objetais (inspirados principalmente em M. Klein, Bion e Winnicott); psicologia do Ego (Hartmann, M. Mahler); psicologia do *self* (Kohut); estruturalista (Lacan). No entanto, apesar da óbvia (e sadia) divergência na conceituação da gênese e do funcionamento do psiquismo, essas diferentes escolas convergem no que há de essencial relativamente aos fenômenos provindos de um inconsciente dinâmico.

Há uma longa polêmica: a grupoterapia inspirada em fundamentos psicanalíticos pode ser considerada uma "psicanálise verdadeira"? Ela pode ser denominada como "grupo-análise"? Os autores se dividem nas respostas, sendo que, aqui, não me aprofundarei neste tópico pela razão de que isso nos levaria a caminhos muito complexos e controvertidos, algo fora de nosso propósito. Da mesma forma como nas psicoterapias individuais, também as grupoterapias podem funcionar por um período de tempo longo ou curto, podem ter uma finalidade de *insight* destinado a mudanças caracterológicas, ou podem se limitar a benefícios terapêuticos menos pretensiosos, como a remoção de sintomas; da mesma forma, podem objetivar à manutenção de um estado de equilíbrio (psicóticos egressos, por exemplo); ou podem limitar-se à busca de uma melhor adaptabilidade nas inter-relações humanas em geral. Tudo isso requer uma variabilidade de enquadres, como será exposto mais adiante, o que também vai determinar uma especificação técnica e tática no emprego das grupoterapias de base analítica.

Corrente Psicodramática (Garcia, 1986).   Vem ganhando espaço em nosso meio. Criado por J. Moreno, na década 30, o psicodrama ainda conserva o mesmo eixo fundamental constituído pelos seguintes seis elementos: cenário, protagonista, diretor, Ego auxiliar, público e a cena a ser apresentada.

A dramatização pode possibilitar a reconstituição dos primitivos estágios evolutivos do indivíduo. Assim, uma primeira etapa da dramatização (técnica da dupla) visa ao reconhecimento da indiferenciação "eu" x "outro". Numa segunda etapa (técnica do espelho), o protagonista sai do palco e, a partir do público, assiste à representação que uma outra pessoa, no papel de Ego auxiliar, faz dele, o que possibilita que se reconheça a si próprio, assim como na infância ele reconheceu a sua imagem no espelho. A terceira etapa (técnica da inversão dos papéis) vai permitir que se coloque no lugar do outro, desenvolvendo assim o sentimento de consideração pelos demais. É claro que, no curso do tratamento, essas etapas não são estanques.

Teoria Sistêmica.

Parte do princípio de que os grupos funcionam como um sistema, ou seja, que há uma constante interação, complementação e suplementação dos distintos papéis que foram atribuídos e são desempenhados por cada um de seus componentes. Assim, um sistema se comporta como um conjunto integrado, onde qualquer modificação de um dos elementos necessariamente irá afetar o sistema como um todo.

A terapia de família vem tendo expansão significativa em nosso meio, sendo que ela possui seus referenciais específicos alicerçados na teoria sistêmica. No entanto, isso não impede que os seus praticantes também utilizem o respaldo oferecido pelos conhecimentos psicanalíticos, assim como o emprego intercalado de técnicas de dramatização, sendo que esta não é a mesma coisa que psicodrama propriamente dito.

Corrente Cognitivo-comportamental.

Fundamenta-se no postulado de que todo indivíduo é um organismo processador de informações, recebendo dados e gerando apreciações. Trata-se de uma teoria de aprendizagem social na qual, sobretudo, são valorizadas as expectativas que o sujeito sente-se na obrigação de cumprir, a qualificação de seus valores, as significações que ele empresta aos seus atos e crenças, bem como a sua forma de adaptação à cultura vigente.

O tratamento preconizado pelos seguidores da corrente comportamentalista (behavioristas) parte da necessidade de uma clara cognição dos aspectos supracitados e, a partir daí, a técnica terapêutica visa a três objetivos principais: uma reeducação, em nível consciente, das concepções errôneas, um treinamento de habilidades comportamentais e uma modificação no estilo de viver. É uma técnica que está sendo muito utilizada no tratamento dos drogaditos em geral, ou nos casos de adicções sem drogas, como é, por exemplo, o tratamento em grupo com obesos. Nesses casos, é de fundamental importância que haja o desenvolvimento de funções do Ego consciente, tais como as de antecipar, prevenir, modificar, além de lidar com as situações que implicam em risco de reincidência.

Este capítulo ficaria incompleto sem uma referência ao fulgurante surgimento, nos Estados Unidos, de uma multiplicidade de psicoterapias grupais, as quais se encontram em gradativa expansão também para os centros europeus e latino-americanos. São exemplos: a terapia gestáltica (de F. Perls), a psicoterapia centrada no paciente (de Rogers), a análise transacional (de Berne), a bioenergética (de Lowen), a terapia do grito primal (de Janov), as terapias behavioristas (de Skinner), as terapias de reeducação sexual (de Master e Johnson), as terapias relacionadas com o Zen-budismo, as terapias baseadas em técnicas corporais (dança, ioga, toques físicos, etc.), e assim por diante.

NOTAS

[1] A denominação mais adequada seria "Educação", tendo em vista a etimologia. Assim, a palavra "ensino" se origina de "en" (dentro de) + "signo", e sugere que o mestre coloque signos, ou seja, sinais e conhecimentos na cabeça do outro; enquanto que o termo "educação" se forma de "ex" (para fora) + "ducare" (dirigir), ou seja, o educador permite que sejam sadiamente drenadas para fora as capacidades preexistentes em cada um.

[2] Pessoalmente, utilizamos esta última denominação, entre muitas outras equivalentes, pelo fato de que a palavra reflexão sugere dois aspectos básicos dessa atividade. O primeiro é o de uma nova ("re")"flexão" sobre si próprio, por parte de cada integrante; o outro é a possibilidade de os indivíduos se refletirem (perceberem o jogo de identificações projetivas, e introjetivas, de uns nos outros).

[3] Pode servir de modelo o trabalho com grupos que, há muitos anos, vem sendo aplicado na Vila São José do Murialdo, em Porto Alegre, RS, comunidade com uma população em torno de 30.000 habitantes (Busnello, 1986).

CAPÍTULO 8

A Função "Continente" do Grupo

A psicanálise contemporânea empresta um valor extraordinário à importância da função de maternagem da mãe desde os primórdios do seu relacionamento com os filhos, muito particularmente no que se refere ao que Bion denominou como *continente*, concepção essa que encontra uma clara equivalência com o que Winnicott conceituou como *holding,* embora haja algumas diferenças entre ambas as conceituações.

Destarte, a noção de *holding* alude mais diretamente à sustentação (o verbo *to hold*, em inglês, significa "sustentar") tanto física como emocional dos cuidados da mãe em relação ao bebê, enquanto *continente*, pelo menos em meu entendimento, tem uma significação mais ampla e profunda, porquanto alude a uma função ativa da mãe que promove importantes transformações no psiquismo da criança, e que abrange os seguintes aspectos: a mãe (ou o terapeuta, na situação analítica) *acolhe* a carga das identificações projetivas, composta de necessidades, angústias, etc., que a criança (ou o paciente, na aludida situação analítica) deposita dentro dela; num segundo passo a mãe *descodifica* o significado do conteúdo daquilo que foi colocado nela; a partir daí, empresta a essa importantíssima experiência emocional um *significado, um sentido* e, sobretudo, um *nome* àquilo que está se passando entre ela e a criança. Como passo seguinte, a mãe devolve para o seu filho a angústia que ele projetou nela, porém já devidamente compreendida, desintoxicada, significada, transformada e nomeada, num ritmo de devolução apropriado às condições da criança. Bion emprega os termos *rêverie* e *função alfa*, o primeiro para designar que é fundamental a atitude psicológica interna da mãe de como ela acolhe o conteúdo das angústias nela depositadas (a palavra *rêverie* vem de *rêve* que, em francês, quer dizer "sonho", ou seja, espera-se que a atitude da mãe seja na base de que ela não tenha idéias preconcebidas em relação ao filho e, venha este como vier, ela acolherá da mesma forma amorosa). O termo *função alfa*, por sua vez, designa mais diretamente a função da mãe em propiciar o desenvolvimento das capacidades egóicas da criança, como as de *perceber, pensar, conhecer,* e também a de essa criança vir a desenvolver a sua própria capacidade de "continência".

A função "continente" alude, portanto, a um processo ativo, e não deve ser confundida com um "recipiente", em cujo caso trata-se de um mero depósito passivo. Um aspecto que me parece particularmente importante em relação a essa função de continência é o que eu costumo denominar *função custódia,* ou seja, o paciente deposita aspectos seus dentro da mente do analista à espera de que este, tal como se passa em um depósito de bens materiais a serem custodiados, na forma de uma moratória, os contenha durante algum tempo (pode ser de vários anos, especialmente com pacientes bastante regredidos) para depois devolvê-los ao paciente, seu legítimo dono, quando tiver condições de resgatá-los.

Um aspecto muito desafiador para a condição de "continente" do analista, alerta Bion, é quando o paciente projeta uma carga agressiva exagerada, particularmente aquela que tem um cunho desqualificatório. Assim, *"certos pacientes, de qualquer modo, tentam provar que o analista está equivocado; consideram-no tão ignorante que este não lhes pode brindar nenhuma ajuda, ou então tão inteligente que poderia fazer o seu trabalho sem nenhuma assistência deles, pacientes".* Mais adiante (p. 114), completa: *"haveria algo de muito errado com o seu paciente caso ele não pudesse fazer o seu analista de bobo. Ao mesmo tempo, há algo de muito errado com o analista que não consegue tolerar ser feito de bobo; caso possa tolerar isso, se você puder suportar ficar irritado, então você pode aprender algo".*

A função de "continente" está intimamente ligada a outras duas condições necessárias para que ela seja exitosa: a de "paciência" e uma que Bion denominou como "capacidade negativa".

Paciência. Essa "condição mínima necessária" está diretamente ligada à anterior, porém, como a sua raiz etimológica mostra (a palavra "paciência" vem de *pathos* que, em grego, significa "sofrimento"), ela exige que o analista suporte a dor de uma espera, enquanto não surge uma luz no fosso do túnel depressivo do paciente. Também Freud exaltou a virtude da "paciência", como se vê no "caso Dora", no qual ele cita um trecho de *Fausto,* de Goethe: *"Nem só a arte e a ciência servem: no trabalho deve ser mostrado paciência"* (1905, p. 19).

Deve ficar bem claro que "paciência" não significa uma atitude passiva, de resignação ou coisa parecida; pelo contrário, ela consiste em um processo ativo dentro do analista. Como diz Bion: *"de início, o analista desconhece o que está ocorrendo; caso sejamos honestos, temos que admitir que não temos a menor idéia do que está ocorrendo. Mas, se ficarmos, se não fugirmos, se continuarmos observando o paciente, 'vai emergir um padrão'"* (1992a, p. 172). Esta última expressão, que Bion gostava de utilizar, é uma menção a Freud, que, por sua vez, a tomou emprestada de Charcot.

Em um outro momento (1992b, p. 100), Bion afirma que *"o analista deve dar um bom tempo para o paciente manifestar plenamente os sentimentos de desespero, depressão, inadequação, ou de uma insatisfação ressentida com a análise e com o analista"* (assim como a mãe deve abrir um espaço para acompanhar a depressão do filho); portanto, completa ele, *não devemos ser demasiado prematuros em dar uma interpretação "tranqüilizadora".* Aliás, às vezes, Bion comparava a análise com um processo de gestação, de modo que ele referia que *"Sócrates costumava dizer que muitas vezes ele fazia o papel de 'parteira': atendia ao 'nascimento de uma idéia' e que, da mesma forma, os analistas podem ajudar a que um paciente nasça, a que ele emerja do ventre do pensamento"* (1992b, p. 182).

Green (1986, p. 134) reforça a importância do atributo de "paciência" ativa do psicanalista, como se depreende dessa citação: *"Não há um só analista que mantenha a ilusão de que, se ele interpretar uma determinada atitude, esta desaparece. Para mim, por exemplo, a atitude do paciente pode durar, digamos... 15 anos. A análise é um trabalho de Penélope — todos os dias você tece a teia e, logo que o paciente o deixa, ela se desfaz. Se não estivermos preparados para ver a análise assim, é melhor mudar de profissão...".*

Capacidade negativa. Este termo alude a uma — positiva — condição, minimamente necessária, de o terapeuta conter *as suas próprias* angústias decorrentes do seu *não saber* aquilo que está se passando na situação analítica, porquanto *temos um horror ao vazio,* nós odiamos estar ignorantes.

Na ausência dessa capacidade, as interpretações dadas ao paciente poderão representar nada mais do que uma tentativa de o analista aliviar a sua própria angústia, "preenchendo" o vazio daquilo que ele está ignorando. De forma equivalente, pode acontecer que o analista não tenha a capacidade para conter a sua ânsia de não frustrar o paciente, e com isso faz interpretações prematuras, embora elas possam ser corretas, de forma que ele pode estar *assassinando a curiosidade* do paciente, ao mesmo tempo em que, completo, ele pode estar assassinando a sua própria capacidade intuitiva.

Como um derivado direto da condição de "capacidade negativa" por parte do analista, Bion postulou a recomendação técnica de um estado mental do terapeuta no transcurso de uma sessão analítica: um estado de *sem-memória, sem-desejo* e *sem-compreensão.* A finalidade maior de que a mente *não fique saturada* com a memória, desejos e a necessidade de compreensão imediata é para que os órgãos dos sentidos não fiquem tão predominantes e, assim, não dificultem a emergência da capacidade de intuição do analista.

Ainda cabe enfatizar mais os seguintes aspectos que caracterizam a noção de "continente":

- O termo "continente" também alude ao significado habitual de um continente geográfico, em cujo caso estará significando uma função *delimitadora* entre as diferentes partes que compõem a geografia do psiquismo do próprio sujeito, e também as fronteiras entre ele e as demais pessoas, de tal sorte que podemos dizer que entre o continente e o conteúdo existe a criação de um "espaço interobjetal", equivalente à concepção de Winnicott de "espaço transicional".
- Deve ser levado em conta o fato de que uma inveja, ódio ou voracidade excessiva da criança (ou paciente, na situação analítica) pode impedir que uma mãe (terapeuta) exerça a sua função de continente.
- É importante consignar que a noção de continente não se restringe às projeções do conteúdo de pulsões, angústias e aspectos superegóicos, mas, sim, que também abrange a necessidade de a mãe (terapeuta) perceber, *reconhecer* e aceitar os intentos criativos, reparatórios e de preocupação que a criança tem por ela.
- Em caso contrário, incrementam-se na criança sentimentos de rejeição e de culpas ("o que foi que eu fiz de errado, por que é que mamãe só vê defeitos em mim?").
- Igualmente patogênica é a possibilidade da situação em que a mãe não só falha como continente como, ainda, trocando de lugares com a criança, atribui ao filho a função de se comportar como um continente das angústias, queixas e lamúrias dela (freqüentemente contra o pai, ou vice-versa), sem se dar conta de que a criança, por ainda não estar preparada para essa função, pode recair num estado de angústia e confusão.
- Na situação de terapia psicanalítica, tanto individual como grupal, esses aspectos patogênicos relativos à falha da função de continente do terapeuta podem ser reproduzidos sob a forma de impasses.
- Da mesma forma, é indispensável que o analista avalie a capacidade de os pacientes terem, ou não, condições de conter em suas mentes o conteúdo das interpretações que ele está fornecendo a eles, porquanto a hipótese negativa, isto é, a de que os pacientes ainda não reúnem condições de assimilar aquilo que está sendo interpretado, pode causar efeitos bastante prejudiciais.
- Igualmente, é imprescindível que o terapeuta conheça e discrimine a sua capacidade de continência para determinados e distintos aspectos que os pacientes projetam maciçamente nele. Por exemplo, é possível que o grupoterapeuta se constitua como um excelente continente para o surgimento de sentimentos amorosos, eróticos, agressivos ou narcisistas, porém que não consiga conter adequadamente sentimentos depressivos ou o surgimento de *actings.* É evidente que pode acontecer o contrário, ou seja, que um determinado grupoterapeuta contenha com naturalidade sentimentos depressivos e se

confunda com os agressivos, ou eróticos, e assim por diante, numa gama de múltiplas possibilidades, limitações e arranjos combinatórios.

O GRUPO COMO UM CONTINENTE

Todas as considerações até agora expostas acerca da função de "continente" adquirem uma especial relevância nas situações grupais, se partirmos da idéia de que o indivíduo não subsiste psicologicamente sem que tenha uma acolhida e um reconhecimeto das demais pessoas dos seus diversos grupos de convívio, com os quais troca sucessivas e ininterruptas identificações projetivas e introjetivas.

Destarte, fica justificado que nos estendamos algo mais acerca da relação que existe entre o "continente" e o "conteúdo" daquilo que nele foi projetado, tomando como modelo original a relação mãe-filho, e para tal segue um exemplo clássico, utilizado por Bion, que pode bem ilustrar essa afirmativa.

Imaginemos uma criancinha que está assolada por uma angústia de aniquilamento, com um forte temor de morrer e que pede socorro à sua mãe através da linguagem do choro e de "manhas", uma vez que essa criança não consegue verbalizar essa ansiedade, até mesmo porque ela não sabe o que está se passando consigo. Segundo Bion, podemos aventar três possibilidades: a primeira é de que a mãe esteja ausente, física ou afetivamente, e que ela não atenda, ou desqualifique, a angústia da criança, à qual só restará o recurso de intensificar o choro, até cansar, e daí entrar em um estado de des-esperança, com a permanência, manifesta ou latente, daquela angústia de morte. A segunda possibilidade é de que se trate de uma mãe amorosa e dedicada ao filho, porém muito ansiosa e que, por não saber o que se passa com ele, toma medidas precipitadas e inadequadas, como, por exemplo, embalá-lo freneticamente, mobilizar familiares e médico, criar um clima de que algo de mal está por acontecer. O equivalente disto na situação psicanalítica é quando o analista, invadido por uma ansiedade catastrófica do paciente, logo acode à medicação, ou hospitalização, ou encaminhamento a um outro analista, ou, ainda, aumenta desproporcionadamente o tempo de duração ou a quantidade das sessões, etc. Nessa eventualidade, a criança do exemplo de Bion não só não terá alívio de sua angústia original como esta ainda ficará acrescida da angústia projetada pela mãe.

Tanto na primeira como na segunda dessas possibilidades, houve uma ausência de um continente materno, sendo que, como a angústia não foi reconhecida, e portanto não nominada, ela adquire uma dimensão que Bion denominou como "terror sem nome". Creio que essa denominação é muito apropriada, porquanto a angústia de aniquilamento deve ter se formado na criança antes que essa tivesse as condições egóicas de fazer a "representação palavra" (segundo a conhecida conceitualização de Freud), logo, não se formou a possibilidade de verbalizar o terror e, como a mãe também não conseguiu nominá-lo, ficou sendo representado como um "terror sem nome".

Bion descreveu esse modelo de um continente falho, afirmando que se trata de uma situação em que uma criança dissocia uma parte de si mesma — seu temor de morrer — e chora para colocá-la em sua mãe, porém essa parte é recusada e colocada novamente na criança, porque a mãe também não sabe o que se passa com a criança, e dá a sua ansiedade e impaciência como resposta.

A terceira possibilidade do destino das identificações projetivas é a de que se trata de uma mãe normalmente afetuosa e maternal e que, diante de uma criança que também chora por temor à morte, funciona como um continente exitoso. Neste caso, segundo Bion, a mãe leva ao colo a criança, sorri afetuosamente e diz: "bom, bom, não é para tanto", e poucos instantes depois a criança também sorri e aceita voltar novamente para o berço. A imagem de Bion fica mais completa se imaginarmos que esse medo de morrer da criancinha foi, por exemplo, desencadeado por uma forte dor no ouvido, e que a mãe detecta essa dor e tranqüiliza o filho explicando, com palavras acessíveis, que se trata de uma otite, que a mesma provavelmente é devida ao catarro da gripe, etc. Nesse caso, a mãe acolheu a angústia de morte da criança e a devolveu devidamente desintoxicada, com um nome e um significado.

Esses três tipos do modelo continente-conteúdo de Bion comportam algumas variantes, como são as duas que seguem. A primeira é a de que, embora se trate de uma mãe afetuosa e com um bom continente, ela está ausente fisicamente e, por isso, o lactente entra em um estado de "dor de uma espera prolongada". Nesse caso, o ódio da privação pode ficar tão intenso que, mesmo quando vai ser atendido, em sua fome, por exemplo, ele recusa o alimento da mãe (ou a interpretação do analista). A outra variante é a de mesmo quando uma mãe está presente e disponível, a inveja que ela tem do seu filho pode levá-la não só a devolver a identificação projetiva do medo da morte, sem o despojamento deste significado, como ainda a impor à criança uma significação culpígena de que esta é ávida e sádica (da mesma forma como não é nada incomum, em certas análises, que as interpretações do analista reforcem no paciente as culpas e o sentimento de malignidade).

Além da prática clínica, Bion também utilizou esse modelo continente-contido para muitas outras situações, como na relação entre os pensamentos e o pensador; entre a linguagem (como continente) e o significado (como contido); e também entre o "místico" e o *establishment*. Pode ocorrer que continente e conteúdo estejam presentes em uma mesma situação, e isso está bem configurado no fenômeno do sonho, o qual é um continente (de imagens e significados) e ao mesmo tempo tem conteúdos (as emoções elaboradas e processadas). Um outro exemplo dado por Bion é o da gagueira, em cujo caso a palavra funciona como um continente dos significados dela e, ao mesmo tempo, o significado toma conta e contém a palavra.

Na conceituação de Bion, a relação que se estabelece entre um continente e um conteúdo pode adquirir três modalidades, as quais ele denomina como parasitária, comensal e simbiótica.

A relação é *parasitária* quando o conteúdo vive à custa do continente, ou vice-versa, em uma relação que tende a uma destruição recíproca.

Ela é denominada como *comensal* na hipótese de que continente e conteúdo convivam em uma adaptação harmônica, embora não haja um crescimento significativo em nenhum dos dois.

A relação é *simbiótica* (não deve haver confusão com o mesmo termo que os analistas seguidores da "psicologia do Ego" utilizam para caracterizar o estado de indiferenciação filho-mãe) quando tanto o continente quanto o conteúdo crescem beneficiando-se mutuamente.

Bion ilustrou a relação do continente *establishment* com o conteúdo das idéias inovadoras do "místico", afirmando que essas últimas representam serem ameaçadoras de um efeito explosivo, destrutivo e catastrófico para o *establishment*.

A partir dessa concepção, ele fez importantes estudos de natureza sociológica, exemplificando com fatos históricos ocorridos nos campos da ciência, da política e da religião, lembrando Jesus como o exemplo clássico de um dos grandes místicos da história universal. Da mesma forma, ele mostra como os grupos e instituições temem que as idéias messiânicas provoquem em seu corpo uma cisão ou fragmentação. Por isso, o grupo instituído procura soluções radicais, como a de expulsar o "herege", ou a de esvaziar as suas idéias, ou ainda a de absorvê-lo através da sedução e burocratização.

Seria muito interessante estender e aprofundar as originais concepções de Bion acerca da normalidade e patologia de como se processam as relações continente-conteúdo nas áreas antes referidas, no entanto, vamos retornar ao campo da prática analítica de acordo com o objetivo do presente capítulo.

Assim, vimos o quanto a função de "continente" da mãe para as angústias dos filhos é essencial para o crescimento destes e que, da mesma maneira, é vital para o êxito da análise que o psicanalista tenha uma boa capacidade de continência, e essa importância obedece a uma proporção direta com o grau de regressividade dos pacientes.

Embora haja diferenças, como já foi assinalado, entre os conceitos de *holding, rêverie* e continente, muitos autores os empregam de forma sinônima. O que é necessário distinguir, isto sim, é a função de "continente" da de um mero recipiente das angústias do paciente. Enquanto o primeiro é um processo psíquico ativo, o segundo se refere a uma atitude passiva do psicanalista, como um mero hospedeiro ou depositário de projeções.

O que sobremodo importa enfatizar neste capítulo, quanto à função de "continente" que o próprio grupo exerce, são os quatro seguintes aspectos:

- O *setting* (enquadre) grupal, por si só, se constitui como um "continente", porquanto a necessária combinação de regras, horários, honorários, etc., ajuda a estabelecer uma indispensável função de uma definição de *limites*, um aporte da *realidade exterior* com a aceitação das regras, leis e convenções impostas pela cultura social, o reconhecimento da existência de uma *assimetria*, portanto, uma diferença quanto à ocupação de lugares, cumprimento de deveres, direitos, responsabilidades e no desempenho de papéis dos participantes entre si e com o grupoterapeuta. Essa contenção de limites e reconhecimento de limitações constitui uma das peças mais importantes da função de "continente" exercida pelo grupo.
- Uma das funções mais importantes de todo grupoterapeuta consiste na sua capacidade de acolher um intenso, variado e cruzado jogo de identificações projetivas que, embora atinjam a todos do grupo, recaem mais concentradamente sobre a sua pessoa, mais exatamente dentro da sua mente. Cabe a ele ter condições de não ficar perdido nessa situação aparentemente caótica, *conter* essa carga projetiva composta por necessidades, desejos, angústias, pulsões amorosas e agressivas, objetos superegóicos, etc., conseguir fazer as discriminações entre elas e descodificá-las, captar o denominador comum das necessidades e angústias de cada um e de todos, transformar os significados patogênicos das mesmas, e devolvê-los de uma forma ressignificada, dando nome às experiências emocionais que estão sendo relatadas e revividas por todos.
- Cada paciente participante do grupo, em grande parte modelado pela atitude do grupoterapeuta, deve gradativamente ir adquirindo a capacidade para ser continente não somente de suas próprias angústias, como também das de seus pares. A prática com grupos, quer os de natureza terapêutica analítica, quer os de outras finalidades, evidencia nitidamente o quanto o exercício de uma capacidade de contenção dos problemas dos demais colegas, seguido de uma solidariedade e de uma possibilidade de fazer verdadeiras reparações, promove um alívio, um crescimento da auto-estima e da confiança básica.
- Um aspecto que nem sempre tem sido suficientemente observado e valorizado na literatura especializada consiste no fato de que o próprio grupo, como uma entidade abstrata, funciona como um importante continente. Em outras palavras: quando um paciente refere, por exemplo, que "estou indo para o *meu* grupo", isso pode estar representando um importante indicador de que ele conquistou a condição de *pertencência*, ou seja, o sentimento de que ele, de fato, pertence ao grupo, é aceito e reconhecido pelos demais, e vice-versa. A partir daí, cada um sente que pode contar com o outro, de forma que a simples existência do grupo assegura a cada participante a sensação de que conta com um novo "continente" que, muitas vezes, preenche o vazio de uma família interna, e/ou externa. Essa quarta dimensão da noção de "continente grupal" é especialmente importante para grupos de auto-ajuda e para pacientes muito regressivos, patologias graves de forma genérica, como grupos com pacientes psicóticos, *borderline*, drogaditos, somatizadores graves, depressivos, etc.

CAPÍTULO 9

A Formação de um Grupo Terapêutico de Base Analítica

Como foi visto no Capítulo 7, há um universo de modalidades grupais, o que demonstra uma grande confusão em suas teorias, uma elevada anarquia em suas aplicações práticas e um sério risco de que se esteja construindo uma torre de Babel.

Conquanto os fundamentos teóricos e as leis da dinâmica grupal que presidem os grupos, de forma manifesta ou latente, sempre estejam presentes e sejam da mesma essência em todos eles, é inegável que as técnicas empregadas são muito distintas e variáveis, de acordo, sobretudo, com a finalidade para a qual determinado grupo foi criado. Em outras palavras: da mesma forma como todos os indivíduos que nos procuram — pacientes, por exemplo — são portadores de uma mesma essência psicológica, é óbvio que, no caso de um tratamento, para cada sujeito em especial, igualmente vai ser necessário um planejamento de atendimento particular, com o emprego de uma técnica adequada às necessidades, possibilidades e peculiaridades de cada um deles.

Diante do fato de que existe um vasto polimorfismo grupalístico e que, por conseguinte, também há uma extensa e múltipla possibilidade de variação nas estratégias, técnicas e táticas, torna-se impossível pretender, em um único capítulo, esgotar ou fazer um detalhamento minucioso de todas elas. Por essa razão, vamos nos limitar a enumerar, de forma genérica, os principais fundamentos da técnica que dizem respeito ao cotidiano da prática grupal, tentando rastreá-los desde o planejamento da formação de um grupo, o seu funcionamento durante o curso evolutivo, procurando acentuar algumas formas de manejo técnico diante dos diferentes aspectos e fenômenos que surgem no campo grupal dinâmico.

No presente capítulo, como de resto será a linha básica deste livro, trataremos mais especificamente do grupo terapêutico analítico, com fins de *insight*.

A formação de um grupo dessa natureza, quer seja em instituição, quer em clínica privada, passa por quatro etapas sucessivas: planejamento, encaminhamento, seleção e composição do grupo.

PLANEJAMENTO

Inicialmente, creio ser útil fazer uma discriminação entre os conceitos de *logística, estratégia, técnica* e *tática,* termos que, embora provindos da terminologia da área militar, parecem-me também adequados ao campo da psicologia. Por *logística* entendemos um conjunto de conhecimentos e equipamentos e um lastro de experiência que servem de suporte para o planejamento de uma ação (no caso, a formação de um grupo). *Estratégia* designa um estudo detalhado de como utilizar a logística para atingir e alcançar um êxito operativo na finalidade planejada (como hipótese, um grupo psicoterápico para pacientes de estrutura neurótica). *Técnica* se refere a um conjunto de procedimentos e de regras, de aplicabilidade prática, que fundamentam a exeqüibilidade da operação (na hipótese que está nos servindo de exemplo, poderia ser a utilização de uma técnica de fundamentação psicanalítica). *Tática* alude às variadas formas de abordagem existentes, de acordo com as circunstâncias da operação em curso e com o estilo peculiar de cada coordenador, embora a técnica permaneça essencialmente a mesma (ainda no nosso exemplo hipotético, é a possibilidade de que um grupoterapeuta prefira a interpretação imediata e sistemática no "aqui-agora-comigo" da transferência, enquanto um outro grupoterapeuta, igualmente capaz, e de uma mesma corrente grupanalítica, opte pela tática de evitar o emprego sistemático e exclusivo dessa forma de interpretar, como uma tática capaz de criar um clima mais propício de acessibilidade aos indivíduos e ao todo grupal).

Destarte, diante da resolução de criar e compor um grupo, devemos estar aptos a responder a algumas questões fundamentais, como as seguintes: *Quem* vai ser o coordenador? (Qual é a sua logística? Qual é o seu esquema referencial?, etc.) Para *o quê* e para *qual finalidade o grupo está sendo composto?* (É um grupo de ensino-aprendizagem? De auto-ajuda? De saúde mental? Psicoterápico? De Família?, etc.) *Para quem* ele se destina? (São pessoas que estão motivadas? Coincide com uma necessidade por parte de um conjunto de indivíduos e que o grupo em planejamento poderá preencher? São crianças, adolescentes, adultos, gestantes, psicóticos, empresários, alunos, etc.?) *Como* ele funcionará? (Homogêneo ou heterogêneo, aberto ou fechado, com ou sem coterapia, qual será o enquadre do número de participantes, o número de reuniões semanais, o tempo de duração das mesmas, será acompanhado ou não por um supervisor?, etc.) *Onde,* em *quais circunstâncias,* e com *quais recursos?* (No consultório privado? Em uma instituição e, neste caso, com o apoio da cúpula administrativa? Vai conseguir manter a necessária continuidade de um mesmo local e dos horários combinados com o grupo?, etc.)

Como uma tentativa de sintetizar tudo isso, vale afirmar que a primeira recomendação técnica para quem vai organizar um grupo é a de que ele tenha uma idéia bem clara do que pretende com esse grupo e de como vai operacionalizar esse seu intento; caso contrário, é muito provável que o seu grupo patinará num clima de confusão, de incertezas e de mal-entendidos.

ENCAMINHAMENTO

A etapa da divulgação, tendo em vista o encaminhamento de pacientes para a formação de um grupo, é importante, particularmente para um terapeuta que esteja se iniciando na prática da grupoterapia e ainda não tenha uma expressiva procura por parte de pessoas interessadas em tratamento grupal. O realce deste aspecto justifica-se por uma razão de ser muito comum, e muito frustrante, que o terapeuta já tenha um ou dois interessados com o contrato terapêutico alinhavado e possa decorrer um largo período de tempo até que se defina um terceiro e um quarto ou quinto pacientes, o que pode gerar desistências dos primeiros, e assim por diante. Nestes casos, recomenda-se a prática de manter alguma linha de comunicação regular com os poucos pacientes já selecionados, inclusive a possibilidade de manter sessões individuais por um valor igual ao que ele pagaria no grupo, para os que se sentem mais necessitados, até que se atinja o número mínimo de quatro pessoas. Iniciar um grupo com um número menor do que este é muito arriscado pela razão de que uma eventual falta de algum membro compromete a indispensável formação de uma *gestalt* grupal. Outro risco que decorre como conseqüência de uma busca por demais espaçada é que o terapeuta se impaciente e faça alguma seleção desastrosa.

Este importante passo inicial de um encaminhamento satisfatório, ainda dentro da hipótese de que se trata de um grupoterapeuta iniciante, implica no preenchimento, no mínimo, de uma condição básica: que ele tenha para si uma definição muito clara quanto ao nível de seus objetivos terapêuticos e, portanto, de qual tipo de paciente ele aguarda que lhe seja encaminhado.

Esta condição é importante na medida em que se sabe que um mesmo paciente, *borderline,* por exemplo, pode funcionar exitosamente e muito se beneficiar num grupo homogêneo, enquanto pode fracassar em um grupo formado exclusivamente com pacientes neuróticos, que funciona em um nível egóico muito mais integrado que o dele. Somente após ter adquirido uma clareza de convicção quanto ao trabalho que o novo grupoterapeuta pretende desenvolver com o grupo (uma resposta às perguntas: "Para quê; para quem; como; onde; quando?") é que ele, respaldado por um supervisor, deve se lançar a um trabalho de divulgação junto aos colegas com quem convive para fins de recrutamento e encaminhamento.

Um ponto controvertido relativo à política de encaminhamento diz respeito ao fato de que alguns autores têm expressado uma preferência no sentido de que, uma vez que lhes tenha sido encaminhado um paciente por alguém de experiência, considerem-no automaticamente incluído, evitando entrevistá-lo individualmente para impedir a "contaminação" do campo grupal. Pelo contrário, em nosso meio, de modo geral, postulamos a necessidade de que o grupoterapeuta entreviste, uma ou mais vezes, o paciente que lhe foi encaminhado para fins de cumprir a terceira etapa da formação do grupo: a seleção.

SELEÇÃO

A primeira razão que justifica a indispensabilidade do crivo da seleção de um determinado paciente para um determinado grupo diz respeito ao delicado problema das indicações e das contraindicações. A segunda razão é a de evitar situações constrangedoras como, por exemplo, a do risco de compor o grupo com a presença de duas pessoas que individualmente foram bem selecionadas, mas que, na sessão inaugural, demonstram a impossibilidade de virem a se tratar conjuntamente. Uma terceira razão é a de diminuir o risco de surpresas desagradáveis, como, por exemplo, um permanente desconforto contratransferencial, uma insuperável dificuldade para o pagamento dos valores estipulados, ou para os horários combinados, etc.; assim como o de uma deficiente motivação para um tratamento que vai lhe exigir um trabalho sério, árduo e longo. Este último aspecto costuma ser um dos fatores mais responsáveis pelos abandonos prematuros.

Os critérios relativos às indicações, pelo seu alto grau de importância na determinação do provável êxito ou fracasso da grupoterapia, justificam uma consideração mais detalhada.

Um aspecto particularmente importante dentre os critérios de seleção é o referente à *motivação* do paciente para um verdadeiro tratamento pelo método analítico, isto é, que ele reconheça que está *necessitado* de tratamento e, sobretudo, que está disposto a fazer *mudanças* psíquicas, para adquirir melhores condições de qualidade de vida.

Assim, uma motivação por demais frágil acarreta uma alta possibilidade de uma participação pobre ou a de um abandono prematuro. Esse tipo de abandono gera um mal-estar e uma sensação de fracasso tanto no indivíduo que não ficou no grupo como também no grupoterapeuta e na totalidade do grupo. Além disso, o grupo vai ficar sobrecarregado, ao mesmo tempo, com sentimentos de culpa e com um estado de indignação por se sentir desrespeitado e violentado, não unicamente pelo intruso que teve acesso à intimidade deles e depois fugiu, mas também contra a negligência do terapeuta que "não soube cuidar deles".

Indicações

A grupoterapia é, *lato sensu*, extensiva a todos os pacientes que não estiverem enquadrados nas contra-indicações abordadas mais adiante. Em sentido estrito, pode-se dizer que, em algumas situações, a grupoterapia se constitui no tratamento de escolha. Assim, muitos autores (Castellar, 1987; Zimerman, 1997) que têm uma sólida experiência no tratamento de pacientes adolescentes, tanto individualmente como em grupo, preconizam a indicação prioritária destes últimos.

Outra indicação que pode ser prioritária é quando o próprio consulente demonstra uma inequívoca preferência por um tratamento grupal. Da mesma forma, sabemos que determinados pacientes não conseguem suportar o enquadre de uma terapia individual, devido ao incremento de temores, como, por exemplo, os de natureza simbiotizante com o terapeuta.

A experiência clínica ensina que tais pacientes que fracassaram em terapias individuais podem funcionar muito bem em grupoterapia (é claro que, para outros casos, a recíproca é verdadeira), e esse fator deve ser considerado na avaliação dos critérios de prioridade de indicação.

Atualmente, uma indicação que está adquirindo um gradativo consenso de prioridade para um atendimento grupal é a que se refere ao tratamento de pacientes bastante regressivos, como podem ser os egressos de hospitais, *borderline*, deprimidos graves, somatizadores contumazes, etc., desde que este tratamento se processe em *grupos homogêneos*.

Contra-Indicações

Antes de mais nada, é útil ratificar que a contra-indicação de um determinado paciente para uma determinada grupoterapia, como seria o caso, por exemplo, da inclusão de um psicótico ou de um severo deprimido crônico em um grupo composto exclusivamente por pessoas de um bom nível de adaptação neurótica, não elimina o fato de que, para estes mesmos pacientes, seja uma excelente indicação um tratamento em um grupo homogêneo, isto é, em que os demais integrantes se equivalem nas condições diagnósticas e prognósticas. Partindo da hipótese de que o grupo em formação seja de pretensão analítica e que não tenha a homogeneidade anteriormente descrita, as seguintes contra-indicações podem ser enumeradas, tendo em vista os pacientes que:

- Estejam mal motivados tanto em relação à sua real disposição para um tratamento longo e difícil, quanto ao fato de ser especificamente em grupo. Não é raro que algumas pessoas procurem um grupoterapeuta sob a alegação de que querem ter uma oportunidade de "observar como funciona um grupo", ou que vão unicamente em busca de um grupo social que lhes falta, e assim por diante. Eu, particularmente, não os incluiria em um grupo analítico, porquanto, como mencionei antes, como respeito a eles próprios, aos demais que participam do grupo árdua e seriamente, e a mim mesmo, adoto como critério mínimo que o pretendente esteja comprometido com o reconhecimento de sua necessidade de tratamento psicoterápico analítico e com a seriedade do compromisso que ele vai assumir.
- Sejam excessivamente deprimidos, paranóides ou narcisistas. Os primeiros porque exigem atenção e preocupação concentradas exclusivamente em si próprios; os segundos pela razão de que a exagerada distorção dos fatos, assim como a sua atitude defensivo-beligerante, pode impedir a evolução normal do grupo; os terceiros devido à sua compulsiva necessidade de que o grupo gravite em torno de si, o que os leva a se comportarem como "monopolistas crônicos" (Bach, 1975).
- Apresentam uma forte tendência a *actings* de natureza maligna, muitas vezes envolvendo outras pessoas do mesmo grupo, como é o caso, por exemplo, dos psicopatas.

- Inspiram uma acentuada preocupação pela possibilidade de graves riscos, principalmente o de suicídio.
- Apresentam um déficit intelectual ou uma elevada dificuldade de abstração e, por essa razão, dificilmente poderão acompanhar o ritmo de crescimento da grupoterapia.
- Estão no cume de uma séria situação crítica, aguda, e por isso representam o risco de uma impossibilidade em partilhar os interesses em comum com os demais.
- Pertencem a uma certa condição profissional ou política que representa sérios riscos por uma eventual quebra de sigilo.
- Apresentam uma história de terapias anteriores interrompidas, o que nos autoriza a pensar que se trate de "abandonadores compulsivos".

Nestes casos, há um sério risco de que esse tipo de paciente faça um novo abandono prematuro, com uma forte frustração para todos do grupo, menos talvez para ele mesmo.

Alcances e Limitações

O potencial psicoterápico da dinâmica das grupoterapias parece-me bem maior do que o habitualmente considerado em nosso meio e, naturalmente, ao mesmo tempo, ele também tem claras limitações. Em relação aos alcances, é necessário reconhecer que a utilização dos grupos, atualmente, extrapola em muito a sua utilização unicamente como terapia de fundamentação analítica voltada exclusivamente para a aquisição de *insight*, embora essa seja uma meta perfeitamente atingível. Na verdade, as grupoterapias estão alcançando uma larga abrangência de aplicações, que de forma direta ou indireta representam resultados psicoterápicos, como são os grupos que foram antes mencionados na classificação geral dos grupos. Dentre as limitações, é necessário reconhecer que ainda não contamos, até o momento, com um número de técnicos suficientemente bem treinados para uma aplicação grupoterápica analítica de uma dimensão social mais ampla. Por outro lado, não deve caber uma comparação com a psicanálise individual, pois ambas têm muitos pontos em comum e tantos outros totalmente distintos.

COMPOSIÇÃO DO GRUPO

O termo *composição* tem o mesmo significado que o descrito por D. Zimmermann (1997) sob a denominação de "agrupamento". Composição designa, pois, um arranjo, um "encaixe" das peças isoladas, sendo que no caso de uma grupoterapia se refere a uma visualização de como será a participação interativa de cada um dos indivíduos selecionados na nova organização gestáltica. Neste contexto, o sentimento contratransferencial do grupoterapeuta, durante as prévias entrevistas de seleção, funciona como um excelente indicador quanto à previsão de como será a complementaridade dos papéis a serem desempenhados.

Assim, podemos afirmar que os critérios de seleção dos indivíduos estão intimamente conectados com os da composição da totalidade grupal. Podemos mesmo dizer que é mais difícil proceder à seleção de pacientes para um grupo novo que ainda está nos pródromos da composição, do que para o preenchimento de eventuais vagas para um grupo já composto e em curso.

É adequado incluir um adolescente em um grupo cuja totalidade é composta por adultos? É viável a inclusão de um paciente homossexual num grupo em que ele será o único nessas condições? Podem participar de um mesmo grupo terapêutico pessoas que tenham algum grau de conhecimento ou de parentesco? Está indicada a inclusão de um paciente que seja excessivamente silencioso? Ou que esteja atravessando uma situação de crise aguda? Essas são algumas das inúmeras questões que costumam ser levantadas, e cuja resposta deve ser dada, em grande parte, a partir do *feeling* contratransferencial relativo à composição do grupo, para cada situação em particular.

Um aspecto importante e muito debatido em relação aos grupos é o que se refere à homogeneidade ou heterogeneidade de sua formação. Por grupo homogêneo entende-se aquele que é composto por pessoas que apresentam uma série de fatores e características que, em certo grau, são comuns a todos os membros. Pode servir de exemplo um grupo que seja composto unicamente por pacientes deprimidos, ou psicóticos egressos de hospital, ou obesos; e assim por diante.

Grupo heterogêneo designa uma composição grupal em que há uma maior diversificação entre as características básicas de seus membros. É o caso de uma grupoterapia analítica em que, por exemplo, um dos integrantes é uma moça histérica, um outro é um senhor casado, muito obsessivo; um terceiro é um jovem estudante, solteiro, com acentuados sintomas fóbicos, etc.

É claro que a conceituação de grupo homogêneo e heterogêneo é muito relativa, porque nunca haverá uma delimitação nítida entre ambos. Assim, um grupo constituído unicamente com pacientes deprimidos, por exemplo, é homogêneo quanto à classe diagnóstica, porém, ao mesmo tempo, ele pode ter aspectos de heterogeneidade (idade, sexo, grau, tipo da depressão, etc.).

A recíproca — um grupo heterogêneo com alguns aspectos de homogeneidade — é verdadeira. A importância desse critério — de homogeneidade ou não — na formação de um grupo terapêutico se justifica pelo fato de que, em certos casos, um mesmo paciente pode evoluir muito bem em um determinado tipo de grupo, enquanto pode se dar mal em um outro, de características distintas do anterior. A experiência clínica tem confirmado o quanto a inclusão de pacientes muito regressivos (*borderline* ou deprimidos severos, por exemplo) pode estar contra-indicada para grupos heterogêneos e muito bem indicada para a composição de um grupo homogêneo.

Assim, é possível que um paciente *borderline* esteja exercendo um papel significativo no seu grupo heterogêneo pelo fato de ter uma aguçada sensibilidade para captar o clima das emoções ainda ocultas. No entanto, se os demais pacientes que compõem o seu grupo tiverem um nível de integração egóica bem superior ao seu, pode ocorrer que este paciente *borderline* fique se sentindo marginalizado, com o risco de um intenso sofrimento e piora. A causa disso reside em sua incapacidade de processar as suas percepções e de transformá-las em um nível simbólico evoluído. Nesse caso, o mesmo paciente não evoluirá e provavelmente expressará as suas sofridas emoções através de um estado de alheamento, ou de *actings,* ou ainda por meio de somatizações, sendo muito possível que o contrário disso aconteceria se ele estivesse em um grupo homogêneo.

Um outro aspecto que o grupoterapeuta deve considerar na composição de seu grupo é o que se refere à vantagem de haver uma certa heterogeneidade de estilos de comunicação e de desempenho de papéis, para que se propicie uma maior integração dos indivíduos através de uma complementaridade de suas funções.

A ilustração clínica do capítulo que segue (exemplo nº 1) é útil para exemplificar a composição de um grupo heterogêneo, formado para uma terapia de fundamentação psicanalítica.

CAPÍTULO 10

O Início de uma Grupoterapia Analítica: Uma Primeira Sessão

Este capítulo será exposto em duas partes. A primeira consta da transcrição integral de uma sessão inicial de uma grupoterapia analítica, sendo que alguns trechos serão assinalados por algarismos colocados entre parênteses. Na segunda parte, esses algarismos servirão de roteiro para os comentários e considerações acerca das particularidades e dos fenômenos que sempre se manifestam e caracterizam o início de qualquer grupo terapêutico.

EXEMPLO CLÍNICO (Nº 1)

O grupo que aqui está sendo tomado como ilustração foi formado de acordo com os parâmetros descritos no capítulo anterior, ou seja, trata-se de um grupo que foi formado por um terapeuta iniciante, com uma razoável formação em teoria e técnica da psicanálise individual; é o seu primeiro grupo com finalidades terapêuticas de pretensão analítica; a seleção e composição visou a pacientes adultos, de ambos sexos e com um grau médio de neurose. O encaminhamento dos pacientes, na sua quase totalidade, proveio de outros grupoterapeutas mais experimentados que, por razões diversas, não puderam ou não quiseram tratá-los. Foram feitas, em média, duas entrevistas para cada pretendente, sendo que, para cada um dos sete selecionados, separadamente, foi feita uma prévia combinação acerca dos horários das duas sessões semanais, assim como um referencial quanto ao custo de cada sessão, o período de férias, etc.

Decorrido um período de aproximadamente três meses entre a seleção do primeiro ao último paciente, o grupoterapeuta pessoalmente telefonou a cada um deles confirmando o interesse dos mesmos e anunciando o dia, a hora e o local do início da grupoterapia.

A composição do grupo foi a seguinte:

Ana: 25 anos. Médica. Solteira. Problemas de desajustes com o namorado.
Bia: 29 anos. Psicóloga. Casada, três filhos. Dificuldades de relacionamento com todos em geral.
Cida: 27 anos. Professora. Casada, um filho. Excessiva timidez.
Diva: 26 anos. Arquiteta. Solteira. Dificuldades de estabelecer vínculos com o sexo oposto. Intensa sudorese nas mãos.
Ênio: 28 anos. Gerente de vendas. Solteiro. Permanente estado de angústia.
Fábio: 22 anos. Estudante de Medicina. Solteiro. Exagerada inibição social.
Gil: 23 anos. Estudante de Arquitetura. Solteiro. Manifestações fóbicas.

Na hora aprazada, o terapeuta (T) vai à sala de espera para fazê-los passar. Estão todos presentes, numa conversa muito animada. Entram, sentam, miram atenta e fixamente o terapeuta e, aos poucos, vai se fazendo um silêncio progressivamente mais tenso, até um ponto em que começou a se evidenciar um desconforto físico e uma súplice troca de olhares (1).

T: A situação mudou da sala de espera para cá. Com a minha presença pararam de falar (2).
Bia: Na sala de espera estávamos tentando nos conhecer (3).
Ênio: Estávamos especulando como seria a ocupação dos lugares para sentar.
Fábio: Aqui todos os lugares têm o mesmo cômodo, não há diferença nenhuma (na verdade havia: a peça constava de um divã onde sentavam quatro pessoas, enquanto os outros três lugares consistiam em confortáveis cadeiras individuais. A poltrona do grupoterapeuta, maior e melhor, se sobressaía das demais). Alguém já tem experiência de grupo? Acho melhor que todos nós estejamos iniciando juntos (4).
Bia: Então vou confessar uma coisa que está me chateando, porque eu não contei ao doutor na entrevista individual, com medo de que ele não me aceitasse. Já me tratei antes em um outro grupo e interrompi há pouco tempo.
Ênio: Eu já tenho experiência de grupo, de individual, de tudo...
Diva: Eu já fiz três anos de psicoterapia individual.
Ênio: Acho que já conheço de vista alguns de vocês.
Ana: Também tenho essa impressão: proponho que nos apresentemos (e assim fazem).
Diva: Estou suando nas mãos. Deve ser ansiedade.
Ênio: Não sei por que ficar ansioso. Eu estou bem calmo: sou veterano em tratamentos.

(Os demais participantes se dividem entre dar razão a Diva ou a Ênio.) (5)

T: Neste momento o grupo se mostra dividido: Diva está representando cada um de vocês que também está sentido alguma ansiedade diante dessa situação nova e desconhecida, enquanto Ênio se encarrega da tentativa de negar essa aflição. E fazem isso procurando tornar familiar o que é desconhecido, através da sensação de já se conhecerem e fazendo as apresentações entre si, bem como procurando se nivelar como, por exemplo, dizendo que todas as cadeiras são iguais, quando está na cara que não são (6).
Ênio: O gozado é que todos os analistas são iguais. É a mesma coisa que eu ouvi no meu outro grupo. Saí de lá porque acho que eles não tiveram saco para agüentar o meu jeito agressivo de ser.
Bia: Pois eu estou sentindo uma diferença. Estou achando o nosso doutor mais tranqüilo que o outro. Há algo melhor aqui. (Todos do grupo querem saber os nomes dos outros terapeutas e trocam impressões, favoráveis e desfavoráveis, acerca dos mesmos.)

FUNDAMENTOS BÁSICOS DAS GRUPOTERAPIAS **111**

T: Querem me conhecer para se certificarem a que tipo de pessoa estão entregando a vida íntima. Nisso, Ênio e Bia falam por todos: tanto posso dar um alimento bom — "tranqüilidade" — como mau — "chavões". Até precisam me testar para saber se eu terei saco para agüentar a agressão a que Ênio aludiu, os às mentiras como Bia expressou, e que provavelmente fazem parte dos recursos que todos vocês venham usando para se defender na vida aí fora (7).

Ênio: (pergunta diretamente ao terapeuta) Não é verdade que em todos os grupos se passa a mesma divisão que o Sr. mostrou agora?

(Seguem-se outras perguntas. O terapeuta não responde diretamente a nenhum.) (8)

Ênio: (dirigindo-se ao grupo) Bem, vamos continuar nos conhecendo.
(Para Ana): Que bom termos uma médica entre nós. (Para Bia): Engraçado termos aqui uma psicóloga com profundos conhecimentos de psicologia e precisando de tratamento como qualquer ignorante como eu. (Para Cida): Tu falas pouco, mas compensas porque és bonita. (Para Gil): Tu também falas pouquinho, mas em compensação tu és feio.

(Seguem-se comentários, risos e uma troca de impressões entre eles, sem ligar ao terapeuta.) (9, 10)

T: O grupo, através de perguntas diretas, procurou me dar um papel diretivo. Como não foram atendidos, se sentiram fraudados e, por isso, me ignoraram e elegeram um outro líder — Ênio —, bem como procuraram se garantir com substitutos — uma médica e uma psicóloga — para o meu vazio.

Ana: Pois eu estou me sentindo bem aqui.

Diva: Eu estou com saudades do meu outro terapeuta...

Cida: Acho que 90% do tratamento depende é do paciente.

Ênio: Pois eu acho que depende muito mais do terapeuta do que da gente.

Bia: Uma coisa que eu vou querer ver bem aqui é por que é que eu resolvi sair do outro grupo sem avisar. O Dr. X não merecia isso. Quase não dormi essa noite, morta de culpas.

Gil: Agora estou me sentindo melhor, mas eu também quase não dormi essa noite porque desde que o doutor avisou que o grupo ia começar me deu uma baita diarréia. Como eu não conseguia dormir, passei quase toda a noite desmontando as peças do meu rádio-relógio de cabeceira, porque a máquina dentro dele não estava funcionando bem, e agora não sei se vou saber montá-lo novamente. Acho que estraguei ele de vez, que agora, sim, não tem mais conserto (11, 12).

Ana: Interessante é que falamos de tudo, menos dos problemas que nos trouxeram aqui.

T: E isso tem uma razão, é como se o grupo todo, e cada um de vocês, estivesse dizendo: antes de nos expormos, precisamos ter a certeza de que não vamos entrar numa fria, precisamos saber com quem estamos nos metendo, tanto em relação aos colegas do grupo, como, principalmente, com o "doutor". Todos estão precisando saber se eu sei o que estou fazendo, ou se correm o risco de que eu seja um mau consertador de aparelhos, que eu desmonte cada um de vocês e depois não saiba fazer a remontagem (13).

(Após uma breve pausa, em que muitos fazem com a cabeça um gesto de assentimento, o terapeuta prossegue): Por outro lado, vocês também querem saber se não correm o risco de "morrer de culpas", como Bia referiu, quando me atacarem, como fizeram antes, ou se eu tenho condições de suportar tanto as expectativas como a agressão que depositarem em mim (14).

Ênio: (após o terapeuta ter encerrado a sessão) É sempre assim, quando está começando a ficar bom, termina.

Comentários

Essa sessão não objetiva mais do que servir como um simples exemplo, e fica bem claro que ela permite outras compreensões e outro manejo. O mesmo vale para os comentários que seguem.

(1) Nem todos os grupoterapeutas procedem assim. Muitos preferem iniciar o grupo com uma combinação e discussão das regras básicas, sendo que, muitas vezes, isso é feito através da leitura inicial de um texto apropriado. Pessoalmente, tendo em vista que é o caso de uma grupoterapia analítica, preferimos que caiba ao grupo a tomada de iniciativa para a exposição das respectivas dúvidas e angústias, sendo que procuramos esclarecê-las dentro de um contexto de atividade interpretativa. Costumamos combinar as condições básicas (horários, honorários, férias, duração) nas entrevistas individuais preliminares, e preferimos que as demais regras necessárias ao funcionamento do grupo (sigilo, faltas, atrasos, *actings*, etc.) se organizem simultaneamente com a evolução da grupoterapia.

(2) Aqui, vale destacar dois aspectos. Um permite esclarecer o que foi visto no Capítulo 6, ou seja, na sala de espera tínhamos um grupo do tipo "serial", e bastou a presença do terapeuta e o formalismo de um enquadre inusitado para dar início à instituição de um grupo propriamente dito, com a formação de um campo grupal, em que o silêncio estava expressando a emergência de expectativas e ansiedades. O segundo aspecto se refere à atitude do grupoterapeuta e é indicador de que ele pretende trabalhar com o grupo num nível médio de ansiedade. Sem frustrações e ansiedade não se forma uma dinâmica grupal mais profunda e, por outro lado, uma ansiedade excessiva pode ser causa de abandonos e de uma possível dissolução do grupo.

(3) É a forma mais comum de enfrentar a ansiedade frente ao desconhecido.

(4) Esta intervenção também permite perceber dois aspectos do campo grupal, que serão pormenorizados no capítulo seguinte. Um é o uso de mecanismos defensivos, tipo negação. O segundo, a distribuição de papéis. No caso, o paciente Fábio começa a assumir um papel que viria a se confirmar: o de um contemporizador que, mercê do uso de defesas do tipo formações reativas, se encarrega de negar os sentimentos de natureza agressiva que poderiam resultar da percepção de uma rivalidade entre eles.

(5) Persiste a ansiedade diante de uma situação nova e estranha, assim como o controle defensivo de transformar o desconhecido em conhecido. Por outro lado, fica claro que assim como cada indivíduo pode usar o recurso defensivo da dissociação, também o grupo, como uma totalidade, está dividido, ou seja, dissociado.

(6) Uma afirmação distorcida por parte de um paciente, quando não é contestada por ninguém, pode ser tomada como sendo de todos. Por outro lado, percebe-se que a atividade interpretativa — objeto do Capítulo 20 —, além de procurar aliviar a tensão do grupo através do reconhecimento e da compreensão da origem da mesma, também visa a destacar, separadamente, mas sempre dentro de um contexto grupal, o papel que cada um começa a exercer. A parte final da intervenção do terapeuta começa a instituir uma linha de conduta: a valorização da verdade e a denúncia do "faz-de-conta".

(7) Aqui também, como de resto em todo início de uma grupoterapia, a interpretação visa, prioritariamente, à necessária integração dos aspectos dissociados. Por outro lado, a alusão ao "saco" deve ser decodificada por nós como a necessidade que tem

um grupo em início de saber se o seu terapeuta é possuidor da capacidade de se comportar como um "bom continente" para poder conter aqueles medos e angústias que cada um não tolera em si próprio. Este atributo do grupoterapeuta, junto com outros também indispensáveis, será estudado no Capítulo 23.

(8) Responder às perguntas diretas de cada um, neste momento inicial do grupo, representaria um estímulo ao suposto básico de dependência, assim como um reforço às individualidades e, portanto, um prejuízo no intento de uma integração gestáltica.

(9) É fácil observar que, à medida que o terapeuta não assume o papel que o grupo espera dele, vai sendo ignorado e castigado com uma marginalização, enquanto o seu vazio vai sendo preenchido pela emergência de um líder inicial de características maníacas.

(10) A continuidade da grupoterapia confirmou que este paciente — Ênio — foi mal-selecionado para a composição deste grupo (conforme o exposto no capítulo anterior) pela razão de ter assumido o papel de um "monopolista crônico" refratário às interpretações. À pergunta do que teria levado o novel grupoterapeuta a selecionar este paciente com características narcisísticas e maníacas tão exageradas e salientes, o grupoterapeuta encontrou a resposta num sentimento contratransferencial despertado nas entrevistas de seleção. Assim, ansioso diante da perspectiva de que prevalecessem pacientes deprimidos na composição deste seu primeiro grupo analítico, ele sentiu a necessidade de contar com alguém muito falante e "agitado" que o protegesse contra o risco de o grupo vir a mergulhar em silêncios e, daí, a morrer de inanição...

(11) Tanto nessa intervenção de Gil, como na anterior de Bia, podemos perceber o movimento das ansiedades emergentes (capítulo seguinte). Assim, neste momento da sessão, com a ansiedade paranóide um pouco atenuada, começa a emergir uma subjacente ansiedade de tipo depressivo, sob a forma de culpas pelas perdas, e de um medo que a vida psíquica (a "máquina de dentro") de cada um deles esteja irreversivelmente estragada. Esta ansiedade depressiva é simultânea e acrescida ao medo de que também o terapeuta, devido aos mecanismos de identificação projetiva dos pacientes, fique revestido com os aspectos desvalorizados deles, estragando-os de vez.

(12) Por outro lado, é chamativa a coincidência de que um paciente — Gil — que praticamente não falou ao longo da sessão tenha comunicado a sua ansiedade através de uma linguagem não-verbal (assunto do Capítulo 20), tanto sob a forma da ação simbólica (desmontagem do rádio-relógio), como através da linguagem da somatização (é como se através da diarréia estivesse dizendo: "estou me cagando de medo").

(13) Chama a atenção que as interpretações desta sessão estejam centradas exclusivamente no aqui-agora transferencial. Tal conduta se impõe sempre que as angústias estiverem muito elevadas, e é óbvio que a experiência emocional está sendo vivida diretamente com o terapeuta. No entanto, nem sempre as coisas se passam assim, como será explicitado no capítulo que trata da atividade interpretativa.

(14) Habitualmente, é recomendável que o grupoterapeuta, ao término da sessão, faça uma intervenção que sintetize os principais movimentos que ocorreram ao longo dela com a finalidade de integrar os aspectos dissociados.

Os comentários que foram inseridos à transcrição de alguns dos movimentos da sessão têm o propósito de, à guisa de um preâmbulo, preparar e remeter o leitor para alguns dos temas já abordados, como os da seleção e composição do grupo, e para outros que seguirão pertinentes aos fenômenos que se passam na dinâmica do campo grupal.

TERCEIRA PARTE

Os Fenômenos do Campo Grupal

CAPÍTULO 11

Campo Grupal: Ansiedades, Defesas e Identificações

A ilustração clínica do capítulo anterior evidenciou o fato de que a formação de um grupo vai além de uma simples soma de indivíduos com problemas exclusivamente pessoais. A reunião de todos eles e mais o terapeuta, para uma tarefa comum, gerou a formação de um campo dinâmico, no qual se entrecruzam necessidades, desejos, ataques, medos, culpas, defesas, papéis, identificações, movimentos resistenciais, transferências e contratransferências, etc.

Como tudo isso se processa simultaneamente, às vezes de forma muito rápida e confusa, exige que o grupoterapeuta tenha bem discriminado para si os principais elementos que compõem a dinâmica do campo grupal.

Este capítulo, tomando como base as conceituações da teoria psicanalítica, pretende fazer uma revisão dos três aspectos que se constituem como a coluna-mestra na formação dos processos inconscientes que gravitam no campo grupal: 1) ansiedades; 2) defesas; 3) identificações.

ANSIEDADES

Habitualmente, os termos *ansiedade* e *angústia* são tomados como sinônimos. Creio ser útil estabelecer uma distinção. A angústia (vem do latim *angor,* que significa "estreitamento") se manifesta por uma sintomatologia somatiforme, do tipo sensações de estreitamento, como é o caso da dispnéia suspirosa, opressão pré-cordial, etc. Ansiedade expressa uma "ânsia", ou seja, um desejo impossível e, por isso, se forma no Ego com a finalidade de sinalizar que algum perigo ameaça o equilíbrio interno. No entanto, nem sempre o sinal de alarme da ansiedade se traduz por sintomas de angústia livre.

Os estados de ansiedade, mais essenciais e típicos, são os seguintes:

- *Ansiedade de aniquilamento* (também conhecida com as denominações de: ansiedade de desintegração; catastrófica; terror sem nome; despedaçamento; desmembramento; etc). Na escala evolutiva, esta ansiedade é a mais primitiva de todas e corresponde a uma provável sensação da criança de que ela e o seu corpo vão se desintegrar em pedaços. Isso se deve, em grande parte, ao fato de que o aparelho mental do bebê ainda não tem uma maturação neurobiológica capaz de absorver o formidável impacto de estímulos externos e internos. É imprescindível que o terapeuta saiba que esse aspecto pode se constituir como um importante ponto de fixação para futuras regressões, como costuma ocorrer em estados psicóticos, ou doenças psicossomáticas, por exemplo.
- *Ansiedade de desamparo.* De certa forma, a angústia de aniquilamento se confunde com a primitiva "angústia de desamparo", originalmente descrita por Freud com o nome de *Hilflosigkeit.* Trata-se provavelmente da mais terrível das angústias, porquanto o bebê, a criança ou um adulto em estado de forte regressão pode sentir-se num estado de orfandade, sem contar com ninguém que possa conter e atender às suas necessidades vitais básicas que lhe garantem a sobrevivência física, psíquica e afetiva.
- *Ansiedade de fusão-despersonalização* (ou de "engolfamento"). Sabemos que há uma etapa evolutiva na qual a criancinha está simbiotizada com a mãe e, portanto, ainda não se diferenciou dela e, muito menos, se individualizou. No paciente adulto de fortes tendências à contração de vínculos simbióticos, essa ansiedade irá se manifestar pelo seu apavoramento ante a possibilidade de fundir-se (tragar ou ser tragado) com o outro e, daí, perder a sua individualidade e identidade.
- *Ansiedade de separação.* Como contraparte da situação anterior, esta ansiedade forma-se quando a criança ainda não conseguiu desenvolver um núcleo de confiança afetiva básica em relação à mãe, de quem depende completamente, e, devido ao medo de vir a perdê-la, não consegue(m) se separar e vive(m) grudada(s).[1]
- *Ansiedade da perda do amor.* A criança sente-se em condições de dispensar a constante presença física da mãe. No entanto, devido à ação de suas fantasias inconscientes, ela se mantém em permanente estado de sobressalto quanto a um possível abandono afetivo por parte da mãe, como um revide desta.
- *Ansiedade de castração.* Surge como decorrência dos conflitos edípicos.
- *Ansiedade devida ao Superego.* Herdeiro direto do complexo de Édipo, o Superego ameaça o indivíduo com severas punições, caso as suas expectativas e exigências não forem cumpridas.

Um outro vértice de classificação dos tipos de ansiedade é o de, seguindo o modelo kleiniano, levar em conta os conflitos entre as inatas pulsões agressivas — representadas pelas fantasias inconscientes — e os primitivos recursos defensivos do Ego. Nessa abordagem, são três os tipos básicos de ansiedades: paranóide (temor de um ataque ao Ego); depressiva (temor da destruição dos objetos); e confusional (momentos de transição entre as duas anteriores). Os tipos de ansiedade que surgem no campo grupal variam de acordo com o momento evolutivo deste, e tanto podem estar restritos a determinados indivíduos como estar expressando o que se passa com a totalidade grupal. Assim, a ilustração do capítulo anterior evidenciou claramente a irrupção de ansiedades paranóides (estão contidas no suposto básico de luta e fuga, de Bion) e, de resto, a experiência clínica comprova que elas estão sempre presentes em qualquer início de grupoterapia.

Não é demais repetir a importância de quatro aspectos relativamente ao surgimento da ansiedade no campo grupal. Um é o fato de que a presença de um certo grau de ansiedade é terapeuticamente útil. O outro consiste em que, muitas vezes, a ansiedade somente se manifesta indiretamente, através, por exemplo, de somatizações e *actings*. O terceiro aspecto se refere à necessidade de que o grupoterapeuta reconheça qual ansiedade está sendo comum ao grupo todo (inclusive ele próprio) para que possa exercer a função interpretativa adequada. O último aspecto que merece ser destacado é que um dos fatores que concorre muito para a formação do senso de identidade de um indivíduo é o estabelecimento e o reconhecimento de suas diferenças com os demais, o que é facilitado em tratamentos grupoterápicos pela própria natureza deles.

MECANISMOS DE DEFESA

Supõe-se que, desde o nascimento, o Ego do bebê está ativamente utilizando defesas que visam a protegê-lo da inundação dos diferentes e fortes estímulos provindos de variadas fontes. Inicialmente, tais defesas são arcaicas e de natureza mágica (onipotência, negação, dissociação, projeção, introjeção, idealização, anulação, deslocamento, condensação, etc.), mas fazem parte essencial do processo evolutivo normal. Com o amadurecimento do Ego, novas e mais organizadas defesas vão sendo utilizadas, como a repressão, a formação reativa, a transformação ao contrário, a racionalização, a sublimação, etc.

Pela importância e freqüência dos mecanismos de defesa do Ego que estão presentes nos indivíduos e nos grupos, cabe explicitá-los mais detalhadamente.

O termo *mecanismos de defesa* designa os distintos tipos de operações mentais que têm por finalidade a redução das tensões psíquicas internas, ou seja, das ansiedades.

Os mecanismos de defesa processam-se pelo Ego e praticamente sempre são inconscientes. Se admitirmos a hipótese de que a ansiedade está presente desde o nascimento, como muitos autores postulam, teremos que aceitar a convicção de que o rudimentar Ego do recém-nascido está pugnando para livrar-se dessas angústias penosas e obscuras. É óbvio que quanto mais imaturo e menos desenvolvido estiver o Ego, mais primitivas, e carregadas de magia, serão as defesas.

Pode-se dizer que o mecanismo fundamental do Ego é o de rejeitar de qualquer forma — através da utilização das múltiplas formas de "negação" — a vivência e a tomada de conhecimento de tais experiências emocionais ansiogênicas. As formas mais primitivas de "negação", alicerçadas em uma onipotência mágica, são:

- A forma extrema de negação mágico-onipotente, própria dos estados psicóticos, é denominada *"forclusão"* (ou "repúdio"): trata-se de uma denominação de Lacan e corresponde ao original conceito de *verwerfung* de Freud, e consiste em fazer uma negação extensiva à realidade exterior e substituí-la pela criação de uma outra realidade ficcional (o melhor modelo é o que Freud descreveu como uma *"gratificação alucinatória do seio",* quando, por algum tempo, a criança substitui o seio ausente da mãe pelo próprio polegar).
- Uma outra forma de negação em nível de magia, porém de menor gravidade que a forclusão psicótica, por ser mais parcial e estar encapsulada em uma só parte do Ego, é aquela que foi descrita por Freud como *Verleugnung* e que conhecemos como *"renegação"* (ou por um desses nomes: denegação, recusa, desestima, desmentida). Essa defesa é típica das estruturas perversas e consiste em um mecanismo pelo qual o sujeito nega o conhecimento de uma verdade que, bem no fundo, ele sabe que existe. O melhor modelo para explicar isso é o que acontece no fetichismo, tal como descrito por Freud (1927): o sujeito sabe que a mulher não tem pênis; no entanto, para negar a sua fantasia de que esta falta deve-se a uma castração que, de fato, tenha ocorrido, ele renega a verdade com um pensamento do tipo "não, não é verdade que a mulher não tem pênis" e reforça essa falsa crença com a criação de algum fetiche, como pode ser uma adoração por sapatos, etc.

- A negação que acompanha a "posição esquizoparanóide", ou seja, aquela que é resultante da combinação de uma *onipotente* capacidade do Ego do sujeito de fazer *dissociações* (das pulsões, dos objetos, dos afetos e de partes do próprio Ego), seguidas de *projeções* (sobre um outro objeto), identificações *projetivas* (para *dentro* de algo ou alguém), *introjeções* (é uma forma de incorporar tudo o que puder contra-arrestar o mau que a criança sente como estando dentro de si) e *idealizações* (de si próprio ou de outros, como uma maneira de evitar sentir a sensação de desamparo e impotência).
- À medida que o Ego for evoluindo e amadurecendo neurobiologicamente, começa a empregar defesas menos arcaicas, como o *deslocamento,* a *anulação,* o *isolamento,* a *regressão* e a *transformação ao contrário.* Essas defesas são típicas dos quadros obsessivo-compulsivos e fóbicos, o que não quer dizer, é claro, que não estejam presentes em outras situações caracterológicas e psicopatológicas.
- Por sua vez, um Ego mais amadurecido tem condições de utilizar defesas mais estruturadas, como a *repressão,* a *formação reativa,* a *racionalização* e a *sublimação,* entre outras. Freud, em grande parte, centralizou a psicanálise em torno da "repressão" (ou "recalcamento"), que, no original, ele denominava *Verdrangung,* sempre presente nas estruturas histéricas.

É importante deixar bem claro que todos esses mecanismos defensivos são estruturantes para a época do seu surgimento. No entanto, qualquer um deles, se utilizado pelo Ego de forma indevida ou excessiva, pode vir a funcionar de um modo desestruturante. Tome-se como exemplo a utilização da "identificação projetiva": ela tanto pode servir como um sadio meio de colocar-se no lugar do outro (empatia), como também ser a responsável pelas distorções psicóticas no campo das percepções.

Por outro lado, a importância dos mecanismos de defesa pode ser medida pelo fato de que a modalidade e o grau do seu emprego diante das ansiedades é que vão determinar a natureza da formação — a normalidade ou patologia — das distintas estruturações psíquicas.

IDENTIFICAÇÕES

A aquisição de um sentimento de identidade coeso e harmônico resulta do reconhecimento e da elaboração das distintas identificações parciais que, desde os primórdios, foram se incorporando no indivíduo através da introjeção do código de valores dos pais e da sociedade. Esse processo se complica na medida em que cada um dos objetos modeladores é, por sua vez, introjetado com as respectivas identificações parciais e as complicações deles próprios.

É tão freqüente a reprodução de tais processos identificatórios no campo grupal que a sua relevância justifica que se faça uma breve revisão da metapsicologia das identificações.

A identificação é um processo ativo do Ego do indivíduo e consiste em que este venha a se tornar idêntico a um outro (de acordo com a etimologia, identificar é o mesmo que "ficar idem").

Há muitas formas de como se processa a identificação. Inicialmente, é útil fazer uma distinção entre proto-identificação e identificação propriamente dita. As proto-identificações são de natureza mais arcaica, e se configuram por uma das quatro modalidades seguintes: a) adesiva (não houve o "desgrude" da mãe e, nesse caso, "ter" a mãe [ou o terapeuta] é o mesmo que "ser" a mãe); b) especular (a criança comporta-se como se fosse uma mera imagem que somente reflete os desejos da mãe ou, vice-versa, encara os outros como sendo simples prolongamento de si própria); c) adictiva (decorre da anterior e consiste em que, devido à falta de figuras solidamente introjetadas, o indivíduo fica sem identidade própria e, por isso, "adicto" a certas pessoas que o completam e complementam); d) imitativa (na evolução normal ela é um primeiro passo para a identificação normal, no entanto, muitas vezes, pode se constituir como uma forma permanente de personalidade camaleônica).

Em grupos maiores, como, por exemplo, uma gangue ou uma turma de adolescentes, costumam se formar identificações mútuas entre os seus membros. Tais identificações promovem um sentimento de unificação e de pertinência; portanto, uma identidade grupal, que os protege contra a perda total do sentimento de identidade, mas que acarreta um grave prejuízo no funcionamento emancipado do Ego de cada um deles.

As identificações propriamente ditas resultam de um processo de introjeção de figuras parentais dentro do Ego e do Superego, o que pode ocorrer através de uma das seguintes formas:

- Com a figura amada e admirada (é a que constitui as identificações mais sadias e harmônicas).
- Com a figura idealizada (costuma ser frágil e não suporta as frustrações).
- Com a figura odiada (configura o que se conhece como "identificação com o agressor").
- Com a figura perdida (é a base dos processos depressivos).
- Com a figura atacada (creio que poderia ser denominada como "identificação com a vítima").
- Com alguns aspectos parciais dessas figuras (por exemplo, a presença de um mesmo sintoma, ou um mesmo maneirismo, etc.).
- Com os valores que lhe foram impostos (na base do "Tu vais ser igual à louca da tia Fulana", etc.).

A identificação também pode resultar das cargas de identificações projetivas pelas quais o indivíduo, que não consegue conter dentro de si próprio os seus aspectos maus (mas também podem ser os bons), os projeta dentro de outros, que então passam a ser sentidos como idênticos a ele.

Resumidamente, podemos dizer que as identificações se processam em três planos: na voz ativa (o sujeito identifica algo ou alguém); na voz passiva (ele foi identificado com e por alguém); e na voz reflexiva (o sujeito se identifica com um outro).

No campo grupal, tais processos identificatórios, projetivos e introjetivos, em conjunção com as proto-identificações antes referidas, costumam ocorrer de uma forma freqüente, intensa e mutável, e constituem o que se costuma denominar "identificações múltiplas e cruzadas".

Pela mesma razão, o campo grupal já foi comparado com uma "galeria de espelhos" (Foulkes & Anthony, 1964), onde cada um se reflete e é refletido nos e pelos demais. Nesse contexto, a pessoa do grupoterapeuta, como um novo modelo para identificações, adquire uma importância especial.

Um aspecto muito importante que deve ser destacado é que a configuração das diversas identificações parciais de cada indivíduo irá determinar, em grande parte, a formação de sua identidade, tanto a individual como a grupal. Faz parte de uma grupoterapia exitosa que os pacientes consigam discriminar entre as suas identificações sadias e as patógenas, promover a desidentificação com essas últimas e propiciar novos modelos para reidentificações, de uma maneira que possibilite a definição de uma identidade autêntica e estável.

EXEMPLO CLÍNICO (Nº 2)

A vinheta clínica que segue objetiva exemplificar como os processos identificatórios podem se processar na situação grupoterápica.

Trata-se de uma grupoterapia analítica, sendo que dois fatos marcantes antecederam a sessão que, a seguir, será utilizada como ilustração: um, é que a grupoterapeuta, por viagem, não atendera na semana anterior; o outro é que, no último encontro, foi proposto ao grupo a entrada de um novo elemento.

A sessão começa com o paciente A fazendo um emocionado e detalhado desabafo contra o jeito submetedor de sua esposa, e se queixa que a mesma "caga e anda para ele".

A paciente B o interrompe e o aconselha a separar-se de sua mulher. Em um tom de crescente indignação e exaltação, B lembra que a sua mãe também tinha um jeito submetedor e que, portanto, ela estava autorizada a dizer que o caso é irreversível e que a separação imediata é a única saída.

A seguir, o paciente C diz que A deve esperar até melhorar bastante com o tratamento e só então decidir se convém ou não separar-se da mulher.

B e C começam a discutir acremente em defesa de seus respectivos pontos de vista, até que B, que se mostrava muito irada e intolerante, "ordena" que é a terapeuta quem vai dar a palavra final.

A grupoterapeuta assinala as queixas contra a figura feminina e interpreta o fato de que as pessoas do grupo se sentiram abandonadas (pelas suas faltas seguidas) e traídas (pelo anúncio da entrada de um novo).

Alguns pacientes discordam, porém C confirma que se sentiu traído pelo fato de que o novo que vai entrar é um adolescente e que, portanto, deve ser uma pessoa muito agressiva.

A terapeuta aponta que C expressa, pelos demais, o medo que cada um deles tem dos seus aspectos agressivos, sendo que estes surgem especialmente quando se sentem humilhados por pessoas submetedoras, tal como aconteceu em relação às figuras parenterais no passado, e como está acontecendo no aqui-agora da sessão em relação a ela, terapeuta, investida pelo grupo no papel de uma mãe tirânica.

A sessão prossegue com esta temática, com alguns integrantes evocando situações do passado familiar em que se sentiram maltratados, assim como foram assinaladas algumas semelhanças entre o comportamento das pessoas que eles estavam criticando e o deles próprios.

Comentários

Uma atenta observação permite reconhecer três tipos de identificações que se evidenciaram no curso dessa sessão.

- A totalidade do grupo (representado por B) identificou-se com a condição de uma criança abandonada e submetida (como A estava se apresentando).
- Os pacientes do grupo identificam (nas pessoas da esposa de A e na grupoterapeuta) uma mãe má e submetedora.
- A paciente B, enquanto estava intolerante e dando ordens, mostrava o quanto estava, ela própria, identificada com o jeito que tanto criticara em sua mãe (trata-se de um exemplo típico do que conhecemos como "identificação com o agressor").

Além desses, os seguintes aspectos podem ser observados na dinâmica do campo grupal: 1) uso intensivo de mecanismos defensivos projetivos e introjetivos, responsáveis pelo jogo das múltiplas identificações; 2) a possibilidade de que o novo elemento venha ser recepcionado com hostilidade, em razão de que a projeção em sua pessoa, da parte adolescente-agressivo de cada um deles, o preconceitua como sendo um intruso e ameaçador para a segurança; 3) as transferências múltiplas e cruzadas.

Um outro ponto que vale destacar é o fato de a terapeuta não ter intervindo na "briga" entre os irmãos, apesar de ter sido acionada para tanto; pelo contrário, ela mostrou uma capacidade de "continência", ou seja, pôde conter os aspectos da agressão manifesta.

NOTA

[1] No paciente fóbico podemos observar nitidamente a coexistência e alternância das ansiedades de fusão com a de separação. Este tipo de paciente costuma regular a distância que deve manter das pessoas (terapeuta, por exemplo): nem longe demais, para não se perder do outro, e nem perto demais, para não se perder no outro. Esses mesmos movimentos de aproximação e de afastamento são observados comumente nos grupos.

CAPÍTULO 12

Vínculos e Configurações Grupais: O Vínculo do Reconhecimento

O propósito deste capítulo é o de enaltecer o fato de que é fundamental que o grupoterapeuta reconheça clara e discriminadamente a natureza dos vínculos das relações que unem — ou separam — as pessoas que cotidianamente estão reunidas em casais, famílias, grupos sociais, profissionais e, naturalmente, terapêuticos. Dependendo de como os diversos vínculos se combinam entre si, vai resultar uma possibilidade quase infinita de distintas configurações vinculares, cada uma com características próprias e singulares.

CONCEITO DE VÍNCULO

O termo *vínculo* tem sua origem no étimo latino *vinculum,* o qual significa uma união, com as características de uma ligadura, uma atadura de características duradouras. Da mesma forma, *vínculo* provém da mesma raiz que a palavra "vinco" (com o mesmo significado que aparece, por exemplo, em "vinco" das calças, ou de rugas, etc.), ou seja, ela alude a alguma forma de ligação entre as partes que estão unidas e inseparadas, embora claramente delimitadas entre si. Trata-se, portanto, de um estado mental que pode ser expresso por meio de distintos modelos e com variados vértices de abordagem.

Como costuma acontecer na terminologia psicanalítica, também o termo "vínculo" não tem uma significação semântica uniforme entre os diversos autores que se aprofundaram no seu estudo. Alguns privilegiam o enfoque conceitual de "vínculo" a partir dos elos de ligação do indivíduo com seu mundo exterior real, enquanto outros conceituam-no como sendo uma designação dos diferentes tipos de ligações entre os objetos, instâncias psíquicas e funções do Ego que se processam dentro do mundo interno do psiquismo do próprio indivíduo. Partindo da crença de que a realidade exterior é, em grande parte, inseparável da realidade interna (embora, é claro, nem sempre elas se superponham entre si), eu particularmente me incluo entre os que adotam o vértice de que o conceito de vínculo abrange os três planos das inter-relações do indivíduo:

- O *intrapessoal* (alude a como os objetos internalizados se relacionam entre si e, da mesma forma, como se vinculam mutuamente o consciente e o pré-consciente e inconsciente, os pensamentos e os sentimentos, a parte infantil e a adulta, etc.).
- O plano *interpessoal* dos vínculos diz respeito às diversas formas de como um indivíduo se relaciona com as demais pessoas de seus diversos grupos de convivência familiar, institucional e profissional.
- A dimensão *transpessoal* alude às distintas modalidades de como os indivíduos e grupos se vinculam com as normas, leis e valores dos demais macrogrupos, assim como aos papéis e funções que eles desempenham no contexto sócio-político-cultural no qual estão inseridos. Essa dimensão transpessoal é de natureza transcendental, porquanto se refere a vínculos e fantasias inconscientemente compartilhados por todos os indivíduos e, portanto, abrange os mitos, lendas, folclores, narrativas bíblicas, etc. Uma terceira conceituação dessa transubjetividade alude à possibilidade — tal como aventou Freud (1916 — *Conferências introdutórias,* vol. 16) — de que se trate de uma transmissão filogenética, com as respectivas marcas mnêmicas de fantasias originárias de nossos antepassados. Essas fantasias do inconsciente coletivo arcaico, por sua vez, teriam tido origem em experiências realmente sofridas, como, por exemplo, o caso da universal angústia de castração, e também explicariam os fenômenos psíquicos concernentes às pré-concepções inatas, como a da existência de um seio nutridor no recém-nascido.

É útil ressaltar que uma das características inerentes à conceituação de vínculo é que o mesmo está sempre acompanhado de um estado emocional, portanto há a inevitável presença de algum grau de fantasia inconsciente em cada tipo de vínculo em separado e das diferentes configurações vinculares que se formam.

FANTASIA INCONSCIENTE

Não custa lembrar que a primeira conceituação de fantasia inconsciente considerava-a como corolário mental dos instintos biológicos. Atualmente, esta definição continua sendo aceita como uma verdade, porém parcial, tendo em vista que a fantasia inconsciente também deriva de outros fatores importantes, como os que decorrem da pulsão epistemofílica (como as respectivas teorias que a criança cria para tentar preencher o vazio de sua ignorância acerca do mistério do nascimento, etc.). Da mesma forma, as fantasias inconscientes também são modeladas pelos significantes e significados que são veiculados pelo discurso dos pais, muitas vezes formulados sob a forma de imperativos categóricos ou de duplas mensagens paradoxais e confusionantes, que obrigam a criança a um exagerado esforço de imaginação.

Resumidamente, pode-se dizer que os vínculos são elos de ligação intra, inter e transpessoais, e que sempre estão acompanhados de emoções e fantasias inconscientes.

TIPOS DE VÍNCULOS

Como sabemos, até Bion, a psicanálise girava em torno de dois vínculos fundamentais: o do Amor e o do Ódio, sendo que o enfoque do trabalho analítico priorizava o conflito resultante da oposição ambivalente entre estas duas pulsões e respectivas emoções. Bion postulou a existência do que ele veio a denominar como "vínculo do conhecimento" e, a partir daí, houve uma mudança na concepção do eixo central do conflito psíquico que passou a ser não tanto o amor *versus* ódio, mas muito mais como o indivíduo se vincula com as verdades que estão contidas nas relações amorosas e agressivas, isto é, através de uma tomada de conhecimento ou de um desconhecimento.

Destarte, partindo de uma conceituação de que "vínculo" é uma estrutura relacional-emocional entre duas ou mais pessoas, ou entre partes separadas de uma mesma pessoa, Bion estendeu este conceito a qualquer função ou órgão que, desde a condição de bebê, esteja encarregado de vincular objetos, sentimentos e idéias uns aos outros. Assim, não custa recordar que Bion descreveu os vínculos de Amor (designou pela letra "L", de *love,* porém nos textos em português muitas vezes aparece como "A", de amor), Ódio ("H", de *hate,* ou "O", em português) e Conhecimento ("K", de *knowledge,* ou "C", de conhecimento, ou ainda pela letra "S", de saber). Estes três vínculos emocionais podem ser sinalizados tanto de forma positiva (+) como negativa (–), sendo que Bion deteve-se mais particularmente no vínculo -K, o qual designa um ataque aos vínculos perceptivos, tal como será explicitado mais adiante.

De uma forma talvez pretensiosa em demasia, eu me permito propor a existência de um quarto vínculo, que me parece ser igualmente importante, e que daqui em diante chamarei de "vínculo do reconhecimento".

É útil considerar, em separado, a cada um dos quatro vínculos acima aludidos.

Vínculo do Amor (L)

Até 1920 — época em que Freud, através de seu clássico *Mais além do princípio do prazer,* postulou a existência do instinto de morte — o trabalho psicanalítico estava praticamente reduzido a um enfoque centralizado quase que exclusivamente nas pulsões libidinais, mais precisamente nas diversas configurações edípicas. À medida que os conhecimentos da teoria e da prática da psicanálise foram evoluindo, tornou-se mais claro que:

- As demandas por amor não são unicamente de natureza libidinal-sexual (conforme priorizava a conceituação original de Freud).
- Em algum grau, as manifestações de amor provenientes do instinto de vida são inseparáveis do instinto de morte.
- As demandas por amor procedem de uma fonte original muito anterior à da descarga pulsional edípica; antes disso, elas se situam na relação diádica com a mãe, estão presentes em todos os vínculos humanos, mais notadamente nos pacientes regressivos, e representam uma necessidade de preenchimento de vazios afetivos para garantir a sobrevivência psíquica.
- As fantasias inconscientes que acompanham o vínculo do amor são múltiplas e se estendem desde a necessidade de reproduzir com os seus objetos amorosos uma ligação simbólica indiferenciada (que muitas vezes adquire forma de uma paixão aguda e cega), passando pelas formas de avidez possessiva (às vezes até ao nível de um engolfamento do outro) ou se manifestando pelas modalidades de uma demanda insaciável, um controle narcisista-obsessivo onipotente, até poder atingir as mais dramáticas formas de "amor" caracterizadas por vínculos fortemente sadomasoquísticos.
- Portanto, não basta mencionar a presença do sentimento de amor em alguma relação vincular; antes, é necessário discriminar e compreender qual é o *tipo* de amor manifesto ou oculto, com as respectivas fantasias, ansiedades e propósitos, que vão determinando distintas configurações vinculares. Assim, trata-se de um amor *ternura? erótico? simbiótico? paixão?* (e, neste caso, com a predominância do seu lado belo e sadio, ou prevalece o lado burro e cego que as paixões podem adquirir?), ou prevalece um *companheirismo*

com mútuo respeito e consideração, ou um amor que se configura como um sufocante *controle obsessivo*, ou, ainda, se trata daquele tipo de amor que tão freqüentemente se estrutura de uma forma *sadomasoquista*? Quem sabe uma mistura de todas essas formas de amar e de ser amado? Em suma, tanto pode estar acontecendo um vínculo amoroso construtivo, como pode estar prevalecendo uma agressão escravizante e destrutiva.

Vínculo do Ódio (H)

O mesmo vale para o sentimento de agressividade, o qual tanto pode ser destrutivo como, também, estar a serviço da vida e da construtividade. A etimologia pode nos ajudar a compreender melhor essa última afirmativa. A palavra "agredir" é composta pelos étimos latinos "ad" ("para a frente") e "gradior" ("um movimento"). Portanto, normalmente, agredir é um movimento sadio que nos movimenta para a frente e nos protege contra os predadores externos. No caso de uma patologia de revolução psíquica, o agredir transforma-se em agressão destrutiva, podendo atingir os graus máximos de violência e crueldade.

Como sabemos, M. Klein construiu a sua importante obra psicanalítica a partir da concepção do instinto de morte, de Freud. Segundo ela, as inatas pulsões agressivo-destrutivas provocam no bebê uma forte angústia de aniquilamento, contra-arrestadas por primitivos mecanismos defensivos do Ego inato, como a negação, onipotência, dissociação, projeção, idealização, etc. À medida que aprofundava o seu trabalho de análise com crianças, M. Klein foi comprovando a existência de intensas fantasias inconscientes de natureza sádica, as quais, posteriormente, em 1957, ela veio a considerar como sendo manifestações decorrentes de uma inveja primária.

Embora não caiba aqui um aprofundamento nas diversas formas de como se manifestam as fantasias sádico-destrutivas, é útil lembrar que M. Klein enfatizou aquelas que se referem à posse e controle não só dos conteúdos do interior do corpo materno (pênis, bebês, etc.), como também descreveu as fantasias inconscientes da criança em devorar e ser devorada, em envenenar e ser envenenada, em relação ao seio, ao pênis ou à relação sexual dos pais, etc.

Principalmente a partir destas concepções da escola kleiniana, os psicanalistas passaram a dar uma categórica valorização ao vínculo do ódio como sendo um integrante fundamental de toda e qualquer relação objetal, intra ou interpessoal. Deste modo, em nosso meio, a prática psicanalítica impunha enfatizar acima de tudo a agressão destrutiva, com as conseqüentes culpas e intentos reparatórios.

Em termos grupais e sociais, o vínculo do ódio pode adquirir a dimensão de uma *violência*, e pela extraordinária importância que esse aspecto vem crescentemente assumindo no cotidiano de nossas vidas, cabe fazer uma explicitação mais detalhada.

Mais uma vez vale a pena apelar para a etimologia. Assim, o étimo latino "vis" (que significa "força") tanto dá origem aos vocábulos "vigor" (de vis, vita) e "vitalidade", como também origina o termo "violência". A transição de um estado mental de "vigor" para um de "violência" é a mesma que se processa entre a antes mencionada passagem de uma agressividade sadia para uma agressão destrutiva.

Resulta evidente que a violência pode se manifestar em diversos graus, formas e situações.

Estritamente no plano intra-subjetivo, é importante consignar a violência que os objetos superegóicos cometem contra o *self* do indivíduo, impedindo-o de crescer e de se emancipar, ameaçando-o desde o interior do psiquismo e tolhendo o direito à liberdade de o sujeito ser quem ele realmente é e não como o Superego punitivo ou as expectativas exageradas de seu Ideal do Ego exijam que ele deva ser. Ao conjunto de objetos sádicos, enlouquecedores ou narcisista-parasitários, que somados a pulsões e ansiedades aniquiladoras habitam o interior do indivíduo e, qual uma "gangue" (Rosenfel, 1971), se constituem como uma "organização patológica" (Steiner, 1981) que, tendo como moradia o Ego, comete violências contra o próprio Ego, eu, particularmente, denomino como sendo o "contra-Ego".

Em relação à violência manifesta nas relações intersubjetivas, não resta dúvida de que a mais primitiva e deletéria é aquela que a mãe e o meio ambiente cometem contra o bebê desamparado e indefeso, não entendendo nem atendendo às suas necessidades básicas, frustrando a criança excessivamente e, ainda por cima, inundando-a com ansiedades, culpas e ameaças.

Nas relações interpessoais que caracterizam o funcionamento de determinadas *famílias*, a violência costuma se manifestar sob a forma da designação de determinados papéis destrutivos, que são impostos a um ou vários de seus membros, e que devem ser cumpridos estereotipadamente ao longo da vida, como, por exemplo, os papéis de "bode expiatório", "pequeno polegar", etc. Além disso, é necessário lembrar a violência que emerge do clássico "conflito de gerações", no qual, muitas vezes, uma contestação de um filho contra os valores dos pais pode vir a ser significada por estes como uma violência agressiva contra eles e daí gera-se um clima de recíproca e crescente violência, quando, na verdade, aquela contestação do filho podia estar representando uma agressividade sadia em busca de uma diferenciação, individuação e auto-afirmação.

Em nível de *casal*, por vezes a violência manifesta-se de forma acintosa, tal como transparece nos vínculos de natureza abertamente sadomasoquista, ou pode estar presente sob formas disfarçadas, como é o caso de uma relação simbiótico-parasitária travestida de amor; de um controle obsessivo de um cônjuge sobre o outro, que pode atingir o grau de escravidão, esvaziamento e crueldade; de um deslumbramento narcisista de um deles, que promove a idealização excessiva e conseqüente autodesvalia no outro e assim por diante.

Não fora a natural limitação de tempo e espaço para a apresentação no presente trabalho, seria bastante útil enfocar a violência que está presente sob inúmeras modalidades em situações como a de "gangues adolescentes" (nestes casos, a própria violência é idealizada por seus participantes, e constitui-se como um arrogante fetiche de coragem, e essa é uma das razões que contribuem para a dificuldade de recuperação).

Também seria interessante abordar as formas sutis de como a violência pode estar presente nas instituições em geral, tal como pode ser exemplificado com as instituições de ensino, desde os primeiros bancos escolares até as mais sofisticadas, como algum instituto de psicanálise, por exemplo. Nestes casos, a violência pode aparecer na forma catequisadora dos professores que acham ser justo e eficaz impor os seus valores e maneira de pensar aos seus alunos, sem se importarem com a possibilidade de estarem esterilizando a capacidade de autonomia e criatividade destes.

No entanto, é importante esclarecer que a maior violência não parte tanto dos professores ou autoridades manifestamente tirânicos, mas sim daqueles que, fazendo uso de uma brilhante capacidade narcisística de sedução e deslumbramento (e não é por nada que essa última palavra vem de "des", que significa "privação", e "lumbre", "luz"), ofuscam os alunos através da cegueira de uma idealização excessiva. Ainda em relação à violência presente nas instituições, seria interessante enfocar como o *establishment* tende a expulsar ou anular todo indivíduo que for portador de idéias novas e, portanto, ameaçadoras. Da mesma forma, não pode passar sem um registro a violência que se instala entre os indivíduos e subgrupos das cúpulas dirigentes em razão dos conflitos inerentes à disputa pelo poder.

Particularmente, a violência que aparece no campo do vínculo psicanalítico, quer se trate de análise individual ou grupal, mereceria, por si só, longas considerações, tal a sua importância na prática clínica. A violência do campo psicanalítico a que estou aludindo não se refere à pessoa do paciente, afinal, este está rigorosamente em seu papel; antes, estou me referindo à violência que pode vir a ser praticada pelo psicanalista, e isso pode ocorrer de duas maneiras: a violência da interpretação e a formação de conluios inconscientes entre a dupla analista-analisando.

Tomo emprestado de P. Aulagnier (1979) a expressão "violência da interpretação" para caracterizar aquelas situações nas quais as "interpretações do psicoterapeuta podem, na verdade, não estar significando mais do que disfarçadas acusações, cobranças, exigências ou a imposição de imperativos categóricos".

Por sua vez, a formação de conluios inconscientes entre a dupla analista-analisando (aos conluios conscientes é mais apropriado chamá-los como "pactos corruptos") adquire diversas formas, sendo a mais comum de todas a relação que se estrutura como uma não percebida relação de poder de natureza sadomasoquística. Outra forma comum de violência psicanalítica, porquanto também perverte o objetivo precípuo da psicanálise, é a formação de um conluio inconsciente, que consiste em uma recíproca fascinação narcisística que pode esterilizar o necessário crescimento mental, que deve se processar através de penosas transformações, e substituí-lo por uma acomodação e uma construção de um falso *self* do analisando. Em contrapartida, esta acomodação passiva do terapeuta é igualmente nociva, e de certa forma violenta, uma forma de interpretar que, embora com conteúdo e propósito corretos, não são eficazes porquanto não respeitam a condição de sensibilidade e de capacidade do paciente em poder absorver ou não certas interpretações. Valho-me de duas citações do poeta Yeats e de Bion. Diz o poeta em uma passagem tocante: "Pisa devagar, porque estás pisando no melhor dos meus sonhos e das minhas ilusões mais queridas". Bion, por sua vez, nos ensina que "amor sem verdade não é mais do que paixão, enquanto verdade sem amor é crueldade".

Vínculo do Conhecimento (K)

Conforme mencionado, a partir da introdução deste tipo de vínculo no campo psicanalítico, o eixo central deixou de ser exclusivamente o conflito amor *versus* ódio, e passou a se dar uma relevância especial ao destino que o analisando dá a essas emoções básicas, ou seja, se ele toma conhecimento e enfrenta as verdades penosas, ou se ele as nega (-K) por meio de diversas formas de evasão dos seus problemas psíquicos.

Bion aprofundou-se nas particularidades do vínculo do conhecimento, correlacionando-o com:

- Outras funções egóicas, como a do pensamento, linguagem, juízo crítico, etc.
- Os problemas relativos à verdade, falsidade e mentira.
- O ataque aos vínculos, os quais permitiriam a percepção das intoleráveis verdades, tanto as externas como as internas.
- A substituição do conhecimento pela tríade: arrogância, estupidificação e curiosidade maligna.

Bion deu uma grande ênfase ao estudo da normalidade e patologia do vínculo do conhecimento e propôs a utilização do sinal negativo (-L, -H, -K) para designar a presença de uma forte negação, por parte do analisando, das emoções que acompanham cada um dos vínculos e das inter-relações entre elas.

É fácil deduzir a enorme importância que adquire na prática clínica o entendimento destes fenômenos, especialmente no que diz respeito às organizações narcisísticas que invariavelmente são fundadas em uma necessidade de negar, de desconhecer as diferenças entre ele e o outro, e sua dependência deste outro.

Vínculo do Reconhecimento (R) (Zimerman, 1999)

Peço permissão aos leitores para introduzir um quarto vínculo — o do reconhecimento —, o qual sempre está presente nas inter-relações pessoais e, embora interconectado com os vínculos L, H e K, deles se diferencia e, por essa razão, a meu juízo, merece uma especificação especial.

O emprego do termo "reconhecimento" alude a quatro conceituações, a seguir descritas.

Re-conhecimento

A morfologia dessa palavra designa um "vir a conhecer de novo", ou seja, existe uma vinculação no fato de que todo conhecimento novo é virtualmente um reconhecimento de prévias repressões, reminiscências e pré-concepções.

Reconhecimento do Outro

No início da vida, o bebê não tem a consciência de si, não tem consciência da existência do outro, nem do que é interno ou externo; tampouco discrimina o que é "eu" e "não-eu". O que existe é um estado caótico composto unicamente por sensações que são agradáveis ou desagradáveis, sendo que, nesse estado narcisista, o outro sujeito é representado como não mais que uma posse e extensão dele próprio permanentemente à sua disposição para prover suas necessidades.

É indispensável para o seu crescimento mental que o sujeito desenvolva com as demais pessoas um tipo de vínculo no qual reconheça que o outro não é um mero espelho seu, que é autônomo e tem idéias, valores e condutas diferentes das suas, que há diferença de sexo, geração e capacidades entre eles, sendo que essa condição de aceitação das diferenças somente será atingida se ele ingressar exitosamente na *posição depressiva*, conforme a concepção de M. Klein. Um outro referencial teórico perfeitamente válido para a compreensão desta modalidade de vínculo é o que está consubstanciado nas idéias de M. Mahler e colaboradores (1975) sobre os processos de *diferenciação, separação* e *individuação.*

Ser Reconhecido aos Outros

Este aspecto da vincularidade afetiva do sujeito diz respeito ao desenvolvimento de sua capacidade de consideração e de gratidão em relação ao outro. Também a aquisição dessa condição mental está diretamente ligada à passagem da posição esquizoparanóide para a depressiva, assim substituindo as excessivas dissociações e identificações projetivas por processos introjetivos estruturantes, com objetos totais no lugar de parciais, ao mesmo tempo em que o sujeito vai assumir o seu quinhão de responsabilidades e eventuais culpas, de modo a transformar a onipotência, a onisciência e a prepotência, respectivamente, em uma capacidade para *pensar e simbolizar* as experiências emocionais, um *aprendizado com as experiências da vida* e a assunção de sua dependência e fragilidade.

Ser Reconhecido pelos Outros

Justifico a importância que estou atribuindo a esse tipo de vínculo com um argumento muito simples: todo ser humano está inevitavelmente vinculado a objetos, quer no plano intra, inter ou transpessoal, e necessita vitalmente do reconhecimento dessas pessoas para a manutenção de sua auto-estima, sendo que não é possível conceber qualquer relação humana em que não esteja presente a necessidade de algum tipo de um mútuo reconhecimento, salvo nos casos de profunda patologia. Pelo contrário, as configurações psicopatológicas habituais servem para confirmar que os transtornos da auto-estima, do senso de identidade e da relação com a realidade exterior formam-se como uma decorrência direta da falência desse tipo de necessidade do sujeito em ser reconhecido, ou, então, como uma compensação contra isso. Nos últimos casos, em que esse tipo de vínculo está profundamente afetado, ou negado, proponho a sinalização de "-R", como uma tentativa de conectar com o "-K", de Bion.

É relevante destacar que até mesmo qualquer pensamento, conhecimento ou sentimento requer reconhecimento pelos outros (como resulta claro na interação mãe-bebê) para adquirir uma existência, ou seja, para passar do plano intrapessoal para o interpessoal, e vice-versa.

Portanto, a importância mais significativa do termo *reconhecimento* alude a uma necessidade crucial de todo ser humano, em qualquer idade, circunstância, cultura, época ou geografia, sentir-se reconhecido e valorizado pelos demais e que ele realmente *existe* como individualidade. Por essa razão, vale a pena traçar uma breve recapitulação dos primeiros movimentos que vinculam o recém-nascido com a mãe, e vice-versa.

Assim, pesquisas modernas estão indicando, cada vez mais decisivamente, que algum tipo de vínculo já está claramente estabelecido durante a vida fetal intra-uterina, sendo que alguns autores, como Bion, especulam que a vida psíquica relacional já esteja presente desde o estado embrionário.

O vínculo do reconhecimento, da mesma forma que os outros três anteriores, tanto abriga uma normalidade (como é, por exemplo, o olhar estruturante da mãe vinculada ao bebê), como também permite uma patologia. Neste último caso estão as diversas formas de negação de ser reconhecido (-R) e que tanto podem acarretar os quadros clínicos de ensimesmamento do indivíduo em alguma forma de autarquia narcisística, como também a utilização de -R pode ser a responsável maior pela formação das conhecidas personalidades tipo falso *self,* resultantes de um enorme esforço que esses indivíduos fazem para assegurar o reconhecimento por parte dos outros, ainda que paguem o alto preço da mutilação de sua verdadeira personalidade.

Não é demais repetir que os quatro vínculos são indissociáveis e estão conjugados em um estado de permanente interação, embora, em determinadas situações, alguns deles, quer na normalidade ou na patologia, adquiram uma relevância sobre os demais. Desta forma, vale considerar mais detidamente algumas das múltiplas modalidades de configurações vinculares e também as diversas maneiras de como se processam os ataques à percepção desses vínculos.

A fim de caracterizar mais claramente a enorme importância que o "vínculo do reconhecimento" representa na qualidade de vida de todo ser humano em convívio grupal com as demais pessoas, vou utilizar a metáfora contida na conhecida história infantil do *Patinho feio.* Segundo a narrativa dessa história, esse patinho nascera diferente de seus irmãos, tinha um pescoço alongado, um jeito esquisito de caminhar e nadar, uma cor branca algo destoante do amarelo dos demais lindos patinhos que, por isso, debochavam dele, além de que ele frustrava o narcisismo da mãe pata. Sentindo-se humilhado e arrasado na sua auto-estima, o "patinho feio" foi gradativamente se isolando dos outros, a ponto de sair nadando sozinho para longe, o que lhe propiciou encontrar um bando de cisnes nadando num lago, com características semelhantes às dele e que o acolhem amorosamente, reconhecendo-o como um igual e lhe despertando um sentimento de *pertencência,* isto é, de que ele, de fato, era reconhecido, amado e admitido como pertencente àquele grupo. A partir daí, o nosso patinho, embora não tenha mudado a sua constituição física, deixou de sentir-se feio e assumiu uma representação de si próprio como sendo um verdadeiro cisne, com uma linda cor branca, um aristocrático pescoço alongado, uma forma orgulhosa de nadar, olhar altivo, alta auto-estima, despertando uma admiração em todos.

Configurações Vinculares

Diferentemente do termo "vínculo", que alude tanto às ligações do mundo exterior como à dos processos intrapsíquicos, a expressão "configuração vincular" é reservada para caracterizar a existência de uma estrutura que se forma quando duas ou mais pessoas estão interagindo no mundo real (embora se saiba que também os objetos internos adquirem uma configuração de vínculos intrapessoais). É útil lembrar que o termo "estrutura" designa um arranjo de elementos distintos, em um estado de interdependência, sendo que a modificação de qualquer um deles implica na modificação dos demais.

Em uma forma muito resumida, creio que se pode dizer que as configurações dos vínculos intrapessoais se reproduzem similarmente nos interpessoais, de forma a dramatizar, no cenário do mundo real exterior, à moda de um grande teatro, o mesmo *script* (por exemplo, um enredo pontilhado de vínculos sadomasoquistas, ou de dramas histéricos, poder narcisista, etc.), os mesmos papéis a desempenhar (por exemplo, o de cumprir as demandas de um Ideal do Ego, ou o de submeter-se às ameaças de um Superego, etc.), e assim por diante. Outros aspectos do mundo interno podem repetir-se igualmente nas configurações vinculares do mundo exterior.

De modo geral, as configurações vinculares entre as pessoas adquirem uma dessas três modalidades, que podem ser observadas na situação de grupoterapia: 1) *especulares*, isto é, uma pessoa pode crer que os demais são como que um "espelho" de si própria, uma espécie de continuidade e extensão sua, o que acarreta as conseqüências de uma intolerância às diferenças que existem em relação com os outros, uma tendência a acreditar que todos são ou deveriam ser como ela, e o "parece que é" passa a ser percebido como "de fato sendo"; 2) *complementares*, em cujo caso uma pessoa complementa a outra, como pode ser exemplificado com um casal em que um dos cônjuges mostra-se frágil e inconscientemente complementa esse seu lado com a fortaleza assumida pelo outro, e vice-versa. Essa complementaridade tanto pode manifestar-se de forma *simétrica* (as pessoas parecem bastante iguais e prevalece uma aceitação harmônica no desempenho dos papéis), como *assimétrica*, em cujo caso as pessoas conluiadas na complementação aparentam ser totalmente diferentes, uma como se fosse o oposto da outra, o que gera constantes atritos, desentendimentos quanto aos aspectos contraditórios e uma freqüente troca de papéis; 3) *suplementares*, que implica na noção de que uma pessoa, por exemplo, uma mãe com o filho, um terapeuta com os pacientes, possa dar um suplemento daquilo que realmente está faltando no outro, como pode ser exemplificado com aqueles pacientes bastante regredidos que estão cheios de vazios, carências, verdadeiros "buracos negros" afetivos e existenciais e que necessitam vitalmente de uma suplementação compreensiva e afetiva que preencha esses vazios.

Casais.   Aqueles que trabalham com casais comprovam a freqüência com que os vínculos se estruturam em bases nitidamente neuróticas (ou psicóticas, perversas, etc.), ou se estabelecem em uma adaptação pseudomadura. Em todos estes casos, a configuração costuma adquirir um caráter vicariante, isto é, cada um suplementa ou complementa o que está ausente ou inativo no outro, assim como podem se usar reciprocamente como um depositário de identificações projetivas de aspectos rejeitados ou idealizados, ou como um espelho refletor um do outro, e assim por diante.

Os entrelaçamentos dos vínculos de amor, ódio, ânsia de reconhecimento e a negativa do conhecimento das verdades penosas de cada um determinam um sem-número de ligações doentias, separações definitivas e, pior, um tipo de união que se perpetua, porquanto não conseguem viver juntos nem tampouco separados. Convém lembrar que, nos casos em que a configuração vincular está estruturada em uma base de díade indiferenciada, vai ocorrer que a manifestação patológica mais gritante do casal seja a de que eles não toleram a inclusão de uma terceira pessoa, e daí pode-se entender o surgimento de sintomas como o de um ciúme possessivo ou a dificuldade de gerar um filho. Da mesma forma, como o maior inimigo de um casal configurado simbioticamente é a aceitação da autonomia do outro, vai resultar um recíproco e rígido controle obsessivo de um sobre o outro.

Uma outra forma que costuma caracterizar um casal cuja configuração vincular seja de forte dependência é o esvaziamento da personalidade e identidade de um dos cônjuges, o qual fica então encarcerado em um estado de fascinação com uma cegueira que é própria de um estado de deslumbramento, tal como designa a etimologia desta palavra: "des" (privação de) + "lumbre" (luz). É claro que, se a configuração vincular repousar em defesas típicas da posição esquizoparanóide, os movimentos sadomasoquistas de luta e fuga serão diários, assim como outras configurações podem adquirir uma dimensão narcisista (poder), histérica (dramas), obsessiva (controle), fóbica (evitação), perversa (desvios), psicopática (*actings* anti-sociais), etc.

Família. Em nível de família, as configurações vinculares costumam se manifestar mais claramente através de uma distribuição de distintos papéis, nos quais está embutido e representado todo um transgeneracional sistema de valores, expectativas, mandamentos, demandas e predições provindas de cada um dos pais da família nuclear.

Destarte, é bastante comum que um determinado filho se identifique com o papel de bode expiatório (tipo "ovelha negra" da família, por exemplo), enquanto outro é eleito o filho-orgulho, porquanto corresponde e gratifica as expectativas idealizadas dos pais, da mesma forma como a um terceiro filho pode estar sendo reservado o papel de nunca se emancipar totalmente, como uma forma de garantir a função de "seguro-solidão" diante do futuro incerto dos pais, e assim por diante.

Dentre as inúmeras combinações de papéis e vínculos que poderiam ser descritos na estrutura de uma família, é útil consignar, pela freqüência com que se manifesta, a figura do "paciente identificado" (também conhecido como "paciente-sintoma"), ou seja, trata-se da pessoa que manifestamente é o doente da família, e é ele quem preocupa e envergonha os demais através de seus sintomas e conduta patológica. Uma análise mais cuidadosa por parte do terapeuta que assiste esta família costuma permitir em um grande número de casos que ele perceba que o "paciente identificado", tal como diz este nome, identificou-se com as identificações projetivas dos aspectos doentes de cada um dos outros e passou a ser o portador, representante e emergente da patologia familiar.

Também os relatos contidos na Bíblia, história, folclore, literatura e, naturalmente, os consultórios dos psicoterapeutas, estão repletos de situações em que estão presentes, sob as mais distintas configurações, as emoções intrafamiliares de ódio concomitantes com as de amor (vide Caim *versus* Abel ou Esaú *versus* Jacob, ou ainda José e seus irmãos, para ficar unicamente em algumas passagens da Bíblia Sagrada), permeadas de negação do conhecimento (como a punição de Deus contra Adão e Eva que ousaram comer da árvore do conhecimento) e por uma avidez por reconhecimento, tal como é a costumeira disputa pelo poder, prestígio, fortuna, etc.

Grupos. No que se refere aos grupos em geral, tanto os micro como os macrogrupos, todos conhecemos a virtual inevitabilidade da irrupção de fenômenos dissociativos e projetivos decorrentes de subjacentes sentimentos de cada indivíduo, ou de subgrupos contra outros subgrupos. Isto decorre da lei que está presente em todo e qualquer campo grupal e que consiste na coexistência latente de duas forças opostas: uma de coesão (vínculo L) e a outra de disrupção (vínculo H sob a forma de rivalidade, ciúme, inveja, luta pelo reconhecimento de poder, etc.).

Vale assinalar que nos grupos — notadamente nas *instituições* — o vínculo K costuma ser atacado toda vez que surge a figura de alguém que seja portador de uma ideologia nova (Bion denomina a esta pessoa como "místico", "gênio" ou "messias"), o que representa uma ameaça para o *establishment.* Em *Atenção e interpretação* (1970), Bion aprofunda interessantes considerações relativas às diferentes formas de como o *establishment,* a serviço de um -K coletivo, ataca a idéia ameaçadora (ele exemplifica, entre outras, com as figuras de Jesus e Newton). Neste mesmo contexto pode-se acrescentar os nomes de Galileu, Freud, um membro "diferente" de uma família conservadora, um pensador original em uma organização política ou em uma instituição firmemente estabelecida, como é o caso de uma psicanalítica, etc.

Algumas modalidades de como o *establishment* costuma se livrar do místico, segundo Bion, se referem a:

- Sua expulsão pura e simples.
- A configuração do papel de bode expiatório.
- Uma aparente aceitação formal de sua pessoa, acompanhada por total indiferença às suas idéias.
- Uma absorção e integração do místico ao *establishment,* enaltecendo-o com tarefas administrativas e outras honrarias, porém esvaziando-o ideologicamente.
- A aceitação lenta e surda das idéias novas, porém quando essas se tornam reconhecidas, fecundantes e públicas, são tratadas como se fossem provindas dos *pró-homens do* establishment *da instituição.*

Também é útil consignar a presença do vínculo do reconhecimento em qualquer tipo de grupo, ou seja, sempre há uma necessidade imperiosa de cada indivíduo vir a ser reconhecido pelos seus pares. Assim, a conhecida expressão grupalista de "grupo de pertencência" alude ao fato de que uma pessoa está sendo reconhecida pelas outras do grupo como um membro que realmente pertence a este grupo.

Nos grupos terapêuticos, o vínculo do reconhecimento se processa num trânsito de dupla mão: além da necessidade vital, já mencionada, de ser reconhecido pelos demais, também acontece que o reconhecimento que um indivíduo faz dos outros não deve ficar limitado unicamente a uma percepção da presença física destes. A unicidade dessa última situação estaria indicando uma configuração narcisística e, nestes casos, a atividade interpretativa do grupoterapeuta deve propiciar que cada um do grupo possa interagir e se comunicar com os demais, reconhecendo ao mesmo tempo suas diferenças peculiares e desenvolvendo uma mutualidade baseada em consideração e solidariedade, cada um respeitando a autonomia do outro e, igualmente, se fazendo respeitar pelos demais.

Em resumo, cabe lembrar a conhecida metáfora de que um grupo terapêutico comporta-se como uma "galeria de espelhos" que propicia que os indivíduos, refletindo-se uns nos outros, aprendam a conhecer e a conhecer-se, a reconhecer e reconhecer-se. Caso contrário, haverá o risco de que as configurações vinculares de um casal, família, grupo, etc., estagnem estruturadas em uma permanente prisão narcisística.

Para uma melhor compreensão deste último aspecto, é útil considerar mais detidamente um dos seus principais fatores determinantes, qual seja, o fenômeno do "duplo vínculo".

Duplo Vínculo.   Embora a expressão "duplo vínculo" seja muito difundida, notadamente entre os terapeutas que conhecem e empregam a teoria sistêmica, creio ser bastante útil esclarecer que sua formulação original é de "*double bind*", sendo que o termo *bind* alude preferentemente a uma ligação de domínio opressivo sobre um prisioneiro ou um animal. Daí depreende-se que o termo "duplo vínculo" designa uma forma de opressão que invade e entrava toda a vida psíquica de um sujeito (ou da dupla), a ponto de paralisá-la ou levar o indivíduo a tentar alguma maneira de evasão, em uma busca desesperada por uma libertação. Essa última possibilidade se processa tanto por meios violentos, como uma fuga, muitas vezes geográfica, com o abandono de tudo, como também através da contração de novos vínculos que, nos casos de patologia mais severa, se configuram nos mesmos moldes da relação aprisionante anterior da qual se está fugindo.

A escola de Palo Alto (Califórnia), constituída pelo antropólogo Bateson e por psiquiatras pesquisadores da Comunicação Interacional, destacou dois aspectos constituintes do "duplo vínculo":

- A "ordem paradoxal" (pode servir como exemplo um pai que se dirige ao filho da seguinte maneira: "estou te ordenando que não sejas tão obediente..."); e
- A "desqualificação" (por exemplo: o filho diz que está com medo e a mãe o convence de que está é com manhas, etc.).

De um vértice estritamente psicanalítico, vale afirmar que ambos os aspectos visam à manutenção de um domínio sobre o outro, a serviço da perpetuação de um estado de indiferenciação. Estamos, portanto, no terreno do narcisismo e, assim, podemos enlaçar o "duplo vínculo narcisista" com os problemas típicos das "oposições", como são as que se estabelecem entre as diferenças de geração e sexo, os jogos de poder, as pulsões construtivas *versus* as destrutivas, e assim por diante. Entendo que, nestes casos, é possível afirmar que se trata de opostos pertencentes a uma mesma unidade, e que, portanto, não são excludentes, mas sim complementares, de forma que tanto podem anular-se entre si, paralisando os indivíduos imersos numa *folie à deux,* como também é possível encontrar uma saída estruturante.

Desta forma, uma condição básica desse estado de "duplo vínculo narcisista" é que seja de natureza fusional, isto é, a relação não pode ser dissolvida, o sujeito não consegue escapar dela e, embora haja o domínio absoluto de um sobre o outro, há uma cumplicidade entre ambos, como uma maneira de garantia à perpetuação de uma sobrevivência psíquica.

Ataque aos Vínculos.   Vincular-se com outras pessoas, com as emoções de amor e/ou ódio, implica em algum risco de sofrimento que nem todos os indivíduos querem enfrentar e, da mesma forma, a tomada de conhecimento de certas verdades penosas, quer internas ou externas, assim como o reconhecimento de que se depende de um outro, o qual, além de ser diferente, nem sempre está disponível para o sujeito desejante, também provoca emoções fortemente dolorosas.

Quando um indivíduo ou um grupo não se sente capaz de enfrentar a presença dessas emoções tão doloridas e catastróficas, geralmente apela pelos recursos inconscientes que visam a dois objetivos: evitar qualquer tipo de frustração com a evasão do problema porventura criado, e promover um ataque à percepção e correlação dos respectivos vínculos que o levariam a imergir em um estado de desvalia, humilhação e sofrimento psíquico.

A expressão "ataque aos vínculos" é original de Bion (1959) que, em sucessivos textos, descreve algumas modalidades e conseqüências dos variados ataques aos elos de ligação que vinculam objetos, funções e emoções.

Vale, de forma resumida, apontar as seguintes formas de ataque aos vínculos:

- Um ataque invejoso da criança (ou paciente) contra os vínculos externos dos quais ela está excluída, como podem ser o seio ausente, a relação amorosa pai-mãe, etc.
- Um ataque às funções egóicas de pensamento, percepção, discriminação e linguagem, que permitiriam conectar as emoções entre si, e os sentimentos com as idéias, objetos, fantasias inconscientes, etc.
- As estruturas psicóticas atacam a possibilidade da vinculação das fantasias entre si e do seu confronto com a realidade exterior.
- O ataque aos vínculos pode visar a impedir a passagem da cômoda posição esquizoparanóide para a dolorida posição depressiva.
- Como conseqüência do não-ingresso na posição depressiva, resulta um bloqueio da função vinculadora de processos psíquicos importantes, como os de formação de símbolos, pensamento verbal, comunicação e criatividade.
- Uma das formas de ataque ao vínculo muito utilizada pelas personalidades regressivas é a utilização de ambigüidade, a qual permite atribuir sentidos diferentes para um mesmo fato, o que possibilita a manutenção de um estado de "ponto morto".

- Na situação psicanalítica, Bion chama a atenção para o relevante aspecto de que o paciente não ataca somente o seu próprio aparelho receptivo-correlativo, mas também o do terapeuta, através da produção de uma contratransferência paralisadora.

- O processo anterior aparece com certa freqüência nas situações grupais nos períodos em que um ou mais pacientes do grupo se encarregam de obstaculizar a aquisição de *insight*.

- Desta forma, o psicanalista deve estar atento às diversas modalidades resistenciais promovidas pelos ataques que estes pacientes dirigem contra os vínculos. Esses ataques podem ocorrer tanto através do destino dado à atividade interpretativa do analista, como é o caso de desvitalizar a interpretação por meio do que Bion denomina "reversão da perspectiva", assim como também o ataque pode se dar pelo uso da produção de associações livres que, embora possam ter uma aparência interessante e atraente, não passam de associações convencionais e muitas vezes despertam um efeito soporífero no terapeuta.

- Pode-se acrescentar uma outra dimensão de ataque aos vínculos que não foi registrada por Bion. É aquela que impede a livre circulação das fantasias inconscientes e, muitas vezes, até mesmo os devaneios conscientes são forçados a uma repressão. Os psicanalistas da moderna escola psicossomática de Paris estão demonstrando que a inibição das fantasias inconscientes representa uma severa incapacidade que obstaculiza o crescimento mental e o desenvolvimento de uma integração somatopsíquica. Assim, estes pesquisadores constatam o fato de que as fantasias inconscientes que o paciente não consegue vincular e mentalizar fazem um curto-circuito e tomam o destino de algum tipo de somatização. De forma análoga, a incapacidade de vincular as fantasias e emoções origina o que estes autores denominam "pensamento operatório", o qual é equivalente ao conhecido conceito de "alexitimia", que designa uma incapacidade de "ler" as emoções, tal como comprova a etimologia latina dessa palavra: "a" (privação de) + "lex" (leitura) + "timia" (vem da glândula "timo", que era considerada como sendo responsável pelos estados de humor).

À guisa de conclusão, pode-se dizer que as configurações vinculares estão intimamente ligadas às fantasias inconscientes, e que a modalidade de comunicação (ou de *in*-comunicação) entre as pessoas, quer seja um casal, grupo ou instituição, reflete o nível e o grau de maturidade ou de regressividade de cada um e de todos.

É indispensável que o grupoterapeuta sempre tenha em mira o fato já mencionado de que os quatro vínculos descritos neste capítulo determinam diversas combinações e configurações vinculares, com a predominância de um ou de outro, conforme a situação grupal, porém eles são inseparáveis e estão sempre imbricados entre si. Assim, não custa repisar que o eixo principal da conflitiva psíquica deixou de ser o simplificado conflito amor *versus* ódio. Antes, o mais importante é *como* o amor convive com o ódio, quais as nuances positivas e/ou negativas, com os derivados de cada um deles, e quais as suas respectivas vinculações com as capacidades de querer ou não querer ter "conhecimento" das verdades, e com a ânsia de ter um "reconhecimento" dos demais.

Uma metáfora com o campo da música talvez esclareça melhor o que estamos tentando transmitir acerca da importância da inter-relação dos vínculos. Assim, isoladamente, cada uma das sete notas da escala musical não nos dizem nada, no entanto, a combinação entre elas e as particularidades específicas que cada uma ocupa na pauta (por exemplo: é "dó" maior, menor, bemol, sustenido, tom, semi-tom...?) pode promover desde simples acordes até peças e concertos de alta complexidade e beleza.

CAPÍTULO 13

Papéis e Lideranças

Da mesma forma como ocorre num sistema familiar, institucional ou social, também um grupo terapêutico comporta-se como uma estrutura na qual há uma distribuição complementária de papéis e posições. Podemos dizer que em cada papel se condensam as expectativas, necessidades e crenças irracionais de cada um e que compõem a fantasia básica inconsciente comum ao grupo todo.

A afirmação de que qualquer grupo cria, desde o seu inconsciente grupal, um sistema de papéis encontra uma confirmação estatística: basta um exercício de memória, por parte do leitor, para que, certamente, se lembre de que em qualquer de suas diversas turmas de colegas de primário, ou ginásio, etc., sempre houve alunos que assumiram e se destacaram ora no papel de "puxa-saco", ora no de alvo de "gozação", ou no de "geniozinho", "burro" ou "líder", e assim por diante, sendo que a imagem que se guarda do grupo de professores também pauta pelo mesmo nível.

Assim, há sempre, em qualquer grupo, um permanente jogo de adjudicação e de assunção de papéis, sendo que um seguro indicador de que está havendo uma boa evolução grupal é quando os papéis deixam de ser fixos e estereotipados e adquirem uma plasticidade intercambiável. À medida que os papéis forem sendo reconhecidos, assumidos e modificados, os indivíduos vão adquirindo um senso de sua própria identidade, assim como uma diferenciação com a dos demais.

Uma das características mais relevantes que permeiam o campo grupal é o desempenho de papéis e posições por parte de cada um dos componentes. A importância desse fenômeno grupal consiste no fato de que o indivíduo também executa esses mesmos papéis nas diversas áreas de sua vida, como a familiar, a social, a profissional, etc.

É um dever do grupoterapeuta ficar atento à possibilidade de estar ocorrendo uma fixação e uma estereotipia de papéis patológicos exercidos sempre pelas mesmas pessoas, como se elas estivessem programadas para assim agirem ao longo de suas vidas. Um bom exemplo de como a atribuição e assunção de papéis pode representar um recurso técnico por excelência é o que pode ser confirmado pelos terapeutas de família no fenômeno do *paciente identificado* (a família inconscientemente elege alguém dentre eles para servir como depositário da doença latente e oculta de todos os demais).

PAPÉIS

A experiência mostra que, ao longo da evolução do grupo, os papéis que mais comumente costumam ser adjudicados e assumidos pelos seus membros são os descritos a seguir.

Bode Expiatório

Neste caso, toda a "maldade" do grupo fica depositada em um indivíduo que, se tiver uma tendência prévia, servirá como depositário, até vir a ser expulso, o que, aliás, é comum. Nesse caso, o grupo sairá em busca de um novo bode... Decorre daí a enorme importância de que o grupoterapeuta reconheça e saiba manejar tais situações. Outras vezes, o grupo modela um bode expiatório sob a forma de um "bobo da corte" que diverte a todos e que, por isso mesmo, ao contrário de uma expulsão, o grupo faz questão de conservá-lo.

A teoria sistêmica, como antes mencionado, denomina o membro de uma família que assume esse papel como "paciente identificado". Por outro lado, no contexto da macrossociologia, a condição de bode expiatório se manifesta nas minorias raciais, religiosas, políticas, etc.

Porta-Voz

Cabe ao portador deste papel mostrar mais manifestamente aquilo que o restante do grupo pode estar, latentemente, pensando ou sentindo. No entanto, essa comunicação do porta-voz não é feita somente através da voz (reivindicações, protestos, verbalização de emoções, etc.), mas também através da linguagem extraverbal das dramatizações, silêncios, *actings,* etc.

Uma forma muito comum de porta-voz é a função do indivíduo contestador. Nesses casos, é imprescindível que o grupoterapeuta (da mesma forma que os pais, numa família) saiba discriminar quando a contestação é, sistematicamente, de ordem obstrutiva, ou quando ela representa ser necessária, corajosa e construtiva.

Radar

Este papel cabe geralmente ao indivíduo mais regressivo do grupo, como é o caso de um paciente *borderline* em um grupo de nível neurótico, por exemplo. Neste caso, esse paciente, antes que os demais, capta os primeiros sinais das ansiedades que, ainda em estado larvário, estão emergindo no grupo. Esse papel também é conhecido como "caixa de ressonância", em razão de que tal paciente-radar, por não ter condições de poder processar simbolicamente o que captou, pode vir a expressar essas ansiedades em sua própria pessoa por meio de somatizações, ou abandono da terapia, ou crises explosivas, etc.

Instigador

Apesar de não se encontrar na literatura uma referência explícita a este papel, ele é muito comum e importante nos grupos. Consiste na função do indivíduo em provocar uma perturbação no campo grupal, por meio de um jogo de intrigas, por exemplo, mobilizando papéis nos outros. Assim, o instigador consegue dramatizar no mundo exterior a reprodução da mesma configuração que tem o seu grupo interior, bem como a dos demais que aderiram a esse jogo.

Atuador pelos Demais

É uma modalidade de papel que consiste no fato de a totalidade do grupo delegar a um determinado indivíduo a função de executar aquilo que lhes é proibido, como, por exemplo, infidelidade conjugal, aventuras temerárias, hábitos extravagantes, sedução ao terapeuta, etc. Em tais casos, o restante do grupo costuma emitir dupla mensagem: subjacente à barragem de críticas que eles dirigem às "loucuras" desse membro, pode-se perceber um disfarçado estímulo, um gozo prazeroso e uma admiração pelo seu delegado, executador de seus desejos proibidos.

Sabotador

Conforme este nome indica, o paciente que desempenha o papel de sabotador, por meio de inúmeros recursos resistenciais, procura obstaculizar o andamento exitoso da tarefa grupal. Em geral, o papel é assumido pelo indivíduo que seja portador de uma excessiva inveja e defesas narcisísticas.

Vestal

Da mesma forma como é regra nas instituições, também nos pequenos grupos é muito comum que alguém assuma o papel de zelar pela manutenção da "moral e dos bons costumes". Um exagero nesse papel constitui a tão conhecida figura do "patrulheiro ideológico" que obstrui qualquer movimento no sentido de uma criatividade inovadora. Há um sério risco — nada incomum — de que o papel venha a ser assumido pelo próprio grupoterapeuta.

Obstrutor

Este tipo de papel alude àquele paciente que é encarregado de impedir que o grupo desenvolva determinado assunto que está provocando uma certa angústia geral, e isso costuma freqüentemente ser feito por meio de um "desvio" de assuntos, ou provocando alguma situação engraçada, e situações equivalentes.

Apaziguador

Esse é um papel que aparece com grande freqüência e costuma ser desempenhado por algum membro do grupo que tem muita dificuldade de se confrontar com situações tensas, especialmente aquelas que envolvem outros participantes num clima de agressividade, de modo que ele executa o papel e a função do que costumamos chamar de "algodão entre os cristais". Nesse caso, cabe ao grupoterapeuta assinalar esse temor à agressão, caso contrário, parecerá ao grupo que realmente é perigosa a emergência desse aspecto, quando na verdade ele existe em todos os indivíduos, de uma forma mais ou menos reprimida, e o seu espontâneo surgimento no campo grupal se constitui como uma especial oportunidade de reexperimentar velhas experiências emocionais que foram mal resolvidas na época, o que pode possibilitar novas significações e uma nova maneira mais adulta e sadia de enfrentar a agressividade.

Líder

Nas grupoterapias, o papel de líder surge em dois planos. Um é o que, naturalmente, foi designado ao grupoterapeuta. O outro é o que surge, espontaneamente, entre os membros do grupo. Neste caso, a liderança adquire matizes muito diferenciados, desde os líderes construtivos que exercem o importante papel de integradores e construtores do *esprit de corps*, até os líderes negativos, nos quais prevalece um excessivo narcisismo destrutivo.

A natureza e a função da liderança exigem um estudo mais detalhado.

LIDERANÇAS

O termo "liderança" pertence a muitas áreas humanísticas, como as da Psicologia, Sociologia, Política, etc., e por isso pode ser conceituado a partir de vários pontos de vista, sendo que qualquer intento de classificação deve levar em conta o critério de abordagem empregado. Assim, é útil que, antes de mais nada, se estabeleça uma distinção entre as lideranças que se processam nos macro-grupos (como as turbas e multidões, comunidades, sociedades e nações) e nos microgrupos (são os que conservam a comunicação visual e verbal entre todos os integrantes).

Estritamente sob o ponto de vista da psicologia psicanalítica, é imprescindível que o estudo das lideranças se fundamente em três vertentes: Freud, Bion e Pichon Rivière.

Freud, em seu importante trabalho de 1921, *Psicologia das massas e análise do Ego* (Freud, 1972), descreveu o processamento de três tipos de formação de lideranças: em turbas primitivas, na Igreja e no Exército.

Na primeira delas, alicerçado nos estudos de Le Bon, Freud evidenciou a possibilidade de um sujeito vir a perder a sua identidade individual, sempre que estiver absorvido por uma massa. Em tais situações, esse indivíduo perde os referenciais de seus princípios e valores habituais, para seguir, às vezes cegamente, aqueles que são ditados pela liderança, a qual, nesses casos, costuma ter características carismáticas.

A Igreja foi utilizada por Freud como um modelo de liderança que se processa através do fenômeno introjetivo, ou seja, todos os fiéis incorporam a figura de um mesmo líder — na Igreja cristã é a figura de Jesus Cristo, o qual, por sua vez, é o representante de Deus. Forma-se, pois, uma identificação generalizada com um líder abstrato, e isso mantém a unificação de todos os fiéis (é útil lembrar que a palavra religião se forma a partir de *re* e *ligare,* ou seja, como uma renovada tentativa de ficar ligado, de uma forma unida e fundida, com Deus, o qual, por sua vez, é uma representação simbólica da fusão da mãe primitiva com a do pai todo-poderoso).

Em relação ao Exército, Freud ensina que a liderança se processa por meio da projeção, na pessoa do comandante, das aspirações ideais de cada um dos comandados.

Essa tríplice conceituação de Freud acerca da formação de líderes, se for vertida para a terminologia analítica corrente, pode ser assim entendida: o líder carismático de uma massa primitiva corresponde a uma fase evolutiva muito regressiva, de natureza narcisista-simbiótica, em que ainda não se processou a diferenciação entre o eu e o outro. O modelo religioso de liderança decorre do fenômeno de identificação introjetiva, enquanto a identificação projetiva é o protótipo de como se processa a liderança nas forças armadas.

Bion, emérito psicanalista britânico e pensador original, partindo de suas raízes kleinianas, trouxe uma decisiva contribuição para a compreensão da formação e da significação das lideranças. Uma primeira observação que pode ser extraída de seus estudos (Bion, 1965) é a de que qualquer grupo tem uma necessidade implícita de que sempre haja uma liderança. Dessa forma, as experiências que ele fez com grupos sem líderes formais mostraram que, em pouco tempo, inconscientemente, formavam-se as inevitáveis lideranças.

Assim, diferentemente de Freud, que considerava o grupo como um emergente do líder (isto é, o líder como alguém de quem o grupo depende e de cuja personalidade vão derivar as qualidades dos demais), Bion fundamentou a postulação de que o líder é que é um emergente do grupo (creio que esse ponto de vista está bem consubstanciado nessa afirmação do grande líder Churchill: "Como me escolheram como líder, eu devo ser comandado por vocês").

A partir dessa concepção do líder como um emergente do grupo, deve-se entender que, na patologia das instituições ou de um grupo, a liderança pode ser a manifestação de um sintoma e não a sua causa.

Seguindo este critério de abordagem, pode-se entender a formação de líderes a partir da conceituação de "supostos básicos" de Bion. Como sabemos, esse autor descreveu três tipos de inconscientes supostos básicos.

O primeiro é o de "dependência", pelo qual o grupo se reúne à espera de ser sustentado por um líder de quem depende para a sua alimentação material, espiritual e proteção: neste caso, o ideal é um líder de natureza carismática.

O segundo tipo de suposto básico é o de "luta e fuga", em que o grupo está reunido para lutar contra algo ou dele fugir: o seu líder terá características paranóide-caudilhescas.

O terceiro tipo é o de "acasalamento" (*pairing,* no original), ao qual deve ser dada uma conceituação mais ampla do que o sugerido pela tradução do nome, já que independe do sexo dos participantes e do número destes. Este suposto básico refere-se fundamentalmente às demonstrações de "esperança" do grupo. Habitualmente, ele é verbalizado sob a forma de idéias de que acontecimentos futuros (casamento, nascimento de filhos, entrada de novos pacientes, etc.) salvarão a todos das incapacidades neuróticas. O líder ideal dessa esperança utópica vindoura é alguém possuidor de características messiânicas.

Na prática clínica, as coisas não se passam tão esquematicamente assim, pois o que se observa é uma maior diversificação e arranjos combinatórios dos supostos básicos, bem como uma freqüência de flutuações entre estes ao longo do tratamento.

Pichon Rivière, importante psicanalista argentino e reconhecido criador de conceitos originais acerca de Grupos Operativos, descreveu os seguintes quatro tipos de lideranças (os três primeiros já haviam sido referidos, antes dele, por Kurt Lewin): *autocrática, democrática, laissez-faire, demagógica.*

A liderança *autocrática* habitualmente é exercida por pessoas de características obsessivo-narcisísticas, sendo própria de grupos compostos por pessoas inseguras e que não sabem fazer um pleno uso de sua liberdade.

A liderança *democrática* não deve ser confundida com a de uma liberalidade ou licenciosidade; pelo contrário, uma democracia sadia implica numa hierarquia, com a definição de papéis e funções, e num claro reconhecimento dos limites e das limitações de cada um.

A liderança do tipo *laissez-faire* alude a um estado de negligência e, por isso, o seu maior risco consiste na falta de um continente para as angústias, dúvidas e limites, decorrendo daí uma alta possibilidade de *actings* de natureza maligna.

A liderança *demagógica* é aquela na qual o líder costuma ter uma caracterologia do tipo "falso *self*", sendo que a sua ideologia é construída mais em cima de frases retóricas do que de ações reais; essa liderança provoca decepções e, daí, um reforço no desânimo dos liderados, devido ao incremento do velho sentimento de desconfiança que eles devem ter tido em relação à credibilidade dos respectivos pais. Um bom exemplo de líder demagógico é a figura do *impostor,* que, ao cabo e fim, acaba reunindo um misto desses quatro tipos de lideranças, porquanto a *aparência* dessa liderança é democrática*, o recurso* empregado é de natureza demagógica, a *estrutura* é autocrática, e a *resultante final* quase sempre culmina com um *laissez-faire.*

Creio que a classificação de P. Rivière ficaria mais completa se dela constasse um quinto tipo de liderança que, acompanhando a evolução sociocultural dos grupos humanos, tem evidenciado uma presença cada vez mais freqüente: trata-se do líder *narcisista*. Como é notório, este tipo de líder costuma utilizar os mais diferentes meios — desde os suaves e sedutores, por vezes melífluos, até o emprego de uma energia exuberante, por vezes carismática e toda-poderosa — que, no entanto, visam sempre a manter, com os seus liderados, um conluio inconsciente que tem por base uma relação de poder. Tal conluio consiste em que o líder assegura e reassegura aos seus liderados a gratificação das necessidades básicas, como a da garantia de proteção e amor, desde que estes, reciprocamente, o alimentem continuamente com aplausos e votos de uma admiração incondicional. No fundo, tal processo de mútua gratificação objetiva garantir a preservação da auto-estima e do sentimento de identidade de cada um e de todos. Essa liderança narcisista, em situações mais extremas, adquire nos liderados as características de uma fascinação e deslumbramento pelo seu líder, sendo que é útil consignar que a etimologia da palavra *deslumbre*, formada de "des" (privação) + "lumbre" (luz), indica claramente o quanto estes liderados pagam um preço elevado pela garantia do amor desse líder: ficam cegos de suas reais capacidades e atrofiam a sua criatividade, enquanto hipertrofiam a dependência.

Em certas instituições é possível observar esse tipo de liderança, em que os princípios do Ideal do Ego — os éticos, estéticos e jurídicos — estão conluiados e depositados na pessoa do líder narcisista. Nos casos exagerados, a submissão ou a rebelião (muitas vezes com a formação de dissidências) se constituem como os extremos que os liderados utilizam para enfrentar essa situação.

Creio ser importante chamar a atenção para o fato de que comumente a liderança autocrática aparenta ser mais violenta do que a narcisística (a palavra violência se origina do étimo latino *vis*, que significa força, como em "vigor", e alude a uma má utilização dessa força). Há, no entanto, um equívoco nessa apreciação, pois, se olharmos mais atentamente, vamos perceber que, em uma instituição como de ensino-formação, por exemplo, o líder autoritário impõe de forma aberta a sua ideologia, mas não tira a capacidade de pensar dos seus alunos, enquanto o líder narcisista aparentemente não impõe, porém, através da fascinação e do emprego de imperativos categóricos que modelam e definem as suas expectativas (Ideal do Ego), ele deslumbra, isto é, ele alimenta bem o aluno, ao mesmo tempo em que o cega e infantiliza (é interessante registrar que o termo "aluno" é derivado de *alere*, que significa "ser alimentado").

Essas últimas considerações adquirem uma especial significação nas grupoterapias, pelo fato de não ser raro que o seu líder natural — o grupoterapeuta —, ao invés de propiciar uma atmosfera de indagação, contestação, reflexão e exercício de liderança para todos, possa estar mantendo os pacientes de um grupo unidos por uma fascinação narcísica veiculada por uma atitude sedutora e belas interpretações. Daí, é possível que, embora todos os participantes do grupo estejam satisfeitos e gratificados, haja o risco de que o processo analítico propriamente dito esteja esterilizado.

Esse tipo de liderança narcisista pode adquirir uma forma de *perversão* dos princípios éticos e de corrupção dos objetivos manifestamente propostos, como pode ser exemplificado com a situação na política brasileira, como todos estão bem lembrados, na época do presidente Collor, por meio do seu alter-Ego, na pessoa de P. C. Farias.

Depreende-se daí que o conceito de liderar não é o mesmo que o de mandar (mas, sim, de co-mandar) e, da mesma forma, aceitar uma liderança não deve ser sinônimo de submissão ou de uma dependência em que não haja uma relativa autonomia por parte do liderado.

Uma outra forma de entender a complementaridade dos papéis em um grupo é a partir da concepção de que, assim como todo indivíduo se comporta como um grupo (de personagens internos), também qualquer grupo se comporta como uma individualidade. Dessa forma, se pensarmos em termos da teoria estrutural da mente, verificamos que parte dos componentes do grupo — terapeuta inclusive —, em forma alternante, pode estar representando as pulsões do Id, enquanto os outros representam as funções e capacidades do Ego, ou as críticas e proibições do Superego. O grupoterapeuta deve ficar especialmente atento para a possibilidade de que a totalidade do grupo deposite nele as capacidades do Ego, tais como as de perceber, pensar, sentir, saber e comunicar, enquanto os pacientes ficam esvaziados pela razão de que projetaram o melhor de suas capacidades no terapeuta, em torno de quem passam a gravitar.

Um seguro indicador de que uma grupoterapia está evoluindo exitosamente é a constatação de que esteja havendo uma alternância e modificação nos papéis desempenhados pelos membros, especialmente aqueles que se referem às lideranças.

CAPÍTULO 14

Enquadre *(Setting)* Grupal

O enquadre é conceituado como a soma de todos os procedimentos que organizam, normatizam e possibilitam o processo terapêutico. Assim, resulta de uma conjunção de regras, atitudes e combinações, como, por exemplo, o local, horários, número de sessões semanais, tempo de duração da sessão, férias, honorários, número de pacientes, se aberto ou fechado, etc.

Tudo isso se constitui como sendo "as regras do jogo", mas não o jogo propriamente dito. Contudo, não quer dizer que o *setting* se comporte como uma situação meramente passiva; pelo contrário, ele está sob uma contínua ameaça em vir a ser desvirtuado e serve como um cenário ativo da dinâmica do campo grupal, que resulta do impacto de constantes e múltiplas pressões de toda ordem.

O *setting*, por si mesmo, funciona como um importante fator terapêutico psicanalítico, pela criação de um espaço que possibilita ao analisando trazer os seus aspectos infantis no vínculo transferencial e, ao mesmo tempo, usar a sua parte adulta para ajudar o crescimento dessas partes infantis. Igualmente, o enquadre também age pelo modelo de um provável novo funcionamento parental, que consiste na criação, por parte do grupoterapeuta, de uma atmosfera de trabalho, ao mesmo tempo de muita firmeza (é diferente de rigidez) no indispensável cumprimento e preservação das combinações feitas com uma atitude de acolhimento, respeito e empatia.

O destaque que está sendo dado à participação do analista no *setting* e na situação psicanalítica visa a enfatizar que já vai longe o tempo em que ele se conduzia como um privilegiado observador neutro, atento unicamente para entender, descodificar e interpretar o "material" trazido pelo analisando; pelo contrário, hoje é consensual que a sua estrutura psíquica, ideologia psicanalítica, empatia, conteúdo e forma das interpretações contribuem, de forma decisiva, nos significados e nos rumos da análise. Isso está de acordo com o "princípio da incerteza", uma concepção de Heisenberg, que postulou o fato de que o observador muda a realidade observada conforme o seu estado mental durante uma determinada situação, a exemplo do que se passa na física subatômica, na qual uma mesma energia, em um dado momento, é "onda", e em outro é "partícula". Nesse contexto, analista e analisando fazem parte da realidade psíquica que está sendo observada e, portanto, ambos são agentes da modificação da realidade exterior à medida que modificam as respectivas realidades interiores.

FUNÇÕES DO *SETTING*

É útil insistir na afirmativa de que, uma vez instituído, *o setting deverá ser preservado ao máximo*, sendo que, diante da habitual pergunta: "Isso também vale com pacientes muito regredidos, como os psicóticos?", penso que uma resposta adequada é a de que essa recomendação vale principalmente para este tipo de pacientes. Isso se deve às razões de que, além das finalidades apontadas, também faz parte das funções do *setting:*

- Estabelecer o aporte da *realidade exterior,* com as suas inevitáveis privações e frustrações.
- Ajudar a definir a predominância do *princípio da realidade* sobre o do *prazer.*
- Prover a necessária *delimitação entre o "eu" e os "outros",* por meio da função de desfazer a especularidade e a gemelaridade típica destes pacientes.
- Auxiliar, a partir daí, a obtenção das capacidades *de diferenciação, separação* e *individuação.*
- Definir a noção dos *limites* e das *limitações* que provavelmente estão algo borradas pela influência da onipotência e onisciência próprias da "parte psicótica da personalidade" (Bion, 1967), sempre existente em qualquer paciente.
- Desfazer as fantasias do analisando, que sempre está em busca de *uma ilusória simetria* (uma mesma hierarquia de lugar e papéis) e de uma *similaridade* (ser igual nos valores, crenças e capacidades) com o analista.
- Reconhecer que é unicamente sofrendo as inevitáveis frustrações impostas pelo *setting,* desde que essas não sejam exageradamente excessivas ou escassas, que o analisando (tal como a criança no passado) pode desenvolver a *capacidade para simbolizar e pensar.*

Assim, a função mais nobre do *setting* consiste na criação de um *novo espaço* onde o analisando terá a oportunidade de reexperimentar com o seu analista a vivência de antigas e decisivamente marcantes experiências emocionais conflituosas que foram mal compreendidas, atendidas e significadas pelos pais do passado e, por conseguinte, mal solucionadas pela criança de ontem, que habita a mente do paciente adulto de hoje.

Levando-se em conta que virtualmente todo paciente é, pelo menos em parte, um indivíduo que passou toda a sua vida sujeitado a uma série de mandamentos, sob a forma de expectativas, ordens e ameaças, as quais um dia provieram do meio exterior, mas que agora estão sedimentadas no interior de seu psiquismo, acredito que dificilmente haverá uma experiência mais fascinante do que aquela em que ele está revivendo com o seu analista fortes emoções, os aspectos agressivodestrutivos incluídos, os resultados podendo ser bem diferentes daqueles que imaginava e aos quais já estava condicionado.

A importância disso decorre do fato de que, apesar de todos os sentimentos, atos e verbalizações significados pelo paciente como proibidos e perigosos, o *setting* mantém-se inalterado: o analista não está destruído, nem deprimido, tampouco está colérico, não revida, nem retalia, não apela para medicação e muito menos para uma hospitalização, não o encaminha para um outro terapeuta, sequer modificou o seu estado de humor habitual, e ainda se mostra compreensivo e o auxilia a dar um novo significado, uma nomeação, e propicia extrair um aprendizado da experiência que tão sofridamente reexperimentou.

O enquadre grupal varia muito com o nível do objetivo a que se propôs a grupoterapia e com o tipo de formação do grupoterapeuta. Contudo, seja qual for o caso, ele deve, sempre, preservar ao máximo a constância das combinações feitas.

Os principais elementos que devem ser levados em conta na configuração de um *setting* grupal são:

- Se é grupo homogêneo (uma mesma categoria diagnóstica, ou de idade, sexo, etc.) ou heterogêneo (comporta variações no tipo e grau da doença; agrupa homens e mulheres; um mesmo grupo pode abarcar pacientes de 20 a 60 anos, etc.).
- Se é grupo fechado (uma vez composto o grupo, não entra mais ninguém) ou aberto (sempre que houver vaga, podem ser admitidos novos membros).
- Número de participantes: pode variar desde um pequeno grupo com três participantes (ou dois no caso de terapia de casal) até um grande grupo, com 15 pessoas.
- Número de sessões: varia de uma a três por semana.
- Tempo de duração da sessão: em média, costuma ser de 60 minutos quando são duas sessões semanais, ou de 90 a 120 minutos quando for uma por semana. Nos grupos denominados "maratona", os encontros se estendem, de forma contínua, durante 12 a 72 horas.
- Tempo de duração da grupoterapia: tanto pode haver uma combinação de um prazo para término (como em grupos fechados, ou em grupos que, mesmo abertos, têm um propósito bem delimitado, mais próprios de instituições), como pode ser de duração indefinida (como nos grupos analíticos, abertos).
- Simultaneidade com outros tratamentos: alguns grupoterapeutas preconizam uma simultaneidade de tratamento grupal e individual, enquanto outros são radicalmente contra este procedimento.
- Participação, ou não, de um observador ou de um co-terapeuta: tanto uma como outra orientação têm vantagens e desvantagens.

Vale destacarmos mais dois elementos que estão implícitos na composição de um *setting* grupal. Um se refere ao grau de ansiedade em que o grupo trabalha: a grupoterapia não se desenvolve se, no campo grupal, a ansiedade for inexistente ou excessiva. O outro elemento inerente ao *setting* é o que podemos denominar como "atmosfera grupal". Esta depende basicamente da atitude afetiva interna do grupoterapeuta, do seu estilo pessoal de trabalhar, dos parâmetros teórico-técnicos.

Em relação a este último aspecto, é útil lembrarmos que as clássicas regras técnicas da psicanálise individual, legadas por Freud, que devem ser mantidas na grupoterapia analítica, são as da: livre associação de idéias (conhecida como "regra fundamental"), abstinência, neutralidade, atenção flutuante. A estas quatro regras explícitas deve ser acrescentada uma quinta, implícita em Freud: a regra do amor à verdade. Além destas, uma sexta regra é fundamental nas grupoterapias: a do sigilo, sem o qual o grupo perde a coesão e a confiabilidade.

REGRA DA LIVRE ASSOCIAÇÃO DE IDÉIAS: FENÔMENO DA RESSONÂNCIA

Em seus primeiros estudos sobre técnica psicanalítica, Freud postulou que o analisando deveria formalmente assumir o compromisso de "dizer tudo que lhe viesse à cabeça", e o psicanalista deveria incentivá-lo para tanto, mesmo que tivesse que usar de pressão. Isso constituía a regra da "livre associação de idéias", também conhecida como "regra fundamental".

Dois fatores contribuíram para modificar essa recomendação técnica. O primeiro é o fato de que a prática clínica evidenciou o quanto alguns pacientes podiam utilizar esta regra a serviço de suas resistências à análise. O segundo fator se refere às profundas modificações que estão ocorrendo relativamente à concepção de como cura a psicanálise, numa trajetória que vai desde a época pioneira, quando os psicanalistas procuravam (intelectualmente) descobrir os acontecimentos traumáticos reprimidos, até a época atual, em que a ênfase incide na interação (emocional) entre o paciente e o seu psicoterapeuta.

Atualmente, a expressão "livre associação de idéias" deve ser entendida como um direito em falar tudo o que quiser (ou não falar), antes do que uma obrigação formal, sendo que, além disso, o paciente deve ser estimulado para que ele próprio encontre os elos associativos entre o que diz e pensa, e sente e faz.

Em grupoterapias, mais especificamente, o relato de cada paciente sofre as inevitáveis restrições impostas pelo *setting* grupal, em que ocorre uma óbvia delimitação do tempo e do espaço de cada um para com os demais.

Assim, a regra da livre associação, no caso das grupoterapias, sofre alguma modificação no sentido de que o fluxo de pensamentos e os sentimentos partem livremente dos indivíduos, mas as cadeias associativas se processam num intercâmbio entre a totalidade grupal.

Há um fenômeno específico dos grupos, primeiramente descrito por Foulkes com o nome de "ressonância" e que, como o nome sugere, consiste em que, qual um jogo de diapasões acústicos, ou de bilhar, a comunicação que é trazida por um membro do grupo ressoa em um outro, o qual, por sua vez, vai transmitir um significado afetivo equivalente, ainda que, provavelmente, venha embutido numa narrativa de embalagem bem diferente, e assim por diante. A função do grupoterapeuta é a de discernir o tema comum do grupo.

REGRA DA NEUTRALIDADE

Esta regra, que implica na necessidade de o terapeuta manter-se neutro e não ficar envolvido na rede de emoções de seus pacientes, é a que sofre, em grupoterapia, o maior risco em vir a ser desvirtuada em razão da própria natureza do enquadre grupal com a sua multiplicidade de estímulos.

No entanto, é preciso deixar bem claro que o conceito atual de neutralidade não exige que o terapeuta se comporte (às vezes, por inibições fóbicas) unicamente como um mero espelho frio, ou como uma esfinge enigmática. Pelo contrário, a noção atual de uma atitude neutra por parte do analista valoriza que este mantenha um intercâmbio afetivo com os seus pacientes, desde que fique bem claro que não pode haver um comprometimento na preservação dos limites e da hierarquia do enquadre grupal. Da mesma forma, é importante o fato de que um terapeuta se deixar envolver emocionalmente em uma situação (empatia) não é a mesma coisa que ficar nela envolvido.

O cumprimento da regra da neutralidade adquire uma importância especial no enquadre grupoterápico, tendo em vista a alta possibilidade de que o terapeuta possa ter preferências por determinados componentes, ou certas idiossincrasias por outros, e, dessa forma, vir a "tomar partido", transgredindo a tão necessária neutralidade. Aliás, uma situação como essa é muito comum em uma terapia de casal, por exemplo, em que a dupla litigante costuma acionar o terapeuta a se definir para que este tome uma determinada posição, de natureza dissociada, pois requer que ele fique do lado de um, e contra o outro.

As eventualidades descritas podem ocorrer em função da possibilidade de o grupoterapeuta se identificar (introjetivamente) com alguns membros do grupo e/ou, da mesma forma, identificar (projetivamente) outros com os personagens do seu próprio mundo interno.

REGRA DA ABSTINÊNCIA

Freud formulou esta regra técnica preconizando a necessidade de que o analisando se abstivesse de tomar atitudes importantes em sua vida sem antes passar pelo crivo da análise. Da mesma forma, o terapeuta deve se abster de gratificar os pedidos provindos dos pacientes nos casos em que estes visam, sobretudo, à busca de gratificações externas, como uma forma de compensar as carências internas.

Em outras palavras, esta recomendação significa que a melhor maneira de um terapeuta atender às necessidades dos pacientes é entendendo o *como*, o *porquê* e, especialmente, o *para que* das mesmas.

Mais especificamente em relação às grupoterapias, é preciso dar um destaque especial à exigência — técnica e ética — de que os pacientes (e o grupoterapeuta) se abstenham de comentar com outras pessoas o que se passa dentro do grupo. É tão importante essa recomendação que ela até merece ser considerada como a "regra do sigilo".

No entanto, é útil esclarecer que a regra da abstinência não deve ser levada ao pé da letra. À medida que o grupo evolui, vai crescendo um clima de confiabilidade recíproca entre os pares, e o compromisso com o sigilo vai se impondo naturalmente, ao mesmo tempo que o intercâmbio afetivo entre eles vai se prolongando para fora das sessões. Assim, é muito freqüente que, no curso das grupoterapias, muitos dos seus componentes se reúnam "pós-grupo" e, da mesma forma, é igualmente comum que eles confraternizem socialmente, muitas vezes com a participação dos respectivos cônjuges, ou namorados, sem que isso afete a manutenção do enquadre grupal básico.

Muitas outras questões poderiam ser levantadas a respeito da preservação do *setting* e envolvendo diretamente a figura do grupoterapeuta: se ele pode ou não participar dos aludidos encontros sociais; qual é a sua forma de cumprimentar, ou de combinar e receber honorários; qual é a sua maneira de proceder em relação à entrada de um novo membro; a forma de ele se relacionar com o eventual co-terapeuta, e assim por diante.

Acreditamos que não se justifica responder separadamente a cada uma das inúmeras questões possíveis, até mesmo pela razão de que uma adequada preservação do *setting* pressupõe um certo grau de flexibilidade e de liberdade quanto ao estilo de trabalhar, próprio de cada um de nós.

REGRA DO AMOR À VERDADE

O objetivo maior de qualquer terapia analítica é o da aquisição de um pleno sentimento de liberdade interna. O caminho da liberdade passa, necessariamente, pelo da verdade, sendo que um não existe sem o outro.

Muitas vezes, a tomada de conhecimento de verdades intoleráveis, tanto as internas quanto as externas, é um processo altamente penoso, sendo que toda pessoa, em maior ou menor grau, lança mão de recursos defensivos baseados na negação.

Nesse particular, uma grupoterapia apresenta algumas vantagens e desvantagens em relação à terapia individual. A desvantagem é que a situação grupal pode favorecer que um indivíduo oculte o seu lado oculto, limitando-se a ir "na carona" dos demais. A vantagem acessória que uma grupoterapia tem em relação a um tratamento individual consiste no fato de que os participantes de um grupo, em forma complementar, desvelam uns aos outros, às vezes sob uma sadia pressão coletiva, certas verdades que teimam em permanecer sonegadas.

Para que se estabeleça o clima de franqueza, verdade e liberdade em cada um e em todos do grupo, é imprescindível que a pauta dessa atitude se alicerce na veracidade e na autenticidade do grupoterapeuta, pela categórica razão de que este se constitui como um novo e importante modelo de identificação.

REGRA DO SIGILO

Creio não ser um exagero afirmar que a "regra do sigilo" é fundamental para o bom andamento de uma grupoterapia analítica, porquanto, em caso contrário, se um ou mais pacientes não tiverem a condição mínima de "conterem" as suas próprias angústias despertadas no andamento do grupo e, como uma forma de *atuação,* as extravasarem para fora, para pessoas que nada têm a ver com o seu grupo terapêutico, este grupo estará certamente destinado ao fracasso, tendo em vista que todos se sentirão ameaçados de virem a ser violados em seus segredos mais íntimos.

Muitos grupoterapeutas adotam a técnica de estabelecer claramente a obrigação do cumprimento dessa regra já desde o início do grupo, ou até mesmo nas entrevistas individuais por ocasião da seleção dos pacientes que comporão o grupo, enquanto outros preferem deixar a coisa mais livre, e analisar somente se e quando surgir alguma situação dessas.

Particularmente, eu penso que não adianta estabelecer essa regra no contrato sob forma de uma obrigação, porquanto muitos pacientes não conseguem cumpri-la, até porque esse *acting* deriva de uma forte carga ansiosa de origem inconsciente, sendo que essa quebra do compromisso assumido conscientemente por esse paciente gera um ocultamento no grupo do que ele faz ou diz lá fora, logo, uma perversão no uso da sinceridade e da verdade, além de um incremento de angústia e culpa. Entendo que a melhor forma de contornar o problema consiste em adotar um rigor na seleção, de modo a incluir como "contra-indicação" para grupoterapia aquele pretendente que nos passe a impressão de não reunir condições para manter sigilo daquilo que vier a se passar na intimidade do grupo. Juntamente com essa conduta de rigor seletivo, outro ponto essencial para prevenir a eventual quebra do sigilo consiste na capacidade de o grupoterapeuta perceber as angústias latentes de cada um e de todos no grupo, de modo a poder assinalar e interpretá-las, tendo em vista que todo *acting* sempre resulta como uma forma de "agir" tudo aquilo que não foi compreendido, nem lembrado, pensado e verbalizado.

Por outro lado, a preservação da "regra do sigilo" adquire uma relevância especial se os grupoterapeutas atentarem para o fato de que não existe nada mais denegridor para a valorização da imagem, confiabilidade, seriedade e eficiência das grupoterapias analíticas do que a constrangedora divulgação pública daquilo que deveria ser rigorosamente privativo, a ponto de isso se constituir como uma das causas do declínio da procura de tratamento pela grupoterapia analítica; pelo menos é assim que eu penso.

FUNÇÃO "CONTINENTE" DO *SETTING*

Um último e importante aspecto relativo ao campo grupal diz respeito à função de "continente" (ou *rêverie*), conforme a conceituação que Bion (1985) dá a estes termos, ou de *holding,* conforme Winnicott (Mello Filho, 1986). Pode-se dizer que o desenvolvimento de um grupo segue as mesmas etapas evolutivas de todo ser humano. Assim, a criança em seus primórdios evolutivos, por falta de maturação neuronal, não sente o seu corpo como uma unidade integrada. Antes, a criancinha se sente invadida por sensações parciais, difusas e indiferenciadas, que ela não sabe de onde procedem. A mesma coisa costuma ocorrer nos grupos, especialmente em seus inícios. É somente através das funções que uma mãe adequadamente boa exerce — de organizadora dessas sensações dispersas e de contenedora das angústias do filho — que a criança conseguirá atingir uma plena integração psíquico-corporal. Da mesma forma, qualquer grupo começa como um mero aglomerado de partes soltas (indivíduos) e sem coesão entre si, sendo que será unicamente através da função de sustenção e de continência do grupoterapeuta que o grupo poderá evoluir de um mero estado de afiliações individuais para uma situação de integração, pertencência e pertinência.

À medida que o grupo se integra, passa a ser um importante constituinte do enquadre grupal e cumpre a importante função de se comportar como um adequado continente das necessidades e angústias de cada um e de todos.

Em outras palavras: as pessoas têm grande necessidade de buscar suportes sociais em outras pessoas, grupos e instituições. Estes suportes sociais, quando coesos, possibilitam a formação de dois aspectos importantes ao indivíduo: o primeiro é que ele sinta que pode ser cuidado, amado e valorizado; e o segundo é que o indivíduo é contido, delimitado em seu espaço, em suas responsabilidades e em sua participação nos processos de comunicação interpessoal. Tudo isso concorre para que ele vá se sentindo individualizado, diferenciado dos demais e socialmente integrado, ou seja, vai estruturando o seu sentimento de identidade individual, grupal e social.

EXEMPLO CLÍNICO (Nº 3)

A transcrição da vinheta que segue pode servir de exemplo de como se processa o fenômeno da ressonância grupal. A presente sessão segue-se a um período crítico do grupo, desde que o último reajuste de honorários foi considerado excessivo, sendo que, além disso (ou por causa disso), houve a recente desistência de um membro.

Álvaro: Conversei com o R (é um paciente de um outro grupo do mesmo terapeuta). Fiquei muito desesperançado, porque ele me fez comentários muito negativos a respeito do nosso doutor (dá alguns detalhes).

Berta: (ao responder, de forma irritada, à pergunta de por que, fora de seus hábitos, ela está com óculos escuros) Não estou com nenhum problema nos olhos. Os óculos negros são para me proteger da luz forte que vem da janela, porque até agora o doutor não providenciou uma cortina para nós.

Célia: Pois eu estou impressionada é com coisas mais sérias, como é o fato que eu fiquei sabendo ontem, do suicídio de um psiquiatra. Que horror, que coisa mais louca, logo um psiquiatra...

Álvaro: (após o grupo ter discutido a informação de Célia) Além de tudo de ruim que está acontecendo, minha mulher deu agora para manifestar uma repulsa por qualquer aproximação que tento fazer com ela.

Dina: Eu tenho o mesmo problema em relação ao Z (seu companheiro). Ele parece muito amoroso comigo, então me encho de entusiasmo, e ele volta a desaparecer por um longo tempo (dá detalhes).

Ernesto: (em tom indignado, faz um comovido discurso contra a passividade de Dina que se deixa usar e abusar pelo amante.)

A sessão prossegue neste diapasão até o seu final, com o grupoterapeuta sentindo-se "perdido em meio a um caos, com assuntos tão diferentes, sendo que nenhum deles tinha relação com os outros".

Comentários

Durante a supervisão dessa sessão, foi possível constatar que o caos era só aparente, e o que faltou foi uma compreensão mais clara, por parte do grupoterapeuta, do que se passava na *gestalt* grupal, que lhe possibilitasse exercer uma função interpretativa, que viria a promover um importante *insight,* seguido de um movimento de integração e de unidade coerente entre as idéias de cada um.

De fato, não é difícil perceber que há uma clara ressonância entre o que se passava no nível pré-consciente de todos eles. Álvaro abre a sessão atacando (indiretamente) o terapeuta e se dizendo desesperançado (com o mesmo). Berta reforça o protesto, aludindo à falta de cuidados protetores do terapeuta contra "a luz demasiado forte" (os fatos precedentes a essa sessão, e que o grupo está considerando como fortes demais). Célia, como que seguindo um mesmo fluxo associativo, mostra um receio de que o grupoterapeuta (o psiquiatra de seu relato) seja frágil, que não agüente a carga agressiva, e que se "suicide" (morra junto com a morte do grupo). Álvaro, quando associa que a sua mulher repudia suas tentativas de aproximação, está reiterando a sua mensagem de que o grupo tenta uma aproximação com o terapeuta, porém sente um repúdio deste (é como eles estão significando o reajuste). A ressonância prossegue e atinge o seu clímax com o protesto indignado de Ernesto, que complementa o dos demais, em relação à pessoa do terapeuta, com quem estão revivendo — transferencialmente (e contratransferencialmente) — as antigas e profundas queixas de cada um deles, diante de um pai ou mãe que, ao mesmo tempo que os cuidou e amou (como no relato de Dina), também os maltratou e abandonou.

CAPÍTULO 15

Resistência

Em todos os textos de Freud referentes às técnicas analíticas, a *resistência* foi o seu tema dominante, e ele sempre postulou que o êxito de um tratamento corresponde à resolução das diversas formas de como a mesma se manifesta. A resistência costuma ser definida como tudo o que, no decorrer do tratamento analítico, nos atos e palavras do analisando, se opõe ao acesso deste ao seu inconsciente.

O fenômeno resistência, desde os primórdios da psicanálise até os dias de hoje, tem sido estudado profundamente em sua teoria e prática, sendo que, nos primeiros tempos, de acordo com Freud, ele era entendido como sendo unicamente um processo de oposição ativa (a palavra empregada por Freud foi *widerstand;* no original alemão, *wider* quer dizer *contra*), enquanto que, atualmente, a resistência também caracteriza uma forma de como o Ego do indivíduo funciona. Dessa forma, o surgimento do fenômeno resistencial em qualquer processo terapêutico tanto pode ser obstrutivo ao mesmo, como se constituir em sua verdadeira essência, pela razão de que a resistência está dramatizando as forças vivas que o indivíduo lançou mão a fim de sobreviver ante as angústias terríveis que o assolavam. (A etimologia confirma isso: o termo resistência se compõe de "re" [de novo, mais uma vez] e de "sistere" [continuar a existir], ou seja, indica uma forma, às vezes desesperada, de busca por uma sobrevivência psíquica. O contrário disso, ou seja, a *de-sistência,* é que seria funesto.)

São múltiplas as causas e as formas das resistências que surgem nas grupoterapias.

FORMAS DE APARECIMENTO

A experiência clínica comprova que as manifestações resistenciais mais comuns, quer por parte dos indivíduos isoladamente, quer por parte da totalidade grupal, costumam ser as seguintes:

- Atrasos e faltas reiteradas.
- Tentativas de alterar as combinações do *setting* (por exemplo: continuados pedidos por mudanças de horários, telefonemas, pedidos por sessões individuais, etc.).

FUNDAMENTOS BÁSICOS DAS GRUPOTERAPIAS **153**

- Prejuízo da comunicação verbal através de silêncios excessivos, de reticências, ou, ao contrário, uma prolixidade inútil.
- Ênfase excessiva em relatos da realidade exterior com o rechaço sistemático da atividade interpretativa dirigida ao inconsciente.
- Manutenção de segredos: isto tanto por parte de indivíduos em relação às confidências que fizeram ao terapeuta, mas que sonegam ao restante do grupo, como do grupo todo em relação ao terapeuta, sobre o que eles falaram entre si, fora do enquadre grupal.
- Excessiva intelectualização.
- Um acordo, inconsciente, por parte de todos, em não abordar determinados assuntos angustiantes, como os de sexo ou morte, por exemplo.
- Complicações com o pagamento.
- Surgimento de um (ou mais de um) líder no papel de "sabotador".
- Uma sistemática tentativa de expulsão de qualquer elemento novo.
- Uma exagerada clivagem do grupo em subgrupos com características próprias, que rivalizam e pouco se comunicam entre si.

Causas do Surgimento

São múltiplas as razões que levam os indivíduos, ou os grupos, a resistirem inconscientemente à evolução de seu tratamento, apesar de que, conscientemente, possam nele estar sinceramente interessados e empenhados. Em linhas gerais, as causas determinantes da formação de resistências são as seguintes:

- Medo do surgimento do novo (especialmente quando há o predomínio de uma ansiedade paranóide).
- Medo da depressão (a ansiedade depressiva os leva a crer que vão se confrontar com um mundo interno destruído, sem possibilidade de reparação).
- Medo da regressão (de perder o controle das defesas neuróticas, obsessivas, por exemplo, e regredir a um descontrole psicótico).
- Medo da progressão (o progresso do paciente pode estar sendo proibido pelas culpas inconscientes que o acusam de "não-merecimento").
- Excessivo apego ao ilusório mundo simbiótico-narcisista.
- Evitação da humilhação e vergonha (de se reconhecer e ser reconhecido como alguém que não é, e nunca será, aquilo que crê ou aparenta ser).
- Predomínio de uma inveja excessiva (não concedem ao terapeuta o "gostinho" de ser bem-sucedido).
- Manutenção da "ilusão grupal" (denominação que Didier Anzieu deu a um fenômeno específico dos grupos, e que se manifesta sob a forma de "nosso grupo está sempre ótimo", "ninguém é melhor do que nós", etc.).
- Por último, a resistência do grupo pode estar expressando uma — sadia — resposta às possíveis inadequações do grupoterapeuta.

PACIENTES MONOPOLIZADORES E SILENCIOSOS

Pelo menos seis tipos de pacientes merecem uma consideração mais alongada devido aos seus modos peculiares de manifestar a atitude resistencial no tratamento grupoterápico.

O Paciente Monopolizador

O paciente *monopolizador* (Bach [1975] o denomina "o monopolista crônico") diz respeito àquele indivíduo que tem uma necessidade compulsória de conseguir concentrar toda a atenção do grupo sobre si próprio e, com isso, a evolução normal de uma grupoterapia pode vir a ficar muito truncada.

São muito distintas as formas pelas quais os pacientes podem funcionar como monopolizadores, sendo que, geralmente, todos têm em comum uma estrutura fortemente narcisística e, por essa razão, uma extrema dificuldade em sair de uma relação diádica e partilhar em igualdade com os demais.

Assim, é possível que eles consigam manter o monopólio da atenção sobre si, através de algumas atitudes, tais como: um discurso rico e fascinante, uma conduta sedutora, um discurso prolixo e detalhista, uma conduta hipomaníaca, um excesso de *actings* preocupantes, uma postura cronicamente depressiva. Neste último caso, pode ocorrer que o grupo fique monopolizado devido a uma permanente preocupação com a desgraça de seu colega de tratamento e pelos sérios riscos (de suicídio, por exemplo) que ele desperta em todos.

É importante que o grupoterapeuta consiga detectar as reações contratransferenciais que esse tipo de paciente desperta nele e nos demais, pois tais reações costumam ser muito fortes e podem se constituir como resistências obstrutivas. Por exemplo: diante de um "irmão de grupo" muito deprimido e que, por isso, não consegue (ou, inconscientemente, não quer) progredir, não é improvável que, por uma solidariedade de raízes inconscientes, o grupo resista a fazer mudanças no sentido de cura e de sucesso.

Um outro exemplo de monopolizador pode ser reconhecido no paciente do exemplo nº 1 (Ênio), que foi utilizado para ilustrar a dinâmica de uma primeira sessão de grupoterapia analítica.

O Paciente Silencioso

O paciente *silencioso* tem sido objeto de muitas discussões entre os grupoterapeutas, sendo que inúmeros trabalhos abordam essa situação sob ângulos diversos.

Em linhas gerais, vale reiterarmos que é necessário discriminar entre as distintas causas e formas de atitude silenciosa, tanto nos pacientes em que esta é permanente, como naqueles em que é transitória.

Dessa forma, um paciente em grupoterapia pode-se manifestar como silencioso por uma das seguintes razões:

- Severas inibições de natureza fóbica ou esquizóide (o que não invalida, no entanto, a possibilidade de que, mesmo silencioso, ele se mantenha bem atento, interessado e com boa integração na tarefa grupal).
- Ele tem necessidade de um longo período para "observar" o funcionamento do grupo, até desenvolver uma confiabilidade nos demais.
- A possibilidade de que, através do silêncio, ele seja, de fato, um monopolizador.
- O silêncio esteja expressando uma atitude hostil, tanto de desafio como de indiferença e desdém por todos.
- A probabilidade mais comum é que a atitude silenciosa esteja traduzindo uma forma de resistência que lhe sirva de proteção contra o acesso a sentimentos que ele não quer (não pode) reconhecer, remexer e, muito menos, compartir com os pares.
- A possibilidade de que ele esteja sendo um porta-voz da resistência dos demais.

- A possibilidade de que ele esteja assumindo um papel que o restante do grupo lhe deposita: o de "ficar bem quietinho em seu canto e não se meter a besta" (como foi possível detectar em um grupo com relação ao membro "caçula").

O risco contratransferencial é que este tipo de paciente caia no "esquecimento" dos demais e, sem abandonar o grupo, nele fique marginalizado.

Uma recomendação técnica nesses casos é que o grupoterapeuta, sem forçar ou coagir a participação verbal do paciente silencioso, deve, no entanto, sempre incluí-lo no contexto das interpretações.

O Paciente Desviador de Assuntos

O paciente *desviador de assuntos*. Como o nome diz, trata-se de um tipo de paciente que "capta" o risco de certos aspectos ansiogênicos e consegue dar um jeito de mudar para assuntos mais amenos, embora interessantes.

O Paciente Atuador

Como sabemos, as atuações substituem a desrepressão de reminiscências, a verbalização de desejos e conflitos, e o *pensar* as experiências emocionais; por essa razão, tanto no caso de o indivíduo estar atuando pelos demais, ou se tratar de um *acting* coletivo, representa uma importante forma de resistência.

O Paciente Sabotador

À moda de um líder negativo, através de inúmeras maneiras, um indivíduo pode tentar impedir que um grupo cresça exitosamente e que os seus componentes façam verdadeiras mudanças, pois ele se revela como um pseudocolaborador e prefere as pseudo-adaptações.

O Paciente Ambíguo

Trata-se de paciente que apresenta contradição em seus núcleos de identidade, por isso maneja os seus problemas com técnicas psicopáticas, gerando uma confusão nos demais, ao mesmo tempo em que aparenta estar bem integrado no grupo. Uma outra característica desse tipo de paciente, especialmente quando for excessiva a sua parte narcisística, é que ele costuma funcionar como um *pseudocolaborador.*

Manejo Técnico

Como antes referido, é de fundamental importância a adequada compreensão e o manejo das resistências que, inevitavelmente, surgem em qualquer campo grupal; caso contrário, o grupo vai desembocar em desistências ou numa estagnação em impasses terapêuticos.

O primeiro passo é a necessidade de que o grupoterapeuta saiba fazer a discriminação entre as resistências que são de obstrução sistemática e as que simplesmente são reveladoras de uma maneira de se proteger e funcionar na vida.

A segunda discriminação que ele deve fazer é se a resistência é da totalidade grupal, ou se é por parte de um subgrupo, ou de um determinado indivíduo, em cujo caso há duas possibilidades: ou o indivíduo está resistindo ao grupo, ou ele é um representante da resistência deste.

O terceiro passo do terapeuta é o de reconhecer — e assinalar ao grupo — o que está sendo resistido, por quem, como e para que isso está se processando.

O quarto passo é que o coordenador do grupo procure ter claro para si qual a sua participação nesse processamento resistencial, e isso nos remete ao capítulo seguinte.

CAPÍTULO 16

Contra-Resistência

Na literatura especializada, a expressão *contra-resistência* não costuma ser usualmente empregada, embora o surgimento deste fenômeno seja de alta relevância em qualquer processo terapêutico.

Essa afirmação parte da premissa que norteia a ideologia deste livro, ou seja, a de que qualquer terapia não deve ser encarada como uma simples descoberta e resolução dos conflitos instintivos centrados unicamente na pessoa do paciente; antes, ela repousa no vínculo interacional no qual terapeuta e pacientes intercambiam emoções.

A partir deste ponto de vista, impõe-se a necessidade de fazermos a diferença entre o que é contra-resistência — caso em que são as resistências do indivíduo, ou do grupo, que mobilizam o terapeuta a uma resposta análoga — e o que é a resistência provinda do próprio terapeuta, e por cujo surgimento ele é o único responsável.

Em princípio, todas as formas de manifestações resistenciais que descrevemos nos pacientes em terapia podem estar presentes na pessoa do terapeuta. No campo grupal, este fenômeno adquire uma maior complexidade, pelo fato de que o coordenador de qualquer grupo pode estabelecer conluios com um determinado indivíduo, com uma parte subgrupal ou com a totalidade grupal.

Um dos sinais indicadores de que o terapeuta e o seu grupo podem estar funcionando em bases resistenciais é quando estiver havendo sucessivas e excessivas modificações do enquadre grupal.

Outro sinalizador é uma estagnação no crescimento dos objetivos propostos, apesar de que aparentemente tudo esteja correndo "muito bem". Esse bloqueio resistencial é difícil de ser desfeito pela forte razão de que os pontos cegos, de todos, mas especialmente do terapeuta, impedem que sejam percebidos e logo trabalhados. Vai se fortalecendo a resistência do tipo "faz-de-conta-que...".

Ainda um terceiro sinal de um conluio resistencial às mudanças é quando há uma rígida imutabilidade no desempenho dos papéis de cada um.

Comumente as resistências do grupoterapeuta se manifestam nos seguintes modos:

- Interpretações intelectualizadas, embora belas e fascinantes.
- Atitude de procurar abafar de imediato as manifestações — cuja verbalização seria muito útil —, tanto as de agressividade entre os elementos do grupo (às vezes sob a forma de verdadeiras brigas verbais) como as de natureza erótica.
- O terapeuta nunca assume a sua responsabilidade, mesmo nos casos em que há uma amotinação do grupo todo.
- Intolerância aos silêncios (os quais, como sabemos, por vezes podem estar sendo necessários e elaborativos), bem como a outras manifestações de resistência transitória.
- Não-reconhecimento de microssinais de que estão se processando significativas modificações e progressos pela razão de que estes últimos podem aparecer sob uma forma agressiva ou de *actings*.

No entanto, fora de dúvidas, o aspecto contra-resistencial mais importante é o que diz respeito à formação de conluios inconscientes (aos conscientes, é melhor chamá-los de "pactos corruptos") entre o grupoterapeuta e uma parte, ou mesmo a totalidade grupal.

Desses conluios resistenciais é inconteste que o mais comum é o que se estabelece com a finalidade de impedir que surja qualquer manifestação que ameace a paz e o bem-estar aparente de todos. Nestes casos, o grupoterapeuta dá visíveis demonstrações de uma intolerância às tentativas de críticas ou de ataques a seu suposto saber e, em troca, ele também escotomiza a presença e os sentimentos inaceitáveis dentro de cada um deles, e entre eles, e assim todos ficam satisfeitos e gratificados... Pena que todo esse sucesso não passe de uma ilusão do ponto de vista de mudanças analíticas.

Por último, deve ser destacado o importante fato de que, se o grupoterapeuta tem uma determinada resistência, a tendência é de que o grupo todo vai se identificar com a mesma.

Assim, se o terapeuta não estiver em condições de suportar e conter a livre manifestação de uma forte carga ansiogênica de agressão e/ou de erotismo, ele manifestará uma resistência propriamente sua, às vezes bem disfarçada pelo uso de "interpretações" prematuras e apaziguadoras e que estão a serviço de uma ação repressora.

Nestes casos, nada raros, vai ocorrer que essa reação contra-resistencial do grupoterapeuta impedirá uma importante experiência que cada um e todos do grupo deveriam ter tido: a de que eles pudessem comprovar que não são perigosos como sempre se imaginaram e nem que os outros sejam tão frágeis. Da mesma forma, a evitação contra-resistencial do terapeuta contra a irrupção da agressão impedirá que os pacientes tenham a oportunidade de exercitar a importante capacidade de fazer reparações verdadeiras.

EXEMPLO CLÍNICO (Nº 3)

A sessão que ilustrou o fenômeno de ressonância grupal (exemplo nº 3, no Capítulo 14) também é adequada para exemplificar a manifestação do fenômeno contra-resistencial nas grupoterapias.

Assim, podemos perceber, no exemplo, que a grupoterapeuta, ao mobilizar uma resistência inconsciente contra uma percepção de que ela estava sendo alvo de fortes ataques indiretos à sua pessoa, impediu a si mesma de conceber e formular qualquer tipo de interpretação que pudesse funcionar como integradora e aliviadora do caos que estava instalado no grupo.

Em casos como esse, a persistir o bloqueio contra-resistencial do terapeuta, três alternativas podem ocorrer quanto à evolução da grupoterapia.

A primeira é a de que as mensagens verbais provindas dos pacientes — indiretas e codificadas porque sofrem a camuflagem de suas próprias resistências, contra a percepção de sentimentos difíceis (no caso exposto, são de natureza agressiva) — persistam enquanto não houver uma clara compreensão e interpretação por parte do terapeuta. Nessa hipótese, haverá uma escalada crescente desse tipo de manifestações por parte dos pacientes, o que pode desembocar na desistência de alguns membros, ou até mesmo na eventualidade de uma dissolução do grupo.

A segunda possibilidade é a de que alguns participantes do grupo comecem a prática de *actings* — muitas vezes, de natureza maligna —, os quais estariam expressando, nessa modalidade de linguagem não-verbal, os mesmos sentimentos que não foram entendidos e decodificados quando ensaiaram a linguagem verbal.

A terceira alternativa é a de que o terapeuta assuma as rédeas da situação por meio de uma atitude imperativa, com a "aceitação" da mesma por parte dos pacientes, dando uma falsa impressão de que tudo se acalmou e voltou ao normal. Esta última possibilidade pode estar configurando um conluio resistencial/contra-resistencial inconsciente, do tipo "submetedor x submetidos".

MANEJO DAS RESISTÊNCIAS E CONTRA-RESISTÊNCIA

O melhor instrumento técnico que um grupoterapeuta pode ter para enfrentar as resistências que surgem no campo grupal é uma clara idéia da função que elas estão representando para um determinado momento da dinâmica psíquica do seu grupo. Assim, uma primeira observação que se impõe é a que diz respeito à necessidade de ele discriminar entre as resistências inconscientes que, de fato, são obstrutivas e que visam a impedir a livre evolução exitosa do grupo, e aquelas que são bem-vindas ao campo grupal, porquanto dão uma clara amostragem de como o *self* de cada um e de todos aprendeu a se defender na vida, contra o risco de serem humilhados, abandonados, mal-entendidos, etc.

Da mesma forma, é útil que o grupoterapeuta possa reconhecer contra quais ansiedades emergentes no grupo uma determinada resistência se organiza: ela é de natureza *paranóide* (medo da situação nova, de não ser *reconhecido* como um igual aos outros e de não ser aceito por esses, do risco de vir a passar por vergonhas e humilhações, de vir a ser desmascarado, etc.), ou é de natureza *depressiva?* (No caso de uma grupoterapia psicanalítica, é comum surgir o medo de enfrentar o respectivo quinhão de responsabilidades, eventuais culpas e o medo de confrontar-se com um mundo interno destruído e sem possibilidade de fazer reparações, o temor de ter que renunciar ao mundo das ilusões narcisísticas, etc.).

Vale acrescentar mais duas observações: a primeira é a possibilidade de que a resistência do grupo possa estar significando uma natural, e até sadia, reação contra as possíveis inadequações do grupoterapeuta na sua forma de conceber e de conduzir o grupo. A segunda, igualmente importante, diz respeito à possibilidade de que, a partir de uma equivalente contra-resistência do grupoterapeuta, forme-se um — inconsciente — "conluio resistencial" entre ele e os demais componentes do grupo, dirigido contra o desenvolvimento de certos aspectos da tarefa na qual estão trabalhando.

CAPÍTULO 17

Transferência

É de consenso entre os psicoterapeutas que o fenômeno essencial em que se baseia o processo de qualquer terapia analítica é o da transferência, termo que, embora empregado no singular, deve ser entendido como um substantivo coletivo, ou seja, como uma abreviação de múltiplas e variadas reações transferenciais.

O fenômeno transferencial foi estudado pela primeira vez por Freud, que o concebeu como uma forma de resistência que atrapalharia o bom andamento do processo analítico, sendo este até então concebido como de natureza eminentemente investigatória. Posteriormente, o próprio Freud veio a reconhecer o valor essencial do que denominou "neurose de transferência", vindo a considerá-la como resultante de "reimpressões e novas edições" de antigas experiências traumáticas psíquicas.

Melanie Klein redimensionou o conceito de transferência ao introduzir a noção de modelos inconscientes de relações objetais primitivas. A base relacional paciente-analista se constituiria através da repetição de protótipos de imagos (palavra que, em grego, quer dizer cópia, *double*), as quais se processam através do que a autora conceituou como "identificações projetivas", e cuja matriz está na primitiva união criança-mãe.

Atualmente, acredita-se que, no processo terápico, há transferência em tudo, mas nem tudo deve ser entendido e trabalhado como sendo transferência. Assim, há controvérsias acerca da concepção de qual é o papel do terapeuta em tais situações. Para alguns autores, ele não é mais do que uma mera figura transferencial modelada pelas identificações projetivas dos respectivos pacientes. Para outros, o terapeuta é também um objeto real, com valores e idiossincrasias próprias, e, como tal, ele virá a ser introjetado. Assim, cada vez mais, expressões como "a pessoa real do analista" e "aliança terapêutica" estão ganhando espaço nos trabalhos sobre transferência. Da mesma forma, vem ganhando força o ponto de vista de autores que crêem que a atitude do analista é em grande parte responsável pelo tipo de resposta transferencial do paciente.

Para uma compreensão mais profunda do fenômeno da transferência, é útil que façamos uma reflexão a partir desta questão: a transferência é meramente uma necessidade de repetição ou, antes, ela é a repetição de necessidades (não satisfeitas no passado)?

Habitualmente, em função de sua qualidade, as transferências são classificadas como "positivas" ou "negativas". No entanto, essas denominações não são plenamente adequadas pelo fato de conotarem um juízo de valores moralísticos. Ademais, sabemos que muitas transferências consideradas "positivas" não passam de conluios resistenciais, enquanto que outras manifestações transferenciais de aparência agressiva rotuladas de "negativas" podem ser positivas do ponto de vista terapêutico, desde que bem absorvidas, entendidas e manejadas. (Aliás, a etimologia da palavra "agredir" — *ad* (para a frente) + *gradior* (movimento) — mostra o aspecto sadio da agressividade quando ela for bem utilizada pelos indivíduos ou pelos grupos). Um exemplo comum deste último caso é o da contestação veemente, mas sadia, de um adolescente.

As transferências também costumam ser designadas pelo objeto interno a que elas aludem (transferência materna, paterna, fraterna, etc.), ou à fase evolutiva em que estão sendo reproduzidas (transferência simbiótica, oral, anal, etc.), ou a uma das instâncias da estrutura psíquica (transferência do Id, do Superego, etc.), ou ainda à categoria diagnóstica que lhes deu origem (transferência neurótica, psicótica, perversa, etc.). Um exemplo de "transferência do Id" seria o caso, por exemplo, em que um determinado paciente projeta em um outro colega, no terapeuta ou em todos do grupo uma pulsão instintiva que é somente sua, como, por exemplo, uma inveja, agressão, erotismo, medo, etc., enquanto um exemplo de "transferência do Superego" pode ser dado com a possibilidade bastante freqüente de que o grupoterapeuta possa ser visto, por alguns indivíduos ou pela totalidade do grupo, como se fosse uma reedição do pai tirano, ou de uma mãe frágil, insatisfeita, etc.

A tendência atual é a de considerar o fenômeno transferencial não tanto pelos afetos que veicula, mas muito mais pelos efeitos que produz nos outros, através do mecanismo conhecido como "contra-identificação projetiva" (Bion, 1963), quando ela se processa na pessoa do terapeuta. Essa contra-identificação projetiva irá se constituir como a essência do fenômeno contratransferencial.

TRANSFERÊNCIA NOS GRUPOS

Em qualquer campo grupal, seja terapêutico ou não, é inevitável que surjam manifestações transferenciais.

Nas grupoterapias, manifestam-se em quatro níveis: 1) de cada indivíduo em relação à figura central do grupoterapeuta (transferência parental); 2) do grupo como uma totalidade em relação a essa figura central (transferência grupal); 3) de cada indivíduo em relação a outro(s) determinado(s) indivíduo(s) (transferência fraternal); 4) de cada indivíduo em relação ao grupo como uma entidade abstrata (transferência de pertencência).

Esse esquema de subdivisão da transferência em quatro vetores é mais de ordem didática, porquanto, na realidade, todas elas se processam simultaneamente, embora haja momentos em que alguma prevaleça com maior nitidez.

Além disso, é preciso considerar um quinto vetor: o da extratransferência. Neste caso, o modelo transferencial de cada um, e que denota como é o inter-relacionamento objetal do seu mundo interno, se expressa através das experiências exteriores do cotidiano de suas vidas. Particularmente, em grupoterapia, cremos que a extratransferência deve ser muito valorizada e diretamente trabalhada, sem que seja necessário referi-la sistematicamente à figura central do terapeuta.

Em grupos, esta multiplicidade de vetores transferenciais constitui o que se costuma denominar "transferências cruzadas". Foulkes (Ribeiro, 1981) denomina como "matriz" esta rede de comunicação que é estabelecida com as várias transferências.

Podemos dizer que as diversas formas de atividades grupais se distinguem sobremaneira pela forma de como o coordenador do grupo compreende e maneja essas inevitáveis manifestações transferenciais. Assim, elas se constituem como o principal ponto de apoio na grupoterapia analítica, enquanto em um grupo operativo não-terapêutico, de ensino-aprendizagem, por exemplo, o coordenador nada fará para incrementar o surgimento das transferências e somente trabalhará com as mesmas se elas estiverem muito emergentes e num grau impeditivo do livre curso da tarefa grupal.

As manifestações transferenciais nas grupoterapias analíticas variam com o momento evolutivo do grupo. Dessa forma, no início de qualquer grupo surgem as transferências cruzadas que expressam as necessidades de amor e de dependência, ao mesmo tempo em que conservam uma natureza paranóide. Neste caso, é comum que o grupo fique dissociado em dois subgrupos: um que transfere os sentimentos de dependência, os quais se expressam através de mensagens de um futuro muito esperançoso e de propostas que visam a uma vinculação de natureza parasitário-simbiótica; e outro que se encarrega da transferência de sentimentos opostos, os quais se manifestam através de uma descrença e desesperança, assim como pelo temor paranóide de todos em virem a ser enganados, explorados, rechaçados e castigados.

À medida que o grupo progride, as transferências cruzadas vão se modificando tanto qualitativa como quantitativamente, porquanto ficam menos dramáticas e ruidosas, e vão adquirindo uma tonalidade de ordem mais depressiva, em que prevalece uma autêntica preocupação de cada um para com todos e vice-versa.

Uma clara demonstração disso pode ser aferida pela entrada de um elemento novo no grupo: nos primeiros tempos de uma grupoterapia, a reação transferencial do grupo pelo "nascimento de um irmãozinho" costuma provocar uma forte hostilidade a este, tanto sob uma forma de ignorá-lo completamente, ou intimidá-lo, ou, até, expulsá-lo. Nessa situação, os integrantes do grupo também atacam o terapeuta, para quem são transferidos os sentimentos de que ele se comportou como uma mãe irresponsável e indiferente com eles, ou como um pai que só quer saber de ganhar dinheiro, e assim por diante.

Este mesmo grupo, quando já mais amadurecido, costuma recepcionar elementos novos de forma confiante e procurando cercá-los de uma atmosfera de aceitação e empatia pela sua difícil situação.

Por outro lado, é útil destacarmos que a transferência grupal assume características algo diferentes do que se processa no tratamento individual.

Isso se deve a duas razões: uma é a de que a transferência no campo grupal procede de uma combinação de várias fontes; é mais impactuante e, conforme enfatiza Bion (1963), os participantes de um grupo têm mais facilidade para regredir a níveis psicóticos da personalidade.

Uma modalidade transferencial, que é exclusiva da terapia grupal, é aquela que R. Kaës denomina como *intertransferência*, a qual alude ao fato de que, quando o grupo funciona com mais de um grupoterapeuta, ou seja, numa forma bastante comum de co-terapia, costuma instalar-se não somente uma dissociação transferencial que os pacientes fazem, transferindo determinados aspectos para um deles e outros para o(a) outro(a), mas também costuma acontecer que os próprios terapeutas vivenciam emoções transferenciais recíprocas entre si.

Também é útil mencionar um tipo de transferência que tanto acontece na terapia psicanalítica individual como na grupal e que, com o nome de *transferência paradoxal,* dado por D. Anzieu, se refere àquela forma de transferência pela qual o(s) indivíduo(s) espera(m) uma ajuda do terapeuta, ao mesmo tempo em que o desqualifica(m) totalmente.

EXEMPLO

As vinhetas clínicas que antes foram utilizadas, nos exemplos 2 (Capítulo 11) e 3 (Capítulo 14), permitem perceber claramente a vigência de uma neurose transferencial, pela qual os pacientes do grupo estão revivendo, com a pessoa da terapeuta, os mesmos sentimentos que, no passado infantil, cada um deles sentiu em relação às respectivas figuras parentais que agora estão internalizadas.

Os referidos exemplos evidenciam que, devido a esse reviver transferencial, a grupoterapeuta está revestida de um papel de mãe que, ao mesmo tempo em que é admirada e necessitada, também é alvo de ataques agressivos, os quais surgem quando os pacientes (re)sentem que não estão sendo atendidos e entendidos.

Podemos concluir desta observação o quão importante é a função de um grupoterapeuta em poder reconhecer, conter e manejar uma transferência grupal negativa. Em caso contrário, ele sentir-se-á impotente e perdido em meio a uma sensação de caos e, por isso, correndo o risco de vir a tomar atitudes tirânicas, pseudofortes; ou o risco em vir a se mostrar depressivo, em uma demonstração de que foi frágil e vulnerável à agressão dos seus "filhos".

Ambas as hipóteses atestam a possibilidade de que um grupoterapeuta tenha uma deficiência relativa à importante capacidade de servir de continente às pulsões agressivas de seus pacientes, sendo que daí também decorre um sério prejuízo contratransferencial.

Devemos considerar, partindo do princípio de que qualquer relação terapêutica é sempre de ordem vincular interacional, que a transferência é indissociável da contratransferência, sendo que, neste livro, elas estão sendo abordadas em separado unicamente pela razão de um esquema didático de exposição.

MANEJO DOS ASPECTOS TRANSFERENCIAIS

Da mesma forma como foi referido em relação às resistências, é necessário frisar que, diante do inevitável surgimento de situações transferenciais, um manejo técnico adequado consiste em reconhecer e discriminar as suas distintas formas de aparecimento e de significação. Assim, cabe afirmar que o surgimento de um movimento transferencial está muito longe de representar que esteja havendo a instalação de uma "neurose de transferência", ou seja, é legítimo afirmar que, no campo grupal, inclusive no grupo-analítico, *há transferência em tudo, mas nem tudo é transferência a ser trabalhada.*

No campo grupal, as manifestações transferenciais adquirem uma complexidade maior do que no individual, porquanto nele surgem as assim denominadas "transferências cruzadas", que indicam a possibilidade da instalação de quatro tipos e níveis de transferência grupal: de cada indivíduo para com os seus pares; de cada um em relação à figura central do grupoterapeuta; de cada um para o grupo como uma totalidade; e do todo grupal em relação ao terapeuta.

Um aspecto que está adquirindo uma crescente importância técnica é o fato de os sentimentos transferenciais não representarem exclusivamente uma mera repetição de antigas experiências emocionais com figuras do passado: eles podem também estar refletindo novas experiências que estão sendo vivenciadas com a pessoa *real* do grupoterapeuta e de cada um dos demais.

Em relação aos sentimentos *contratransferenciais,* o importante é que o coordenador do grupo saiba que eles são de surgimento inevitável; que o segredo do êxito técnico consiste em não permitir que tais sentimentos despertados invadam a sua mente, de modo a se tornarem patogênicos; pelo contrário, a sua competência será medida pela sua capacidade de utilizar os sentimentos contratransferenciais como um instrumento de *empatia;* e que, finalmente, ele esteja atento para o risco de, inconscientemente, poder estar envolvido em algum tipo de conluio com o grupo, o qual pode ser de natureza sadomasoquista, de uma recíproca fascinação narcisista, etc.

CAPÍTULO 18

Contratransferência

Coube a Freud descrever, pela primeira vez, em 1910, a ocorrência do fenômeno contratransferencial na pessoa do analista, e ele o considerou, nos primeiros tempos, como um sério artefato prejudicial ao tratamento, e uma clara evidência de que o analista não estava bem analisado...

A partir do final da década de 40, P. Heiman (1956) e H. Racker (1960), separadamente, estudaram a contratransferência como um fenômeno de surgimento inevitável e que pode ser útil ao analista desde que bem compreendida e manejada. Para estes autores, a contratransferência se origina das cargas de identificações projetivas que o paciente deposita no terapeuta e que, por isso mesmo, podem se constituir para este como uma excelente bússola para a empatia e para a interpretação. Assim, o prefixo "contra" ganhou um claro significado de contraparte, ou seja, aquilo que o terapeuta sente é o que o paciente o fez sentir, porquanto constitui os sentimentos do mundo interior deste último. Baseados nesta concepção, muitos exageros e abusos têm sido cometidos, porque tudo o que o analista sentisse seria sempre da responsabilidade do paciente. Podemos dizer que a contratransferência, na literatura psicanalítica, passou da condição de cinderela desprezada para a de uma princesa no pedestal (Thoma & Kachele, 1989).

Assim, é indispensável que tenhamos bem claro a distinção entre o que é contratransferência propriamente dita, e o que é simplesmente a transferência própria da pessoa do terapeuta. Uma vez que o terapeuta tenha condições de fazer essa necessária discriminação, então, sim, ele pode utilizar os seus sentimentos contratransferenciais como um meio de entender que esses correspondem a uma forma de comunicação primitiva de sentimentos que o paciente não consegue reconhecer e, muito menos, verbalizar.

CONTRATRANSFERÊNCIA NOS GRUPOS

Da mesma forma como ocorre com a transferência, também a contratransferência se processa no campo grupal, em quatro níveis: 1) os sentimentos do grupoterapeuta em relação, separadamente, a cada um dos integrantes; 2) os sentimentos em relação ao grupo como uma totalidade gestáltica; 3) os sentimentos que determinados pacientes do grupo desenvolvem, e agem, em relação a cada um de seus pares; 4) os sentimentos de cada indivíduo em relação ao que o grupo, como uma totalidade abstrata, lhe desperta. São as contratransferências cruzadas, específicas do campo das grupoterapias.

No processo grupal, é importante que todos os componentes da grupoterapia desenvolvam a capacidade de reconhecimento dos próprios sentimentos contratransferenciais que os outros lhes despertam, assim como os que cada um desperta nos outros. Isso tem uma dupla finalidade: uma, a de auxiliar a importante função do Ego de cada indivíduo em discriminar entre o que é seu e o que é do outro; a segunda é a da necessidade, para o crescimento de cada pessoa, de que ela deve reconhecer, por mais penoso que isso seja, aquilo que ela desperta e "passa" para os outros.

A contratransferência resulta, essencialmente, das contra-identificações projetivas, razão pela qual — não é demais repisar — ela tanto pode servir como um instrumento de empatia (neste caso, costuma ser chamada de "contratransferência concordante",[1] como, ao contrário, para um reforço da patologia do paciente ("contratransferência complementar"). Essa última situação ocorre quando o terapeuta, ao invés de representar um novo modelo de identificação que possibilite uma abertura para as mudanças, se identifica com os antigos e rígidos valores parentais que foram projetados dentro dele. Assim, o terapeuta assume, complementa e age da mesma forma como os pais do paciente procederam com ele.

A conseqüência mais comum dessa complementação contratransferencial é a que aparece, disfarçadamente, sob a formação de inconscientes conluios transferenciais-contratransferenciais, sendo que, destes, o mais freqüente é, de longe, o que se estrutura sob o modelo de uma relação de poder. Assim, podemos afirmar que um vínculo terapêutico que se estrutura sob uma forma perdurável de idealização, muitas vezes no nível de uma fascinação, certamente revela a segura presença de elementos narcisísticos na pessoa do terapeuta, ao custo de um reforço da submissão e infantilização dos pacientes.

Sabemos o quanto é difícil desfazer certas parelhas relacionais quando as mesmas constituem um sistema que se alimenta a si mesmo, caso em que cada membro, mantendo as suas dissociações, é inseparável dos demais, com os quais forma uma unidade granítica. O conluio de complementação narcisística, em que terapeuta e pacientes se gratificam reciprocamente, muitas vezes encobre uma bem disfarçada relação sadomasoquista, pela qual um se apraz em ser o submetedor e os outros em serem os submetidos.

O grave inconveniente do conluio transferencial-contratransferencial baseado na idealização é que ele inibe o surgimento dos sentimentos agressivos, contidos na, assim chamada, transferência negativa, e, sem a análise da agressão e da agressividade,[2] um tratamento não pode ser considerado como completado.

EXEMPLO CLÍNICO (Nº 4)

Um grupoterapeuta procura uma supervisão pelo fato de estar se sentido "muito perdido e angustiado" diante do momento atual do seu grupo terapêutico. Traz o relato das duas últimas sessões.

Na primeira delas, a sessão é aberta por Ana (22 anos, solteira, franzina), que detalha o "jeito tarado" do seu pai (o qual é, de fato, um perverso grave), que passou todo o fim de semana submetendo-a a um constrangedor assédio sexual. No começo ela achou isso "engraçado", mas depois ficou enojada e assustada.

Todo o grupo acompanha o relato de Ana com muita atenção e com alguma ansiedade visível. A seguir, Bina lembra das "brincadeiras sexuais" que tivera com um seu irmão. O paciente Celso recorda que, desde guri, já nutria uma "tesão recolhida" por uma tia sedutora. Dora relata que esfriou o promissor namoro que vinha mantendo com R (o homem que a está cortejando e a quem ela admira muito) unicamente pela razão de ele ser bem mais velho do que ela. "É como se eu fosse transar com o meu pai", exclama Dora. O paciente Élson, que até então estava silencioso, pede a palavra e diz, de forma ansiosa, que finalmente resolveu contar o "segredo" que há muito tempo ele prometera que um dia contaria ao grupo: no dia em que a sua filha fez 15 anos, ele a achou muito bonita e, num gesto de um impulso inexplicável, ele tentou acariciar os seios dela. Sofreu um forte repúdio por parte da filha e, desde então, ele se acha um crápula e vive deprimido.

O tempo da sessão chegou ao término e o grupoterapeuta, conforme a sua conduta habitual, tentava dar ao grupo um compreensivo e integrativo "fecho final", mas não conseguiu dizer nada porque nada lhe ocorria, e se sentia algo assustado e perturbado.

A sessão seguinte seguiu um mesmo diapasão, acrescido de duas passagens significativas. A primeira destas é que Élson, à moda de uma testagem inconsciente, informou que veio ao grupo unicamente para se despedir, e que somente compareceu devido à insistência do terapeuta (de fato, no mesmo dia em que fez a "confissão" de seu segredo, ele telefonou aflito ao grupoterapeuta dizendo que não voltaria mais, porque tinha a certeza de que seria repudiado, e expulso, por todos do grupo).

A segunda foi a participação de Frida. Ela diz que se mantivera totalmente silenciosa na sessão anterior, ao mesmo tempo em que não conseguia parar de pensar em uma cena terrível acontecida em sua adolescência: ela tinha saído com um namorado e, ao chegar em casa tarde da noite, encontrou a mãe caída no chão e, em pânico, pensou que ela pudesse estar morta. Tão pronto a sua mãe se recuperou, começou a responsabilizar a filha pelo "ataque" que tivera e que o excesso de preocupações que Frida vinha lhe causando acabariam levando-a para o hospício ou para o cemitério.

Comentários

A leitura deste material clínico nos permite fazer as seguintes observações:

- A evidência do fenômeno de ressonância grupal, ou seja, o assunto trazido por um deles ressoou no inconsciente dos demais de tal forma que todas as outras comunicações seguiram uma nítida seqüência de complementação.
- A assunção de distintos papéis por parte de alguns membros do grupo. Assim, Ana representou a ameaça de uma irrupção da perversão, que está latente no inconsciente de cada um; Élson é um claro exemplo de angústia paranóide ("... vão me expulsar"); Frida é a porta-voz da angústia depressiva ("... por minha culpa, minha mãe quase morreu"); Dora representa o preço masoquista (boicote a uma boa ligação afetiva), devido ao temor e à culpa edípica.
- Os sentimentos contratransferenciais do grupoterapeuta se manifestam nitidamente através de uma mescla de sensações: tanto as de medo, como de ímpetos de partir para uma ação repressora (ele teve de conter a sua vontade para, logo de início, "ralhar e dar uma orientação de conduta para Ana", e assim mudar de assunto), e a de uma perplexidade e certa paralisia.
- Essa resposta contratransferencial é uma resultante das projeções, para dentro do terapeuta, de alguns dos personagens que habitam o mundo interno dos respectivos pacientes do grupo.

Assim, o grupoterapeuta ficou identificado com esses objetos internos como, por exemplo, com a mãe de Frida (ao ter ficado aturdido como esta), ou com o Superego de Élson (quando sentiu ímpetos de ralhar e acabar com o "abuso"), etc.

Podemos dizer que a contratransferência apresentada é do tipo "complementar" (corresponde ao que os autores norte-americanos chamam de contratransferência patológica) pelo fato de que o terapeuta, por ter se identificado com os objetos primitivos dos pacientes, acaba por complementar, isto é, reforçar os mesmos padrões de conduta destes. É importante consignarmos que a persistência desse tipo de contratransferência impossibilitará que os pacientes possam encontrar saídas novas para velhos problemas.

Com o auxílio da supervisão, o grupoterapeuta reconheceu os seus sentimentos contratransferenciais patogênicos, e isso propiciou que ele transformasse a contratransferência de tipo complementar em uma de tipo "concordante" (corresponde ao que os mesmos autores norte-americanos conceituam como "empatia"). Em outras palavras, o fato de perder o medo dos sentimentos que foram projetados para dentro dele possibilitou que o terapeuta pudesse utilizá-los como um instrumento de comunicação empática, sendo que isso foi confirmado pelas sessões que se sucederam.

NOTAS

[1] O termo "concordante" tem o inconveniente de ser ambíguo, porquanto pode sugerir que o terapeuta vá concordar (reforçar) as projeções nele colocadas. No entanto, mantemos este termo, a partir do significado que está contido em sua formação etimológica, composta do prefixo "con" (junto de) + "cordante", que, por sua vez, é um derivado do étimo latino "cor, cordis" (coração). Portanto, "concordante" deve ser entendido como uma *con-córdia,* uma empatia, de "coração a coração".

[2] É útil fazermos uma distinção entre agressão e agressividade. A primeira conota um significado destrutivo, enquanto a segunda designa uma significação construtiva, como a própria etimologia da palavra "agressividade" comprova. Assim, o verbo agredir se forma de "ad" (para a frente) + "gradior" (movimento).

CAPÍTULO 19

Comunicação

A importância do processo da comunicação[1] intra e intergrupal pode ser medida a partir do princípio de que *o grande mal da humanidade é o problema do mal-entendido*. Na imensa maioria das vezes, as pessoas pensam que se comunicam, mas, mesmo quando propõem um "diálogo", o que resulta são monólogos isolados, onde cada um não *escuta* (é diferente de ouvir) o outro, porquanto eles comumente estão mais interessados em que o outro aceite a sua tese.

As grupoterapias, mais do que o tratamento individual, propiciam o surgimento dos problemas de comunicação e, portanto, favorecem o reconhecimento e o tratamento dos seus costumeiros distúrbios.

A comunicação se processa a partir dos seguintes quatro elementos: o emissor, a mensagem, o canal e o receptor. Cada um deles, em separado ou em conjunto, pode sofrer um desvirtuamento patológico.

O EMISSOR

A primeira observação que deve ser feita é a de que falar não é o mesmo que comunicar. Assim, a fala tanto pode ser utilizada como instrumento essencial da comunicação, como, pelo contrário, pode estar a serviço da incomunicação.

Nas grupoterapias isso pode ser observado em pacientes que se encarregam da obstrução da comunicação de sentimentos inconscientes mais profundamente ocultos, através de um discurso que tanto pode ser intelectualizado como prolixo, ou desviador para relatos mais amenos. Uma outra maneira de um paciente incomunicar é pelo uso de mensagens dúbias, polêmicas ou até beligerantes, e assim por diante.

Por outro lado, é preciso considerar que o ato da comunicação verbal é indissociável da função de pensar, sendo que, de acordo com Bleger, o pensamento muitas vezes pode se formar como um sistema que se organiza, sistematicamente, "contra", ao invés de ser "com" ou "para" algo ou alguém. Da mesma forma, pode ocorrer que o que parece ser "pensar" não passa de uma mera "evacuação" (termo de Bion) de sensações, sob forma de palavras ou ações. Outras vezes, o pensamento não passa de um círculo vicioso e estereotipado. Todas essas possibilidades se refletem na patologia da emissão da comunicação.

Também deve ser considerado o fato de que todo emissor tem um estilo próprio de transmitir, o que, de modo geral, traduz a sua personalidade. Assim, pode-se reconhecer o estilo arrogante do narcisista; o detalhista e ambíguo do obsessivo; o dramático do histérico; o falacioso das personalidades "como se"; o evitativo do fóbico; o defensivo-litigante do paranóide; o superlativo do hipomaníaco; o autodepreciativo do deprimido; o fragmentado do psicótico; e assim por diante. O estilo pessoal do grupoterapeuta, quanto à forma de emissão de sua atividade interpretativa, vai ser mais detalhado no capítulo seguinte.

Uma interessante e costumeira ocorrência grupal é a de que, aos poucos, cada grupo vai adquirindo uma configuração peculiar, pelo fato de que a coesão propicia o desenvolvimento de uma caracterologia própria e um estilo peculiar de linguagem e de comunicação entre si.

A MENSAGEM

Se o conteúdo daquilo que deve ser emitido não estiver bem claro para o próprio emissor, o mais provável é que a comunicação fique truncada. Isso pode ser observado em qualquer grupo de trabalho no qual o próprio coordenador pode provocar um estado de comunicação caótica, nos casos em que a emissão da mensagem inicial quanto aos objetivos e esquema de trabalho tiver sido formulada de forma ambígua e pouco clara.

Uma outra situação que perturba a comunicação ocorre quando a mensagem emitida for, em si mesma, inaceitável, tanto por não corresponder às necessidades do grupo no momento, como também pela razão de que possa estar acima das capacidades das pessoas em cumpri-las, especialmente se elas foram transmitidas por um canal inadequado. Tal aspecto é muito importante no que se refere ao *timing* da interpretação.

Um importante aspecto relativo aos problemas da comunicação é o que foi estudado pela escola de Palo Alto (Califórnia), a qual destaca, entre outras, as seguintes modalidades patogênicas: a "mensagem paradoxal" (consiste na emissão de duplas mensagens, como, por exemplo, "eu te ordeno que tu não aceites ordens") e a "mensagem desqualificatória". Esta última consiste em negar o valor informativo da mensagem emitida pelo outro. Um exemplo pode ser o de uma mãe que, sistematicamente, banha o seu filho numa água muito quente e o qualifica de manhoso quando ele protesta e chora. Assim, esta mãe não só desqualifica a vivência sensorial de seu filho, como ainda o impregna com culpas.

O reconhecimento desses distúrbios de comunicação é muito favorecido nos tratamentos em grupo (ressalvada a hipótese de que o próprio grupoterapeuta também possa estar utilizando mensagens paradoxais e desqualificatórias).

É importante acrescentar mais dois aspectos fundamentais. Um é o que diz respeito à emissão das mensagens que os pais (ou o grupoterapeuta, na situação analítica) ditam para os filhos (pacientes), na forma de um *imperativo categórico*, de tal sorte que determinam *o que, como, para o que* e *para quem* cada filho deve vir a ser, assim determinando expectativas quanto aos papéis, lugares, posições e funções que eles deverão assumir, executar e corresponder para assegurar que não perderão o amor dos pais. Essa carga de expectativas depositadas nos ombros e na mente de cada filho produz a formação do *Ideal do Ego,* que pode provocar um estado mental de medo, culpa, vergonha e humilhação diante da possibilidade de decepcionarem as pessoas (pode ser o próprio grupoterapeuta) que, na realidade ou no imaginário, estão à espera do pleno cumprimento das expectativas. Ademais, é indispensável sublinhar a moderna noção de que as mensagens emitidas pelos educadores, essencialmente os pais, contêm *significações*, muitas vezes neurotizantes ou psicotizantes, que determinam uma significativa parcela na formação do inconsciente dos indivíduos.

Um segundo ponto a registrar é aquele que diz respeito à influência dos valores *socioculturais*, com os respectivos significados vigentes em uma determinada época e geografia. Explico melhor com um fato anedótico, no qual a linda moça vai ao exame com seu ginecologista, que após examiná-la comunica que "tenho uma boa notícia para dar para a senhora", ao que ela retruca, "senhorita, doutor", o que leva o médico a imediatamente dizer: "na verdade, é uma má notícia que devo lhe dar".

Ainda em relação à emissão de mensagens verbais, o grupoterapeuta deve estar especialmente atento à possibilidade de que um ou mais pacientes (inclusive ele próprio) podem estar *falando* bastante e nada *dizendo*, sendo que a recíproca disso também é verdadeira.

O CANAL

Sabemos que a comunicação não se processa unicamente através da linguagem verbal, a qual, quando adequadamente empregada, consiste em um indicador de que o emissor tem uma boa capacidade de simbolização e de conceituação, próprias de um Ego bem estruturado.

A comunicação também pode ser transmitida através de um canal de linguagem não-verbal, como um dos seguintes:

- Corporal (conversões, somatizações, modificações estéticas, tiques físicos, etc.).
- Oniróide (as imagens visuais dos sonhos e devaneios).
- Pré-verbal (gestos, atitudes, olhares, maneirismos, disposição das cadeiras no grupo, etc.).
- Paraverbal (quer dizer: ao lado do verbo, isto é, as modulações do tom, altura e timbre da voz, o vocabulário usado, as entrelinhas, etc.).
- Extraverbal (*actings*).
- Transverbal (as alternâncias e mudanças do discurso no correr da sessão e ao longo da grupoterapia).
- Efeitos contratransferenciais (trata-se de uma forma muito primitiva de comunicação, a qual consiste no fato de que os sentimentos despertados no terapeuta correspondem às angústias provindas do inconsciente profundo dos pacientes nas vezes em que esses não conseguem reconhecer e, muito menos, verbalizar e nomear tais emoções.
- O nível da capacidade de simbolização entre as mensagens emitidas pelo grupoterapeuta e a recepção dos pacientes pode estar funcionando em canais diferentes de sintonia e compreensão, determinando um impasse na comunicação. Isso pode ser exemplificado com a possibilidade de o terapeuta fazer interpretações numa linguagem abstrata, enquanto um determinado grupo estiver regredido num estágio de pensamento concreto.

É inconteste o fato de que, nas grupoterapias em que o emissor (grupoterapeuta) e o receptor (grupo) não estiverem sintonizados no mesmo canal, a comunicação não se fará.

Assim, cabe consignar que a comunicação falha quando não houver o *reconhecimento* do outro pelo que o indivíduo está dizendo ou mostrando, como é o caso, por exemplo, de uma menina que comunica à mãe a sua alegria porque aprendeu a vestir-se sozinha, enquanto a mãe unicamente assinala que o vestido está sujo e amarrotado. A importância dessa metáfora consiste no fato de que, muito mais vezes do que o desejável, os terapeutas possam não sintonizar com significativos progressos dos pacientes, embora esses possam ser quase imperceptíveis, enquanto preferem interpretar as falhas...

O RECEPTOR

Sabemos o quanto de distorção pode sofrer uma mesma mensagem ao ser percebida por várias pessoas, simultaneamente, pelo fato de que elas estão em estados emocionais distintos e são portadoras de mundos internos diferentes.

Dessa forma, por mais apropriada que tenha sido a emissão, a mensagem e o canal de uma determinada comunicação, ainda assim essa última pode não estar cumprindo a sua finalidade. Isso se processa nos casos em que há uma patologia do receptor, em uma das seguintes possibilidades:

- Uma recepção perceptiva de natureza paranóide, que venha provocar uma distorção do verdadeiro propósito de quem emitiu a mensagem, eivando esta com segundas intenções, dúvidas e suspeitas.
- Uma "reversão de perspectiva", termo cunhado por Bion (1985), que consiste no fato de que o indivíduo exageradamente narcisista reverte, às suas próprias premissas, tudo o que ele ouve do outro emissor, ainda que aparente estar em plena concordância com este. Este aspecto adquire uma importância de primeira ordem em relação ao destino que tomam as interpretações do terapeuta, pelo fato de que elas ficam desvitalizadas diante desse tipo de recurso.
- Uma evitação do conhecimento de verdades penosas, tanto as externas como as internas. Esse "não-conhecimento" se processa através das diferentes formas de negação (supressão, repressão, denegação, etc.), sendo que o seu grau extremo é a forclusão, recurso utilizado nos estados psicóticos, que consiste numa negação absoluta da realidade exterior que contenha a verdade abrumadora. Tal modalidade de incomunicação lembra o dito de Laing (1989): "... Devo jogar o jogo de não ver o jogo".
- Dificuldade em escutar os outros. Escutar não é o mesmo que ouvir. Este último não passa de uma função fisiológica, enquanto que escutar implica em uma disposição do indivíduo para relacionar as próprias opiniões com as alheias, além de admitir que os outros possam ter um código de valores e de forma de pensamento diversos do seu, sem que isso signifique que sejam melhores ou piores, mas, sim, simplesmente diferentes dele.
- Problema mais comum, que interfere na comunicação entre o emissor e o receptor, e provoca o mal-entendido, é o decorrente do significado semântico das palavras. Uma grupoterapia favorece a constatação do quanto uma mesma palavra pode adquirir significações totalmente diferentes de um indivíduo para outro.

Um exemplo anedótico que me ocorre para ilustrar a importância do significado que atribuímos às palavras remonta a uma época em que um filho meu, que estava começando a sua alfabetização e leitura de textos simples, pergunta à professora durante a aula "o que quer dizer virgem?", ao que a mestra, algo desconcertada, dá a todos os alunos uma prolixa explicação dos mistérios sexuais que cercam a anatomia e fisiologia da sexualidade, que somente foi interrompida quando o menino pediu licença para dizer: "professora, eu só estou perguntando porque não entendi no meu livro o que quer dizer 'mata virgem'".

Os problemas da comunicação também podem ser encarados a partir de outras perspectivas, como, por exemplo, a fixação em estádios evolutivos.

Assim, os indivíduos que estão fortemente fixados nos primórdios da oralidade sempre partem de uma posição egocêntrica, pela qual tudo (que não sai certo) é sempre da responsabilidade do outro. Nas etapas precoces do desenvolvimento cognitivo, como ensina Piaget (Mailhiot, 1997), a criança demonstra uma relativa incapacidade de colocar-se no lugar de uma outra pessoa. Devido a essa visão ptolomaica do mundo, no uso de sua linguagem e comunicação, essa criança não faz muito esforço para adaptar o seu discurso (e o seu ouvido) às necessidades do ouvinte. A criança age como se as outras pessoas obviamente fossem entendê-la e concordar com ela, por ter partido do princípio de que o mundo gira em torno dela, unicamente para servi-la. Este distúrbio de comunicação é comum em pacientes regressivos intensamente fixados em etapas narcisísticas da evolução.

De forma equivalente, nos pacientes em que a fixação anal é a prevalente, o processo comunicativo pode adquirir uma configuração em que tudo fica revertido aos significados de expulsão, retenção ou de controle de pensamentos e afetos.

O ideal seria a comunicação em nível genital, de natureza comensal, em que há uma consideração e um prazer pelo que é dado ao outro e pelo que vem do outro.

Uma última palavra acerca da comunicação nas grupoterapias deve ser dada em relação ao freqüente surgimento de silêncios, tanto por parte de algum integrante, de todo o grupo ou do grupoterapeuta. Em todos esses casos, deve ser considerado que há silêncios inúteis e silêncios úteis, sendo que tal qualificação vai depender de um determinado contexto.

Assim, muitas vezes, os silêncios têm uma finalidade obstrutiva-resistencial, ou estão expressando um protesto mudo, ou, ainda, podem estar representando um teste do indivíduo para comprovar se é notado e se existe, etc. Outras vezes, no entanto, o silêncio pode estar significando um direito em ser livre e respeitado em seu ritmo de participação, ou pode estar designando uma pausa reflexiva e até mesmo elaborativa.

O mesmo ocorre com os silêncios do grupoterapeuta: tanto pode corresponder ao silêncio "vazio", de quem ignora o que está se passando, como pode ser o silêncio "cheio", de quem está entendendo e elaborando a rede de comunicações surgidas no campo grupal, e que por isso sabe o que faz e não se impacienta.

Por tudo o que foi dito, depreendemos que o tema da atividade interpretativa está intimamente conectado com o da comunicação, que lhe serve de alicerce. A atividade fundamental do grupoterapeuta é propiciar aos membros do grupo a aprendizagem de como estabelecer uma adequada comunicação verbal, além de remover as respectivas barreiras.

W. J. Fernandes (1991) assinala dois aspectos que são muito importantes no processo comunicativo grupal: o primeiro é o de que "tanto o emissor como o receptor fazem transformações o tempo todo. Desse modo, comunicação completa e verdadeira é impossível". O seu segundo assinalamento aponta para a relevante questão daquilo que *não é dito*, sendo que "grande parte das confusões que ocorrem quando tentamos nos comunicar são devidas a omissões. Em muitos casos, o trabalho principal do analista será tentar descobrir o que *não foi dito*".

É imprescindível que o grupoterapeuta tenha uma suficiente autocrítica para julgar se ele está tendo condições de *escutar* o que os outros estão querendo dizer, e a propósito disso vale a pena transcrever essa afirmativa da eminente psicanalista J. MacDougall (1986): *"Assim como todos os outros seres humanos, nós, os analistas, temos dificuldades de ouvir ou perceber aquilo que não se enquadra em nossos códigos preestabelecidos".*

NOTA

[1] A etimologia de "comunicar" forma-se dos étimos "com" + "unicare", ou seja, tornar único (com-um).

CAPÍTULO 20

Atividade Interpretativa

Vou utilizar a expressão "atividade interpretativa" em lugar de "interpretação" pelo fato de esta última ser classicamente entendida no plano de um sistemático reducionismo ao "aqui-agora-comigo...", enquanto a primeira expressão permite supor uma maior abrangência de recursos utilizados pelo grupoterapeuta, como o uso de *perguntas* que instiguem reflexões; *clareamento; assinalamentos* de paradoxos e contradições; *confronto* entre a realidade e o imaginário; abertura de *novos vértices* de percepção e significação de uma determinada experiência emocional; etc. Com "atividade interpretativa" também estou englobando toda participação verbal do grupoterapeuta que, de alguma forma, consiga promover a integração dos aspectos dissociados dos indivíduos, da tarefa e do grupo.

Assim concebida, a atividade interpretativa no grupo constitui-se como o seu principal instrumento técnico, sendo que não existem fórmulas acabadas e "certas" de como e o que dizer, pois as situações práticas são muito variáveis e, além disso, cada grupoterapeuta deve respeitar o seu *estilo* peculiar e autêntico de formular as suas intervenções e de *ser,* de verdade.

Acreditamos que, dentre todos os capítulos deste livro, este deva ser o mais controvertido, pela razão de abordar algumas questões que continuam sendo muito polêmicas, tais como: as interpretações configuram uma psicoterapia analítica em grupo, do grupo, ou de grupo? As interpretações devem ficar limitadas ao aqui-agora da transferência grupal? Elas devem privilegiar o conflito individual, como na psicanálise clássica, ou priorizar a comunicação e os papéis? E assim por diante.

Ainda que a interpretação não seja o único fator terapêutico, ela se constitui, sem dúvida, como o instrumento fundamental. Sempre houve, notadamente nos tempos pioneiros da psicanálise, uma supervalorização, quase mágica, da arte de interpretar os significados inconscientes do conteúdo dos sonhos e da livre associação de idéias, numa tenaz busca por decifrar os enigmas escondidos nas dobras de sua simbologia. O papel do paciente era o de trazer "material", enquanto o do analista era unicamente o de interpretá-lo.

Hoje, as coisas não são vistas bem assim. O prefixo "inter" da palavra interpretação diz bem do caráter inter-relacional do vínculo terapêutico em que se processa um recíproco e contínuo intercâmbio de sentimentos.

Assim, a interpretação se forma no terapeuta a partir da elaboração interna de uma série de fatores: seus conhecimentos teórico-técnicos (acerca da livre associação de idéias, o jogo das identificações, as múltiplas transferências, os *actings*, etc.), suas sensações transferenciais, sua capacidade de empatia e de intuição e, em caso de grupos, a sua aptidão em captar o denominador comum da tensão grupal. É útil lembrar que a interpretação também opera pelo entendimento daquilo que não é dito e não é feito.

Mas o que é mesmo "interpretar"? Vamos tentar responder através de uma analogia: entendo que uma mãe está "interpretando" o seu filhinho quando ela percebe, escuta, compreende, significa e nomeia as necessidades e angústias que a criança está comunicando através, muitas vezes, de uma linguagem primitiva. A analogia é extensiva aos grupos e, nesse caso, essa mãe (grupoterapeuta) não monopoliza e nem se deixa monopolizar pelo filho, integra-o na configuração do grupo familiar, e preserva a sua própria individualidade.

Assim, a interpretação analítica visa a uma série de finalidades que necessitam ser muito bem conhecidas pelo terapeuta e que, em linhas gerais, são as seguintes:

- Promover o *insight* (tornar consciente aquilo que for pré-consciente ou inconsciente) e a relação do sujeito consigo mesmo.
- Romper a fantasia de fusão com um objeto imaginário e introduzir a discriminação, além de, a partir daí, propiciar um acesso ao nível simbólico.
- Reconhecer e reintegrar os aspectos que estão dissociados e projetados.
- Desfazer as negações da realidade, exterior e interior.
- Dar nomes aos sentimentos mais primitivos que ainda estão inominados.
- Fazer discriminações entre as diferenças.
- Propiciar ressignificações (através de um jogo dialético entre a tese inicial do paciente, a antítese apresentada pelo terapeuta e a síntese resultante, seguida de novas teses...).
- Promover o desenvolvimento das funções do Ego, principalmente as de percepção (por exemplo, as distorções resultantes do uso excessivo de identificações projetivas), pensamento, linguagem e ação.
- Reconhecer, e modificar, a assunção e adjudicação de papéis do campo grupal.

É claro que essas diversas finalidades da função interpretativa obedeceram a um esquema didático, sendo que, na prática, de certa forma, tudo isso se superpõe e se processa de forma evolutiva ao longo de qualquer tratamento de propósito analítico.

Por outro lado, cremos ser útil proceder a uma distinção entre interpretação propriamente dita e atividade interpretativa. A primeira é classicamente considerada como sendo a que, no aqui-agora da transferência, através da formulação verbal do terapeuta, descodifica o conflito inconsciente que se estabelece entre os impulsos, defesas e relações objetais internas. Atividade interpretativa, por sua vez, implica no uso de intervenções que levem os pacientes a fazer indagações e reflexões. Nesse caso, as intervenções do terapeuta incluem o uso de perguntas, clarificações (enfoque de detalhes significativos), confrontações (confrontos entre as contradições do paciente, assim como de suas dissociações) e o eventual emprego de analogia e de metáforas.

PATOLOGIA DA INTERPRETAÇÃO

A interpretação consta de três aspectos: o conteúdo, a forma e o estilo. Cada um deles tanto pode ser adequado como podem incidir num desvirtuamento contraproducente.

Em Relação ao Conteúdo

A patologia do *conteúdo* da interpretação diz respeito principalmente ao fato de que aquilo que o terapeuta interpreta não corresponde exatamente ao que de relevante lhe foi comunicado. Outra possibilidade é a de que o conteúdo de interpretação não considere o aspecto positivo que muitas vezes está oculto numa aparência de negatividade.

Em grupoterapia, constitui um grave erro técnico o fato de um grupoterapeuta privilegiar o conteúdo das comunicações isoladas de um, ou de alguns membros, sem conectá-lo com o dos demais.

Em Relação à Forma

Quanto à patologia da forma de transmitir a interpretação, os seguintes pontos devem ser assinalados:

- A interpretação vir a servir como um instrumento de poder do grupoterapeuta, a serviço de uma doutrinação e ao preço de uma submissão dos pacientes.
- Uma forma intelectualizada de conceber e de formular a interpretação.
- Um uso de interpretações "saturadas", que redundam e fecham ao invés de promover aberturas.
- Uso excessivo das interpretações, às vezes se constituindo em um verdadeiro *furor interpretandi,* e que não dá espaço aos pacientes de experimentarem, eles próprios, ensaiar a fazer interpretações do que está se passando.
- Um reducionismo sistemático ao transferencialismo do tipo "... é aqui, agora, comigo". Isso não só está longe de ser sempre verdade, como ainda tem o inconveniente de reforçar os vínculos de natureza simbiótica, assim como o de dificultar o desenvolvimento do senso de crítica da realidade exterior.
- A interpretação ser transmitida em um canal que não pode ser sintonizado pelo aparelho receptor dos pacientes. Por exemplo: será infrutífera a interpretação formulada em termos conceituais abstratos para pacientes regressivos que não tenham bem desenvolvida essa capacidade de formação de símbolos.
- A interpretação ser dirigida unicamente aos indivíduos separadamente (a chamada "análise em grupo"), ou, no extremo oposto, ser sistematicamente enfocada no "todo grupal" (análise do grupo). No primeiro caso, a patologia consiste em que ela não só impede a formação da passagem da condição de serialidade para a de grupo propriamente dito, como ainda gera um foco de inveja e rivalidades nos outros — e de culpas no privilegiado.

Claro que tais ansiedades poderiam ser trabalhadas no grupo, mas como, neste caso, a interpretação está sendo individualizada, não se consegue sair do círculo vicioso. No caso de se interpretar unicamente a totalidade grupal, há o grave prejuízo de que cada indivíduo fique despersonalizado e com mais dificuldades em consolidar a sua identidade individual.

Acreditamos ser necessário deixar bem claro que a terapia não é do grupo em si, o qual não passa de uma abstração e é transitório; os indivíduos que aceitaram um tratamento grupal foram em busca de soluções para os problemas de sua vida privada. Pertenço à corrente de grupoterapeutas que preconizam a terceira modalidade de grupoterapia analítica: a de grupo, ou seja, tanto são válidas as interpretações individuais como as coletivas, desde que fiquem conectadas entre si. O fio condutor dessa interconexão é o reconhecimento, por parte do terapeuta, do denominador comum da tensão grupal.

É importante acrescentar que, cada vez mais, entendemos que o grupoterapeuta não é a única pessoa com capacidade e direito de interpretar; pelo contrário, à medida que o grupo amadurece, constitui-se como um positivo indicador de crescimento grupal o fato de que seus componentes compartilhem uma recíproca função interpretativa acerca de si próprios, dos demais e, especialmente, daquilo que está se passando na totalidade do grupo. Torna-se imprescindível que o grupoterapeuta saiba discriminar a diferença de quando algum paciente está interpretando como uma forma de *acting* (por exemplo, uma competição com o terapeuta, ou como uma forma de satisfazer um desejo oculto de ser o filho mais próximo dele) e de quando eventualmente ele está assinalando e interpretando para os demais como um sadio indicador de que vem introjetando satisfatoriamente a *função psicanalítica da personalidade* de seu grupoterapeuta.

Em Relação ao Estilo[1]

O *estilo* de como o grupoterapeuta intervém e interpreta exerce uma inequívoca influência no campo grupal. *Estilo* e *técnica* costumam ser confundidos, mas não são a mesma coisa, estando o primeiro a serviço do segundo.

O estilo é variável de um terapeuta para outro e diz respeito a uma forma *sui generis* de ser de cada um de nós, enquanto uma determinada técnica obedece a postulados bem definidos e invariáveis.

O estilo pessoal diz muito de como é, na realidade, a pessoa do grupoterapeuta e, por isso, essa sua autenticidade, de modo geral, deve ser respeitada e preservada. No entanto, algumas peculiaridades estilísticas comprometem a eficiência técnica. Seguem alguns exemplos:

- *Estilo retórico*. O significado de como Aristóteles definiu Retórica diz tudo: "É a arte de inventar ou de encontrar provas para o que se afirma". Em resumo, é o uso da palavra como instrumento de catequese e de poder sobre o ouvinte. Esse estilo é próprio dos terapeutas excessivamente narcisistas.
- *Estilo "Os pacientes nunca têm razão"*. Freud se reportou a isso ao contestar a crítica de que os analistas se comportavam na base de "se der cara ganho eu, se der coroa perde você". Aliás, o inconveniente deste estilo é o fato de que um terapeuta sempre muito certo estimula a dependência e bloqueia as capacidades criativas do indivíduo e do grupo.
- *Estilo cauteloso*. O terapeuta parece estar pisando sobre ovos ao fazer a sua interpretação. O uso de um permanente prelúdio do tipo "Acho que vocês estão querendo me dizer que...", além de outras expressões equivalentes, pode acarretar um prejuízo no trabalho de elaboração. Assim, ele pode anestesiar, às vezes, um necessário impacto útil aos pacientes, e também pode reforçar neles a fantasia de que estão sendo poupados porque são muito *frageizinhos,* ou de que o seu inconsciente está tão minado que todos podem estar correndo o risco de uma catástrofe.
- *Estilo cobrador-acusador.* Consiste num modo de formular as interpretações de maneira que estas se confundem com uma permanente insatisfação do terapeuta com os seus pacientes (na base de: "vocês não estão querendo ver que..."). Este é um estilo nocivo e muito mais comum do que possa parecer.
- *Estilo loquaz*. O terapeuta se empolga com as suas próprias interpretações e acaba tirando o espaço dos demais para uma necessária pausa para as reflexões. Isso ocorre com grupoterapeutas que não suportam o silêncio e, muitas vezes, incidem no estilo pingue-pongue, pelo qual, na base de um bate-rebate, vão exercendo uma ininterrupta atividade interpretativa sobre qualquer colocação de cada paciente.

FUNDAMENTOS BÁSICOS DAS GRUPOTERAPIAS **177**

- *Estilo reducionista.* Consiste em que o grupoterapeuta, seja qual for o contexto do campo grupal, reduza tudo o que ouve dos pacientes a um cerrado esquematismo da infância. O inconveniente é que ele pode estar bloqueando a abertura de novos caminhos para velhos problemas. Um reducionismo ainda mais nefasto é o que aliena os indivíduos e se concentra em um sistemático "o grupo está me dizendo que...".
- *Estilo rococó.* Consiste numa empostação verbal do grupoterapeuta que está mais interessado em *bien dire* do que em *dire vrai;* utiliza adornos e floreios lingüísticos que comprovam quão inteligente, criativo e erudito ele é, etc.
- *Estilo pedagógico.* As interpretações se confundem com pequenas aulinhas sobre determinados temas que surgem. A restrição a este estilo não exclui a viabilidade ocasional do recurso pedagógico, como, por exemplo, num grupo de púberes ou de adolescentes ávidos por esclarecimentos.
- *Estilo "pingue-pongue".* Neste caso, muito mais comum do que seria desejável, o grupoterapeuta intervém imediatamente após cada intervenção de algum ou poucos pacientes, e isso provoca efeitos prejudiciais, como os seguintes: ele demonstra que tem uma reduzida capacidade de continência e de paciência, o que não se constitui como um bom modelo de identificação. Um segundo prejuízo desse estilo é que ele não propicia um necessário intercâmbio de experiências emocionais dos pacientes entre si. Além disso, um outro sensível inconveniente consiste no fato de que uma excessiva descontinuidade na "livre associação de idéias" provinda dos pacientes dificulta que o grupoterapeuta perceba qual é o *fato selecionado* do grupo, isto é, qual é o denominador comum das ansiedades emergentes no grupo, e também prejudica a integração, síntese e coesão grupal.

É claro que muitos outros estilos poderiam ser descritos, mas a finalidade da exemplificação é a de sublinhar que muitas vezes a interpretação pode estar exata do ponto de vista do conteúdo, mas, apesar disso, devido a um problema de forma e de estilo, ser ineficaz em relação à meta de conseguir um *insight* afetivo que seja efetivo na promoção de mudanças.

TÉCNICA DA INTERPRETAÇÃO GRUPAL

Não pretendemos, aqui, abordar em extensão o tema da técnica interpretativa grupal por duas razões. A primeira é pelo fato de que a interpretação resulta de uma elaboração interna do grupoterapeuta, a partir de múltiplos fatores de natureza complexa, o que faz com que ela mais se aproxime de uma criação artística do que de uma ciência de regras explícitas. A segunda é a de que são inúmeras e variadas as táticas e técnicas, assim como os critérios interpretativos. Vamos nos limitar, pois, a registrar a nossa experiência e posição pessoal.

Nestes trinta anos de prática continuada como grupoterapeuta, pouca coisa de significação fundamental se modificou em nós em relação ao marco referencial teórico que serviu de base aos temas dos capítulos anteriores; no entanto, sofremos profundas modificações em relação à técnica da atividade interpretativa.

Bem no início de nosso trabalho com grupos terapêuticos analíticos nos mantivemos obedientes aos postulados que os ensinamentos vigentes na época ditavam: sempre interpretar o grupo como um todo (uma vez, pelo menos, em um congresso latino-americano, ouvimos a recomendação de não declinar o nome de nenhum paciente em particular, durante a sessão, para não prejudicar a *gestalt* grupal, etc.); sempre interpretar no aqui-agora transferencial e nunca na extratransferência; evitar incluir, na interpretação, os aspectos infantis do passado, pela razão de que o grupo é uma abstração e, portanto, diferentemente dos indivíduos, não possui uma história evolutiva desde a infância; entender o campo grupal sob uma óptica kleiniana, isto é, sob a égide dos impulsos destrutivos e das respectivas ansiedades psicóticas.

Nossa fidelidade a tais princípios durou pouco: tudo nos parecia algo artificial e nos sentíamos um tanto violentados e, ao mesmo tempo, como que violentando os pacientes. Aos poucos, e cada vez mais, fomos nos permitindo fazer mudanças técnicas quanto à atividade interpretativa, nos seguintes sentidos:

- Discriminar as individualidades, ainda que sempre em conexão com o denominador comum do contexto grupal.
- Valorizar muito mais os aspectos extratransferenciais.
- Utilizar menos sistematicamente as interpretações transferenciais no aqui-agora-conosco (a menos que as ansiedades emergentes estejam direta ou indiretamente ligadas a nós, é claro), e mais a atividade interpretativa constante de clareamentos, confrontos e perguntas que induzam a indagações reflexivas.
- Dar importância prioritária ao assinalamento das funções do Ego, notadamente as de percepção, pensamento, linguagem, comunicação e conduta.
- Valorizar os aspectos positivos da personalidade, como, por exemplo, os que estão nas entrelinhas de muitas resistências e *actings*.
- Enfatizar, sobretudo, o desempenho de papéis fixos e estereotipados no grupo, bem como na vida lá fora.
- Valorização especial dos problemas da comunicação, os quais costumam expressar-se sob distintas formas, especialmente de falsos acordos e aparentes desacordos, assim como por meio de mensagens ambíguas e por mal-entendidos.
- Permitir, e de certa forma estimular, que os próprios pacientes exerçam uma função interpretativa.
- Maior valorização dos aspectos contratransferenciais (especialmente como sendo um veículo de comunicação dos pacientes, em nível primitivo) e dos possíveis conluios contra-resistenciais.
- Fazer, ao final de cada sessão, uma síntese das principais experiências afetivas ocorridas ao longo dela, sempre visando à integração grupal.

Um outro ponto indefinido é o de como avaliar a eficácia das interpretações. De um modo geral, quando elas são adequadas, costumam promover no clima da sessão um sentimento de alívio — que se deve fundamentalmente ao fato de os participantes sentirem-se compreendidos —, logo seguido do aporte de novas associações e sentimentos. Por outro lado, as interpretações devem propiciar um *insight* que permita novas aberturas para velhos problemas.

Não basta a presença real de outras pessoas em um grupo para que se estabeleça o reconhecimento dos outros: a atividade interpretativa é que vai possibilitar a saída do nível narcisista imaginário e o reconhecimento das diferenças de cada um com os demais.

A tendência dos indivíduos e dos grupos é a de repetirem, compulsiva e estereotipadamente, na vida exterior, o drama das relações objetais que se desenvolve na vida interior de cada um, sendo que, em um grupo terapêutico, as interpretações podem representar uma porta de libertação.

Um bom exemplo disso pode ser extraído da obra de Sartre, *Hui Clos,* em que há um grupo de três personagens que estão encerrados em uma habitação que lhes parece ser a ante-sala do inferno e da qual tentam fugir de qualquer maneira. Apesar da porta estar aberta, ninguém consegue sair, até que descobrem que o inferno está dentro deles e que estão condenados a repetir eternamente o círculo vicioso maligno de crueldade, culpa e castigo. Se fosse num grupo terapêutico, é provável que teriam uma boa chance de sair dessa situação, através de uma ação modificadora provinda das interpretações de um grupoterapeuta, pela razão de que este não estaria envolvido, com os demais, nas malhas da rede neurótica.

Portanto, um critério de eficácia das interpretações é quando, ao longo do tratamento, vão se processando mudanças nas pessoas. Também é importante assinalar que as interpretações das configurações básicas nos grupos promovem um novo código comunicacional, sendo que o mesmo pode servir como um critério seguro de aferição do desenvolvimento da grupoterapia.

Assim, um indicador de que as interpretações não estão sendo assimiladas pelo grupo é quando, ao invés de verdadeiras modificações na mente e na conduta, estiver havendo apenas uma mera intelectualização, ou uma reiteração e intensificação dos *actings,* sinal de que os pacientes não estão se sentindo entendidos, conforme o exposto no Capítulo 21.

NOTA

[1] É interessante para nós, terapeutas que fazemos interpretações, o fato de que a palavra "estilo" deriva de *estilus* que, em latim, significa buril, um estilete com duas pontas: uma afiada, para cortar a resistência da cera que vai ser impressa, e a outra romba, para aparar e dar-lhe forma.

CAPÍTULO 21

Actings

A definição de *acting* (ou *atuação*) é muito imprecisa pelo fato de que os autores emprestam significados distintos a este fenômeno de surgimento muito comum nos processos terapêuticos.

No sentido estrito do termo, *acting out* designa uma determinada conduta que se processa como substituta de sentimentos que não se manifestam no consciente. Isso costuma ocorrer devido a uma das seguintes quatro condições: quando os sentimentos represados correspondem às fantasias que estão reprimidas e que não são recordadas (como ensinou Freud), ou não são pensadas (segundo Bion), ou não são comunicadas pela verbalização, ou não conseguem ficar contidas dentro do indivíduo.

Conforme o seu tipo e grau, os *actings* podem ser classificados como normais ou patológicos ou, ainda, como benignos e malignos.

CAUSAS

Em qualquer das possibilidades a seguir enumeradas, o *acting* sempre representa uma forma de comunicação não-verbal, de natureza primitiva, como uma tentativa de preencher vazios e acalmar ansiedades que se formam a partir das seguintes vertentes:

- *Ansiedade de separação:* para essas pessoas, uma "não-presença" é representada como sendo uma "ausência", um abandono e, por essa razão, saem à cata de pessoas que substituam os ausentes que os teriam abandonado em favor de outros, que é como sentem o seu terapeuta por ocasião de feriados ou de férias, por exemplo. Este tipo de *acting* costuma adquirir características erotizadas, hetero ou homossexuais.
- *Intolerância às frustrações:* é complementar à condição anterior pelo fato de tais pacientes vivenciarem uma frustração como um rechaço, um desprezo por eles. A raiva resultante faz com que abandonem, afetivamente, a pessoa responsável pela frustração; daí sentirem-se mais sozinhas e recorrerem ao *acting* compensador do vazio formado.

- *Ódio e revide:* se o ódio resultante de uma frustração, ou de um sentimento de inveja, for muito intenso, provoca ímpetos vingativos e retaliadores,[1] os quais podem se expressar através de *actings* malignos constantes de uma conduta sádico-destrutiva e que, pelas culpas resultantes, se organizam como masoquismo.
- *Pedido por socorro:* nestes casos, o *acting* funciona como um sinal de alarme no sentido de que as pessoas de seu meio se dêem conta de que algo não vai bem e que os socorram e contenham.
- *Busca de depositário:* muitas vezes o indivíduo não consegue conter dentro de si os seus próprios aspectos intoleráveis, ou sua necessidade de manter um mundo de ilusões, necessitando atuar no sentido de envolver outras pessoas que se façam cargo dessas necessidades e as complementem. Assim é que uma pessoa sádica tem um faro incrível para encontrar uma masoquista, e vice-versa; um dependente se envolver com uma "mamãe"; e assim por diante.
- *Papel de "atuador pelos demais":* ocorre nos grupos, conforme foi descrito no capítulo que tratou da formação de papéis no campo grupal, e consiste em que um indivíduo, ou um subgrupo, expresse na sua conduta atuadora uma compensação vicariante para os desejos ocultos e inconfessados dos outros que o acionam.

ACTINGS NAS GRUPOTERAPIAS

Todos os autores que se interessam pelos fenômenos que surgem no campo grupal reconhecem que a tendência ao *acting* é particularmente freqüente e intensa nos grupos, e que essa intensidade crescerá em uma proporção geométrica com o número de indivíduos de caracterologia psicopática que, eventualmente, tiverem sido incluídos na composição do grupo.

Nos grupos com adolescentes é particularmente volumoso o surgimento de *actings,* tanto os sadios como os patológicos.

As atuações nos grupos podem advir de indivíduos, de subgrupos, ou da totalidade grupal. Por outro lado, elas podem se processar dentro do grupo, ou fora dele, em cujo caso pode haver o envolvimento de um ou mais de seus integrantes, ou de terceiros.

A experiência da prática clínica demonstra que os *actings* mais ocorrentes adquirem as seguintes formas:

- *Quebra de sigilo:* é um *acting* que pode adquirir uma conseqüência deletéria, tanto para os demais componentes do grupo, que se sentem ameaçados e desunidos, como para a imagem do grupoterapeuta e, principalmente, para a reputação que o tratamento de grupo tem junto ao público.

  Essa forma de atuação tem maior risco de acontecer no início do funcionamento da grupoterapia, em razão de que os integrantes ainda não formaram um *esprit de corps,* e o nível de ansiedades despertadas é muito elevado.

  Da mesma forma, um elemento novo que ingressa num grupo em andamento pode representar um risco de inconfidência devido à necessidade de extravasar a sua ansiedade para fora do grupo.
- *Busca de privilégios:* é o mais freqüente dos *actings* e se expressa através de telefonemas particulares para o terapeuta, ou uma "conversinha" após o término da sessão, ou um pedido por uma sessão individual, ou uma distinção quanto ao pagamento de honorários, ou a manutenção de algum segredo com ele, etc.
- *Controle:* consiste em envolver demais pessoas, fora do grupo, que conheçam o terapeuta, em busca de detalhes da sua vida íntima, e isso lhes confere uma sensação de maior

proximidade e intimidade. Não é raro que procurem saber de outros pacientes do mesmo terapeuta se há diferença na forma de como são tratados, etc.

- *Acasalamento:* quer sob a forma de "namoros", ou de relações extraconjugais, muitas vezes de forma promíscua, o *acting* de natureza erótica é muito comum. Esta atuação adquire gravidade quando se processa entre os membros de um mesmo grupo e, pior ainda, quando o grupoterapeuta é mantido na ignorância do que se passa.
- *Convívio social:* este tipo de *acting* necessita ser muito bem discriminado quanto à sua normalidade ou patologia. Todos os grupoterapeutas confirmam que é praticamente uma regra em todos os grupos as conversas na sala de espera, antes da sessão, e o encontro após essa, na rua ou no bar, de alguns ou de todos. Da mesma forma, eles costumam ter um convívio social e exclusivas situações festivas, muitas vezes com a companhia dos respectivos cônjuges, em circunstâncias como as de aniversários, despedida de alguém que concluiu o tratamento, véspera de férias, etc.

A necessidade de discriminar a natureza dessa forma de *acting* é que este tanto pode estar sendo a expressão de uma evolução negativa, como positiva.

Assim, tais encontros fora do enquadre grupal podem estar comunicando, através da linguagem do *acting,* que o grupo não vai bem e que, por isso, troca confidências que são sonegadas durante as sessões. Uma outra possibilidade desse *acting* é que ele esteja preenchendo uma necessidade de os indivíduos compensarem o vazio de uma angústia de separação, por exemplo, através da alimentação da "ilusão grupal" (Ferchstut, 1978).

No entanto, esses encontros fora da sessão também podem evidenciar que o grupo vai bem, tanto que consolidou uma confiança básica, uma solidariedade e camaradagem, e que sabe manter a devida delimitação entre a vida social e a terapêutica de seus componentes.

A primeira das duas possibilidades acima levantadas exige um profundo trabalho interpretativo; enquanto a segunda, em nosso modo pessoal de proceder atualmente, deve ser encarada com naturalidade e não requer maiores interpretações de intenções inconscientes.

Um aspecto de muita importância que deve ser ressaltado é o da possibilidade, nada rara, de o grupoterapeuta contra-atuar. Nesse caso, ele vai se enredar nas malhas dos *actings* e, a partir da perda dos limites da hierarquia, vai aceitar algumas tentadoras propostas de negócios, vai participar de todas as festinhas, etc.

Finalmente, não é demais repisar que muitos *actings,* de aparência maligna e natureza preocupante, devem ser cuidadosamente avaliados porque podem estar expressando um primeiro — e necessário — passo na elaboração de alguma mudança significativa.

As mesmas considerações que foram referidas em relação aos *acting outs* são também válidas para os *actings in.* Assim, o grupoterapeuta deve ter condições de discriminar entre a possibilidade de que esses *actings in,* ou seja, os que se manifestam no próprio seio do grupo, estejam sendo deletérios, ou se eles representam uma dramatização, em nível pré-verbal, de mensagens positivas em relação à evolução de cada um e de todos do grupo.

EXEMPLO CLÍNICO (Nº 5)

A vinheta que segue visa justamente a ilustrar uma situação de *acting in* de natureza positiva.

Trata-se de uma grupoterapia analítica com um ano de duração, e que se caracteriza por um excessivo formalismo e timidez por parte dos seus integrantes, nos quais prevalece uma caracterologia de predominância obsessiva.

Habitualmente, para começar uma sessão, o terapeuta deste grupo se dirige à sala de espera, onde recepciona os pacientes presentes, que então se encaminham ao consultório e sentam-se nas cadeiras, à livre escolha de cada um.

Os retardatários entram automaticamente na sala onde o grupo já está trabalhando.

Na presente sessão, diferentemente da rotina habitual, ao sair de seu WC privativo e adentrar na sala do grupo, o terapeuta é surpreendido com a visão de que todos os componentes já estavam sentados, quietos, e logo após a sua entrada desataram em gargalhadas e tímidas frases de gozação...

A primeira sensação contratransferencial foi um misto de susto e de raiva, o grupoterapeuta sentiu o que ele classificou como sendo um sentimento de que estava sendo vítima de "uma invasão". Em seu momento de perplexidade, vinha-lhe à mente um texto que lera sobre grupoterapia analítica, no qual o autor relatava uma experiência onde o grupo o "destronava" (um paciente sentou na cadeira reservada ao terapeuta), e esse autor interpretara tal situação como sendo representação de um "assassinato do pai".

No breve tempo em que prosseguiam as brincadeiras, a mente do terapeuta ficou totalmente ocupada, tanto com um esforço em conter o seu ímpeto de irritação, como em procurar uma explicação para o que estava se passando: seria uma reação maníaca? (e, nesse caso, para fugir de qual medo ou depressão?); seria um ataque invejoso destrutivo?; seria uma clara demonstração de que o grupo estava em um estado caótico porque a sua liderança estava falindo?; ou poderia ser algo diferente que o grupo estava querendo lhe transmitir?

Enquanto o grupoterapeuta buscava as respostas, os pacientes começaram a falar:

Assiz: Passada a brincadeira, quero falar de minha filha (de 8 anos). Ela anda rebelde a todas as obrigações, quer seja para cumprir os horários da escola, para vestir o uniforme, para fazer os temas... (se prolonga em detalhes).

Bela: Também não sei o que fazer com o meu filho. Ele se mete no meio do casal e quer toda a atenção voltada para ele. O que o coitado está conseguindo é só incomodar muito e irritar cada vez mais o M (pai do menino), que já não quer mais brincar com ele e até já fez ameaças de castigá-lo e de expulsá-lo de casa.

Carlos: (diz que vai mudar de assunto e detalha o andamento de sua próxima mudança para um apartamento maior e mais arejado.)

Dalva: Pois eu levei um enorme susto, na minha oficina: uma máquina fez uma enorme fumaceira e parecia que ia pegar fogo. Eu estou sempre sobressaltada: se o telefone toca após o expediente, logo penso que vão me comunicar uma tragédia, tipo incêndio, inundação, estrago de máquinas, etc.

À medida que se foi recuperando do impacto contratransferencial, o terapeuta foi compreendendo a "invasão" como uma tentativa do grupo em fazer uma aproximação mais descontraída com ele, com mais direito a brincadeiras e uma menor escravidão a um estrito cumprimento dos deveres, como foi uma constante nas famílias originais de cada um deles.

Ao sentir que estava em condições de correlacionar o significado simbólico do *acting in* com os significados que estavam implicitamente expressos no encadeamento das comunicações verbais que se seguiram, o grupoterapeuta, em sucessivas interpretações, partilhou com o grupo um importante *insight:* o de que cada um individualmente e o grupo como uma totalidade estavam expressando uma busca de liberdade.

No contexto da sessão, esse anseio por liberdade estava sendo traduzido por meio de uma conduta de desobediência às obrigações (expressa na filha de Assiz). A isto se seguiu o medo de serem mal-interpretados e correrem o risco de serem punidos e expulsos (como ocorria com o filho de Bela). Esse risco, conforme expressou Dalva, os deixa em um estado de permanente sobressalto de que possa vir a ocorrer uma tragédia. Coube a Carlos ser o porta-voz de uma mensagem esperançosa que estava refletindo o momento atual de todos os membros do grupo: a de que eles possam estar próximos de fazer uma "mudança para um apartamento" (um mundo interno maior e mais arejado), caso forem bem entendidos e acolhidos em seus ensaios de uma maior aproximação, especialmente quando essa tiver uma aparência de brincadeira agressiva.

Este último aspecto — o da brincadeira — é particularmente importante no desenvolvimento dos indivíduos e nos faz lembrar Winnicott (Mello Filho, 1989), que enfatizava a necessidade de que as crianças fossem estimuladas e tivessem liberdade para desenvolver uma capacidade fundamental: a de "brincar".

NOTA

[1] A etimologia da palavra retaliação designa o sujeito que, vingativamente, se utiliza, mais uma vez ("re"), da lei de Talião, ou seja, "Olho por olho, dente por dente".

CAPÍTULO 22

Insight, Elaboração e Cura

A aquisição de *insight,* o processo de elaboração e os resultados terapêuticos são indissociados entre si, razão pela qual serão estudados em conjunto.

INSIGHT

De acordo com a sua etimologia: *in* (dentro de) + *sight* (visão), a palavra *insight* conceitua a aquisição de uma visão interna, a qual se processa a partir da atividade interpretativa do terapeuta. A conceituação de *insight,* antes do que um simples acréscimo de conhecimentos sobre si próprio, deve se entendida como um descobrimento, no sentido de que o contexto da palavra sugere: o retirar (des) o véu que cobre (coberta) as verdades preexistentes. As descobertas propiciam novas criações.

Em linhas esquemáticas podemos dizer que o *insight* se processa numa certa seqüência temporal em cinco modos distintos: o *insight* intelectivo, o cognitivo, o afetivo, o reflexivo e o pragmático.

- *Insight intelectivo.* Neste caso, talvez não se justifique o uso do termo *insight,* tendo em vista que, enquanto intelectivo, ele não só é inócuo como pode ser prejudicial em alguns casos, como é, por exemplo, a possibilidade de que venha unicamente a reforçar o arsenal defensivo de pacientes que são marcantemente intelectualizadores, como, por exemplo, os obsessivos ou narcisistas.
- *Insight cognitivo.* Cognição não é o mesmo que intelectualização; antes, refere-se a uma clara tomada de conhecimento, por parte do paciente, de atitudes e características suas, que até então estavam egossintônicas. É muito comum que a aquisição deste nível de *insight* venha seguida da pergunta por parte do paciente: "E agora, o que é que eu faço com isso?". Creio que esse *insight* cognitivo deve ser valorizado, e um tipo de resposta, sincera, que me parece adequado a essa pergunta é algo do tipo: "É um bom começo de

nossa caminhada; vamos ver o que vais fazer com essa tua tomada de conhecimento de como sufocas e desqualificas a tua mulher...". O *insight* cognitivo promove uma *egodistonia*, e é essa que vai propiciar o passo seguinte.

- *Insight afetivo.* Pode-se dizer que aí começa o *insight* propriamente dito, tendo em vista que a cognição, muito mais do que uma mera intelectualização, passa a ser acompanhada por vivências afetivas, tanto as atuais como as evocativas, e possibilita o estabelecimento de correlações entre elas.
- *Insight reflexivo.* Representa um importante e decisivo passo adiante. Esse *insight* institui-se a partir das inquietações que foram promovidas pelo *insight* afetivo e que levam o analisando a refletir, a fazer-se indagações e a estabelecer correlações entre os paradoxos e as contradições de seus sentimentos, pensamentos, atitudes e valores, entre aquilo que ele diz, o que faz e o que, de fato, ele é! Esse *insight* é de natureza *binocular*, isto é, o paciente começa a olhar-se a partir de duas perspectivas: a sua própria e a que é oferecida pelo analista e, da mesma forma, quando ele adquire condições de observar, simultaneamente, o convívio de aspectos contraditórios seus, como é o caso de sua parte infantil contrapondo-se à adulta, etc. É essa "visão binocular" que, mais eficazmente, propicia a transição da posição esquizoparanóide para a depressiva.
- *Insight pragmático.* Vale a afirmativa de que uma bem-sucedida elaboração dos *insights* obtidos pelo paciente, ou seja, as suas mudanças psíquicas, deve necessariamente ser traduzida na *práxis* de sua vida real exterior, e que a mesma esteja sob o controle de seu Ego consciente, com a respectiva assunção da responsabilidade pelos seus atos.

ELABORAÇÃO

Em linhas gerais, o processo de elaboração consiste na aquisição de um *insight* total e definitivo, conseguido através da integração de *insights* parciais.

A vida psíquica é constituída por estruturas compostas por pares antitéticos (amor x ódio, objetos "bons" x "maus", realidade x fantasia, interno x externo, parte x todo, infantil x adulto, verdadeiro x falso, parte psicótica x parte não-psicótica, interesses dos indivíduos x interesses dos grupos, etc.), os quais, dissociados e projetados, estão fundidos e confundidos. Elaborar, em resumo, é o processamento de uma integração e síntese harmônica desses elementos decompostos. A partir desse contexto, pode-se dizer que o fim último da análise é a síntese.

É importante também considerar o modo como o *insight* está sendo adquirido e utilizado: se de forma intelectiva, cognitiva ou afetiva, harmônica ou confusional, plasmando uma identidade autêntica ("ser alguém") ou imitativa ("ser como alguém"); se conduz a mudanças construtivas ou defensivas; se produz uma cura verdadeira ou uma cura cosmética (múltiplas camadas de beleza encobrindo a feiúra da doença oculta).

O resultado disso tudo deve ficar traduzido em mudanças significativas e duradouras, e não somente em adaptações. Caso contrário, estamos diante de uma elaboração defeituosa; ou porque o seu eixo fundamental — o *insight* — era falso, provavelmente de ordem intelectiva, ou devido a uma séria resistência inconsciente a mudanças (por narcisismo, por culpas, por apego às ilusões, etc.). No entanto, essa evitação de mudanças, e a preservação dos estereótipos, acarreta um custo elevado: o bloqueio de novas experiências que poderiam despertar e resgatar capacidades latentes.

A elaboração em grupoterapias deve levar em conta algumas características específicas. Assim, pode ocorrer que os indivíduos tenham ritmos diferentes em sua capacidade de elaborar e de fazer mudanças. A observação clínica comprova que quanto mais sadio é um indivíduo num contexto grupal, mais possibilidades ele tem em desempenhar um leque mais amplo de diferentes papéis evolutivos, e não meramente repetitivos. Contudo, apesar das diferenças individuais, quando o grupo é coeso o crescimento se processa de forma uniforme, sem discrepâncias marcantes.

Por outro lado, é preciso levar em conta que as etapas em que se processam as rupturas de estereótipos costumam vir acompanhadas de certa confusão individual e grupal. É importante que o grupoterapeuta tenha claro para si que essa confusão, nesse contexto, é natural e até necessária.

Uma importante área de elaboração, especificamente propiciada pela grupoterapia, diz respeito ao cortejo de fantasias e ansiedades despertadas pela entrada de elementos novos, assim como pela saída de outros. Neste último caso, o conteúdo da elaboração varia muito em função de se a saída de um paciente do grupo tiver sido por interrupção (desistência, expulsão, etc.) ou por um término exitoso.

Em qualquer dessas possibilidades, em suas múltiplas variantes, a elaboração de perdas "ao vivo" confere uma tipicidade singular ao tratamento grupal.

MECANISMOS DA AÇÃO TERAPÊUTICA DO GRUPO, CRITÉRIOS DE CURA

A conceituação de "cura", na área do psiquismo, é muito relativa e imprecisa, uma vez que é muito abrangente. Dentro da especificidade de nosso tema — tratamento de grupo —, as coisas se complicam ainda mais em função da velha polêmica: existe uma "grupo-análise" ou a denominação mais adequada é sempre "psicoterapia analítica de grupo"? Em outras palavras: há o reconhecimento público de que um tratamento de grupo possa ser considerado como uma psicanálise propriamente dita, ou nunca passa de uma "simples psicoterapia" de alcances muito limitados...

Vamos definir nossa posição pessoal: somos dos que pensam que, mais do que o método do tratamento utilizado — individual ou grupal —, o que deve valer mais para a obtenção do resultado analítico é a qualificação do terapeuta. Caso ele seja um psicanalista com uma completa formação em instituto de reconhecida idoneidade, não cremos que seja unicamente o cumprimento do *setting* da psicanálise clássica (número mínimo de quatro sessões semanais, uso do divã, etc.) que vai determinar o que é psicanálise "verdadeira" ou não. Já tivemos pacientes que, apesar de uma rígida obediência ao referido *setting* analítico formal, não fizeram mais do que uma psicoterapia, deitados; em contrapartida, temos absoluta convicção de que muitos pacientes de grupo obtiveram inequívocos resultados psicanalíticos, com as devidas mudanças estruturais e caracterológicas. Essa tomada de posição, genérica, não deve significar que estejamos igualando ambas as formas de terapia, longe disso, há muitas similitudes e muitas claras diferenças entre psicoterapia e psicanálise. A discussão seria extensa e não nos parece adequado fazê-la aqui.

Para favorecer um entendimento consensual acerca do conceito de cura, vamos utilizar o seguinte esboço classificatório: os resultados terápicos podem ser subdivididos em benefícios terapêuticos e em resultados analíticos.

Os *benefícios terapêuticos* abrangem três níveis distintos: a) a resolução de crises situacionais agudas (quando bem manejadas costumam ser de excelente prognóstico); b) remoção de sintomas (se estes não estiverem organizados em uma cronificação também são de bom prognóstico); c) melhoras adaptativas (o paciente consegue melhorar muito o seu padrão de ajuste familiar, social e profissional, mas esta melhora é algo instável, sujeita a recaídas, por não ter sido construída com profundas modificações da estrutura interna).

Os *resultados analíticos,* sim, implicam no fato de que realmente se processaram as aludidas mudanças estruturais (relações objetais internas, identificações, etc.) com evidentes modificações caracterológicas e na conduta do indivíduo.

Um outro marco referencial que pode ser tomado acerca da conceituação do que é cura é o que parte dos quatro significados semânticos dessa palavra.

Assim, os dicionários nos dizem que o vocábulo *cura* pode designar:

- Em Medicina, a resolução completa de uma doença.
- Uma prestação de cuidados (como em "cura" da paróquia; curador; pró-curador; curativo; descurar, etc.).
- O vocábulo cura deriva-se de *curios,* que também é a raiz de "curiosidade".
- Uma forma de amadurecimento (tal como para caracterizar um queijo que está sazonando).

Se estabelecermos uma conexão entre os dois modelos referenciais que aqui adotamos, pode-se dizer que a cura, no sentido médico, encontra correspondência na cura psíquica, nos casos de resolução de crises e de sintomas de aparecimento recente; o segundo significado — o da prestação de cuidados adequados — permite atingir o benefício de nível adaptativo; a curiosidade é uma premissa básica para a aquisição de *insight* e o significado de "amadurecimento sazonal" equivale ao trabalho de elaboração, e daí aos resultados analíticos propriamente ditos.

Mas no que consistem esses resultados? Uma pretensão em querer esgotar o assunto nos levaria praticamente a revisar toda a teoria psicanalítica, além de outras... Por essa razão, vamos nos limitar a rastrear o conceito de como operam os mecanismos curativos, segundo os pontos de vista dos principais autores, a partir de Freud e, numa escalada evolutiva, passando por M. Klein, Bion, Winnicott, Kohut, Lacan, M. Mahler, bem como os seguidores da teoria sistêmica.

Em estilo altamente simplificador — com todos os riscos de cometer alguma heresia científica que esse tipo de comunicação implica —, pode-se traçar o seguinte painel evolutivo do conceito de cura analítica:

Freud. Ele próprio, em diferentes épocas de evolução de sua extensa obra, conceituou o processamento dos mecanismos curativos em seus três clássicos aforismos: 1) "... todo neurótico sofre de reminiscências e a cura consiste em rememorá-las" (teoria do trauma psíquico); 2) "Tornar consciente o que é inconsciente" (teoria topográfica); 3) "Onde houver Id (e Superego) deve estar o Ego" (teoria estrutural).

Vou usar o artifício de seguir o mesmo modelo do terceiro aforismo de Freud para os demais autores.

Melanie Klein. Seria assim: "Onde houver uma posição esquizoparanóide (predominância do instinto de morte, inato — representado pelo sentimento de inveja —, com a conseqüente dissociação do Ego e dos objetos, bem como a projeção destas partes explicadas), deve ficar a posição depressiva (o indivíduo faz a integração dos objetos parciais em totais, e assume a culpa pelos seus ataques destrutivos, e faz as devidas reparações)".

Bion. São múltiplos os vértices de abordagem deste autor sobre os mecanismos curativos. Exemplos: "Onde houver onipotência, devem ficar a capacidade de pensar e o aprendizado pela experiência". "Onde houver a função '-K' (negação do conhecimento das penosas realidades, internas e externas), deve ficar a função 'K'" (é a inicial de *knowledge,* conhecimento). "Onde houver ansiedade de aniquilamento (inominada 'terror sem nome'), deve haver um nome para a mesma". "Onde houver a parte psicótica da personalidade, deve estar a não-psicótica", sendo que, em termos da dinâmica grupal, isso equivale ao seu outro postulado: "Onde houver supostos básicos inconscientes, deve ficar o grupo de trabalho".

Winnicott. Só para destacar um ponto, entre suas tantas contribuições importantes: "Onde houver um falso *self,* deve ficar o verdadeiro *self*".

Kohut (criador da Escola da Psicologia do *Self*).   Enfatizou o conceito de cura, em especial com pacientes muito regressivos, no seguinte ponto: "Onde houver sérios prejuízos na formação do *self* (devido a falhas dos objetos primitivos, mãe principalmente), deve haver uma 'internalização transmutadora'" (através da figura empática do terapeuta, que se comporta como um novo "*self*-objeto").

Lacan (maior figura da Escola Estruturalista).   "Onde houver significações patológicas, deve haver novas ressignificações". "Onde houver uma sujeição (ser o desejo do desejo de um Outro), deve ficar uma liberdade e autonomia". E ainda: "Onde houver Narciso (díade fusional com a mãe), deve ficar Édipo" (entrada em cena da "lei do pai" para desfazer o monopólio da mãe).

M. Mahler (importante representante da Escola da Psicologia do Ego).   "Onde houver simbiotização e indiferenciação, deve haver individuação, com constância objetal e coesão do *self*". Antes dela, os pioneiros desta escola americana (Hartmann) teriam postulado assim: "Onde houver um prejuízo na capacidade das funções do Ego, devem ser resgatadas essas áreas que, inicialmente, eram autônomas e livres de conflitos".

Teoria geral dos sistemas.   "Onde houver uma radicalização e estereotipia na distribuição de papéis de um sistema (familiar), deve haver flexibilização, intercâmbio e mudanças".

E assim por diante.

CRITÉRIOS DE CURA

Conquanto estejamos empregando o termo *cura* por ser de uso corrente na prática analítica, particularmente creio que, acompanhando Bion, o conceito dessa palavra está muito ligado à medicina, no sentido único de uma remoção de sintomas e anormalidades concretas; porém, como no psiquismo as coisas também se processam em grande parte no plano da abstração, a expressão mais adequada seria *crescimento mental*.

Tudo isso comprova que a conceituação do que vem a ser a finalidade e o mecanismo da ação terapêutica analítica é realmente complexa. Em termos mais estritamente grupais, podemos afirmar que um processo exitoso de terapia analítica em uma concepção ideal deve ser extensivo aos seguintes aspectos de mudanças psíquicas:

- Diminuição das ansiedades paranóides e depressiva. Isso implica em que os indivíduos possam assumir a parcela de responsabilidade pelo que fizeram ou deixaram de fazer para os outros e para si próprios.
- Desenvolvimento de um bom "espírito de grupo".
- Capacidade de comunicação e interação com os demais, sem a perda dos necessários limites.
- Uma modificação na *qualidade das relações objetais,* as internas e, a partir daí, as externas.
- Um *menor uso de mecanismos defensivos primitivos,* notadamente as excessivas negações, dissociações, identificações projetivas, idealizações e um controle onipotente.
- Uma *renúncia às ilusões* de natureza simbiótico-narcisísticas.
- A aquisição de uma capacidade em fazer (re)introjeções — e, daí, *novas identificações* — de renovados modelos, tanto de objetos como de funções psíquicas, de valores e de papéis.

- A *recuperação e integração de partes suas*, que foram profundamente rechaçadas, reprimidas e cindidas, e que estão projetadas em outras pessoas, ou ocultas dentro dele mesmo.

- A obtenção de uma capacidade *de suportar frustrações, absorver perdas e fazer um luto pelas mesmas*, através da assunção do seu quinhão de responsabilidades, e eventuais culpas, pelo destino de seus objetos importantes, assim como também pelo destino que ele deu às capacidades do seu Ego.

- A isso deve seguir-se a *consideração* (Winnicott utiliza o termo *"concern"*) pelas outras pessoas, e a capacidade de *reparação* pelos possíveis danos infligidos aos objetos e a si mesmo. Não é demais lembrar a importante diferença entre a verdadeira e a falsa reparação, sendo que esta pode se processar através de recursos maníacos, de um "falso *self*", ou de uma superproteção obsessiva.

- Uma *diminuição das expectativas* impossíveis de serem alcançadas, as quais são provindas tanto por parte de um Ego ideal quanto de um Ideal do Ego.

- Um *abrandamento do Superego*, sempre que este for de natureza arcaica, rígido, punitivo e todo-poderoso. Nesse caso, a mudança consiste em transformar esse tipo de Superego em um "Ego auxiliar", isto é, que ele conserve as indispensáveis funções delimitadoras, de proteção e de princípios éticos, a serviço do Ego.

- Uma *libertação das áreas autônomas do Ego*, que possibilite um uso mais adequado de suas nobres funções de: percepção, pensamento, linguagem, juízo crítico, conhecimento, comunicação, ação e criatividade.

- A *aceitação da condição de dependência*, a partir do *insight* de que depender dos outros é, em princípio, sadio e inerente à condição humana. O medo do paciente de "ficar dependente da análise e do analista" expressa, na verdade, que ele sofre de uma "dependência má" (devido às decepções e humilhações sofridas), a qual deve ser transformada em uma "dependência boa" (tecida com confiança, respeito, amizade, etc.).

- A utilização da *linguagem verbal*, em substituição à não-verbal, a qual, muitas vezes, especialmente em pacientes muito regressivos, se expressa por meio de *actings* malignos e por somatizações, assim como por uma contratransferência difícil, por vezes paralisante. Da mesma forma, em pacientes *borderline* e psicóticos, constitui-se como uma importante mudança psíquica a utilização de símbolos (em lugar das equações simbólicas) e de abstrações.

- A aquisição de um *sentimento de identidade* consistente e estável. Sabemos que a formação da identidade resulta da combinação de múltiplas identificações e que ela se processa em vários planos, como o sexual, de gênero, de geração, social, profissional, etc. Por outro lado, vale assinalar que a morfologia da palavra "identidade" compõe-se de *idem* (quer dizer: "igual", ou seja, implica a manutenção de uma mesma maneira básica de o sujeito ser) e de *entidade* (que se forma quando a criança, ou o paciente, resolve a simbiotização, a qual se caracteriza por uma indiferenciação entre o "eu" e o outro, sendo que, a partir daí, o sujeito faz uma separação e adquire uma individuação; assim, ele *nasce psicologicamente*, como diz M. Mahler (1973), ou seja, ele passa a *existir*, a ser um *ente;* daí, *entidade*).

- A obtenção de uma *autenticidade e de uma autonomia*. A importância de que o paciente adquira uma autonomia está contida na própria etimologia dessa palavra. Assim, ela se forma a partir de *auto* (próprio) e de *nomos* (étimo grego, que tanto designa "nome" como "lei"). Dessa forma, por meio do que Lacan denomina *o nome do pai*, ou *a lei do pai*, o analisando consegue se dessimbiotizar da mãe, ou seja, sair de uma condição de ser um sujeitado, ou um sujeitador, e adquirir o estatuto de um *sujeito* livre, a partir de uma liberdade interna, o que lhe faculta ser possuidor de um nome próprio e de leis próprias a serem cumpridas. Essa liberdade é indissociável do "amor às verdades" e são elas que vão permitir a passagem para um novo nível de mudança psíquica: o do exercício da autonomia, criatividade, aceitação dos limites e limitações, bem como do direito ao usufruto de prazeres e lazeres. A propósito disso, vale lembrar a referência de Freud em um rodapé de *O Ego e o Id* (1923): "A análise se dispõe a dar ao Ego a *liberdade* para decidir por um meio ou por outro".

- Ao mesmo tempo que o sujeito adquire o direito de sentir-se livre das expectativas e mandamentos dos outros (especialmente dos que moram dentro dele), ele também deve ser capaz de experimentar relações afetivas com outras pessoas, *reconhecendo-as como livres, inteiras, diferentes e separadas dele,* ao mesmo tempo em que possa suportar sentimentos ambivalentes em relação a tais pessoas.
- Uso adequado das identificações projetivas, sendo que isso tanto vai possibilitar uma menor distorção de como eles percebem os demais, como também o desenvolvimento da empatia, ou seja, a capacidade de se colocar no lugar de um outro.
- Ruptura da estereotipia cronificada de certos papéis. Aceitação das diferenças.
- Em pacientes muito regressivos a passagem do plano imaginário para o simbólico, o que, por sua vez, permitirá a passagem da posição de narcisismo para a de socialismo.
- Desenvolvimento do senso de identidade individual, e da identidade grupal, assim como de uma harmonia entre ambas.
- Capacidade em elaborar situações novas, perdas e ganhos.
- Capacidade em fazer discriminações entre os aspectos dissociados (entre o que é dele e o que é do outro; entre as contradições que permeiam o pensar, o sentir e o agir; entre a ilusão e a realidade, etc.).
- Capacidade em se permitir ter uma boa dependência (é diferente da submissão ou da simbiose), assim como uma independência relativa (é diferente de rebeldia, de mandonismo, ou de "não precisar de ninguém").
- Aquisição de novos modelos de identificação e, ao mesmo tempo, uma necessária desidentificação com arcaicos modelos de identificação patológicos.
- Desenvolvimento das capacidades de ser "continente" de ansiedades, tanto para si como para os outros.
- Desenvolvimento de uma "função psicanalítica da personalidade" (termo de Bion, que designa uma boa introjeção do terapeuta e, portanto, uma identificação com a capacidade para fazer *insight* e interpretações).

EXEMPLO CLÍNICO (Nº 6)

Trata-se de um grupo terapêutico, analítico, aberto que, a contar de seu início, tem uma duração de mais de dez anos. Na sua atual composição participam, entre outros pacientes, a "caçula Adélia" (ingressou há 2 meses) e a "veterana" Cecília (participa do grupo há 9 anos, estando atualmente em processo de alta).

A vinheta clínica que segue visa a ilustrar, na pessoa de Cecília, dois aspectos importantes: o desenvolvimento da "função psicanalítica da personalidade", bem como uma clara evidência de uma ruptura com papéis estereotipados.

A sessão começa com Adélia dizendo que pensou muito no que Bernardo (um outro membro do grupo) lhe dissera na sessão anterior: "Ele me falou que era impossível eu aparentar estar sempre bem, e que eu não tivesse lágrimas, raivas e medos como todos aqui têm. Algo há. Enquanto eu pensava nisso, fui percebendo uma raiva contra R (o pai de sua filha), porque ele anda atrasando a pensão da menina e nem dá bola para o drama de meu orçamento. Telefonei para o pai dele e dei um xingão em todo mundo. Até vexames eu tenho passado devido à falta de dinheiro".

O grupo se interessa pelo relato de Adélia e faz indagações acerca das razões por que ela tem aceito essa situação de uma forma tão passiva, sem lutar pelos seus direitos. A isto ela responde que sua mãe lhe dá conselhos para não brigar, e que, se não for assim, ainda vai acabar perdendo o pouco que ganha dele. Por isso ela nunca procurou um advogado, e não existe nenhum contrato escrito quanto à sua separação, o que a obriga a correr atrás de R para "pedir" a pensão da filha.

A seguir, Cecília diz que vai usar a sua experiência pessoal para dar um conselho a Adélia, e passa a contar para esta o quanto o seu próprio desquite, nos primeiros tempos, também teve características semelhantes ao que relatara a nova colega de grupo. Cecília prossegue fazendo uma síntese das passagens mais dolorosas de sua *via crucis* e mostra como foi possível reverter a relação doentia que mantinha com o seu ex-marido para uma situação atual de dignidade, à medida que ela foi perdendo o medo dele.

Os demais componentes do grupo participam ativamente do assunto e confirmam a visível modificação que eles têm observado nas atitudes de Cecília. Esta retoma a palavra e, num tom de voz muito emocionado, conta a briga que teve com o pai no dia anterior: diante de um erro de Cecília, seu pai chamou-a de "babaca", como, aliás, ele sempre fizera, desde que ela era criancinha. Prossegue dizendo que, até há pouco tempo, a sua reação diante de tais situações nunca passava das lágrimas, de um pedido de desculpas ou, no máximo, de uma raiva contida. Dessa vez ela se indignou e gritou com o pai: "Basta! É a última vez que me chamas de babaca, não vou mais admitir esse abuso". Foi preciso eu me tratar quase dez anos para descobrir que eu não sou, e nunca fui, a pateta que vocês me rotularam e me convenceram de que eu era. Pelo contrário, eu sou uma pessoa de muito valor, mas tenho o direito de errar como todo mundo, como o senhor, por exemplo (lhe aponta alguns erros importantes). Eu respeito vocês, mas, de hoje em diante, eu exijo ser respeitada". Cecília ressaltou ao grupo que essa foi a primeira vez em sua vida que ela brigou com o seu pai, até então uma figura intocável. Não estava arrependida e, apesar de seu pai ter ficado muito aturdido, percebeu claramente que ele a entendeu muito bem, tanto que, após um constrangimento inicial, o clima entre eles ficou muito bom, e Cecília até pensou em presenteá-lo com um disco (soubemos, na sessão seguinte, que o disco que ela presenteou ao pai era o da filha de Nat King Cole, cantando juntamente com o pai já falecido, através de um moderno recurso tecnológico).

Comentários

Muitas observações poderiam ser extraídas deste material clínico, como, por exemplo, a evidência de uma resistência inicial (o "estar sempre bem", em Adélia) e o fato de que foi um componente do grupo (Bernardo) que, exercendo uma função interpretativa, auxiliou Adélia a começar o descongelamento de suas resistências. No entanto, vamos nos limitar a realçar unicamente o aspecto de que o caminho de uma verdadeira mudança psíquica deve passar pelo rompimento de alguns papéis estereotipados que foram incutidos pelos pais, e que os pacientes podem repetir compulsoriamente pelo resto de suas vidas (como foi o papel de "babaca" imputado a Cecília).

A ruptura com o estereótipo não significa que deve haver uma ruptura beligerante com as pessoas da mãe, pai, etc. Pelo contrário. Trata-se, antes, de uma modificação na qualidade dos relacionamentos, como Cecília demonstrou. Aliás, o presente que ela deu ao pai traduz uma reaproximação afetiva com ele, em outras condições e posições.

Outro aspecto da sessão que vale a pena registrar é o que se refere ao desenvolvimento de uma capacidade de empatia. Assim, o fato de Cecília já ter bem elaboradas as mesmas vicissitudes conflitivas vividas por Adélia permitiu que ela se colocasse no lugar, e junto desta.

CAPÍTULO 23

Perfil e Função do Grupoterapeuta

Como vimos, a ação psicoterápica se baseia fundamentalmente na elaboração dos *insights* obtidos através das interpretações do terapeuta. No entanto, a interpretação não é o único fator determinante de mudanças psíquicas. Na verdade, o campo terapêutico é composto por duas coordenadas perpendiculares: a interpretação propriamente dita e a atitude interna da pessoa do terapeuta, sendo que este último vetor cresce de importância na proporção direta do grau de regressividade do paciente ou do grupo.

Sabemos que a formação de um terapeuta, da mesma forma que a de qualquer profissional da área humanística, repousa no indissociado tripé: conhecimentos + habilidades + atitudes.

Os *conhecimentos* consistem na necessidade de um sólido respaldo teórico-técnico e resultam de um programa de ensino-aprendizagem sistematizado e continuado por uma ininterrupta curiosidade e leitura diversificada.

As *habilidades* resultam de uma atividade supervisionada, sendo que o aprendizado é extraído tanto dos acertos como — e principalmente — dos erros, e só é possível a partir da experiência própria de cada um.

As *atitudes* do terapeuta refletem como ele é como gente. Elas resultam da conjunção de uma série de fatores: os aludidos conhecimentos e habilidades, o tipo básico da estrutura da personalidade de cada um, o grau de adiantamento de sua análise pessoal, a sua ideologia e código de valores, além, principalmente, da presença de alguns atributos, nem sempre manifestos, e que por isso fazem lembrar uma reflexão do *Pequeno príncipe,* de Saint-Exupéry: "O essencial é invisível para os olhos".

A importância dessa *atitude,* que provém do interior da pessoa do terapeuta, reside justamente no fato de que ela se constitui em uma forma de comunicação não-verbal, que atinge um nível primitivo da organização do *self* do paciente. Lembra, portanto, o que se passa na interação da mãe com o seu bebê.

Especificamente em relação aos atributos da pessoa de um grupoterapeuta, pode-se dizer que, assim como nem todos os tipos de pacientes têm uma indicação para tratamento em determinados tipos de grupoterapias, da mesma forma nem todos os terapeutas têm indicação para serem grupoterapeutas.

A seguir estão listados os principais requisitos que, em termos ideais, são indispensáveis na formação e prática de um grupoterapeuta, no entanto, sempre levando em conta a indispensável ressalva de que a discriminação em separado dos diversos atributos que seguem pode dar uma falsa impressão de que estamos pregando uma enormidade de requisitos para um coordenador de grupo, quase que configurando uma condição de "super-homem". Se realmente for essa a impressão deixada, peço ao leitor que releve, pois tudo se passa de forma simultânea, conjunta e natural, e a quantidade de itens descritos não visa mais do que a dois objetivos: um é o de transparecer que, indo muito além de uma mera pantalha transferencial, a *pessoa real* do grupoterapeuta representa um fator de extraordinária importância na evolução mais ou menos exitosa do grupo; o outro é que a razão de uma discriminação tão pormenorizada se deve ao propósito de manter um esquema de natureza didática.

O GRUPOTERAPEUTA DEVE GOSTAR E ACREDITAR EM GRUPOS

De preferência, mas não necessariamente, que tenha passado pelas mesmas experiências afetivas que os seus atuais pacientes, como, por exemplo, ter sido integrante de um grupo terapêutico na condição de paciente ou de observador.

É claro que qualquer atividade profissional exige que o praticante goste do que faz, caso contrário ele trabalhará com um enorme desgaste pessoal e com algum grau de prejuízo em sua tarefa. No entanto, atrevo-me a dizer que, particularmente, na coordenação de grupos, esse aspecto adquire uma relevância especial, porquanto a *gestalt* de um grupo, qual um "radar", capta com mais facilidade aquilo que lhe é "passado" pelo coordenador, seja entusiasmo ou enfado, verdade ou falsidade, etc.

Cabe deixar bem claro que o fato de se gostar de trabalhar com grupos de modo algum exclui o fato de se vir a sentir transitórias ansiedades, cansaço, descrenças, etc.

CAPACIDADE DE TER PACIÊNCIA

Habitualmente, o significado desta palavra está associado a uma idéia de passividade, de resignação, conformismo, e o que aqui estamos valorizando como um importante atributo de um coordenador de grupo é frontalmente oposto a isso. Paciência deve ser entendida como uma atitude *ativa*, como um tempo de espera necessário para que uma determinada pessoa do grupo reduza a sua possível ansiedade paranóide inicial, adquira uma confiança basal nos outros, permita-se dar uns passos rumo a um terreno desconhecido, e assim por diante. Assim concebida, a capacidade de paciência faz parte de um atributo mais contingente, qual seja, o de funcionar como um continente.

CAPACIDADE DE EMPATIA

Como comprova a etimologia desta palavra (as raízes gregas são: *em* (dentro *de*) + *pathos* (sofrimento), empatia refere-se ao atributo de o grupoterapeuta poder se colocar no papel de cada paciente e de entrar no "clima" do grupo. Isso é muito diferente de *simpatia* (que se forma a partir do prefixo *sim*, que quer dizer *ao lado de* e não *dentro de*). A empatia está muito conectada à capacidade de poder fazer um aproveitamento útil dos sentimentos contratransferenciais e, para tanto, é indispensável que o grupoterapeuta tenha condições de distinguir entre os sentimentos que provêm dos pacientes daqueles que são unicamente próprios dele.

CAPACIDADE DE INTUIÇÃO

Este é um atributo que não tem nada de mágico, como muitas vezes se pensa. A própria etimologia (intuir se forma de *in* [dentro] + *tuere* [olhar]) esclarece que intuição se refere à capacidade de olhar com um "terceiro olho", aquele que, a partir dos órgãos dos sentidos e do respaldo teórico latente em seu pré-consciente, está captando o não-sensorial que vem do inconsciente dos indivíduos e da *gestalt* grupal. É diferente de empatia, pois esta se refere ao plano afetivo, enquanto que a intuição se processa no cognitivo.

CAPACIDADE DE DISCRIMINAÇÃO

No campo grupal, costuma se processar um jogo muito rápido, e cruzado, de identificações, as projetivas principalmente, que adquirem uma feição caleidoscópica e, se o grupoterapeuta não conseguir discriminá-las, há o risco da instalação de uma confusão nociva e até de um estado de caos.

CAPACIDADE EM MANTER UMA PERMANENTE INTEIREZA DE SEU SENTIMENTO DE IDENTIDADE PESSOAL E DE GRUPOTERAPEUTA

Este aspecto merece ser realçado pelo fato de que, em grupos, é enorme o volume das pressões internas e externas, no sentido de perverter o *setting* e de tirar o terapeuta de seu papel. Uma outra razão é a de que o grupoterapeuta deve saber fazer cisões sadias do seu Ego, para poder manter a ligação empática com situações diferentes e simultâneas.

Neste item deve ficar incluído o sério risco de contra-atuações, caso a preservação da identidade venha ficar avariada.

SENSO DE ÉTICA

Este atributo impõe-se não tanto pelo seu significado convencional, mas, muito mais, pelo que sua etimologia nos ensina. Ética vem de *ethos* que, em grego, quer dizer *território natural,* o que significa que o grupoterapeuta não tem o direito de invadir o espaço autêntico de seus pacientes, impondo-lhes valores e expectativas. Pelo contrário, ele deve propiciar um alargamento do espaço interior e exterior de cada um deles, através da aquisição do direito de ser livre, sem que isso, por sua vez, implique na invasão da liberdade dos outros do grupo. Para tanto, cada um dos pacientes, no curso da grupoterapia, deve passar da sua eventual condição de sujeitador ou de sujeitado para a de SUJEITO, livre e autônomo. É útil lembrarmos que a palavra "autonomia" forma-se a partir de *auto* (próprio) + *nomos* (lei; nome).

Neste contexto, podemos afirmar que uma característica que um grupoterapeuta não pode ter é a de ser excessivamente narcisista, tipo "complexo de Deus". Caso contrário, ele não terá condições de evitar (e até estimulará) a perpetuação da idealização e da dependência, de poder aceitar os outros como sendo diferentes dele nas suas manifestações criativas e de refrear o seu gosto pela liderança, única via que possibilita a sadia formação de novos líderes.

Da mesma forma, há o risco de que o terapeuta utilize o seu saber como um meio prioritário de obter poder, prestígio e dinheiro, e não como um compromisso ético com a busca da verdade. Esse compromisso não deve ser entendido como uma recomendação de que o terapeuta deva ir à caça das verdades absolutas, até porque elas são muito relativas e nunca definitivas. Antes disso, ser "verdadeiro" significa que o grupoterapeuta deva ser uma pessoa autêntica, veraz, não só como um dever ético, mas também como uma imposição técnica, pela razão de que ele está investido no papel de um novo modelo de identificação para os seus pacientes.

UM NOVO MODELO DE IDENTIFICAÇÃO

De acordo com o que foi destacado no capítulo precedente, a via de ação terapêutica não é só a da interpretação, mas também a que emana do profundo, verdadeiro, da pessoa do terapeuta. Por essa razão, deve ficar bem claro para o terapeuta que ele se constitui como um importante modelo para as — necessárias — renovadas identificações dos pacientes. Para que estas se processem adequadamente, o mínimo que se exige é que ele mantenha uma coerência entre o que diz, o que faz e o que, de fato, é.

Além disso, o grupoterapeuta, funcionando como um novo modelo de identificação para cada um e todos do grupo, contribui para as importantes funções de *desidentificação* (com alguns aspectos patogênicos, desarmônicos ou inaceitáveis das figuras parentais que estão introjetados e com os quais eles estejam identificados) e de *dessignificação* (em relação aos significados patológicos que foram emprestados a antigas experiências emocionais), assim abrindo um importante espaço psíquico para "neo-identificações" e "neo-significações".

RESPEITO

Mais uma vez recorremos à etimologia para mostrar que o atributo de *respeito* tem um significado muito mais profundo do que o usualmente empregado. Respeito vem de *re* (de novo) + *spectore* (olhar), ou seja, é a capacidade de o grupoterapeuta — e, a partir daí, ser desenvolvida em cada um dos pacientes do grupo — voltar a olhar para as pessoas com as quais está em íntima interação, com outros olhos, com outras perspectivas, sem a miopia repetitiva dos rótulos e papéis que, desde criancinhas, lhes foram incutidos.

Tudo isso está baseado no importante fato de que a imagem que uma mãe ou pai (grupoterapeuta) tem dos potenciais dos seus filhos (pacientes) e da família (grupo) se torna parte importante da imagem que cada indivíduo terá de si próprio.

O ponto principal do modelo destacado no item anterior é o fato de que somente através do amor às verdades, por mais penosas que estas sejam, é que se torna possível que os pacientes consigam fazer verdadeiras mudanças internas. Ademais, tal atitude do terapeuta é a que vai modelar a formação do indispensável clima de uma leal franqueza entre os membros que compartilham uma grupoterapia.

Faz parte da concepção de *respeito* a necessidade de que o grupoterapeuta não reproduza o possível papel de um pai que, de forma categórica e dogmática, imponha os seus valores e mandamentos ao filho, mesmo que o faça de forma dissimulada, nem o de uma mãe que, a título de proteger o seu filho, prefira dar-lhe tudo "prontinho" e facilitado, e tampouco o terapeuta pode faltar com o respeito pelo paciente se reforçar a atitude de muitos educadores que acreditam serem os proprietários da verdade e não toleram contestações dos alunos. Tudo isso adquire uma influência deletéria para a criança (ou o paciente), porquanto colabora para uma infantilização e uma atrofia das capacidades de liberdade, curiosidade sadia para a descoberta e o enfrentamento das verdades e também para uma esterilização da criatividade e, por isso, a prepara unicamente para ser uma "boa cumpridora" dos deveres, obrigações e expectativas que os outros depositam nela. Uma boa síntese de tudo isso pode ser confirmada pela sabedoria poética de Antônio Machado quando diz: *"Caminhante, não há caminho, se faz caminho ao andar"*, e também na filosofia zen por meio desse belo aforismo: *"O mestre tem a responsabilidade de fazer com que o aluno descubra não o caminho propriamente dito, mas as vias de acesso a ele".*

CAPACIDADE DE COMUNICAÇÃO

Além dos aspectos que já foram referidos quando abordamos o "estilo" de como um grupoterapeuta interpreta, é importante ressaltar a necessidade de que ele e os integrantes do grupo estejam falando a mesma linguagem conceitual e se comunicando, valoritivamente, em um mesmo comprimento de onda.

Autores que trabalham com grupos de adolescentes, como Castelar (1987), apontam que "... os adolescentes toleram mal todo e qualquer formalismo" e que "a célebre e decantada posição de neutralidade psicanalítica é funesta em psicoterapia com adolescentes".

Cabe enfatizar o importantíssimo aspecto de que o grupoterapeuta deva estar permanentemente atento e saiba descodificar as mensagens que estão contidas nas diversas modalidades de comunicação que se manifestam por meio de uma *linguagem não-verbal* — bastante freqüente em qualquer grupo —, como pode ser a ocorrência de movimentos individuais ou grupais, às vezes quase imperceptíveis, manifestos por determinados gestos, postura corporal, aparente desligamento, somatizações, atuações, silêncios, provocação de efeitos contratransferenciais, etc.

SENSO DE HUMOR

Este atributo implica na capacidade de, sem nunca perder a seriedade da situação, poder atingir uma profundidade na comunicação, através de exclamações, comentários bem humorados, eventuais metáforas, sorrisos e risos quando espontâneos e apropriados, etc. A significação deste atributo tem uma conotação com o que Winnicott define como sendo a importante capacidade de "saber brincar".

CAPACIDADE EM EXTRAIR O DENOMINADOR COMUM DA TENSÃO DO GRUPO

Em meio a tantas comunicações, aparentemente totalmente diferentes entre si, é indispensável que o grupoterapeuta saiba detectar qual é a necessidade básica, ou fantasia inconsciente, ou ansiedade, ou mau uso de alguma importante função do Ego, que está emergindo como sendo comum a todos, em um determinado momento do campo grupal. Este emergente vai se formando através de uma lenta elaboração no interior do grupoterapeuta, ao longo da sessão, até que, amadurecido, sirva como um fio condutor para a interpretação.

AMOR ÀS VERDADES

Não é exagero afirmar que essa é uma condição *sine qua non* para um coordenador de qualquer grupo — muito especialmente para os de propósito psicanalítico —, pois ninguém contesta que a verdade é o caminho régio para a confiança, a criatividade e a liberdade.

É necessário esclarecer que não estamos aludindo a uma caça obsessiva em busca das verdades, até mesmo porque as mesmas nunca são totalmente absolutas e dependem muito do vértice de observação, mas, sim, referimo-nos à condição de o coordenador *ser verdadeiro*. O coordenador que não possuir esse atributo também terá dificuldades em fazer um necessário discernimento entre verdades, falsidades e mentiras que ocorrem nos campos grupais. Da mesma forma, haverá um prejuízo na sua importante função de servir como um modelo de identificação, de como enfrentar as situações difíceis da vida.

No caso dos grupos psicoterápicos, o atributo de o coordenador ser uma pessoa veraz, além de um dever ético, também é um princípio técnico fundamental, pois somente através do amor às verdades, por mais penosas que elas sejam, os pacientes conseguirão fazer verdadeiras mudanças internas. Ademais, tal atitude do grupoterapeuta modelará a formação do indispensável clima de uma leal franqueza entre os membros que partilham uma grupoterapia.

COERÊNCIA

Nem sempre uma pessoa verdadeira é coerente, pois, conforme o seu estado de espírito, ou o efeito de uma determinada circunstância exterior, é possível que ela própria se "desdiga" e modifique posições assumidas. Pequenas incoerências fazem parte da conduta de qualquer indivíduo; no entanto, a existência de incoerências sistemáticas por parte de algum educador — como são aquelas provindas de pais, professores, etc. — leva a criança a um estado confusional e a um abalo na construção dos núcleos de confiança básica. De fato, é altamente danoso para o psiquismo de uma criança que, diante de uma mesma "arte", em um dia ela seja aplaudida pelos pais e, num outro, severamente admoestada ou castigada; assim como é igualmente patogênica a possibilidade de que cada um dos pais, separadamente, sejam pessoas coerentes nas suas posições, porém manifestamente incoerentes entre as respectivas posições assumidas perante o filho. Essa atitude do educador constitui uma forma de desrespeito à criança.

O mesmo raciocínio vale integralmente para a pessoa do coordenador de algum grupo, porquanto, de alguma forma, ele também está sempre exercendo um certo grau de função educadora.

CONTINENTE

Do latim *"contineri"*, que significa *conter*. Cada vez mais, na literatura psicológica em geral, a expressão "continente" (é original de Bion) amplia o seu espaço de utilização e o reconhecimento pela importância de seu significado. Esse atributo alude originariamente a uma capacidade que uma mãe deve possuir para poder acolher e conter as necessidades e angústias do seu filho, ao mesmo tempo que as vai compreendendo, desintoxicando, emprestando um sentido, um significado e especialmente um nome, para só então devolvê-las à criança na dose e no ritmo adequados às capacidades desta.

A capacidade do coordenador de grupo em funcionar como um continente é importante por três razões:

- Permite que ele possa conter as possíveis fortes emoções que podem emergir no campo grupal provindas de cada um e de todos e que, por vezes, são colocadas de forma maciça e volumosa dentro de sua pessoa.
- Possibilita que ele contenha as suas próprias angústias, como é o caso, por exemplo, de não saber o que está se passando na dinâmica do grupo, ou a existência de dúvidas, de sentimentos despertados, etc. Essa condição de reconhecer e conter as emoções negati-

vas costuma ser denominada capacidade negativa e será melhor descrita no tópico que segue.

- Faz parte da capacidade de continente da mãe (ou do coordenador de um grupo) a assim denominada, por Bion, função alfa, que será descrita um pouco mais adiante, em "Função de Ego auxiliar".

CAPACIDADE NEGATIVA

Como antes referido, no contexto deste capítulo, esta função consiste na condição de um coordenador de grupo conter as suas próprias angústias, que, inevitavelmente, por vezes, surgem em alguma forma e grau, de modo que elas não invadam todo o espaço de sua mente.

Não há por que um coordenador de um grupo qualquer ficar envergonhado, ou culpado, diante da emergência de sentimentos "menos nobres" despertados pelo todo grupal, ou por determinadas pessoas do grupo, como, por exemplo, sentimentos de ódio, impotência, enfado, excitação erótica, confusão, etc., desde que ele reconheça a existência dos mesmos, e assim possa contê-los e administrá-los. Caso contrário, ou ele sucumbirá a uma contra-atuação, ou trabalhará com um enorme desgaste.

FUNÇÃO DE EGO AUXILIAR

A "função alfa", antes referida, originariamente consiste na capacidade de uma mãe exercer as capacidades de Ego (perceber, pensar, conhecer, discriminar, juízo crítico, etc.) que ainda não estão suficientemente desenvolvidas na criança. A relevância deste atributo se deve ao fato de que um filho somente desenvolverá uma determinada capacidade — digamos, para exemplificar, a de ser um continente para si aos demais — se a sua mãe demonstrou possuir tal capacidade.

Igualmente, um coordenador de grupo deve estar atento e disponível para, durante algum tempo, emprestar as suas funções do Ego às pessoas que ainda não as possuem, o que acontece comumente quando se trata de um grupo bastante regressivo. Creio que, dentre as inúmeras capacidades egóicas que ainda não estão suficientemente desenvolvidas para determinadas funções, tarefas e comportamentos, e que temporariamente necessitam de um "Ego auxiliar" por parte do coordenador do grupo, merecem um registro especial as funções de pensar, discriminar e comunicar.

FUNÇÃO DE PENSAR

É bastante útil que um coordenador de grupo, seja qual for a natureza deste, permaneça atento para perceber se os participantes sabem pensar as idéias, os sentimentos e as posições que são verbalizados, e ele somente terá condições de executar essa tarefa se, de fato, possuir esta função de saber pensar.

Pode parecer estranha a afirmativa anterior; no entanto, os autores contemporâneos enfatizam cada vez mais a importância de um indivíduo pensar as suas experiências emocionais, e isso é muito diferente de simplesmente "descarregar" os nascentes pensamentos abrumadores para fora (sob a forma de um discurso vazio, projeções, *actings*, etc.) ou para dentro (somatizações). A capacidade para "pensar os pensamentos" também implica em escutar os outros, assumir o próprio quinhão de responsabilidade pela natureza do sentimento que acompanha a idéia, estabelecer confrontos e correlações e, sobretudo, sentir uma liberdade para pensar.

Vou me permitir observar que: "muitos indivíduos pensam que pensam, mas não pensam, porque estão pensando com o pensamento dos outros (submissão ao pensamento dos pais, professores, etc.), para os outros (nos casos de 'falso *self*'), contra os outros (situações paranóides) ou, como é nos sujeitos excessivamente narcisistas: 'eu penso em mim, só em mim, a partir de mim, e não penso em mim com os outros, porque eu creio que esses devem gravitar em torno do meu Ego'".

TRAÇOS CARACTEROLÓGICOS

Tanto melhor trabalhará um coordenador de grupo quanto melhor ele conhecer a si próprio, aos seus valores, idiossincrasias e caracterologia predominante. Dessa forma, se ele for exageradamente obsessivo (embora com a ressalva de que uma estrutura obsessiva, não excessiva, é muito útil, pois determina seriedade e organização), vai acontecer que tenha uma absoluta intolerância a qualquer atraso, falta e coisas do gênero, criando um clima de sufoco, ou gerando uma dependência submissa. Igualmente, uma caracterologia fóbica do coordenador pode determinar que ele evite entrar em contato com determinadas situações angustiantes, e assim por diante.

No entanto, vale destacar aqueles traços caracterológicos que são predominantemente de natureza *narcisista*. Nestes casos, o maior prejuízo é que o coordenador estará mais voltado para o seu bem-estar do que para o dos demais. A necessidade de receber aplausos pode ser tão imperiosa que há o risco de que se estabeleçam *conluios inconscientes*, como o de uma recíproca fascinação narcisista, por exemplo, onde o valor máximo é o de um adorar o outro, sem que nenhuma mudança verdadeira ocorra. Uma outra possibilidade nociva é a de que o coordenador seja tão brilhante que deslumbre ("des" + "lumbre", ou seja, ofusca porque "tira a luz") as pessoas do grupo, como seguidamente acontece entre professores e alunos, por exemplo, mas também pode acontecer com grupoterapeutas e seus pacientes.

Neste último caso, o dogmático discurso interpretativo pode estar mais a serviço de uma fetichização, isto é, da manutenção do ilusório, de seduzir e dominar, do que propriamente de uma comunicação, de uma resposta, ou de uma abertura para reflexões. A retórica pode substituir a produção conceitual.

Um outro inconveniente que decorre de um coordenador excessivamente narcisista é que ele tem a sensação de que possui a propriedade privada sobre os "seus pacientes", a posse de seu futuro e o direito de determinar o seu valor. Nestes casos, é comum que este terapeuta trabalhe mais sobre os núcleos conflitivos e os aspectos regressivos, descartando os aspectos mais maduros e as capacidades sadias do Ego.

Da mesma forma, um grupoterapeuta assim pode ser tentado a fazer exibição de uma cultura erudita, a criar frases de efeito que, mais do que um simples brilho que lhe é tão necessário, visem, basicamente, no plano inconsciente, a manter uma larga diferença entre ele e os demais do grupo.

CAPACIDADE DE INTEGRAÇÃO E SÍNTESE

Consideramos útil que o grupoterapeuta, quando se aproxima o término da sessão, faça uma síntese não prolixa nem pedagógica dos principais movimentos que nela ocorreram, com o sentido de integrar os aspectos que apareceram dissociados e projetados, bem como com o de construir uma uniformidade de comunicação e uma continuidade de coesão grupal.

É indispensável esclarecer que *síntese* não é o mesmo que *resumo*. Pelo contrário, "síntese" alude à relevante função de *juntar* os principais aspectos comuns a todos, que aparecem dissociados e dispersos no campo grupal, ao mesmo tempo que, sem artificialismos forçados, o grupoterapeuta consiga emprestar-lhes uma integração, porém acrescida de uma *nova significação*.

Procuramos dar um respaldo etimológico aos termos conceituadores dos atributos anteriormente citados, pela razão de que a etimologia se constitui em uma importante via de acesso aos genuínos — e profundos — sentimentos individuais e coletivos, que, desde a sua origem, estão significados e embutidos no simbolismo das palavras.

Uma leitura atenta dos diversos exemplos que foram utilizados em outros capítulos pode servir como um meio de reconhecer, tanto de uma forma positiva como negativa, muitos dos atributos que, aqui, foram destacados.

Todas essas condições necessárias para um analista de forma alguma excluem o fato de que, antes de tudo, ele é "gente também", e como todo ser humano tem sentimentos, fraquezas e idiossincrasias. Isso está admiravelmente expresso, de forma poética, por Cyro Martins — notável psicanalista, escritor, mestre e figura humana —, a quem presto uma saudosa e sentida homenagem, com a transcrição de sua "Poesia":

> *Pois fica decretado*
> *a partir de hoje,*
> *que terapeuta é gente também.*
> *Sofre, chora,*
> *ama e sente*
> *e, às vezes, precisa falar.*
> *O olhar atento,*
> *o ouvido aberto,*
> *escutando a tristeza do outro,*
> *quando, às vezes, a tristeza*
> *maior está dentro do seu peito.*
> *Quanto a mim,*
> *fico triste, fico alegre*
> *e sinto raiva também.*
> *Sou de carne e sou de osso*
> *e quero que você saiba isto de*
> *mim.*
> *E agora,*
> *que já sabes que sou gente,*
> *quer falar de você para mim?*

À guisa de uma síntese do que foi exposto neste capítulo, pode-se dizer que a formação de uma indispensável "atitude psicanalítica interna", resultante da aquisição das "condições mínimas necessárias", implica na condição de que o analista discrimine as seguintes transformações na situação analítica:

- *Ouvir* não é o mesmo que *escutar.*
- *Olhar* é diferente de ver, *enxergar.*
- *Entender* não é o mesmo que *compreender.*
- Ter a mente saturada com a *posse* das verdades é bem distinto de um estado mental de *amor pelas verdades.*
- *Simpatia* não é o mesmo que *empatia.*
- *Recipiente* não é o mesmo que *continente.*
- Ser *"bonzinho"* não deve ser confundido com *ser bom.*
- Interpretar *corretamente* não significa que houve um efeito *eficaz.*
- *Adivinhar* ou *palpitar* não é a mesma coisa que *intuir.*
- *Falar* não é o mesmo que *dizer.*
- *Saber* não é o mesmo que, de fato, *ser!*

CAPÍTULO 24

Semelhanças e Diferenças entre Psicoterapia Psicanalítica Individual e Grupal

O presente capítulo não tem a intenção de estabelecer qualquer tipo de confronto entre os tratamentos psicanalíticos individuais e grupal em termos de "qual é o melhor ou pior", porquanto cada um tem suas características e indicações próprias, apesar de que também apresentam muitas tangências e superposições entre si. Deste modo, vamos visar primordialmente a enfocar algumas semelhanças e diferenças conceituais entre ambos, tanto teóricas como técnicas, alcances e limitações, vantagens e desvantagens, indicações e contra-indicações e, sobretudo algumas peculiaridades mais típicas das grupoterapias analíticas.

Destarte, há uma longa polêmica geradora dos seguintes questionamentos: a grupoterapia inspirada e processada em fundamentos psicanalíticos pode ser considerada uma "psicanálise verdadeira"? Ela pode ser denominada "grupo-análise"? Os autores se dividem nas respostas, desde os grupoterapeutas que mais discretamente advogam a simples denominação "grupoterapia", até aqueles que assumem com absoluta naturalidade a condição de grupanalistas, como são os reconhecidamente competentes e sérios colegas da Sociedade de Grupanálise de Lisboa. Nessa controvérsia, não levo em conta a opinião francamente contrária em relação ao método grupoterápico de pretensão psicanalítica, que é provinda de psicoterapeutas e psicanalistas, os quais, embora muitas vezes se trate de profissionais respeitáveis, nunca trabalharam com grupos.

Não vale a pena aqui nos aprofundarmos nesse tópico, pois isso exigiria uma discussão por caminhos controvertidos e complicados, algo que está fora do propósito deste capítulo. No entanto, eu particularmente assumo a posição de que, não obstante existam claras diferenças com a psicanálise individual em diversos aspectos, não me resta a menor dúvida quanto à possibilidade relativa à obtenção de resultados autenticamente psicanalíticos, com evidentes transformações caracterológicas e estruturais do psiquismo do sujeito.

Por outro lado, da mesma forma como nas psicoterapias individuais, também as grupoterapias podem funcionar psicanaliticamente com uma finalidade voltada ao *insight* destinado a mudanças caracterológicas, ou podem se limitar a benefícios terapêuticos menos pretensiosos, como o de uma simples remoção de sintomas; além disso, podem objetivar a manutenção de um estado de equilíbrio (por exemplo, com pacientes psicóticos egressos, ou *borderline,* etc.); ou, ainda, ficarem limitadas unicamente à busca de uma melhor adaptabilidade nas inter-relações humanas em geral.

Há um outro aspecto que necessita ser registrado: o fato de a psicoterapia grupal ser mais barata que as individuais está longe de ser reconhecido como um aspecto alviçareiro e singularmente vantajoso, pela acessibilidade que isso poderia representar para uma ampla fatia da população. Pelo contrário, ser mais barata a desqualifica e desvaloriza, em um meio sociocultural como o nosso, no qual há um apelo ao consumismo daquilo que melhor impressione aos outros, pelo que possa significar um melhor *status* e, certamente, por um culto à propriedade privada.

O que importa consignar é que importantes autores têm manifestado a sua posição de que não se justifica a existência de uma concepção psicanalítica que faça uma separação e distinção profunda entre os problemas que se passam no indivíduo e nos grupos. Assim, podemos mencionar, dentre outros, o nome do próprio criador da psicanálise — visto que em inúmeras oportunidades Freud afirmou que "a psicologia individual e a social não diferem em sua essência" —, o de Bion, que foi um grande criador e entusiasta da dinâmica grupal em bases psicanalíticas, e o de Joyce MacDougall, que, em uma entrevista concedida à revista *Gradiva* (n. 41, p. 16, 1988), fez esta surpreendente declaração: *".. E tive o prazer de descobrir que as terapias de grupo tocavam em aspectos da personalidade que não eram notados na psicanálise individual".*

Existem muitas variações na forma, no nível e no objetivo grupoterápico, os quais dependem fundamentalmente dos referenciais teórico-técnicos adotados pelos respectivos grupoterapeutas. Na América Latina e em círculos psicanalíticos de alguns outros países que sofreram uma nítida influência kleiniana, estes últimos referenciais fundamentaram toda a prática grupoterápica de sucessivas gerações de grupoterapeutas, e isso prevalece até a atualidade, embora venha se observando uma tendência à adoção de novos modelos de teoria e técnica.

Particularmente, ainda conservo e utilizo os principais fundamentos da escola kleiniana; no entanto, sem aquela conhecida rigidez que a caracterizou em certa época, ao mesmo tempo adotei uma linha pluralista de referenciais provindos de outras escolas e, acima de tudo, fui sofrendo transformações na forma de entender e trabalhar psicanaliticamente com grupos, à medida que fui aprendendo o que os pacientes me ensinavam na clínica privada.

Dessa forma, incorporo-me àqueles que pensam que a problemática atual vai "mais além" da conflitiva clássica das pulsões e defesas, fantasias e ansiedades, agressão destrutiva e culpas, etc. O aspecto predominante na atualidade consiste em que se reconheça em cada indivíduo e no grupo como um todo, além da habitual presença dos sintomas e traços caracterológicos, o desempenho de papéis, posições, valores, modelos, ideais, projetos, atitudes, configurações vinculares, pressões da realidade exterior, sempre levando em conta que a subjetividade permanentemente acompanha e é inseparável dos processos da cultura e da vida social contemporânea. De modo algum isso implica subordinar a terapia psicanalítica às condições da cultura atual, mas, sim, ajudar as pessoas do grupo a se harmonizarem com ela, a partir da aquisição de uma liberdade interna. Os limites da pessoa se estendem aos do grupo e da sociedade na qual estão inseridos. A ideologia grupal preconiza que o costumeiro movimento inicial de "eu frente a eles" se transforme gradativamente em "nós frente aos problemas do mundo".

Entendi ser necessário fazer essa introdução, porque as considerações que seguem neste capítulo acerca dos aspectos eminentemente práticos da grupoterapia psicanalítica em grande parte refletem a atual posição do autor e, portanto, é bem possível que não reflitam exatamente um consenso entre os grupoterapeutas latino-americanos.

Em obediência ao esquema didático que norteia este livro, cabe discriminar separadamente os aspectos fundamentais que cercam o trabalho analítico, a seguir enumerados, de modo a tentar estabelecer as respectivas peculiaridades da análise individual e da grupal.

SELEÇÃO DE PACIENTES

Os critérios que um psicanalista adota para a admissão de uma pessoa que o procura para análise individual, entre outros aspectos, levam muito em conta os indicadores de uma boa possibilidade de *analisabilidade* (especialmente em relação a uma avaliação diagnóstica e uma previsão prognóstica), ou, como é mais praticado atualmente, pesam mais os fatores indicatórios de uma *acessibilidade*, isto é, independentemente de uma antecipação do grau de patologia do paciente, os analistas contemporâneos valorizam mais se o pretendente à análise demonstra uma capacidade e disposição de "acesso" ao seu inconsciente. Em outras palavras, o analista contemporâneo sente-se muito mais equipado teórica e tecnicamente para enfrentar os pacientes bastante regredidos, assim como para trabalhar com as "partes psicóticas" que existem em todos os pacientes de estrutura neurótica, e isso implica em aferir, na seleção, se o pretendente está realmente motivado para fazer verdadeiras mudanças psíquicas, caracterológicas, de modo que a posição seletiva do psicanalista, antes de valorizar os aspectos psicopatológicos, fica prioritariamente voltada para a reserva de capacidades positivas do paciente. A sensação contratransferencial que o pretendente à análise desperta no analista se constitui como um fator relevante para avaliar esses aspectos que foram referidos.

Já a seleção para a inclusão de um paciente em uma psicoterapia analítica grupal também leva em conta tudo isso que foi destacado em relação a uma análise individual, porém deve englobar mais os seguintes critérios:

- É necessário avaliar se o paciente está motivado para uma terapia grupal, ou se ele está se submetendo ao desejo do terapeuta, ou, ainda, se a razão maior é porque "sai mais barato", em cujo caso é necessário clarear se ele já não entra no grupo com uma forte desqualificação do mérito e da valorização do método grupal.
- Igualmente, a seleção exige que prestemos uma especial atenção se o pretendente ao tratamento grupal possui uma forte tendência à prática de *actings,* notadamente a uma possível quebra de sigilo, tal como foi destacado num capítulo específico.
- Assim, um outro critério diferenciador consiste no fato de que a seleção para tratamento grupal abarca um número maior de pessoas que, por sua forma de patologia e caracterologia (por exemplo, os que são excessivamente paranóides, narcisistas, depressivos, atuadores, etc.), estão contra-indicadas.
- O sentimento contratransferencial despertado no grupoterapeuta adquire uma peculiaridade especial, porquanto, além da importância assinalada em relação à análise individual, também acresce o fato de que o terapeuta possa sentir e aferir como seria esse paciente *interagindo* com os demais já selecionados, ou seja, como ele funcionará no contexto da composição específica desse grupo que vai absorvê-lo.

SETTING

Tanto para o paciente individual como para o de grupo, o *setting* instituído vai muito além de uma necessária combinação de regras e arranjos práticos, porquanto o fundamental consiste no fato de que esse "enquadre" vai funcionar como um novo espaço para cada paciente, onde ele vai reexperimentar velhas e novas experiências emocionais que foram mal resolvidas no passado e que estão representadas e significadas de forma patogênica dentro dele.

Comumente, o número de sessões semanais na análise individual é de quatro sessões (atualmente está havendo uma forte tendência em oficializar três sessões semanais), enquanto na grupo-análise a prática habitual é de duas sessões semanais, embora com uma duração um pouco maior que as individuais. Por outro lado, o enquadre grupal propicia uma singular experiência de o paciente interagir e intercambiar experiências com um grupo de outras pessoas, dentro de condições que favoreçam a espontaneidade, a contenção e reflexões sobre as referidas experiências. Uma outra peculiaridade do *setting* grupal diz respeito ao paciente por demais *silencioso* que, na análise individual, comumente é instado a falar, enquanto na situação grupal pode acontecer que fique longo tempo calado, embora esteja bem presente quanto à atenção e obtenção de *insight,* mercê do privilégio de, durante um tempo necessário, poder escutar aquilo que os outros estão falando por ele.

RESISTÊNCIA/CONTRA-RESISTÊNCIA

Na grupoterapia analítica, as diversas modalidades resistenciais e os eventuais conluios contra-resistenciais entre pacientes e o terapeuta adquirem características próprias, porquanto eles podem se manifestar de forma bastante mais sutil, porque existe a possibilidade de ficarem mais diluídos e mascarados entre os diversos integrantes, atuando papéis diferentes, de modo a correr o risco de que o grupo se transforme numa agradável conversa conjunta, tipo "chá das cinco", sem que leve a mudanças profundas. Entretanto, é útil assinalar o aspecto positivo de que um grupo favorece o levantamento das repressões que estão sendo resistidas, porquanto outros pacientes trazem aquilo a que ele está resistindo, de modo que ele fica sendo constantemente sacudido pelos seus pares, coisa que não acontece desse jeito na análise individual.

TRANSFERÊNCIA/CONTRATRANSFERÊNCIA

Diferentemente daquilo que sabemos quanto ao que classicamente acontece nas análises individuais relativamente ao surgimento de vivências transferenciais e à instalação da conhecida "neurose de transferência" dirigidas diretamente à pessoa do analista, nas situações grupais tanto a transferência dos pacientes quanto a contratransferência do grupoterapeuta adquirem características cruzadas, isto é, cada paciente pode transferir para outro ou outros pacientes, para a pessoa do terapeuta e para o grupo como uma totalidade abstrata, assim como também o grupo como um todo pode convergir para uma determinada modalidade transferencial relativa ao terapeuta. Nas situações em que o *setting* grupal funciona com dois terapeutas em co-terapia, é virtualmente uma regra que as manifestações transferenciais se manifestem dissociadas: partes do grupo são depositadas num deles, e outras são transferidas para o outro. Acredito que aquilo que o grupo perca na profundidade da neurose de transferência que caracteriza o nível de muitas análises individuais, ele ganha em extensão, porquanto é bastante mais perceptível e intenso o jogo de identificações projetivas e introjetivas, matéria-prima do fenômeno transferencial-contratransferencial.

ATIVIDADE INTERPRETATIVA

A psicanálise clássica não abre mão de que o seu instrumento maior — a interpretação do analista — deva ser empregado de forma sistemática e sempre que possível no "é aqui, agora, comigo, como lá e então", embora contemporaneamente venha ganhando uma gradativa força a corrente que privilegia uma "atividade interpretativa" que inclui assinalamentos, apontamentos de contradições, paradoxos, lapsos, ambigüidades, diversas formas de comunicação não-verbal e, sobretudo, a formulação de perguntas instigativas que levem o paciente a refletir, desenvolvendo a sua capacidade para pensar e conhecer. Nas grupoterapias existem dois riscos interpretativos que estão em extremos opostos: um é o de particularizar paciente por paciente e fazer as interpretações individualizadas, o que caracterizaria uma grupo-análise *em* grupo e não *de* grupo. O outro risco consiste no artifício de o grupoterapeuta dirigir as interpretações unicamente como uma totalidade ("o grupo está me dizendo que..."), sem nunca discriminar as individualidades, sendo que isso costumava ser feito de forma sistemática, centrada somente na pessoa do terapeuta, priorizando a transferência dos conflitos e conservando o reducionismo do "aqui, agora...", nos mesmos moldes que os assinalados na análise individual. Atualmente, a "atividade interpretativa", na terapia grupal, leva muito em conta, além dos aspectos antes assinalados que começam a prevalecer na análise individual, também aqueles que apontam para os aspectos nos quais o Ego consciente participe ativamente, como são os *cognitivos* (conhecer ou recusar conhecer as verdades penosas), *cogitativos* (pensar as experiências emocionais), *comunicativos* (mais adiante explicitaremos a grande relevância que uma grupoterapia representa para esse aspecto fundamental na vida de todos nós) e, naturalmente, os *afetivos*. O grupoterapeuta, mais do que o analista individual, deve incluir na sua atividade interpretativa uma capacidade de *síntese,* que creio ser útil ao final da sessão, de forma a nomear, integrar e tornar compreensível para todos o que se passou no curso da sessão, com as respectivas correlações e interações entre todos os participantes.

ACTINGS

Sabemos que os *actings* ocorrem como uma forma substitutiva de não lembrar, não pensar, não verbalizar, ou quando as ansiedades emergentes dos pacientes não foram devidamente interpretadas pelo psicanalista. Por essa razão, eles se constituem num importantíssimo elemento do campo grupal, uma forma de comunicar algo, que tanto pode ser de natureza benigna, e até sadia, como pode adquirir características bastante malignas.

Dentre essas últimas, além das atuações típicas da análise individual, é necessário acrescentar os *actings* que são exclusivos da terapia grupal, como aqueles que representam um sério risco de que possa ocorrer um envolvimento amoroso entre pessoas do grupo. Um *acting* que devemos considerar grave é o que diz respeito a uma quebra de sigilo do que se passa na intimidade do grupo, inclusive com a divulgação pública dos nomes das pessoas envolvidas. Guardo uma convicção de que muito do declínio das grupoterapias analíticas se deve a um descrédito que, em grande parte, foi devido a esse tipo de atuação, o qual costuma resultar de uma seleção mal feita.

Os *actings* também podem estar a serviço das resistências do grupo e se confundem com o desempenho de alguns papéis, tal como descrito no tópico relativo às resistências.

Indo mais longe, embora repisando que não cabe uma comparação entre a terapia psicanalítica individual e a grupal, porquanto ambas partem de parâmetros teórico-técnicos muito específicos, entendo ser válido afirmar que, *dentre muitas e óbvias limitações da grupo-análise, ela também pode representar algumas vantagens efetivas em relação à análise individual.* Destarte, apelo para os leitores para fazermos uma reflexão em relação aos seguintes aspectos que, segundo meu entendimento, muito possivelmente costumam ser propiciados vantajosamente pela psicoterapia psicanalítica de grupo:

- A dinâmica do campo grupal possibilita perceber mais claramente a inter-relação íntima, indissociada e continuada que existe entre o *indivíduo e os grupos* nos quais está inserido, tanto familiar, social, profissional e culturalmente. Assim, é muito importante para o crescimento mental de todo sujeito participante de um grupo perceber nitidamente o fato de que ele é portador de um "grupo interno" — composto pelas representações e internalizações de aspectos das figuras da mãe, do pai, dos irmãos, etc., que estão em permanente interação entre si, no interior do seu psiquismo — e o quanto esse grupo interno extrapola para o mundo exterior, modelando e determinando as suas escolhas objetais e o seu padrão de inter-relacionamentos.

- Partindo do princípio de que um grupo comporta-se como uma "galeria de espelhos", onde cada um se reflete e é refletido pelos demais, o campo grupal possibilita observar com mais acuidade e nitidez os fenômenos dessa *especularidade,* resultante dos fundamentais processos de identificações projetivas e introjetivas que ocorrem permanentemente nos grupos.

- Também fica bem evidenciada a distribuição dos *lugares, posições, funções e papéis* que cada um assume em relação aos demais. Particularmente importante é a clara possibilidade de o grupoterapeuta observar e assinalar determinados papéis — como o de líder positivo ou negativo, porta-voz permanente, sabotador, bode expiatório, conciliador, tímido, paranóide, narcisista, atuador, etc. —, que podem estar sendo executados de forma sistemática por determinados indivíduos, repetindo o mesmo tipo de papel que levam no cotidiano de suas vidas particulares. O risco para o qual o grupoterapeuta e o grupo todo devem estar bem alertados consiste na possibilidade de que o desempenho desses distintos papéis, por parte de cada um deles, pode estar significando uma complementaridade patogênica com outros papéis, por meio de diversas combinações, como pode ser exemplificado pelo tão freqüente conluio de natureza sádico-masoquista, entre tantos e tantos outros possíveis arranjos patológicos. Outro alerta necessário consiste na possibilidade de que o desempenho de papéis possa tornar-se repetitivo, estereotipado e cronificado, sendo que um dos critérios que indicam o crescimento exitoso de uma grupoterapia reside justamente no fato de que os papéis ficam mais flexíveis e intercambiantes.

- Resulta daí um importante instrumento terapêutico, qual seja, o de que o grupo propicia ao analista vir a reconhecer, e assim *ressignificar,* a estereotipia dos papéis e dos lugares ocupados, que muitos indivíduos seguem ao longo de toda a sua vida, já de uma forma Ego-sintônica, sem se darem conta de que o fazem porque estão inconscientemente subjugados às determinações, proibições, expectativas e predições que, desde muito cedo, lhes foram impostas pelos pais e pela cultura vigente no seu meio.

- O grupo, mais do que qualquer outra modalidade psicanalítica, favorece a observação da normalidade e patologia da *comunicação,* verbal ou não-verbal, lógica ou primitiva, que permeia a vida de todos nós, a ponto de ser legítimo repisar a afirmativa de que "o grande mal da humanidade é o problema do mal-entendido na comunicação". Assim, vale lembrar o quanto muitas pessoas pensam que estão se comunicando com os outros, enquanto, de fato, estão utilizando o seu discurso justamente como uma forma de "não comunicar", receosas que estão com o enfrentamento de determinadas verdades penosas, tanto internas como externas, ou utilizam o seu discurso retórico com o fim exclusivo de impor a "sua verdade" e o jugo sobre os demais. Da mesma forma, quem trabalha com casais vai confirmar a enorme freqüência em que constatamos que, a título de "diálogo", o que de fato acontece é a existência de dois monólogos, onde cada um do casal está querendo impor a sua verdade ao outro, e permanecem reciprocamente com uma escuta surda. Creio, seguramente, que a dinâmica de um campo grupal permite trabalhar mais claramente com as experiências emocionais das referidas distorções e transtornos da comunicação, tanto no que diz respeito à forma de linguagem empregada na transmissão de suas mensagens, quanto à de recepção daquilo que provém dos outros.

- Como já foi enfatizado no Capítulo 8, o grupo, por si próprio, comporta-se como uma função *continente,* sendo que esse importante fato viabiliza um atendimento mais adequado para pacientes muito regressivos, como são os psicóticos egressos de hospitalizações psiquiátricas, *borderline,* somatizadores crônicos, depressivos graves e os portadores de distintas modalidades do que atualmente chamamos de "patologias do vazio", os quais, muitas vezes, não suportam as angústias de uma psicanálise individual. É útil consignar que, nestes casos, uma condição para que o grupo cumpra a indispensável função contenedora das angústias de cada um e de todos é a de que o grupo em questão seja do tipo *homogêneo,* isto é, deve haver um nivelamento quanto ao tipo e grau da patologia de todos os seus componentes.

- A terapia grupal favorece o assinalamento de como os indivíduos e a totalidade do grupo estão executando as suas capacidades, potencialidades e funções, nas quais o *Ego consciente* tem uma grande participação ativa, como são aquelas que se referem à percepção, atenção, juízo crítico, pensamento, conhecimento, criatividade, comunicação, discriminação, responsabilidade, cuidados corporais, ação motora, etc.

- Um outro ponto especialmente relevante que surge muito claramente no campo grupal é aquele que diz respeito aos quatro aspectos do vínculo do reconhecimento, ou seja, um é o que possibilita a cada indivíduo reconhecer em si próprio aquilo que estava reprimido e latente e que é despertado pelo que provém dos demais do grupo; um segundo aspecto consiste em reconhecer os outros como pessoas que são diferentes dele, têm valores e idiossincrasias autenticamente pessoais, são autônomos, embora possam estar afetivamente muito ligados a ele, e, sobretudo, reconhecer, além das diferenças, também os alcances, limitações e limites dele e dos outros; um terceiro tipo de reconhecimento propiciado pela interação grupal é o de poder ser reconhecido como uma forma de gratidão a uma outra pessoa que porventura ele tenha atacado de alguma forma e que sobreviveu a esse ataque de modo a permitir a crença na predominância das pulsões amorosas sobre as destrutivas, o que se constitui como uma experiência fascinante e comovedora; finalmente, o quarto aspecto do vínculo do reconhecimento, que é facilmente percebido no grupo, é o que se refere à aceitação do quanto todo e qualquer sujeito necessita vitalmente ser reconhecido pelos outros, como alguém que existe, é aceito como um igual, respeitado, valorizado, desejado e amado.

- Uma clara vantagem que a grupoterapia representa em relação à terapia individual consiste na possibilidade de uma observação mais evidente de três fenômenos de indiscutível freqüência e importância: 1) aquele que foi descrito por Freud como *identificação coletiva,* que alude à possibilidade de uma propagação em cadeia de uma manifestação histérica; 2) a ocorrência do *complexo fraterno* que, embora sabidamente represente um aspecto de relevante importância da conflitiva de raízes primitivas entre irmãos, pouco aparece na literatura psicanalítica, porquanto essa sobremodo enfatiza os conflitos com os pais, obscurecendo o "complexo fraterno", tão manifesto nos grupos; 3) a existência de fantasias compartilhadas entre as pessoas, um aspecto que está merecendo uma especial atenção da psicanálise contemporânea.

- Excluindo a hipótese de que o grupoterapeuta seja excessivamente narcisista e centralizador na sua pessoa, ou negligente, sem a necessária colocação dos devidos limites, o grupo costuma oportunizar o desenvolvimento de uma sadia *função psicanalítica da personalidade* (termo de Bion) — a qual inclui o direito a uma sadia capacidade interpretativa — de cada um em relação a si próprio e aos demais.

- Se somarmos essa "função psicanalítica da personalidade" com as igualmente importantes funções de "reconhecimento" dos múltiplos significados da existência do outro, com a possibilidade de fazer *ressignificações* e *desidentificações,* assim como também uma possível reconstrução de um desagregado grupo familiar tal como está interiorizado, e o exercício da experiência emocional de *reparações* recíprocas, podemos aquilatar o grau de importância que a psicoterapia analítica de grupo pode representar para a ciência psicanalítica.

QUARTA PARTE

Outras Grupoterapias

CAPÍTULO 25

Grupos com Crianças, Púberes, Adolescentes, Casais, Famílias, Psicossomáticos, Psicóticos e Depressivos

De acordo com a proposição inicial deste livro, os capítulos precedentes que abordaram as considerações sobre o reconhecimento e o manejo dos fenômenos que surgem do campo grupal ficaram praticamente restritos ao que acontece na grupoterapia analítica.

No entanto, não é demais repisar, os mesmos acontecimentos — a formação do grupo, a instituição de um *setting*, a tipicidade do campo grupal, com todo o cortejo de fantasias, ansiedades, defesas e identificações, o inevitável surgimento de resistências e da contra-resistência, de transferências e da contratransferência, a distribuição de papéis, a função de liderança, o surgimento de *actings*, a atividade interpretativa, o *insight* e a elaboração, a importância da pessoa do coordenador, etc. — ocorrem em todo e qualquer grupo formado para a execução de uma tarefa em comum.

O que vai distinguir um grupo de outro é: 1) a finalidade para a qual foram selecionados e compostos; 2) o conseqüente tipo, grau e nível do manejo técnico; logo, da habilitação do coordenador.

Assim, tudo o que de essencial foi dito acerca da grupoterapia analítica vale, em linhas gerais, para todo o imenso leque de aplicações práticas, no sentido de aproveitamento da inequívoca potencialidade que é inerente aos grupos.

212   DAVID E. ZIMERMAN

O presente capítulo, seguindo a classificação antes proposta, não visa mais do que a traçar uma visão panorâmica da existência de outros grupos terapêuticos que estão sendo muito utilizados atualmente, e que não são os psicoterápicos analíticos propriamente ditos.

GRUPOS DE AUTO-AJUDA

Pode haver alguma confusão semântica entre "grupo de auto-ajuda" e "grupo homogêneo". O ponto de partida diferencial consiste em que todo grupo de auto-ajuda é sempre homogêneo, mas nem todo grupo homogêneo é de auto-ajuda. Em outras palavras, os grupos típicos homogêneos — como, por exemplo, os que são constituídos somente por psicóticos, ou *borderline*, psicopatas, obesos, psicossomáticos, crianças, adolescentes, etc. — funcionam sob a permanente coordenação do(s) grupoterapeuta(s). Por sua vez, os grupos de auto-ajuda — como os incontáveis grupos formados em muitas áreas da atividade humana, especialmente na Medicina (pacientes reumáticos, diabéticos, hipertensos, colosmotizados, cardiopatas, terminais, etc.), costumam operar sob a liderança de pessoas pertencentes à mesma categoria diagnóstica dos demais integrantes e que passaram, ou estão passando, pelas mesmas dificuldades e experiências afetivas destes.

O melhor protótipo de seu funcionamento é o do modelo dos "Alcoolistas Anônimos".

Estes grupos de auto-ajuda podem se formar espontaneamente ou a partir do incentivo de um técnico, em cujo caso sua liderança será transitória ou eventual.

Habitualmente, um grupo de auto-ajuda funciona de forma autônoma, sem a liderança formal de algum técnico especializado, sendo de considerar, no entanto, que, quase sempre, a formação de um desses grupos teve o incentivo de algum técnico interessado. Ademais, esse técnico incentivador (psiquiatra, médico generalista, psicólogo, assistente social, enfermeiro, estagiário, etc.) pode continuar dando um respaldo ao grupo, tanto por meio de uma continuada presença e participação não muito diretiva, como de uma forma em que ele não participa dos encontros, mas mantém uma permanente atitude de disponibilidade.

O mecanismo de ação terapêutica dos grupos de auto-ajuda decorre dos seguintes fatores:

- Há um melhor entendimento e aceitação por parte dos integrantes do grupo quando este for homogêneo, pela razão de se utilizarem de uma mesma linguagem e partilharem as mesmas vivências. Isso costuma propiciar, a curto prazo, uma necessária "adesão" ao tratamento por parte de pessoas que habitualmente fogem dele, como são, por exemplo, os hipertensos.
- Possibilita que as pessoas doentes aceitem e assumam o seu problema, de forma menos conflituosa e humilhante.
- Proporciona um maior envolvimento comunitário, interativo.
- Possibilita novos modelos de identificação.
- Representa um estímulo à socialização.
- Comporta-se como um importante teste de confronto com a realidade.
- Exerce uma função de continente, isto é, a de conter e absorver as angústias e dúvidas.
- Propicia um estímulo às capacidades positivas.
- Representa um reasseguramento aos integrantes de que eles não estão sozinhos, não são seres bizarros, que são respeitados em suas limitações e que as mesmas não excluem uma boa qualidade de vida.

Por todas essas razões, tal atividade grupal está se constituindo em uma excelente indicação para pacientes muito prejudicados socialmente.

GRUPOS COM CRIANÇAS

A instituição de um *setting* apropriado para uma grupoterapia com crianças é de fundamental importância. Deve haver uma estrita obediência aos critérios de homogeneidade quanto aos limites da faixa etária e ao tipo de patologia das crianças selecionadas (psicóticas ou não-psicóticas, por exemplo).

Este tipo de grupo costuma exigir, sobretudo no caso de crianças mais regressivas, a participação de dois ou mais técnicos, tal é a possibilidade de que haja um grande desgaste do terapeuta, o qual, não raramente, deve exercer uma função de contenção física.

O principal canal de comunicação das crianças em um grupo é através de uma linguagem motora e lúdica. Por essa razão, o *setting* deve contar com material que propicie o uso de jogos, brinquedos e brincadeiras; assim como é natural que haja contatos físicos entre eles, inclusive o decorrente do uso do recurso da contenção física, antes aludida.

A função de *holding* e de empatia por parte do grupoterapeuta é condição *sine qua non*, sendo que uma das razões de uma possível contra-resistência prejudicial reside no fato de que as manifestações das crianças surgem em um estado mais bruto que as dos adultos e, portanto, são mais ameaçadoras para o controle das repressões do inconsciente do grupoterapeuta.

Por outro lado, é indispensável que haja um acompanhamento paralelo dos pais das crianças, de preferência em grupo. Aliás, um aspecto interessante é o fato de que a estrutura do grupo dos pais, em sua essência, não difere da dos filhos. É igualmente relevante que a transferência feita pelos pais, em relação ao grupoterapeuta, é tão importante quanto a das crianças.

GRUPO COM PRÉ-ADOLESCENTES (PÚBERES)

Estes são grupos difíceis de serem mantidos, especialmente devido à rotatividade dos pacientes ser muito grande. Uma segunda dificuldade se deve ao fato de que a intensa atividade motora (jogos, brincadeiras, empurrões, etc.) substitui a comunicação verbal dos problemas e conflitos, assim como determina uma precária atenção para as interpretações. Ademais, há ainda a dificuldade resultante do fato de que entram em tratamento compelidos pelos pais, sem que eles próprios tenham definido uma motivação suficiente.

Por outro lado, é muito relevante a presença de ansiedades relacionadas ao corpo, as quais decorrem das próprias mudanças anatômicas e fisiológicas.

O enquadre deve prover a utilização de uma caixa com material para desenhos, um quadro negro e jogos coletivos. É viável que o terapeuta utilize, em certos momentos, os recursos da dramatização, assim como é perfeitamente adequado que, por vezes, a sua atividade interpretativa, que deve ser ativa, tenha um cunho pedagógico esclarecedor.

A co-terapia, de preferência com grupoterapeutas de sexos opostos, é a melhor forma de trabalhar com grupos de pré-adolescentes.

GRUPO COM ADOLESCENTES

De um modo geral, os autores que se dedicam ao tratamento de adolescentes (Castellar, 1987; Osorio, 1986) recomendam o grupo como a terapia de escolha pelas seguintes razões:

- Os adolescentes têm uma tendência natural para se agruparem.
- Eles toleram melhor um enquadre grupal mais diluído do que uma situação individual na qual os inquietantes sentimentos transferenciais estão mais concentrados e, portanto, são sentidos como mais ameaçadores.

- Há um favorecimento na estruturação do sentimento de identidade, individual e grupal.
- O grupo propicia uma melhor elaboração, em conjunto, das inevitáveis perdas (e ganhos) físicas, psíquicas e sociais, assim como uma transição de valores que são comuns a todos.

Há uma variação técnica em relação à faixa etária dos adolescentes em grupoterapia. No caso dos adolescentes propriamente ditos — idade entre 15 e 17 anos —, o enquadre e o manejo técnico se aproximam muito mais daqueles que são utilizados com o grupo de pré-adolescentes. Quanto aos adolescentes "tardios", cuja idade medeia entre os 18 e 21 anos, a técnica é praticamente igual à empregada em grupos com adultos. Há, portanto, nesses casos, uma valorização da comunicação verbal, mas ainda persiste em grande escala a linguagem corporal, e se incrementa a linguagem dos *actings*, como, por exemplo, um oculto namoro entre membros do mesmo grupo. Outro *acting* freqüente é o uso experimental de drogas, sendo este aspecto particularmente importante devido à interferência da família.

O grupoterapeuta de adolescentes deve ter uma natural empatia com os mesmos e uma boa tolerância às contestações que, muitas vezes, assumem uma aparência muito agressiva; deve tolerar e descodificar a comunicação não-verbal dos *actings*, e é recomendável que ele saiba, eventualmente, utilizar o recurso da psicodramatização.

Da mesma forma que ocorre com o grupo de crianças e de púberes, também o trabalho clínico com o grupo de adolescentes estabelece três possibilidades. Uma consiste em desfazer a ação ansiogênica das fantasias inconscientes, através das interpretações. A outra consiste em propiciar uma livre manifestação dos sentimentos e ações, com a ressalva, é claro, de que estas serão bem contidas pelo terapeuta, que não sucumbirá nem revidará. A terceira possibilidade é a de que o grupo propicie uma socialização entre os jovens pacientes, com uma liberdade para o exercício da criatividade, tanto no plano do imaginário, como no do simbólico; assim como na transição entre estes dois planos.

Este último aspecto é válido especialmente para as crianças e pode-se dizer que corresponde aos "fenômenos transicionais" estudados por Winnicott.

TERAPIA DE CASAL

Um ponto de controvérsia entre os grupoterapeutas é o seguinte: um casal deve ser considerado como um grupo, de dois? A tendência atual é a de responder afirmativamente, por duas razões. A primeira é que os fenômenos típicos que instituem a dinâmica de um campo grupal estão presentes neste singular grupo-casal. A segunda é que, além do casal, os demais componentes que compõem a totalidade do grupo também estão na sessão, ora como participantes ativos, apesar de corporalmente ausentes (como os seus filhos, por exemplo), ora como personagens internalizados (por exemplo: um casal pode se ter formado sobre o modelo do Ideal do Ego dos respectivos pais).

Em nosso meio, é indiscutível que é cada vez maior o número de casais que procura ajuda através dessa modalidade específica de tratamento, sendo que os motivos mais manifestos são os seguintes: os mal-entendidos na comunicação, o desajuste genital, problemas com os filhos e, o mais freqüente de todos, a gradativa deterioração do casamento. Neste último caso, a terapia da crise visa a ajudar o casal a se recompor, ou a se separar definitivamente, com menores traumas para todos.

Atualmente, pelo menos duas razões merecem ser citadas como desencadeantes do desequilíbrio do casamento. Uma é a crescente emancipação da mulher, nem sempre bem entendida pelo cônjuge, e nem por ela mesma. A outra é decorrente do fato de que o êxito da terapia analítica de um dos dois não é acompanhado pelo outro, e isso provoca a ruptura do neurótico equilíbrio anterior.

É preciso levar em conta que um casal se estrutura com uma reciprocidade de dependência em quatro áreas: a afetiva, a econômica, a sexual e a social. Sua maior ou menor estabilidade vai depender da qualidade dessa dependência: tanto ela pode ser de natureza adulta, como pode se mostrar firmemente fixada em etapas muito regressivas (simbióticas, narcisísticas, por exemplo) de desenvolvimento.

Dessa forma, o grupoterapeuta deve conhecer muito bem quais os fatores que unem, ou desunem, os casais, sendo que, de acordo com a lei das combinações, as subestruturas psicológicas de cada um dos cônjuges irão determinar se a configuração do casal será predominantemente normal ou de natureza neurótica, perversa ou até mesmo psicótica.

A manifestação mais comum no campo da terapia de casal é a clara demonstração de que há um sério prejuízo no recíproco entendimento. O uso da palavra deixa de ser um vínculo de comunicação para se tornar um instrumento a serviço de projeções agressivas.

Por outro lado, costuma haver uma radicalização de papéis e, no rastro disso, cada um se escuda na sua família de origem e ataca a do outro, e, assim, o campo grupal, invisível, fica ampliado.

Por tudo isso, o terapeuta que trata casais deve ter plenas condições de não ficar envolvido na trama das identificações projetivas que se cruzam e tentam arrancá-lo da posição de neutralidade. É uma regra básica que o terapeuta de casal não pode se identificar, isto é, tomar partido, com um deles, contra o outro.

A compreensão analítica da dinâmica do casal ajuda muito; contudo, as interpretações não devem ficar centradas nos indivíduos separadamente, mas sim na inter-relação, sobretudo nos problemas dos mal-entendidos da comunicação.

É recomendável a utilização eventual do recurso da dramatização, principalmente a que propõe a inversão na representação dos respectivos papéis.

Outro recurso utilizado pelos terapeutas que atendem casais (Osorio, 1987) é o de passar determinados "temas para casa", a serem cumpridos pelo casal e depois trabalhados na sessão.

Varia muito o manejo de determinadas particularidades como, por exemplo, se o atendimento do casal é a curto prazo (o suficiente para a resolução da crise mais aguda), ou se pode ser de duração longa (com a pretensão de um aprofundamento analítico).

Uma outra situação muito comum é quando um dos cônjuges avisa que não terá condições de vir à sessão, ou simplesmente não comparece na hora aprazada: o terapeuta deve atender o outro ou não? Em nosso meio há uma inclinação para atender, desde que fique bem claro que não resultarão segredos, e tudo o que for dito nessa sessão será compartilhado com o outro.

É importante considerar, ao iniciar uma terapia de casal, se os cônjuges vêm ao tratamento para encontrar novas formas de relacionamento e, portanto, dispostos a fazerem algumas renúncias e assumir o seu quinhão de responsabilidade; ou se eles vêm para perpetuar um tipo de vínculo que, apesar de patológico, eles, inconscientemente, querem manter. Sabemos todos o quanto é comum que certos casais não podem viver separados, mas também não podem viver juntos, e, por essa razão, eles se equilibram em conluios inconscientes, sendo mais comuns os de natureza sado-masoquística.

TERAPIA DA FAMÍLIA

A terapia do grupo familiar comporta muitas variações teórico-técnicas provindas, principalmente, das correntes da psicanálise e da teoria geral dos sistemas, sendo que a complexidade aumenta em virtude de que há diferentes linhas de pensamento dentro de cada uma destas duas.

A técnica de terapia da família que parte das concepções psicanalíticas kleinianas (Meyer, 1986) privilegia o entendimento da interiorização das relações inter e intrafamiliares que se estruturam de forma complementária, em função das intensas ansiedades primitivas, presentes em cada um e em todos. Dessa forma vai se estruturando uma identidade familiar.

Os seguidores dessa linha valorizam, sobretudo, a importância do jogo das identificações projetivas, assim como se a utilização das mesmas está servindo como um meio de comunicação empática, ou para uma finalidade de controle e de intrusão.

O terapeuta deve encarar a família como sendo ao mesmo tempo uma produção coletiva e um aspecto do mundo interno de cada membro em separado.

Em termos práticos, o maior cuidado que o terapeuta de família deve ter é o de não permitir que o tratamento se concentre em um único paciente-emergente e assim fique transformado numa terapia individual, feita à vista dos demais familiares.

Do ponto de vista da teoria sistêmica (Nobre, 1987; Simonelli, 1988), a dinâmica da família consiste essencialmente em uma compreensão abrangente entre as várias partes (subsistemas) componentes de uma totalidade maior e interdependente. Dentro do próprio corpo da terapia da família de orientação sistêmica há múltiplas tendências divergentes, mas todas destacam a importância da distribuição dos papéis entre os familiares, especialmente o do "paciente identificado" (o depositário), assim como todos concordam com o fato de que o sistema familiar se comporta como um conjunto integrado, ou seja, qualquer modificação de um elemento do sistema, necessariamente, vai afetar o sistema como um todo.

É comum que haja nas famílias uma compulsão à repetição, de geração a geração, de um mesmo código de valores estratificados e que se constituem nos chamados "mitos familiares", difíceis de serem desfeitos.

Também os terapeutas da linha sistêmica enfatizam o fato de que, no atendimento conjunto de um paciente com a sua família, deve-se procurar o desmascaramento da farsa de que há um único paciente e uma família vítima e desesperançada.

A tendência atual na terapia da família é a de uma "corrente integradora" entre as concepções psicanalíticas, sistêmicas e da teoria comunicacional, assim como a eventual utilização de técnicas psicodramáticas.

GRUPOTERAPIA COM PACIENTES SOMÁTICOS

Partindo do princípio de que há, sempre, em todo indivíduo, uma interação biopsicossocial, e de que os mecanismos psicossomáticos — através dos sistemas nervoso, endócrino e imunológico — podem exercer um papel definitivo na determinação de muitas enfermidades clínicas, muitos autores (Garma, 1957; Luchina, 1959; Mello Filho, 1986) preconizam, para esses pacientes, o emprego de uma grupoterapia homogênea, de base psicanalítica. Além disso, a moderna Escola de Psicanálise da França vem demonstrando que tais pacientes apresentam um sério distúrbio em formar fantasias inconscientes e, portanto, em poder nomear, verbalizar ou, até mesmo, descarregar os conflitos inconscientes através da via motora. A descarga se processa pela via corporal.

Baseado nessas premissas, Júlio de Mello Filho, em seu trabalho (Mello Filho, 1986) sobre grupoterapia com pacientes somáticos — no qual descreve uma longa e rica experiência não só com pacientes somatizadores de distúrbios funcionais (esterilidade psicogênica, problemas hipertensivos, digestivos, etc.), como também com pacientes hospitalizados, cirúrgicos, dermatológicos, com doença pulmonar crônica obstrutiva, hansenianos, hemofílicos, etc. —, faz uma observação muito interessante e importante. Ele diz que, ao contrário do que ocorre em psicoterapias individuais — em que costuma haver, por parte dos pacientes somatizadores, freqüentes abandonos, interrupções, resistência às mudanças, além da procura de uma cura apenas sintomática —, no tratamento grupoterápico tais pacientes beneficiam-se muito mais.

Segundo este autor, isto se deve ao fato de que o grupo se constitui como um *holding*-suporte, o qual permite que se crie um espaço muito rico de trocas de vivências, além de servir de estímulo a que os pacientes psicossomáticos possam "perceber e falar dos conflitos até então inconscientes ou vividos como catastróficos e condenados à eterna repressão ou negação. Em decorrência, podem passar a prescindir da linguagem corporal, único meio até então disponível para simbolizar situações ou simplesmente referi-las como sinal de um sofrimento nunca compreendido" (p. 262).

É digno de registro o fato de que, já na década de 50, eminentes psicanalistas, como os argentinos A. Garma e I. Luchina, trataram em grupos, respectivamente, pacientes ulcerosos gastroduodenais (Garma, 1957) e hipertensos e anginosos (Luchina, 1959). Luchina preconiza — conforme o grau de patologia somática dos pacientes componentes do grupo — o emprego de duas distintas abordagens técnicas: uma rigorosamente psicanalítica, e a outra de natureza psicoterápica de apoio, sem o uso de interpretação na transferência.

Atualmente, em nosso meio, através de variadas modalidades técnicas e táticas, está ocorrendo uma significativa expansão na utilização de grupoterapias para pacientes somatizadores. Assim, além dos grupos de estruturação psicanalítica, e dos antes referidos grupos de auto-ajuda, também estão se compondo muitos grupos para tratamento de obesos, com o emprego de técnicas predominantemente comportamentalistas. Da mesma forma, no Hospital Presidente Vargas de Porto Alegre — um hospital materno-infantil —, os psiquiatras Geraldina Viçosa e Luís Carlos Coronel estão desenvolvendo um bonito e exitoso trabalho, através da utilização de múltiplos grupos, com técnicas mistas, para o atendimento dos diversos problemas psicossomáticos inerentes às gestantes de risco.

GRUPOS COM PACIENTES DE NÍVEL PSICÓTICO

A expressão "nível psicótico" é aqui empregada de forma abrangente para designar tanto pacientes *borderline*, com um razoável grau de adaptação socioprofissional, como, em outro extremo, pacientes desvalidos, cronicamente psicóticos, e, da mesma forma, ela também é extensiva a estados intermediários, como, por exemplo, pacientes egressos compensados de surtos psicóticos.

A grupoterapia homogênea está se firmando como tratamento de escolha para tais pacientes, sendo que o seu êxito, ou não, depende fundamentalmente de uma apropriada seleção e composição, a qual deve sempre preservar uma homogeneidade em relação ao nível diagnóstico e às capacidades de Ego dos integrantes.

São muitas as razões pelas quais a grupoterapia para pacientes de nível psicótico está ganhando a condição de tratamento preferencial, sendo que as seguintes podem ser destacadas:

- A ansiedade pode ficar diluída, e é melhor tolerada.
- Há o desenvolvimento de uma ressocialização, na qual os pacientes cultivam amizades e sentem-se reciprocamente apoiados e respeitados.
- O próprio grupo funciona como um necessário "continente" que absorve as fantasias, angústias e a confusão existencial de cada um.
- O tratamento em grupo possibilita a esses pacientes reconhecer com mais facilidade o intenso uso que todos eles, sem exceção, fazem de identificações projetivas patológicas. A partir desse reconhecimento, começam a se abrir portas para uma melhoria quanto às distorções de percepção em relação ao mundo exterior.

O fato de que a compreensão da dinâmica desses grupos habitualmente parta dos conhecimentos das teorias psicanalíticas está longe de dizer que as interpretações devam seguir de forma sistemática o modelo da ortodoxia transferencialista. Pelo contrário, nestes grupos com pacientes muito regressivos deve haver, por parte do grupoterapeuta, uma expressiva valorização dos fatos exteriores concretos que estão contidos nos relatos que cada um traz do cotidiano de suas vidas. Mais do que a gênese dos profundos conflitos inconscientes, a atividade interpretativa privilegia o reconhecimento dos distúrbios da percepção, do pensamento e da comunicação, assim como o desenvolvimento de um "Ego observador" que permite que cada um deles, em particular, passe a observar e a conviver melhor com o seu lado doente.

Para esses pacientes de nível psicótico, o fator terapêutico mais eficaz é o da atitude interna do grupoterapeuta. Deve ficar claro, no entanto, que essa atitude não significa ser "bonzinho", ou indulgente, e muito menos que o terapeuta perca de vista que é fundamental que o *setting* instituído deva manter-se preservado ao máximo.

GRUPO COM PACIENTES DEPRESSIVOS

Conforme o que foi assinalado, uma das recomendações clássicas no que se refere à formação e composição de um grupo terapêutico consiste na não-inclusão de pacientes portadores de sintomatologia ou caracterologia marcadamente melancólica. A justificativa dos autores para essa restrição consiste no fato de que os pacientes muito deprimidos têm uma exagerada necessidade de constantes reafirmações, assim como de provas de amor e de atenção. Por essa razão, o seu desempenho no grupo costuma adquirir uma das seguintes três formas nocivas para a evolução da grupoterapia: ou este paciente funciona como um monopolista crônico, ou sente-se marginalizado e alienado dos problemas dos demais, ou obstaculiza o progresso do grupo através de suas constantes queixas e tragédias cotidianas, de natureza e finalidade culpígenas.

Creio que esse ponto de vista continua sendo válido somente para os casos em que um paciente fortemente depressivo for incluído em um grupo heterogêneo, no qual o quadro clínico dos demais participantes esteja bem distante da regressão depressiva daquele. Atualmente, mercê de uma continuada experiência que vimos adquirindo, especialmente através de exercício de supervisionamento de colegas mais jovens que estão trabalhando com grupos homogêneos, modificamos substancialmente essa posição quanto ao critério de indicação de pacientes depressivos para tratamento em grupoterapia.

Hoje consideramos que a grupoterapia se constitui numa das indicações prioritárias para o tratamento de indivíduos depressivos, desde que o grupo terapêutico esteja composto exclusivamente com este tipo de pacientes. Da mesma forma, é necessário destacar que essa homogeneidade deve ser obedecida em relação ao grau de regressividade da situação depressiva clínica de cada um dos pacientes.

Baseamos a afirmativa de que a grupoterapia se constitui em um excelente recurso de tratamento para pacientes deprimidos com a utilização dos seguintes argumentos, que têm o respaldo da confirmação na prática clínica:

- Na psicodinâmica de um indivíduo depressivo sempre encontramos um círculo vicioso formado pelos sentimentos de carência, agressão, culpa, descrença nas capacidades reparadoras e necessidade de castigo. Uma grupoterapia propicia o surgimento e o manejo deste círculo vicioso de causa-efeito.
- O grupo terapêutico, por si só, comporta-se como um novo e indispensável continente das angústias e necessidades básicas de cada um dos pacientes. É claro que para que isso aconteça o grupo deve funcionar como um "bom continente", ou seja, a *gestalt* grupal deve ter condições de acolher as angústias de cada um e de todos, assim como a entidade grupal e as individualidades devem sobreviver aos recíprocos ataques (inveja, ciúmes, rivalidades, mal-entendidos, etc.).

- Nos primeiros tempos da grupoterapia, essa função de continente é virtualmente exclusiva do grupoterapeuta, o qual deve estar equipado para conter as aludidas pulsões libidinosas e agressivas, com as respectivas ansiedades decorrentes. Além de conter tais aspectos que, dissociados, são projetados dentro dele, o grupoterapeuta deve elaborá-los dentro de si mesmo e, por meio da atividade interpretativa, devolvê-los em doses mitigadas e devidamente nomeados e desintoxicados da angústia.

  O importante, no entanto, é que essa função do terapeuta se constitua em um modelo de identificação, para que cada um dos pacientes venha desenvolver essa importantíssima função de ser continente, para si próprio e para os demais.

- Sabemos que, no caso de um paciente depressivo, a sua família original costuma estar introjetada e representada em seu Ego de uma forma muito dissociada, desvalorizada e ameaçada de desintegração. Uma grupoterapia, por sua própria natureza multipessoal, ajuda a reconstruir a família internalizada de cada um dos pacientes.

- A natural evolução da grupoterapia propicia reiteradas experiências de manifestações agressivas de uns contra os outros (o terapeuta incluído, é óbvio), sem que estes ataques resultem em feridos ou "mortos". Pelo contrário, não há experiência mais estruturante, e comovedora, do que a constatação de que o sentimento de amor prevalece sobre o do ódio, e que os intentos reparatórios são bem-sucedidos.

- No caso em que os pacientes deprimidos selecionados para a composição de um grupo terapêutico estiverem fazendo um uso simultâneo de medicação antidepressiva, a grupoterapia a ser feita com o mesmo terapeuta que os medica não representa um empecilho para o controle de medicamentos e vice-versa. Pelo contrário, simultaneamente à aquisição de *insight* dos conflitos genético-dinâmicos, a grupoterapia favorece um desenvolvimento cognitivo da doença depressiva, com a conseqüente assunção e responsabilização, por parte de cada um, quanto à evolução de sua doença.

O tema deste capítulo — outros grupos terapêuticos que não os analíticos propriamente ditos — não se esgota aqui. O destaque que foi dado às modalidades grupoterápicas especificadas justifica-se em razão do volume de sua utilização na atualidade, mas está longe de significar que sejam as únicas importantes. Não fora a necessidade de uma adequação aos propósitos limitados deste livro, seria justo estender considerações acerca de alguns outros tipos de grupos homogêneos que estão sendo crescentemente aplicados em nosso meio.

CAPÍTULO 26

Grupos de Educação Médica

O título original previsto para este capítulo era "Grupo de ensino-aprendizagem na área médica". Preferi a terminologia "educação" em vez de "ensino" pelo fato de que, conforme nos mostra a etimologia desses dois termos, o ensino está mais voltado para a transmissão de conhecimentos dentro dos alunos (a palavra *ensino* deriva dos étimos *en,* que quer dizer "dentro de", e *signos,* que significa "sinais", conhecimentos), enquanto *educação* alude a uma facilitação do desabrochar de capacidades já existentes, porém em estado latente e, portanto, mal aproveitadas (a palavra *educação* procede dos étimos *ex,* que significa "para fora", e *ducare,* "dirigir").

Para conceituar melhor a ideologia de aprendizagem que está contida na diferença de significação de ambas as palavras, vou me utilizar da metáfora empregada por Freud, que, para distinguir os propósitos da interpretação psicanalítica, inspirou-se em Leonardo da Vinci, que afirmou a existência de duas modalidades de criação artística: a *via di porre* — tal como acontece com os pintores que "colocam" as cores em um papel em branco (e que eu comparo com *ensino*) — e a *via di levare* — utilizada pelos escultores, que "retiram" o excesso de um bloco de mármore de modo a possibilitar o surgimento de uma figura que já "preexistia" em seu interior (que comparo com *educação*). Quero deixar claro que ambas as modalidades são igualmente úteis e não se excluem, pelo contrário, se complementam.

O tipo de grupo empregado para a finalidade de educação médica (poderia ser para advogados, professores, políticos, etc.) pode ser definido como operativo, mais precisamente o de reflexão, tal como eles estão descritos nos capítulos específicos deste livro.

É muito difícil fazer uma delimitação precisa entre grupo operativo e grupo terapêutico pela razão de que eles se tangenciam e, muitas vezes, imbricam-se. Assim, todas as modalidades de grupos terapêuticos funcionam de acordo com os princípios gerais dos grupos operativos, enquanto estes, reciprocamente, exercem, de forma indireta, uma inequívoca ação terapêutica.

A expressão "grupo operativo" é muito genérica, sendo que, em sua essência, designa mais propriamente uma ideologia do que uma técnica específica. Essa ideologia, *lato sensu,* visa sempre a um aprendizado conectado a uma mudança psicológica (atitudes), especialmente a de *aprender a aprender.*

FUNDAMENTOS BÁSICOS DAS GRUPOTERAPIAS **221**

Como já foi frisado, o grupo operativo comporta muitas variações técnicas e táticas e, conseqüentemente, muitas subdenominações, sendo que, pelas razões já expostas — especialmente a de desenvolver a capacidade de *refletir,* isto é, a capacidade para *pensar* as experiências emocionais —, vale considerar como sendo grupo de reflexão a técnica empregada nos quatro exemplos que utilizarei neste capítulo.

EXEMPLO 1

Pela crescente importância que essa técnica vem desempenhando na área de ensino-aprendizagem e pela razão de comprovar que os fenômenos do campo grupal também se reproduzem em grupos que não têm uma finalidade terapêutica precípua — apesar de, como antes foi dito, promover modificações psicológicas —, exemplificaremos mais detalhadamente o funcionamento de um grupo de reflexão que durou dois anos e que foi realizado com médicos residentes de um hospital-escola, com a finalidade de promover um Programa de Educação Médica Continuada (PEC) (Zimerman, 1986).

A ilustração que segue se refere à primeira reunião. Uma semana antes, os médicos foram comunicados de que a residência propiciaria um PEC com vistas à relação médico-paciente e que a participação ao mesmo não era obrigatória. De um total de 30 residentes, aproximadamente um pouco mais da metade se fazia presente, entre homens e mulheres, todos muito jovens. Além deles, o médico chefe, diretamente responsável pelo ensino, e eu, como coordenador do grupo de reflexão.

Na hora aprazada, apresentei-me e fiz um curto preâmbulo para destacar que a nossa atividade seria a de, em conjunto, refletirmos acerca das inter-relações que o médico tem com o doente, a doença, os colegas, os familiares do doente, assim como a medicina em geral, a partir de relatos de quaisquer situações que eles trouxessem, da forma mais livre possível.

Seguiu-se um silêncio, enquanto todos me olhavam com expectativa, alguns com canetas e bloco de anotações à mostra. No momento em que me pareceu que davam sinais de inquietação crescente, fiz a primeira observação, assinalando que, justificadamente, estavam algo aturdidos, pois era uma situação nova com a qual não estavam familiarizados e, por isso, tendiam a se proteger no que já conheciam, isto é, num clima próprio de aula magistral. Sorriram e fez-se a sugestão para que dispuséssemos as cadeiras em círculo, a fim de "aquecer mais", como disse um deles.

Assim foi feito, com algum alarido descontraído, após o que se seguiu um novo silêncio tenso, até que uma residente perguntou que tipo de caso eu preferia que fosse trazido. Repassei a pergunta ao grupo, o qual respondeu, com manifestações tímidas, que eu é quem entendia disso e que deveria orientá-los. Fiz minha segunda observação: a de que, num nível lógico, eles sabiam — porque havíamos combinado — que qualquer assunto serviria como porta de entrada para as nossas reflexões, mas que, naquele momento, diante de uma situação desconhecida, estavam operando num nível pré-lógico, ou seja, não estavam conseguindo usar a sua plena liberdade. Assim, conferiam-me o papel de "grande" que sabe tudo, enquanto eles ficariam com o papel de "pequenos", precisando pedir permissão e orientação para as suas iniciativas.

A maioria assentia com a cabeça, e a mesma residente disse que queria discutir um caso clínico que a embaraçava muito: tratava-se de uma paciente sua, mulher jovem que se queixava de frigidez sexual. A médica não sabia o que fazer, "nem me sentia médica, e me vi impelida a dar conselhos e aulinhas". Com pequenos estímulos meus, alguns outros participantes trouxeram situações e angústias semelhantes de outros pacientes seus. A seguir, o grupo manifestou a esperança de que eu tivesse alguma "dica" para solucionar tais casos. Observei-lhes que talvez os decepcionasse, mas eu não tinha dicas mágicas para dar, e até, por outro lado, perguntava-lhes se, ao invés de derramar meus conhecimentos (aulinhas), não topariam fazer uma reflexão conjunta acerca do que estaria se passando com as referidas pacientes frígidas no fundo da personalidade delas, como um todo.

As colocações e as hipóteses que passaram a fazer giraram em torno de possíveis medos de suas pacientes frígidas, tanto os antigos e internos como os atuais ligados à realidade do risco de gravidez, doenças, aborto, e a não-confiabilidade dessas pacientes em relação aos respectivos companheiros.

O trabalho grupal vinha se desenvolvendo em uma atmosfera algo fria e tímida, pois só uma minoria participava verbalmente. Fiz um assinalamento, sob a forma de lhes questionar se, de certa maneira, não teriam escolhido o enfoque em mulheres frígidas como um modo — não-intencional, é claro — de me comunicar que também o grupo se sentia frígido em relação à nossa atividade, à nossa "relação", porque, a exemplo dos pacientes, também eles estavam sentindo medo e não sabiam se podiam confiar no parceiro: eu.

A resposta não se fez esperar. Sabiam que eu era psicanalista e, como tal, deveria ter uma capacidade de raio X, e assim poder devassar a intimidade de cada um, ou até, como expressou um dos que até então estavam silenciosos, se o meu propósito oculto não seria o de querer tratá-los. Outros verbalizaram a desconfiança de que eu estivesse a mando da direção para observá-los e depois "dedar" os mais loucos, que, então, seriam expulsos da residência. Seguiram-se outras manifestações nessa linha, já agora em um clima acalorado, com o grupo aos poucos retomando a vontade de querer entender o que se passava e o que fazer com aquelas pacientes.

Ao término da hora combinada, encerrei o grupo de reflexão com uma observação final: a de que eles poderiam compreender melhor o problema da frigidez se cada um tivesse a capacidade de empatia, isto é, de poder colocar-se dentro da patologia das pacientes. Para tanto, poderiam sentir em si mesmos o quanto também eles haviam começado muito frígidos e, à medida que foram atenuando o medo e a desconfiança, foram deixando aparecer as reais capacidades de uma participação quente.

O exemplo que utilizei pode dar uma idéia equivocada de que a tônica prevalente dessa técnica seria a da interpretação transferencial. Ainda que o objetivo maior seja o de tocar as emoções de cada um, somente recorremos ao clareamento transferencial propriamente dito e, assim mesmo, ao grupo como um todo, e nunca aos indivíduos isoladamente, quando, como no exemplo anterior, as ansiedades pré-tarefa estão intensificadas e tão emergentes que obstaculizariam a tarefa, caso não fossem removidas.

O importante a assinalar nesse exemplo é que o coordenador, em vez de dar respostas diretas às questões levantadas pelos participantes do grupo, preferiu utilizar a técnica de fazê-los refletir (pensar) acerca das fortes experiências emocionais que eles estavam vivenciando na sua cotidiana prática médica.

Um outro aspecto que merece ser destacado neste exemplo é o propósito do coordenador em desenvolver a capacidade de *empatia* em cada um deles, isto é, a capacidade de pôr-se no lugar do outro, no caso, o paciente. Essa capacidade de empatia constitui-se como a condição mínima necessária para um adequado exercício do ato médico.

EXEMPLO 2

A vinheta que segue, de uma reunião posterior do grupo de reflexão do exemplo 1, mostra com mais fidelidade como é o seu processamento habitual.

A atividade começa com um residente propondo que o grupo discuta a atitude que deve ser tomada diante de "pacientes nervosos, que não colaboram e ainda ofendem os médicos". Segue-se, por parte de alguns, o aporte de distintas situações clínicas dessa natureza, até que a atenção de todos fica centralizada no relato de um episódio, ocorrido há pouco, em que uma paciente muito nervosa estava dando um *show* na enfermaria somente porque a sua cirurgia — salpingectomia —

fora adiada. Ela alegava que já se submetera à tricotomia, que só bem depois do horário previsto para a cirurgia é que lhe deram uma explicação que não a satisfizera (disseram que a cirurgia anterior se prolongara demais e que não havia outra sala, o que não lhe foi dito é que a desorganização provinha de uma briga interna entre a equipe médica) e que ninguém sabia lhe dizer quando faria a tal cirurgia. No prontuário constava que sempre fora nervosa e que tinha um problema de tireóide. Foi-lhe dada uma boa "reprimenda", um aumento da dosagem de tranqüilizantes, e solicitada uma investigação quanto a uma possível tireotoxicose.

No grupo, após uma troca de pontos de vista, um residente disse que queria trocar "para um assunto completamente diferente", pois não podia deixar de relatar uma situação que o estava indignando. Passou, então, a criticar, de forma exacerbada, a conduta do professor X, que reiteradamente chegava às nove horas para uma atividade de ensino marcada para as oito. "Ele manda que nós ocupemos a hora inicial para a leitura dos prontuários, com fins de posterior discussão. Isso é embuste dele, é desculpa para poder ficar dormindo mais. Ele nos enrola e, quando chega muito tarde, ainda toma a iniciativa de nos criticar antes. E nós, trouxas, temos que acordar cedo, ficar bem quietinhos e ainda ouvir desaforos".

Diferentemente do que fizera na primeira reunião do grupo do exemplo anterior, o coordenador não precisou assinalar uma possível mensagem transferencial, porque o clima era de confiança, e tampouco sentiu necessidade de remover obstáculos ao livre fluir do trabalho. Preferiu mostrar que o último assunto trazido não era "completamente diferente" dos anteriores; pelo contrário, eram iguais e se completavam. Assim, a justa indignação diante do professor "enrolador" era a mesma da paciente, porque também ela se sentira enrolada, desrespeitada, oprimida e, ainda por cima, indicada como se fosse a culpada.

O fato de os residentes se colocarem na condição da paciente indignada permitiu que entendessem — e sentissem — o "nervosismo" dela e que valorizassem o quanto é importante respeitar e ser respeitado.

EXEMPLO 3

Há uma terceira modalidade de aplicação do grupo de reflexão com médicos, sem o grau de classificação e de pretensão que descrevemos nos dois exemplos anteriores — especialmente o primeiro, que consistiu mais claramente no emprego do referencial utilizado nas grupoterapias de base psicanalítica.

Essa terceira modalidade grupal alude mais precisamente ao uso de uma técnica de natureza cognitiva, isto é, a de trabalhar com as funções conscientes do Ego de cada um do grupo, como são as capacidades para perceber, pensar, conhecer, comunicar, etc. A tática do coordenador consiste simplesmente em extrair, dentre os relatos de situações clínicas, alguma dificuldade relevante de quem está relatando, mas que certamente deve estar sendo do interesse e da vivência emocional de todos os demais do grupo.

Vou exemplificar com uma situação trivial. Um médico relatava ao grupo um episódio em que ele atendia uma moça que sofrera um sério acidente de carro, juntamente com quatro outros amigos, sendo que ela foi a única a sofrer um forte traumatismo físico — qual seja, uma contusão na coluna cervical que, por pouco, não seccionou a medula, o que significaria a tragédia de sobrevir uma terrível tetraplegia.

Ainda no hospital, com o pescoço imobilizado pelo aparelho ortopédico, a paciente recebeu a visita do médico (que nos fazia o relato), o qual, ao entrar no quarto, exclamou satisfeito: "que sorte tiveste...". A paciente interrompeu abruptamente e, de uma forma indignada, quase aos gritos, protestou que estava sendo tratada de forma injusta, pois ela teve, "isso sim, um enorme azar; sorte tiveram os seus amigos, que nada sofreram...". Revoltada, ela quase expulsou o médico e ameaçou trocá-lo por um outro.

Tratava-se de uma reação evidentemente exagerada por parte da paciente, no entanto compreensível, se levarmos em conta o intenso estresse emocional a que estava submetida, o trauma e a fadiga física, a imobilização no leito e a contenção da liberdade de uma livre movimentação, a suspensão das atividades normais, etc.

Neste caso, o coordenador limitou-se a propor ao grupo o exercício de uma reflexão mais abrangente acerca dos problemas relativos ao mal-entendido das comunicações. O grupo chegou a um consenso de que a formulação do médico, sem perder a sua espontaneidade e afetividade natural, poderia ter sido algo como: "Diante do teu enorme azar, tiveste muita sorte...". É interessante registrar como os médicos desse grupo que estamos exemplificando ficaram impressionados e mobilizados para fazerem uma profunda reflexão a respeito dos possíveis distúrbios de comunicação que cercam atos aparentemente banais, entre eles e os pacientes, familiares, colegas, etc.

Esse terceiro exemplo, conquanto seja por demais simples, permite verificar o quanto o relato único de uma situação clínica pode representar uma discussão grupal de muita riqueza, centrada em algum tema que toca nas experiências emocionais inerentes às vivências da prática médica, de cada um e de todos. No caso do exemplo, o tema foi o do mal-entendido da comunicação verbal, no entanto, os exemplos poderiam se multiplicar com outros temas de igual importância.

EXEMPLO 4

Há dois anos venho me reunindo regularmente (nos primeiros tempos, quinzenalmente, e, atualmente, mensalmente) com uma equipe de cirurgiões plásticos que criaram e mantêm em funcionamento, em um hospital-escola, um importante serviço de atendimento e de ensino-aprendizagem para médicos-residentes dos três anos de formação de especialistas nessa área médica.

O motivo pelo qual o líder deles me procurou consistia no fato de que, embora houvesse um clima de uma aparente harmonia, pairava um desconforto generalizado na equipe, "algum cheiro de desagregação próxima". Além disso, também havia um mal-estar disseminado no serviço, pois os residentes, em sua expressiva maioria, "não colaboravam, promoviam boicotes, agrediam-se reciprocamente e ao serviço, através de condutas incompatíveis com uma adequada identidade médica (no tipo de vestimentas, cuidados pré e pós-cirúrgicos, cumprimentos de horários, problemas éticos, etc.). Essa situação se agravou após a entrada de dois médicos vindos de fora e que, por convite, passaram a fazer parte da equipe principal.

A evolução do grupo e das nuances técnicas nele empregadas tem sido tão interessante, que por si só mereceriam um artigo à parte. No entanto, para os propósitos deste capítulo, vou me restringir a assinalar seus movimentos principais, que podem ser resumidos na sucessão das três etapas seguintes, com a duração média de oito meses cada uma.

Na primeira etapa, os assuntos trazidos pelos médicos desse grupo, sem exceção, ficavam centrados quase que exclusivamente nas múltiplas e variadas queixas contra os residentes, especialmente as que diziam respeito ao "boicote contra o aprendizado e ao bom andamento do serviço". A reação que essa atitude afrontadora dos residentes despertava nos participantes do nosso grupo consistia no fato de eles se imporem através de uma crescente demonstração de autoridade, a qual acabou por adquirir uma característica de autoritarismo, constante de uma maior repressão, ameaças de suspensão ou expulsão, sendo que as reuniões de "integração" do serviço eram tensas, com uma nítida divisão em dois grupos: os da cúpula diretiva contra os "rebeldes" da residência.

Não foi difícil conseguir que o nosso grupo refletisse acerca do quanto poderiam estar projetando nos residentes os seus próprios conflitos internos, principalmente os ligados aos problemas de autoridade, poder e reconhecimento de valor. O enfoque central da reflexão consistiu na compreensão do quanto os papéis e as posições estavam confundidos, como conseqüência de um jogo de identificações projetivas e introjetivas entre todos eles, com o surgimento de ansiedades, *actings,* revides de parte a parte, etc.

À medida que os médicos foram modificando a sua atitude defensiva — e, por conseguinte, com as características de um controle agressivo e de aparência tirânica —, foi possível reduzir significativamente o clima de "guerra". Paralelamente foi instituído um manual impresso, com as diretrizes éticas e científicas, direitos e deveres de cada residente, assim como um conjunto de normas e procedimentos para as rotinas de atendimento e do ensino-aprendizagem. Esse código de valores passou a ser transmitido para os residentes com clareza e coerência (acompanhando as modificações do estado mental interno de cada um dos componentes de nosso grupo), sem o clima anterior de ameaças ou algo equivalente, porém com uma firme determinação quanto à necessária obediência dos padrões instituídos.

Aos poucos, a situação de trabalho por parte dos residentes foi serenando e se transformando em uma recíproca cooperação entre eles e a cúpula. Ingressamos então em uma segunda etapa desse nosso grupo de reflexão, na qual os seus integrantes pouco ou nada falavam dos residentes, ao mesmo tempo que começaram a surgir os conflitos interpessoais entre eles, sob a forma de mútuas queixas, surdos ressentimentos, rivalidades, mal-entendidos, etc.

Por momentos, parecia que poderia eclodir um clima insustentável e que o grupo se dissolveria. No entanto, graças à maturidade dos indivíduos componentes, especialmente a pessoa do seu líder, o nosso grupo saiu fortalecido e mais integrado, pelo fato de que a força de coesão amorosa prevaleceu sobre a de repulsão agressivo-destrutiva. Além disso, o grupo desenvolveu o exercício de atitudes reparatórias; a modificação de maneiras inadequadas de comunicação; o desenvolvimento da capacidade de empatia; a possibilidade de se expressarem com franqueza, ainda que eventualmente ferindo o colega, porém sem agressão, mas sim alicerçados no despertar de um amor à verdade.

A terceira etapa da evolução desse grupo — a atual — está se caracterizando por um redirecionamento das energias psíquicas para atividades criativas dentro do serviço, a introdução de novas rotinas e tecnologias, uma melhor seleção de residentes (paralelamente, tem aumentado de forma considerável a quantidade e a qualidade dos médicos que se candidatam a uma vaga na residência), assim como está fluindo com naturalidade a realização de trabalhos científicos produzidos por distintas equipes que contam com a participação de professores e residentes.

COMENTÁRIOS

Os quatro exemplos que utilizamos permitem uma constelação de observações relativas ao campo grupal que é formado em um grupo de reflexão.

Na primeira ilustração pode-se observar a clivagem dos planos do consciente *versus* inconsciente, resistência a uma situação nova, sentimentos de dependência e idealização em relação à figura do líder simultâneos aos de medo e desconfiança dele, compreensão da linguagem simbólica, importância da comunicação verbal, possibilidade da perda de papéis ("não me senti médica"), sintoma (frigidez), indissociado do paciente como um todo somato-psíquico-social, a importância da empatia, etc.

A segunda ilustração permitiu que refletíssemos acerca das diferentes atitudes médicas possíveis diante de uma mesma situação clínica. Assim, no caso, prevaleceu o uso da projeção (a paciente foi usada como pantalha do "nervosismo" da equipe médica), da repressão (xingão e aumento da sedação) e a busca de causas orgânicas (investigação da tireóide). O grupo pôde concluir que tudo isso ocorreu por não ter havido uma empatia com as angústias da paciente (tanto as que são inevitáveis diante de qualquer submetimento cirúrgico como as que se somaram por se tratar de uma mutilação no trato genital), além do afastamento prolongado de sua casa e de uma possível percepção de que ela estivesse servindo, para a equipe médica, como o marisco entre o choque do mar e o rochedo, etc.

O terceiro exemplo permite ilustrar a importância de se poder utilizar alguma situação clínica isolada para estimular nos médicos o exercício de funções do Ego, notadamente a capacidade de se pôr no lugar do paciente, e assim pensar mais profundamente sobre as experiências emocionais que cercam o ato médico.

A quarta ilustração visa a apresentar um panorama evolutivo de um grupo de reflexão e destacar o fato de que ele pode ter uma duração mais prolongada, desde que continue manifestando claros sinais de que está em movimento de mudanças.

A partir dessas reflexões — não é demais enfatizar: não-intelectualizadas, mas sim pensadas e sentidas em si próprios —, médicos, nesse aprendizado, devem progressivamente aliar os conhecimentos e as habilidades que estão adquirindo às atitudes consubstanciadas, especialmente no desenvolvimento das capacidades de empatia e de saber pensar.

Vale citar alguns dos fatores da dinâmica do grupo de reflexão que concorrem para isso:

- Há uma recomposição do grupo familiar ("pais e irmãos"), o que propicia que cada um passe a entender e a respeitar melhor as dificuldades e inibições dos outros e se fazer respeitar a si próprio.
- A possibilidade de fazer novas identificações e compartir um novo código de valores.
- A percepção das cargas projetivas que fazem, e que sofrem, permite que melhor possam reconhecer-se nos outros, diferenciar-se dos outros e se colocarem no lugar destes.
- A vivência dos problemas fundamentais que cercam a comunicação entre as pessoas.
- Desenvolvimento do senso de identidade médica e de alguns outros atributos inerentes à profissão.

Dentre estes últimos, vale enfatizar quão importantes são os atributos de o médico saber escutar (em vez de simplesmente ouvir), enxergar (é diferente de olhar), dizer (não é o mesmo que falar), compreender (não é o mesmo que simplesmente entender), ser bom (é bem diferente de ser "bonzinho"), ser empático (vai muito além de unicamente ser "simpático"), e assim por diante — outros recursos importantes de uma formação médica podem ser mais adequadamente desenvolvidos por meio dos recursos grupalísticos.

CAPÍTULO 27

Estado Atual e Perspectivas Futuras das Grupoterapias

As múltiplas aplicações práticas resultantes do conhecimento e do manejo dos fenômenos que ocorrem em qualquer grupo humano têm sofrido profundas modificações nas últimas décadas.

Seguindo o esquema simplificado de classificação que adotamos em relação à prática com grupos, pode-se dizer que:

- As atividades grupais concernentes à utilização dos grupos de reflexão na área do ensino têm apresentado algum crescimento, sendo que, a nosso juízo, muito aquém do que poderia e deveria ser.
- Os grupos terapêuticos, não os de funcionamento estritamente analítico, têm revelado um significativo desenvolvimento e uma progressiva demanda. São exemplos: o emprego de técnicas psicodramáticas, a terapia de casal, a de família, grupos com psicóticos egressos, diversos tipos de grupos homogêneos, sobretudo os de auto-ajuda. Especialmente estes vêm revelando, nesta última década, expansão e aproveitamento notáveis, sobretudo em infindáveis aplicações na área da Medicina.
- Em relação à psicoterapia analítica de grupo propriamente dita, não se observa o mesmo crescimento que o descrito nos grupos anteriores. Pelo contrário, após o início de sua aplicação na década de 50 e o vigoroso florescimento na de 60, as décadas 70 e 80 foram marcadas por um progressivo declínio.

A década de 90 prosseguiu com a mesma pergunta que há bastante tempo todos se fazem: por que, num país como o nosso, em que há uma escassez de técnicas e uma imensa fatia da população de prevalência jovem, que poderia se beneficiar com tratamento de base analítica, mas que a ele não tem acesso econômico, não prospera a grupoterapia analítica, apesar de ela ter-se mostrado comprovadamente eficiente? (Deve ficar bem claro que tomamos o vetor do recurso econômico apenas para reforçar uma situação extrema, embora longe de significar que a indicação para um tratamento em grupoterapia analítica siga basicamente tal critério.)

Em todos os congressos que reúnem grupoterapeutas, há sempre um espaço no qual se tenta responder a esta inquietante questão, e se procura levantar soluções, mas a situação continua inalterada.

Tentaremos sintetizar algumas das principais causas, tanto as explícitas como as implícitas, que têm sido apontadas como as responsáveis pelo declínio das grupoterapias analíticas.

1. O pronunciamento da Associação Psicanalítica Internacional (IPA) contra o reconhecimento de *status* de uma "verdadeira análise" quando o tratamento é realizado em moldes grupais. Isso determinou entre os psicanalistas, até então os únicos técnicos autorizados à prática da grupoterapia analítica, a formação de sentimentos de transgressão, com as conseqüentes culpas, e uma retração dessa atividade. De modo geral, esse aspecto se evidenciou em todos os centros do mundo.

2. Essa situação agravou-se em nosso meio, como de resto em toda a América Latina, pelo fato de que ocorreu uma renúncia à grupo-análise (parece que pela razão política contida no item anterior) por parte dos psicanalistas argentinos Grimberg, Rodrigué e M. Langer, importantes modelos de identificação e autores do livro *Psicoterapia analítica de grupo,* verdadeira bíblia para mais de uma geração de grupoterapeutas, os quais, por isso, se sentiram à deriva e relegados a uma orfandade.

3. Começou a ocorrer uma grande abertura para a prática da psicoterapia analítica individual, por parte de psiquiatras e psicólogos não-psicanalistas, com a conseqüente diminuição na demanda pela busca de tratamento grupal. A isso se soma um aspecto cultural típico da classe média: o de que um tratamento individualizado confere um *status* de valorização social, enquanto o coletivo inspira o contrário.

4. A maior oposição ao método grupoterápico partiu justamente das instituições psicanalíticas oficiais e de muitos de seus membros psicanalistas, que, mesmo sem nunca terem passado por uma experiência de tratamento grupal, nem nunca a terem praticado, e sequer conhecerem os seus fundamentos, passaram a desprezar manifestamente o novo método da terapia analítica, rotulando-a de forma depreciativa e pejorativa. Uma das razões para esse tipo de atitude deve ser a tendência inconsciente que o ser humano tem em destruir aquilo que, por ser desconhecido e estar fora de seu controle, é sentido como uma ameaça à sua auto-estima e identidade profissional.

5. Além dessas causas de procedência exterior, é preciso considerar as interiores, aquelas que se originam no próprio seio dos grupoterapeutas e que, a nosso juízo, são as maiores responsáveis pelo declínio da demanda e da prática da grupoterapia analítica. Seguem algumas dessas causas:

- A falta de uma emancipação dos grupoterapeutas, muito mais de natureza interna do que externa, em relação à *mater* psicanálise clássica. Dessa forma, é preciso reconhecer que a grupoterapia ainda não se constituiu como um sólido edifício teórico-técnico, específico e coerente e, como decorrência, ainda não adquiriu uma identidade própria.
- Apesar dos comprovados resultados de natureza analítica propriamente dita, ou seja, de significativas mudanças caracterológicas nos indivíduos que se tratam ou se trataram em grupos, disseminou-se publicamente uma imagem de grupoterapia analítica como sendo uma análise de segunda ou terceira categoria, ou, ainda, uma "análise para pobres".
Os próprios grupoterapeutas, mercê de uma possível atitude interna sua, calcada nessa equivocada concepção e, principalmente, em sua forma e critérios de proceder à

indicação e ao encaminhamento para um tratamento em grupo, podem ser os maiores responsáveis por este estado de coisas. O maior preço que eles pagam é o de trabalhar com uma sensação de vergonha e de culpa, enquanto que os pacientes encontram nessa desvalorização do conceito qualitativo da grupoterapia um reforço para o seu sentimento de carência e desvalia. A aspiração máxima passa a ser a de um dia poder vir a fazer a tão valorizada e decantada análise individual.

- Erros de seleção e composição do grupo. Não é raro que a admissão de pacientes para um tratamento grupal se processe de uma forma indiscriminada e inadequada, mais em obediência às necessidades pessoais do grupoterapeuta, as quais, mais do que se pensa, não passam de uma mera ganância econômica.

  Uma séria conseqüência decorrente de uma má seleção de pacientes para grupoterapia é a possibilidade de que muitos destes sejam propensos à prática de múltiplos *actings*.

- É inegável a ocorrência de *actings* públicos, às vezes de natureza grave, sendo que o mais comum é a quebra de sigilo. Tais atuações, além de minarem a estrutura do próprio grupo, alcançam uma péssima repercussão junto ao grande público, desmoralizando e abalando, de forma irreversível, o crédito e a confiança que a grupoterapia analítica, quando seriamente aplicada, deve merecer.

- Um manejo técnico inadequado. Além das falhas de seleção apontadas anteriormente, também uma falta de compreensão, por parte do grupoterapeuta, do fluxo e refluxo das ansiedades emergentes dificulta uma integração das partes dissociadas do grupo, e isso representa um convite ao *acting*. Outro ponto a considerar é se a técnica interpretativa centrada sistemática e exclusivamente na transferência do "todo grupal", e muitas vezes de forma intelectualizada, não despersonaliza os indivíduos, com o decorrente prejuízo na formação da identidade individual de cada um, propiciando dessa forma o risco da promiscuidade do grupo, e se configurando, aí sim, como uma falsa análise.

- Por outro lado, a falta de uniformidade de um corpo teórico próprio e as excessivas variações de manejos técnicos podem provocar um clima de certa confusão, tanto entre o público usuário como entre os próprios terapeutas de grupos analíticos.

  De qualquer forma, não bastam os esforços dos dirigentes e a promoção de Jornadas e Congressos científicos, onde este assunto costuma ser acaloradamente discutido. É necessário que, de forma continuada, os grupoterapeutas reflitam profundamente, de preferência em grupos de reflexão, sobre o motivo pelo qual tudo isso está acontecendo, quais os problemas que estão ligados às instituições de ensino de grupoterapia e se há uma verdadeira disposição em fazer mudanças, para só então partir para caminhos que apontem para soluções concretas de recuperar o prestígio e ampliar o raio de alcance deste importante método de tratamento.

- Todo o apoio deve ser dado aos institutos formadores de grupo e às entidades representativas em suas tarefas de, entre outras, promover cursos, programas, jornadas, algumas formas de intercâmbio de experiências, pesquisa e produção de trabalhos científicos, estímulo ao estabelecimento de convênios com órgãos estatais de assistência médica, empresas, sindicatos, instituições de ensino, entidades congêneres a essas e, sobretudo, alguma forma consistente de divulgação e esclarecimento junto ao grande público. De fato, o público está muito mal informado quanto à verdadeira possibilidade da utilização de grupoterapias, de modo que um adequado e continuado trabalho com a *mídia* poderia representar um significativo avanço e incentivo.

- No entanto, esse trabalho de discussão e divulgação não deveria ficar restrito aos técnicos da área psicológica, senão que poderia ser melhor aproveitado o rico filão que a psicologia de grupo representa em outros campos humanísticos, como, por exemplo, os da literatura, cinema, etc. É impressionante a acuidade intuitiva de muitos escritores que, sem o perceber diretamente, fazem profundas descrições da dinâmica emocional que se processa entre o grupo de seus personagens. Penso que determinadas obras, entre as clássicas e as modernas, ou determinados filmes e peças teatrais, ganhariam um sabor muito especial e se constituiriam numa importante fonte de aquisição de conhecimentos e sabedoria se fossem enfocados e debatidos sob o prisma da dinâmica de grupo.

E quais são as perspectivas para o milênio 2000?

Penso que em muitas instituições psicanalíticas, no mundo todo, o ensino e o emprego das grupoterapias continuam sendo proscritos e encarados como uma via desviada da prática psicanalítica. No entanto, nos últimos tempos, parece que tem havido em diversos cantos do mundo uma participação, cada vez mais numerosa, de psicoterapeutas em atividades de grupo, como a terapia familiar, muitas vezes com o emprego de técnicas psicodramáticas. Da mesma forma, há um considerável desenvolvimento de institutos de psicanálise que começam a se questionar quanto à validade das terapias de fundamentação psicanalítica em grupos, principalmente com determinadas categorias de pacientes que não costumam responder bem às terapias psicanalíticas individuais.

Igualmente, os congressos de psiquiatria dinâmica e os de psicanálise, ultimamente, têm aberto um espaço significativamente maior para a apresentação e discussão de trabalhos sobre grupoterapias; também existem muito mais, e melhores, revistas e publicações especializadas acompanhando um crescente número de leitores interessados; há um progressivo e intensivo intercâmbio de idéias em âmbito internacional; existem sinais indicadores quanto a uma possível abertura dos institutos psicanalíticos e de instituições responsáveis pela formação de psicoterapeutas para o ensino e a valorização da prática grupoterápica, assim como parece estar havendo a expansão do aproveitamento da dinâmica grupal em outras áreas que não as diretamente ligadas aos campos da psicologia e da psicopatologia.

Dentre tantos outros aspectos que acompanham as profundas, aceleradas e vertiginosas transformações que estão caracterizando os tempos atuais, com repercussão direta na dinâmica das situações grupalísticas, os seguintes merecem ser considerados.

NOVAS PATOLOGIAS

Os pacientes que atualmente procuram tratamento para o seu sofrimento psíquico apresentam um perfil bem distinto daquele que caracterizava os tempos pioneiros da psicanálise, e que, em sua imensa maioria, era constituído por pacientes histéricas inicialmente e, mais tarde, por alguns outros pacientes com quadros típicos e "puros" de neurose fóbica, obsessiva, e outros afins. Atualmente, além dos pacientes que manifestam neuroses "mistas", o maior contingente de pessoas que buscam um tratamento de base analítica, pressionados que estão, interna e externamente, por uma feroz competição para a manutenção de sua sobrevivência física e psíquica, é composto por pacientes portadores de problemas referentes a uma *baixa auto-estima, transtornos do sentimento de identidade*, como pode ser exemplificado com o número cada vez maior daqueles que costumamos chamar de "falso self", além de uma procura de tratamento, gradativamente crescente, por parte de pacientes que sofrem do que vem sendo chamado de *patologias do vazio*, que são resultantes de verdadeiros "buracos negros afetivos" que se formam na esteira das graves falhas de maternagem no curso do desenvolvimento emocional primitivo da criança. Nesse último caso, as patologias decorrentes dessas sérias lacunas no preenchimento das necessidades básicas e vitais da criancinha, físicas e psicológicas, determinam distintos quadros clínicos, como o de *autismo psicógeno* manifesto desde a tenra infância, estados psicóticos como a *esquizofrenia,* estados *borderline, depressões profundas,* personalidades exageradamente *narcisistas,* transtornos caracterológicos como aqueles que se traduzem por distintas modalidades de *perversão, psicopatias, drogadição, somatizadores graves, severos transtornos alimentares,* etc.

Mais especificamente, em relação à indicação de grupoterapia para estes pacientes exageradamente regressivos, é fundamental enfatizarmos que os mesmos têm uma excelente indicação, *desde que se leve em conta o fato de que eles devem ser agrupados em grupos homogêneos.*

Outra conseqüência importante decorrente das considerações que tecemos em torno das "patologias do vazio" consiste no fato de que o terapeuta não deve ficar centrado unicamente, e sequer prioritariamente, nas interpretações dos conflitos inconscientes, porquanto a sua tarefa primordial passa a ser a de *modelar* e *suplementar* as falhas básicas do Ego desse tipo de paciente, como é o caso de ele vir a *saber pensar, aprender a aprender, conter as suas próprias angústias, utilizar as suas capacidades latentes,* etc.

INTER-RELAÇÃO COM OUTRAS ÁREAS DO CONHECIMENTO HUMANO

As perspectivas futuras relativas às grupoterapias necessariamente devem levar em conta que recém estamos engatinhando no aproveitamento de um indispensável, enriquecedor e frutífero intercâmbio de conhecimentos e experiências com outras áreas do conhecimento humano, tais como a *antropologia, filosofia, sociologia, comunicação, etologia, ética, história, educação, política, midiologia, psicofarmacologia,* além de interessantíssimas contribuições que podem ser provindas das *ciências naturais,* como as do campo da física moderna, sendo que todas, por sua vez, também se beneficiariam bastante com as concepções psicanalíticas provindas da psicologia individual e grupal.

EDUCAÇÃO

Creio ser consensual entre todos nós que os primeiros educadores, tanto os pais como os professores, exercem uma profunda influência na formação da personalidade da criança, especialmente naquilo que diz respeito à forja dos *significados* que são atribuídos às experiências emocionais, mais notadamente aquelas que são vivenciadas com os seus respectivos e sucessivos grupos de convivência. Assim, uma meta a ser alcançada pelos interessados na expansão e aplicação da dinâmica grupal consiste em que necessariamente ela adentre nas escolas de formação básica e seja extensiva ao maior número possível de professores (de preferência a totalidade deles, em reuniões com "grupos de reflexão") e, melhor ainda, numa conjugação de pais e mestres, assim como também se imporá a necessidade de se investir na capacitação dos professores para que eles adquiram motivação e condições para dinamizarem as atividades coletivas dos alunos com uma coordenação de enfoque grupalista.

A importância das falhas no sistema educacional pode ser medida por essa irônica, porém profunda, frase de Alexandre Dumas Filho: *"Como é possível que, sendo as criancinhas tão inteligentes, a maioria das pessoas seja tão tola? A educação deve ter algo com isto!"*

MIDIOLOGIA

Ninguém contesta a extraordinária importância que têm os diversos meios de comunicação que compõem a *mídia* como formadores de opinião da população em geral, e, muito além disso, como formadores de valores, ideais, posicionamentos, de modo a poder produzir profundas mudanças nas expectativas a serem alcançadas, o que por si só já se constitui como um importantíssimo forjador das inter-relações grupais e sociais. Igualmente, a mídia pode alterar hábitos e costumes que podem ser exemplificados pelo subliminar estímulo ao consumismo desenfreado ou à banalização da violência, assim como ela também pode alterar o incremento do surgimento de quadros psicopatológicos, o que pode ser exemplificado com o indiscutível aumento estatístico de casos de *bulimia* e de *anorexia nervosa*, nos quais a ânsia de corresponder aos padrões estéticos propagados por ela se constitui como um importantíssimo fator determinante desses transtornos alimentares. Por tudo que foi dito, cabe aos grupoterapeutas, como uma perspectiva futura, o dever de participarem mais ativamente, de alguma forma ainda não bem definida no momento, de refletirem sobre a profundidade que esse aspecto representa na formação da mente nos indivíduos e nos grupos.

VÍNCULO DO RECONHECIMENTO

Particularmente, estou convicto de que os estudiosos dos fenômenos grupais deverão estar cada vez mais atentos à enorme importância que representa para todo e qualquer indivíduo a necessidade de vir a ser "reconhecido" por seus pares dos múltiplos e variados grupos nos quais está inserido. O próprio incremento dos quadros relativos aos transtornos alimentares, tal como mencionado, de surgimento mais comum nas adolescentes, fica mais claramente compreendido sob a ótica dessa necessidade vital de ser reconhecido pelos outros como alguém que preenche os requisitos mínimos para ser aceito como um igual, ser valorizado, amado, desejado e admirado. Da mesma forma, tal como no capítulo referente à formação de "turmas" e de "gangues", também fica evidente que a própria conduta deliqüencial possa estar a serviço da ânsia de cada sujeito ser reconhecido, pelos demais da sua gangue, como alguém que é corajoso e leal aos valores vigentes, na totalidade daqueles que estão comungando, sintonizados e entronizados com a sua *cultura que idealiza a violência*. Igualmente, diversas outras patologias individuais e grupais, como a do incremento do surgimento de indivíduos portadores de *falso self*, ou de grupos que insistem na manutenção de uma *ilusão grupal*, como forma de alimentarem a crença de que estão sendo "reconhecidos" como auto-suficientes e superiores a outros grupos. É evidente que mencionei alguns exemplos unicamente como uma amostragem de inúmeras outras possibilidades que, vistas sob a ótica que estamos enfocando, talvez possibilitem aos responsáveis pela saúde mental individual e grupal a abertura de algumas novas portas de compreensão e de manejo prático.

MUDANÇAS NA TÉCNICA DA PRÁTICA DA GRUPOTERAPIA ANALÍTICA

Acompanhando as mudanças do perfil do paciente que atualmente busca terapia, do perfil do psicoterapeuta, do próprio processo psicanalítico, além das profundas transformações sociais, econômicas, culturais e espirituais, é óbvio que também a grupoterapia analítica deve sofrer significativas transformações, sem perder a essência de seus princípios e finalidades essenciais.

Numa forma extremamente sintetizada daquilo que está abordado nos respectivos capítulos específicos deste livro, cabe dizer que os grupoterapeutas contemporâneos e futuros, além de expandirem o espectro de aplicações grupais, mais restritamente no que tange às grupoterapias de finalidade psicanalítica em relação ao que, em grande parte, continua sendo praticado nos dias atuais, deverão:

- Dar uma maior valorização a toda forma de comunicação que se processa através dos distintos modos de linguagem não-verbal.
- Também deverão desprender-se do modelo clássico da psicanálise individual que prioriza um reducionismo transferencial, na base de que tudo que vem dos pacientes deva ser entendido e interpretado como sendo sistematicamente "é comigo, aqui e agora, como lá e então".

FUNDAMENTOS BÁSICOS DAS GRUPOTERAPIAS **233**

- Igualmente, creio, deverá ser amplamente superado o modelo ainda muito vigente de um tipo de interpretação que sistematicamente abarca o grupo unicamente como uma totalidade.
- Trabalhar mais consistentemente aqueles aspectos que se referem aos distúrbios da comunicação, ao desempenho de papéis e ocupação de lugares no grupo e na vida, o jogo de identificações projetivas e introjetivas, e demais aspectos equivalentes que aparecem com muita clareza nos grupos.
- Cada vez mais, o grupoterapeuta emprestará uma especial dedicação ao trabalho de como os seus pacientes estão utilizando as suas respectivas funções egóicas, incluídas aquelas de responsabilidade consciente, como as de percepção, atenção, pensamento, juízo crítico, conhecimento, discriminação, comunicação, ação, curtição de prazeres e lazeres, etc.
- Desta forma, a grupoterapia analítica, além da dimensão *afetiva,* ou seja, a de preservar o indispensável acesso ao inconsciente, repleto que está com fantasias inconscientes, repressões, pulsões e ansiedades ainda não conhecidas e muito menos nomeadas, também deverá emprestar um valor equivalente ao trabalho com os aspectos *cogitativos* (alude à capacidade para *pensar* as vivências emocionais), *cognitivos* (dizem respeito à necessidade de o paciente *conhecer conscientemente* os seus transtornos psicológicos e assumir a sua parcela de responsabilidade pela continuidade ou suspensão dos mesmos) e *comportamentais* (igualmente consiste numa espécie de aprendizado para que o paciente desenvolva uma capacidade para "administrar" os seus hábitos, costumes e vícios de conduta).
- Indo além de uma simples remoção de sintomas ou da resolução de conflitos, o grupoterapeuta deverá permanecer especialmente atento para os problemas de *déficit* de preenchimento das necessidades básicas e vitais oriundas desde os primórdios do desenvolvimento emocional primitivo, e que encontra no grupo uma boa possibilidade de suplementação daquilo que falta ao paciente.
- Dentro da concepção que estamos enfocando, relativamente a que, mais do que um alívio sintomático, o que realmente importa é prover um *crescimento mental* de cada um e da totalidade grupal, o grupoterapeuta deverá propiciar que cada um adquira o seu autêntico sentimento de identidade, o reconhecimento de seus alcances, limitações, limites, diferenças com os demais e a responsabilidade da influência recíproca com as demais pessoas dos grupos com os quais convive.
- Como manifestação natural desse aludido crescimento mental, o grupoterapeuta, mercê de uma boa identificação que os componentes do grupo estão fazendo com ele, incentivará em cada um o desenvolvimento da "função psicanalítica da personalidade", que não somente os possibilitará a serem mutuamente solidários com os seus companheiros de grupo também com assinalamentos interpretativos, como, principalmente, proverá uma forma de se prepararem para exercerem consigo próprios essa função auto-analítica, após o respectivo término da grupoterapia formal.

Assim, não restam dúvidas de que há um largo e belo campo que representa um desafio para pesquisas e investigações, isto é, a dinâmica grupal ainda tem muito para se desenvolver, porquanto ela inclui fenômenos que ainda são incógnitas, além de outros conhecidos que estão à espera de outros paradigmas teóricos, da psicanálise e de outras ciências.

Igualmente, também sou dos que crêem que, no futuro, os estudiosos da sociologia e da psicologia do ser humano perguntar-se-ão, perplexos: *"Como é que há mais tempo nós não nos interessamos por grupos, se vivemos e convivemos em uma permanente, intensa, extraordinária e complexa relação do indivíduo com o seu mundo?".*

Referências Bibliográficas

ANZIEU, D. *El grupo y el inconsciente*. Madrid: Ed. Biblioteca Nueva, 1978.

AULAGNIER, P. *La violencia de la interpretación del pictograma al enunciado*. Buenos Aires: Amorrotre, 1979.

BACH, G. R. *Psicoterapía intensiva de grupos*. Buenos Aires: Ed. Hormé, 1975.

BAHIA, A. B. "Experiência psicoanalítica em psicoterapia de grupo". Em: *Medicina, cirurgia e farmácia*, 1954. p. 220-233.

BAPTISTA NETO, F. "Grupoterapia em comunidade terapêutica com adolescentes". Em: *Grupoterapia hoje*, 1986. p. 325-337.

BAREMBLIT, G. "Notas estratégicas a respeito da orientação da dinâmica de grupos na América Latina". Em: *Grupos, teoria e técnicas*, 1982. p. 7-10.

BATESON, G. *Play: its role in development as evolution*. Penguin: Harmondsworth Middlesex, 1985.

BERNARD, M. "La estructura de roles como lenguaje y el estatuto de los procesos inconscientes en la terapia grupal". Em: *El grupo y sus configuraciones*, 1991. p. 37-47.

BERSTEIN, M. "Contribuições de Pichon-Rivière à psicoterapia de grupo". Em: *Grupoterapia hoje*, 1986. p. 108-134.

BERSTEIN, M. "Os papéis: verticalidade e horizontalidade". Em: *Grupoterapia hoje*, 1986. p. 110-115.

BION, W. R. "Una revisión de la dinámica de grupo". Em: *Nuevas direcciones en psicoanálisis*, 1965. p. 423-457.

BION, W. R. *Experiencias en grupos*. Buenos Aires: Ed. Paidós, 1963.

BION, W. R. *Volviendo a pensar*. Buenos Aires: Ed. Paidós, 1985.

BISKER, J. "Aplicações da psicologia do *self* à psicoterapia analítica de grupo". Em: *Grupoterapia hoje*, 1986. p. 98-107.

BLAY NETO B. "*Acting out* nos grupos terapêuticos". Em: *Revista da Flapag*. p. 41-52.

BLAY NETO et al. (Relatório da Sociedade Paulista de Psicoterapia Analítica de Grupo). "A interpretação". Em: *Temas do 7º Congresso Brasileiro de Psicoterapia Analítica de Grupos*, 1988. p. 2-17.

BLEGER, J. "Grupos operativos no ensino". Em: *Temas de psicologia*, 1987. p. 53-82.

BLEGER, J. "O grupo como instituição e o grupo nas instituições". Em: *Temas de psicologia*, 1987. p. 83-100.

BLEGER, J. Temas de psicologia. Entrevistas e grupos. São Paulo: Ed. Martins Fontes, 1987.

BLEICHMAR, N.; BLEICHMAR, C. L. *A psicanálise depois de Freud*. Porto Alegre: Artes Médicas Sul, 1992.

BUSNELLO, E. "Grupos comunitários". Em: *Grupoterapia hoje*, 1986. p. 309-324.

CABERNITE, L.; DUTRA, A. L; SCHNEIDER, G.; BARATA, A. *O grupo terapêutico e a psicanálise*. Rio de Janeiro: Ed. Imago, 1974.

CÂMARA, M. "História da psicoterapia de grupo". Em: *Grupo sobre grupo,* 1987. p. 21-36.

CAMPOS, R. Artigo publicado no jornal *Folha de São Paulo* – edição de 28 de março de 1999.

CARPILOVSKY, J. C. "Grupoterapia com casais". Em: *Grupoterapia hoje,* 1986.

CASTELLAR, C. "Grupoterapia com adolescentes". Em: *Grupo sobre grupo,* 1987. p. 87-98.

CERVENY, L. M. O.; OLIVEIRA, N. F. M. "Instituição – ilusão, conhecimento – o repensor". *Rev. ABPAG.* v. 1, n. 1, 1989. p. 50.

CHAVES, G. G. "Estructuración perversa en el contexto grupal". Em: *El grupo y sus configuraciones,* 1991. p. 149-165.

COLE, S. A. "Self-help groups". Em: *Primare cares,* 1979. p. 6-325.

CORONEL, L. C. "Psicoterapia de grupo de orientação psicanalítica de duração limitada: experiência de ambulatório em um hospital universitário". Trabalho apresentado no I Encontro Luso-Americano de Psicoterapia Analítica de Grupo. São Paulo, agosto de 1991.

DELLAROSSA, A. "Planteos técnicos en una primera sesión". Em: *El grupo psicológico,* 1959. p. 11-20.

DELLAROSSA, A. *Grupos de reflexión.* Buenos Aires: Ed. Paidós, 1979.

EIDLER, R.; HALINA, E. "Terapias de abordagem múltiplas". Em: *Grupoterapia hoje,* 1986. p. 162-174.

ETCHEGOYEN, H. "Psicoterapia del grupo en la enseñanza médica". Em: *El grupo psicológico,* 1959. p. 234-246.

ETCHEGOYEN, H. *Fundamentos de técnica psicanalítica.* Porto Alegre: Artes Médicas Sul, 1987.

FENICHEL, O. *Problemas de la teoria psicoanalítica de las neurosis.* Buenos Aires: Paidós, 1970.

FENICHEL, O. *Teoria psicoanalítica de las neurosis,* 1970.

FERCHSTUT G. 'Acting-out em grupos". VI Congresso Latino-Americano de Psicologia e Psicoterapia de Grupo. Rio de Janeiro, 1978.

FERNANDES, J. W. "O terapeuta, o narcisismo e o grupo". Em: *Revista da ABPAG,* v. 1, n. 1, p. 59-65, 1989.

FERNANDES, J. W. "Vicissitudes do processo comunicacional no grupo e do grupo". Trabalho apresentado no I Encontro Luso-Americano de Psicoterapia Analítica de Grupo. São Paulo, Agosto de 1991.

FERNANDES, W. J. "Grupoterapias das configurações vinculares". Em: *Como trabalhamos com grupos,* 1997.

FOULKES, S. H.; ANTHONY, E. J. "Rasgos significativos del grupo analítico. En Relación a otros tipos de grupos humanos". Em: *Psicoterapia psicoanalítica de grupo,* 1964. p. 47-60.

FOULKES, S. H.; ANTHONY, E. J. "Vista panorâmica introdutória". Em: *Psicoterapia psicoanalítica de grupo,* 1964. p. 15-46.

FOULKES, S.H.; ANTHONY, E. J. *Psicoterapia psicoanalítica de grupos.* Buenos Aires: Ed. Paidós, 1964.

FREUD S. *Construções em psicanálise,* 1937.

FREUD, S. "Recordar, repetir e elaborar" (Novas recomendações sobre a técnica da psicanálise). St. Ed., v. XII, 1968.

FREUD, S. "Sobre o início do tratamento" (Novas recomendações sobre a técnica da psicanálise). Ed. Standard, v. XII, 1972.

FREUD, S. *As perspectivas futuras da terapêutica psicanalítica.* Stand. Edit., v. XI., 1910.

FREUD, S. *Mal-estar na civilização,* v. XXI, 1930.

FREUD, S. *O futuro de uma ilusão,* v. XXI, 1927.

FREUD, S. *Obras completas.* Ed. Standard Brasileira, 1982.

FREUD, S. Psicologia das massas e análise do Ego. Em: v. XVIII da Standard Ed., 1972.

FREUD, S. *Totem e tabu,* v. XIII, 1913.

GARCIA, O. "Psicodrama". Em: *Grupoterapia hoje,* 1986. p. 203-229.

GARMA, A. "Psicoterapia de grupo en ulcerosos gastroduodenales". Em: *Actas del primer congreso latinoamericano de psicoterapia de grupo. Buenos Aires,* 1957.

GRINBERG, L. "Psicopatologia de la identificación y contraidentificación projetivas y de la contratransferencia". Em: *Revista de psicoanálisis,* v. 2, n. 20, p. 113, 1963.

GRINBERG, L. *et al.* "Iniciación de un grupo". Em: *Psicoterapia del grupo,* 1957. p. 75-100.

GRINBERG, L. *et al.* "Integración y continuidad en un grupo terapêutico". Em: *Psicoterapia del grupo,* 1957. p. 129-132.

GRINBERG, L. *et al.* "Interpretación". Em: *Psicoterapia del grupo,* 1957. p. 148-151.

GRINBERG, L. *et al.* "La naturaleza y función del líder". Em: *Psicoterapia del grupo,* 1957. p. 83-89.

GRINBERG, L. *et al.* "Mecanismos de curación en el grupo", Em: *Psicoterapia del grupo,* 1987. p. 140-166.

GRINBERG, L. *et al.* "Problemas y aspectos prácticos de la psicoterapia del grupo". Em: *Psicoterapia del grupo,* 1957. p. 52-74.

GRINBERG, L. *et al.* "Transferencia y contratransferencia". Em: *Psicoterapia del grupo,* 1957. p. 151-164.

GRINBERG, L.; LANGER, M.; RODRIGUÉ, E. *El grupo psicológico. En la terapéutica, enseñanza e investigación.* Buenos Aires: Ed. Nova, 1959.

GRINBERG, L.; RODRIGUÉ, E.; LANGER, M. "Historia y encuadre de la psicoterapia del grupo". Em: *Psicoterapia del grupo,* 1957. p. 19-35.

GROTJAHN, M. "A transferência". Em: *A arte e a técnica em terapia analítica de grupo,* 1977. p. 23-38.

GROTJAHN, M. "Atuação *(acting out)*". Em: *A arte e a técnica em terapia analítica de grupo,* 1977. p. 151-152.

GROTJAHN, M. "Interpretação". Em: *A arte e a técnica em terapia analítica de grupo,* 1977. p. 47-63.

GROTJAHN, M. "O grupo iniciante". Em: *A arte e a técnica da terapia analítica de grupo,* 1977. p. 78-124.

GROTJAHN, M. "Perfil do terapeuta de grupo". Em: *A arte e a técnica de terapia analítica de grupo,* 1977. p. 201-233.

GROTJAHN, M. "Preparação para o grupo". Em: *A arte e a técnica em terapia analítica de grupo,* 1987. p. 71-77.

GROTJAHN, M. "Resistência". Em: *A arte e a técnica em terapia analítica de grupo,* 1977. p. 39-46.

GROTJAHN, M. *A arte e a técnica de terapia analítica de grupo.* Rio de Janeiro: Ed. Imago, 1977.

HEIMAN, N. P. "On countertransferencé". Em: *Int. J. Psych.,* v. XXXVII, 1956.

HELMAN, B. N. "Un enquadre sobre psicoterapia grupal con tiempo limitado". Em: *Revista da Flapag.,* v. 1, n. 1, p. 52-57, 1971.

JACQUES, E. "Los sistemas sociales como defensa contra las ansiedades persecutórias y depressiva". Em: *Nuevas direcciones en psicoanálisis,* 1965. p. 457-477.

JEAMMET, P. *et al. Manual de psicologia médica.* Rio de Janeiro: Ed. Durban, 1989.

KAËS, R. Apuntalamiento multiple y estructuración del psiquismo. *Revista de psicologia y psicoterapia de grupo.* Buenos Aires, v. XV, 1992b.

KAËS, R. Diálogo com René Kaës. Em: *Actualidad psicológica.* Buenos Aires, n. 193, 1992a.

KAËS, R. *El aparato psíquico grupal.* Barcelona: Ed. Granica, 1987.

KERNBERG, O. "A regressão nos líderes". Em: *Mundo interior e realidade exterior.* Imago, 1989. p. 271-291.

KERNBERG, O. *O mundo interior e realidade exterior.* Rio de Janeiro: Imago, 1989.

KLEIN, M. *et al. Nuevas direcciones en psicoanálisis.* Buenos Aires: Ed. Paidós, 1965.

KOHUT, H. *Análises do self.* Rio de Janeiro: Ed. Imago, 1988.

KUIPER, P. C. *Teoria psicoanalitica de la neurosis.* Editorial Herber: Barcelona, 1978.

KUSNETZOFF, J. C. "La contratransferencia en psicoterapia de grupo. Algunos aspectos". Em: *Revista da Flapag,* v. 1, n. 1, p. 29-40, 1971.

LACAN, J. *Las formaciones del inconsciente.* Buenos Aires: Ed. Nueva Visión, 1970.

LAING, R. Citação do trabalho de Cerveny, L. M. O e Oliveira; N. F. M. "Instituição-ilusão, conhecimento – O repensar". Em: *Rev. Arpag.* v. 1, n. 1, p. 50, 1989.

LAPLANCHE, J.; PONTALIS, J. B. *Vocabulário de psicanálise.* Santos: Livraria Martim Fontes, 1970.

LEITÃO, M. B. "Didier-Anzieu – Notas para uma leitura de sua teoria sobre grupos". Em: *Grupos, teoria e técnica,* 1982. p. 127-136.

LEWIN, K. *Problemas de dinâmica de grupo.* São Paulo: Ed. Cultrix, s. d.

LIBERMAN, D. "El método de indagación operativa y su aplicación al seminario psicosomatico". Em: *El grupo psicológico,* 1959. p. 297-309.

LIBERMAN, D. *Comunicación y psicoanálisis.* Buenos Aires: Ed. Altex, 1976.

LIMA, M.; MENEZES, L.; OLIVEIRA, V.; PALHA, V. (Relatório da Sociedade de Psicoterapia Analítica de Grupo de Pernambuco). "Grupos de família". Em: *Temas do 7º Congresso Brasileiro de Psicoterapia Analítica de Grupo,* 1988. p. 25-29.

LUCHINA, I. L. "Experiencia con grupos terapéuticos de cardiovasculares". Em: *El grupo psicológico,* 1959. p. 79-85.

MacDOUGALL, J. Entrevista concedida à Revista Trieb., v. 1, n. 1, p. 68-78, 1991.

MAHLER, M. *et al. O nascimento psicológico da criança.* Rio de Janeiro: Ed. Zahar, 1975.

MAILHIOT, G. B. "Comunicação humana e relações interpessoais". Em: *Dinâmica e gênese dos grupos,* 1997. p. 63-68.

MAILHIOT, G. B. *Dinâmica e gênese dos grupos.* São Paulo: Livraria Duas Cidades, 1977.

MARÉ, P. B. *Perspectivas em psicoterapia de grupo.* Rio de Janeiro: Ed. Imago, 1974.

MARTINS, C. "La relación médico-paciente en la situación de grupo". Em: *El grupo psicológico,* 1959. p. 23-30.

MARTINS, R. B. "Contribuições de Freud à psicoterapia de grupo". Em: *Grupoterapia hoje,* 1986. p. 43-56.
MELLO FILHO, F. "Contribuições da escola de Winnicott à psicoterapia de grupo". Em: *Grupoterapia hoje,* 1986. p. 64-97.
MELLO FILHO, J. "Contribuições da escola de Winnicott à psicoterapia de grupo". Em: *Grupoterapia hoje,* 1986. p. 45-56.
MELLO FILHO, J. "Grupoterapia com pacientes somáticos". Em: *Grupoterapia hoje,* 1986. p. 259-289.
MELLO FILHO, J. *O ser e o viver. uma visão da obra de Winnicott.* Porto Alegre, Artes Médicas Sul, 1989.
MEYER, L. "Terapia da família: escola inglesa". Em: *Grupoterapia hoje,* 1986. p. 175-191.
MILLER DE PAIVA, L. "A situação transferencial em grupoanálise". Em: *Psicanálise de grupo,* 1991. p. 91-105.
MILLER DE PAIVA, L. "Atuação transferencial em grupoterapias. Importância dos traumas nos períodos de molde". Em: *Psicanálise de grupo,* 1991. p. 206-227.
MILLER DE PAIVA, L. "Definições". Em: *Psicanálise de grupo,* 1991. p. 17-30.
MILLER DE PAIVA, L. "Início de um grupo". Em: *Psicanálise de grupo,* 1991. p. 80-88.
MILLER DE PAIVA, L. "Mecanismos de defesa em grupoterapias". Em: *Psicanálise de grupo,* 1991. p. 199-204.
Miller de Paiva, L. "Psicoterapia analítica de grupo nas instituições públicas e particulares". Em: *Psicanálise de grupo,* 1991. p. 417-427.
MILLER DE PAIVA, L. *Psicanálise de grupo.* Rio de Janeiro, Ed. Imago, 1991.
MORENO, J. L. *Psicodrama.* São Paulo, Ed. Cultrix, 1978.
MORESCO, M. B. "La identificación en grupos". Em: *Grupo é psicoanálises?,* 1988. p. 34-37.
MORESCO, M. B. *Grupo o psicoanálisis?* Buenos Aires, Ed. Nueva Vision, 1988.
NACHER, P. G.; CAMARERO, J. A. L. "La interpretación". Em: *Del diván al círculo,* 1985. p. 115-146.
NACHER, P. G.; CAMARERO, J. A. L. "'El *acting out*" en psicoterapia analítica de grupo. Em: *Del diván al círculo,* 1985. p. 139-156.
NACHER, P. G.; CAMARERO, J. A. L. "El cambio". Em: *Del diván al círculo,* 1985. p. 157-163.
NACHER, P. G.; CAMARERO, J. A. L. "El encuadre". Em: *Del diván al círculo,* 1985. p. 43-58.
NACHER, P. G.; CAMARERO, J. A. L. "La formación del grupo: Indicaciones y contraindicaciones". Em: *Del diván al círculo,* 1985. p. 27-42.
NACHER, P. G.; CAMARERO, J.A. L. "Los fenómenos grupales. Aspectos generales. Definiciones y limites. Los grupos psicoanalíticos". Em: *Del diván al círculo,* 1985. p. 13-26.
NACHER, P. G.; CAMARERO, L. *Del diván al círculo.* Madrid, Tecnipublicaciones, 1985.
NATRIELLI, D. G. *et al.* (Relatório do Grupo de Psicoterapia de Juiz de Fora-Barbacena). "O grupo analítico e suas vicissitudes: a interpretação". Em: *Temas do 7º Congresso Brasileiro de Psicoterapia Analítica de Grupo Caxambu,* 1988. p. 9-17.
NOBRE, L. E. "Terapia familiar: Uma visão sistêmica". Em: *Grupo sobre grupo,* 1987. p. 115-126.
O'DONNELL, P. "Psicoterapeuta". Em: *Teoria y técnica de la psicoterapia grupal,* 1984. p. 151-189.
O'DONNELL, P. "Rol". Em: *Teoria y técnica de la psicoterapia grupal,* 1984. p. 55-78.
O'DONNELL, P. "Transformación". Em: *Teoria y técnica de la psicoterapia grupal,* 1984. p. 190-208.
O'DONNELL, P. *Teoría y técnica de la psicoterapia grupal.* Buenos Aires, Ed. Amorrortu, 1984.
OLIVEIRA, W. I.; LA PORTA, E. "Grupos de psicóticos y los contenidos psicóticos en la situación del grupo". Em: *El grupo psicológico,* 1959. p. 113-126.
OSORIO, L. C. "Grupoterapia com adolescentes". Em: *Grupoterapia hoje,* 1986. p. 233-143.
OSORIO, L. C. "Terapia de parejas: em busca de um modelo técnico". Trabalho apresentado na Conferência Internacional sobre Casais em Crise. Roma, 1987.
OSORIO, L. C. "Terapia institucional". Em: *Grupoterapia hoje,* 1986. p. 338-348.
OSÓRIO, L. C. *Uma visão prospectiva da grupanálise.* Trabalho apresentado na Sociedade Portuguesa de Grupanálise, 1998. Ainda não publicado.
OSORIO, L. C. *et al. Grupoterapia hoje.* Porto Alegre: Artes Médicas Sul, 1986.
OSÓRIO, L. C. *Uma visão prospectiva da grupanálise.* Trabalho apresentado na Sociedade Portuguesa de Grupanálise, 1998. Ainda não publicado.
OUTEIRAL, J. O. "Grupoterapia em comunidade terapêutica com crianças". Em: *Grupoterapia hoje,* 1986. p. 320-324.
PALACIOS, A. *Técnicas de grupos en psicoanálisis.* Mexico: La Prensa Mexicana, 1975.
PAZ, C. "Psicoterapia del grupo con esquizofrenicos crónicos". Em: *El grupo psicológico,* 1959. p. 96-112.
PIAGET, J. *Seis estudos de psicologia.* Rio de Janeiro: Ed. Forense Universitária, 1964.

FUNDAMENTOS BÁSICOS DAS GRUPOTERAPIAS   **239**

PICHON-RIVIÈRE, E. *El processo grupal del psicoanálisis a la psicología social.* Buenos Aires: Ed. Nueva Vision, 1977.

PORTARRIEU, M. L.; OKLANDER, J. T. "Grupos operativos". Em: *Grupoterapia hoje,* 1986.

PUGET, J. "Psicoterapia psicoanalítica de la pareja". Em: *El grupo y sus configuraciones,* 1991. p. 203-243.

PUGET, J. *et al.* "Ansiedades básicas grupales y sus defensas: Configuraciones". Em: *El grupo y sus configuraciones,* 1991. p. 26-29.

PUGET, J. *et al.* "Encuadre". Em: *El grupo y sus configuraciones,* 1991. p. 21.

PUGET, J. *et al.* "Grupo terapéutico: definición". Em: *El grupo y sus configuraciones,* 1991. p. 17-20.

PUGET, J. *et al.* "Modelo de interpretación". Em: *El grupo y sus configuraciones,* 1991. p. 65-95.

PUGET, J. *et al.* "Teoria de la interacción y de la comunicación". Em: *El grupo y sus configuraciones,* 1991. p. 22-23.

PUGET, J. *et al.* "Tipificación de casos-problema: configuraciónes y sus características". Em: *El grupo y sus configuraciones,* 1991. p. 99-145.

PUGET, J.; BERNARD, M.; CHAVES, G.; ROMANO, E. *El grupo y sus configuraciones. Terapia psicanalítica.* Buenos Aires: Lugar Editorial, 1991.

PY, L. A. "Contribuições de Bion à psicoterapia de grupo". Em: *Grupoterapia hoje,* 1986. p. 57-63.

PY, L. A. "Por que psicanálise de grupo?" Em: *Grupo sobre grupo,* 1987. p. 133-162.

PY, L. A., CÂMARA, M.; NOBRE, L. E.; MASCARENHAS, E.; CASTELLAR, C.; PELLEGRINO, H.; FREITAS, L. A.; SANTOS, O.; ROCHA, L.; *Grupo sobre grupo.* Rio de Janeiro: Ed. Rocco, 1987.

PY, L. A.; CASTELLAR, C.; ROCHA, L. "Seleção de pacientes para grupoterapia". Em: *Grupo sobre grupo,* 1987. p. 37-50.

PY, L. A.; NOBRE, L. F.; CASTELLAR, C.; FREITAS, L. A. "A transferência e a contratransferência na grupoterapia". Em: *Grupo sobre grupo,* 1987. p. 51-70.

RACKER, H. *Estudios sobre técnica psicanalítica.* Buenos Aires: Ed. Paidós, 1960.

RIBEIRO, J. P. "A interpretação". Em: *Psicoterapia grupo-analítica,* 1981. p. 138-145.

RIBEIRO, J. P. "Matriz". Em: *Psicoterapia grupo-analítica,* 1981. p. 100.

RIBEIRO, J. P. "O psicoterapeuta". Em: *Psicoterapia grupo-analítica,* 1981. p. 146-164.

RIBEIRO, J. P. "Processos de comunicação". Em: *Psicoterapia grupo-analítica,* 1981. p. 130-137.

RIBEIRO, J. P. "Ressonância". Em: *Psicoterapia grupo-analítica: abordagem foulkiana,* 1981. p. 106.

RIBEIRO, J. P. *Psicoterapia grupo-analítica. Abordagem foulkiana.* Petrópolis: Ed. Vozes, 1981.

ROJAS BERMUDEZ, G. "Psicoterapia del grupo en niños y adolescentes". Em: *El grupo psicológico,* 1959. p. 165-179.

ROMANO, E. "Factores terapéuticos y índices curativos". Em: *El grupo y sus configuraciones,* 1991. p. 169-193.

SARTRE, J. P. "Del grupo a la historia". Em: *Crítica de la razón dialéctica.* 1973.

SARTRE, J. P. *Crítica da razão dialética.* Paris: Ed. Gallimard. 1960.

SCHENEIDER, G. "Psicoterapia individual e de grupo em instituições". Em: *O grupo terapêutico e psicanálise,* 1974. p. 101-126.

SIMONELLI, N. "O grupo familiar. Algumas considerações teóricas". Em: *Temas do 7º Congresso Brasileiro de Psicoterapia Analítica de Grupo,* 1988. p. 31-32.

SPITZ, H. "Contemporari trends in group psychotherapy: A literature survey". Em: *Hospital and community psychiatry,* v. 35, n. 2, 1984. p. 132-142.

STEIN, G. "Algo más acerca de associación libre y conversación comúm". Em: *Psicoanálisis compartido,* 1991. p. 39-58.

STEIN, G. *Psicoanálisis compartido.* Buenos Aires: Colección Interinc, 1991.

THOMA, H.; KACHELE, H. "Contratransferência. De como cenicienta se transformó en princesa". Em: *Teoria y práctica del psicoanálisis,* 1989. p. 99-117.

THOMA, H.; KACHELE, H. "Resistencia". Em: *Teoria y práctica del psicoanálisis,* 1989. p. 121-161.

THOMA, H.; KACHELE, H. "Transferencia y relación". Em: *Teoria y práctica del psicanalista,* 1989. p. 65-94.

THOMA, H.; KACHELE, H. *Teoria y práctica del psicoanálisis.* Barcelona: Ed. Helder, 1989.

VINAGRADOV, S.; YALOM, D. "Building the foundations for a psychotherapy group". Em: *Group psychotherapy,* 1989. p. 30-42.

VINAGRADOV, S.; YALOM, D. "Selecting patients and composing the group". Em: *Group psychotherapy,* 1989.

VINAGRADOV, S.; YALOM, I. "Techniques of the group psychotherapist". Em: *Group psychotherapy,* 1989. p. 83-108.

VINAGRADOV, S.; YALOM, I. D. "What is group psychotherapy?". Em: *Group psychotherapy*, 1989.

VINAGRADOV, S.; YALOM, I. D. *Group psychotherapy*. California: American Psychiatric Press Inc., 1989.

WALDEMAR, J. O.; FALCETO, O. "Terapia da família: escola norte-americana". Em: *Grupoterapia hoje*, 1986. p. 192-202.

WINNICOTT, D. *Da pediatria à psicanálise*. Rio de Janeiro: Livraria Franscisco Alves, 1980.

ZIMERMAN, D. E. "A comunicação não-verbal na situação psicanalítica". Em: *Fundamentos psicanalíticos: teoria, técnica e clínica*, 1999.

ZIMERMAN, D. E. "As atuações (*actings*). Em: *Fundamentos psicanalíticos: teoria, técnica e clínica*, 1999.

ZIMERMAN, D. E. "Condições necessárias para um analista". Em: *Fundamentos psicanalíticos: teoria, técnica e clínica*. Porto Alegre: Artes Médicas Sul, 1999.

ZIMERMAN, D. E. "Grupos de reflexão". Em: *Revista grupal*, v. 1, p. 47-53, 1991.

ZIMERMAN, D. E. "Grupoterapia psicanalítica". Em: *Como trabalhamos com grupos*, 1997.

ZIMERMAN, D. E. "Insight – elaboração – cura". Em: *Fundamentos psicanalíticos: teoria, técnica e clínica*, 1999.

ZIMERMAN, D. E. "Psicoterapias de grupo". Em: *Fundamentos psicanalíticos: teoria, técnica e clínica*, 1999.

ZIMERMAN, D. E. "Vínculos: o 'vínculo do reconhecimento'". Em: *Fundamentos psicanalíticos: teoria, técnica e clínica*. Porto Alegre: Artes Médicas Sul, 1999.

ZIMERMAN, D. E. "Atributos do psicanalista em relação à evolução da psicanálise". Em: *Revista IDE*. São Paulo, n. 20, p. 18-23, 1991.

ZIMERMAN, D. E. "Grupos de educação médica". Em: *Como trabalhamos com grupos*, 1997.

ZIMERMAN, D. E. "O '*setting*'" (enquadre)". Em: *Fundamentos psicanalíticos: teoria, técnica e clínica*. 1999.

ZIMERMAN, D. E. "Programa de educação continuada. Uma experiência pioneira de ensino médico integrado" Em: *Revista AMRIGS*, v. 24, n. 155, 1980.

ZIMERMAN, D. E. "Psicoterapia analítica de grupo". Em: *Fundamentos psicanalíticos: teoria, técnica e clínica*, 1999.

ZIMERMAN, D. E. "Resistência e contra-resistência na prática analítica". Trabalho apresentando na S.P.P.A., 1985.

ZIMERMAN, D. E. "Técnicas grupais aplicadas ao ensino médico". Em: *Grupoterapia hoje*, 1986. p. 349-358.

ZIMERMAN, D. E. *Bion: da teoria à prática*. Porto Alegre: Artes Médicas Sul, 1995.

ZIMERMAN, D. E. *Fundamentos psicanalíticos: teoria, técnica e clínica*. Porto Alegre: Artes Médicas Sul, 1999.

ZIMERMAN, D. E. *Fundamentos básicos das grupoterapias*. 1993.

ZIMERMAN, D. E.; OSORIO, L. C. "Atributos desejáveis para um coordenador de grupo". Em: *Como trabalhamos com grupos*, 1997.

ZIMERMAN, D. E.; OSORIO, L. C. *et al. Como trabalhamos com grupos*. Porto Alegre: Artes Médicas Sul, 1997.

ZIMMERMANN, D. "Características gerais do grupo terapêutico". Em: *Estudos sobre psicoterapia analítica de grupo*, 1971. p. 45-67.

ZIMMERMANN, D. "Contribuição ao estudo da técnica da interpretação em psicoterapia analítica de grupo". Em: *Estudos sobre psicoterapia analítica de grupo*, 1971. p. 165-182.

ZIMMERMANN, D. "Fatos e teoria em psicoterapia de grupo". Em: *Estudos sobre psicoterapia analítica de grupo*, 1971. p. 23-42.

ZIMMERMANN, D. "O psicoterapeuta frente ao grupo como totalidade e a contratransferência". Em: *Estudos sobre psicoterapia analítica de grupos*, 1971. p. 109-125.

ZIMMERMANN, D. "Resultados de quinze anos de psicoterapia analítica e grupo". Em: *Estudos sobre psicoterapia analítica de grupo*, 1971. p. 261-281.

ZIMMERMANN, D. "Seleção e agrupamento". Em: *Estudos sobre psicoterapia analítica de grupo*, 1971. p. 71-85.

ZIMMERMANN, D. Aplicação da psicoterapia de grupo ao ensino da psiquiatria dinâmica. Em: *Estudos sobre psicoterapia analítica de grupo*, 1971. p. 299-310.

ZIMMERMANN, D. *Estudos sobre psicoterapia analítica de grupo*. São Paulo: Ed. Mestre Jou, 1971.

ZUCKERFELD, R. *Acto bulímico, cuerpo y tercera tópica*. 1992.

ZUCKERFELD, R. *Psicoterapía de la obesidad*. Buenos Aires: Ed. Letra Viva, B. A. 1979.

Índice

A

Abstinência 146, 147, 148
Acasalamento 75, 76, 77, 141, 182
Acting 149, 155, 176, 187, 188, 189, 190, 191, 215, 221, 237
Adicções 25, 26, 96
Adolescentes 22, 23, 26, 42, 93, 105, 110, 126, 132, 189, 192, 207, 221, 222, 223, 224
Agressão 42, 57, 94, 111, 123, 127, 139, 158, 161, 163, 165, 167, 203, 218, 225
Agressividade 34, 94, 127, 128, 139, 158, 161, 167
Agrupamento 72, 93, 120
Alcion B. Bahia 80
Alcoolistas Anônimos 70, 212
Amor à verdade 146, 148, 225
Anal 32, 56, 161, 172
Angústia 21, 23, 26, 31, 34, 35, 42, 46, 52, 53, 89, 97, 99, 100, 101, 110, 117, 118, 125, 127, 139, 149, 166, 182, 219
Aniquilamento 30, 34, 49, 55, 61, 64, 85, 100, 118, 127, 188
Anorexia nervosa 62
Ansiedade 30, 31, 33, 34, 35, 36, 49, 53, 55, 56, 58, 61, 64, 93, 100, 110, 112, 113, 117, 118, 119, 146, 153, 166, 181, 182, 189, 195, 198, 217
  de separação 35, 118, 180
Ataque aos vínculos 135
Atitude interna 193, 218, 228
  do grupoterapeuta 218
Atividade interpretativa 89, 112, 113, 134, 136, 153, 169, 172, 173, 174, 176, 177, 178, 185, 205, 206, 211, 213, 218, 220
Atmosfera grupal 146
Atributos 27, 34, 42, 43, 193, 194, 201, 226, 240
Atuador pelos demais 139, 181
Auto-ajuda 88, 94, 95, 102, 104, 212, 217, 227
Autocrítica 172

B

Bach 106, 154
Balint 88, 91
Bateson 51, 134
Baptista Neto 92
Behaviorista 39
Bernardo Blay Neto 80
Bion 37, 38, 44, 49, 58, 71, 74, 75, 76, 77, 78, 84, 93, 95, 97, 98, 99, 100, 101, 118, 125, 126, 129, 131, 133, 134, 135, 136, 140, 141, 145, 149, 161, 162, 168, 171, 180, 188, 189, 191, 198, 199, 203, 208, 239, 240
Bleger 31, 91, 93, 168
Bode expiatório 43, 78, 85, 91, 94, 128, 133, 134, 138, 207
Borderline 26, 58, 63, 88, 102, 105, 106, 108, 138, 190, 203, 208, 212, 217, 230
Bulimia 62

C

Campo grupal 43, 70, 74, 78, 84, 85, 86, 87, 90, 91, 103, 105, 112, 114, 115, 117, 118, 120, 121, 122, 133, 137, 138, 139, 144, 146, 149, 155, 157, 159, 161, 162, 163, 164, 172, 174, 176, 177, 178, 181, 195, 197, 198, 200, 206, 207, 208, 211, 214, 215, 221, 225
Canal de comunicação 213
Capacidade de intuição 99, 195
Capacidade de síntese 206
Caráter 25, 52, 54, 55, 132, 173
Casais 132, 211, 214
Castellar 106, 213
Castração 35, 36, 51, 85, 118, 119, 125
Classificação dos grupos 90
Co-terapia 104, 162, 205, 213

242 DAVID E. ZIMERMAN

Cognitivo-comportamental 71, 96
Composição do grupo 103, 107, 108, 110, 114, 181, 229
Compulsão à repetição 33, 216
Comunicação 23, 27, 32, 36, 37, 38, 43, 45, 53, 71, 73, 78, 82,
    83, 85, 86, 91, 93, 94, 104, 108, 134, 135, 136, 138,
    140, 147, 150, 153, 161, 164, 167, 168, 169, 170, 171,
    172, 173, 178, 180, 188, 189, 190, 193, 197, 200, 206,
    207, 208, 213, 214, 215, 216, 218, 224, 225, 226, 231,
    232, 233, 237, 239, 240
Comunitário 212
Conhecimento 23, 27, 28, 35, 36, 37, 38, 53, 71, 76, 77, 80, 82,
    85, 93, 107, 119, 126, 129, 130, 131, 132, 133, 135,
    136, 148, 171, 185, 186, 188, 190, 208, 227, 231, 233,
    236, 237
Conluios 128, 129, 157, 158, 161, 165, 178, 200, 205, 215
Continente 22, 25, 45, 46, 49, 50, 57, 64, 70, 78, 80, 86, 90,
    97, 98, 99, 100, 101, 102, 113, 141, 149, 163, 191, 194,
    198, 199, 201, 207, 212, 217, 218, 219
Contra-atuação 199
Contra-identificação 161
Contra-indicações 105, 106, 202
Contra-resistência 84, 157, 159, 205, 211, 213, 240
Contratransferência 27, 78, 84, 136, 163, 164, 165, 166, 167,
    190, 205, 211, 237, 239, 240
Conversão 52, 60, 62
Crianças 23, 32, 49, 63, 70, 79, 88, 104, 127, 184, 211, 212,
    213, 214, 238
Culpa 21, 35, 55, 56, 59, 86, 105, 149, 166, 169, 178, 188,
    218, 229
Cura 27, 146, 154, 186, 185, 187, 188, 189, 216, 240
Cyro Martins 80, 201

D

Defesa 31, 35, 36, 40, 52, 54, 85, 119, 120, 122, 238
Dellarossa 91, 92
Denominador comum da tensão grupal 174, 175
Dependência 38, 51, 54, 75, 76, 77, 84, 113, 129, 130, 132,
    141, 142, 162, 176, 190, 191, 195, 200, 215, 225
Depositário 91, 102, 132, 137, 138, 181, 216
Depressão 45, 53, 54, 55, 57, 58, 63, 64, 80, 98, 108, 153, 183
Depressivos 99, 100, 102, 121, 204, 208, 211, 218
Desenvolvimento da personalidade 29
Didier Anzieu 79, 153, 162, 235, 237
Discriminação 30, 32, 38, 63, 104, 135, 155, 156, 164, 174,
    194, 195, 208, 233
Discurso dos pais 38, 39, 125
Dissociação 36, 49, 55, 64, 85, 112, 119, 127, 162, 188
Dramatização 70, 88, 95, 96, 182, 213, 215
Duplo vínculo 51

E

Édipo 37, 46, 65, 71, 76, 77, 118, 189
Educação Médica 220
Ego 25, 26, 30, 31, 32, 33, 34, 35, 36, 37, 38, 40, 42, 44, 45,
    46, 47, 50, 51, 52, 55, 56, 57, 63, 65, 72, 74, 75, 85, 86,
    93, 95, 96, 101, 117, 118, 119, 120, 121, 124, 127, 128,
    132, 140, 142, 143, 152, 165, 169, 170, 174, 178, 186,
    188, 189, 190, 191, 195, 197, 199, 200, 206, 207, 208,
    214, 217, 218, 219, 223, 226, 231, 236

Elaboração 33, 37, 55, 94, 120, 174, 176, 177, 182, 185, 186,
    187, 188, 193, 197, 211, 214, 240
Elliot Jacques 70
Empatia 36, 45, 120, 144, 147, 162, 163, 164, 165, 167, 174,
    191, 192, 194, 195, 201, 213, 214, 222, 225, 226
Encaminhamento 100, 103, 104, 105, 109, 229
Engolfamento 35, 85, 118, 126
Ensino médico 240
Ensino-aprendizagem 70, 88, 91, 92, 94, 104, 162, 193, 220,
    221, 224, 225
Escola argentina 79
Escola francesa 79
Espaço transicional 79, 99
Espelhamento 32, 50
Espelho 32, 45, 46, 50, 91, 92, 95, 130, 132, 147
Esquizofrenia 58, 230
Estilos 176
Etapas evolutivas 32, 34, 149
Ética 24, 148, 195, 231
Exemplo clínico 109, 121, 150, 158, 165, 182, 191
Extratransferência 161, 177

F

Fálica 32
Falso *self* 26, 40, 55, 129, 131, 141, 188, 190, 200, 230, 232
Família 22, 23, 25, 42, 43, 61, 71, 79, 82, 88, 96, 102, 104,
    133, 134, 137, 138, 196, 214, 215, 216, 219, 227, 237,
    238, 240
Familiar 22, 28, 32, 39, 41, 42, 43, 47, 48, 53, 61, 70, 72, 73,
    110, 122, 125, 133, 137, 174, 187, 189, 206, 208, 215,
    216, 226, 230, 238, 239
Fantasias compartilhadas 208
Fase oral 32
Fixação 33, 35, 40, 56, 65, 79, 118, 137, 171, 172
Fobia 48, 53, 55
Formação 23, 26, 27, 29, 31, 32, 34, 36, 38, 39, 40, 41, 42, 43,
    45, 47, 49, 57, 61, 63, 64, 70, 71, 79, 80, 82, 84, 85, 88,
    91, 92, 103, 104, 105, 106, 108, 109, 112, 117, 119,
    120, 121, 128, 129, 131, 135, 140, 141, 142, 145, 149,
    153, 158, 165, 167, 169, 175, 181, 187, 189, 190, 193,
    194, 195, 196, 198, 201, 211, 212, 218, 224, 226, 228,
    229, 230, 231, 232
Foulkes 71, 73, 121, 147, 161
Freud 27, 29, 30, 31, 33, 34, 35, 36, 37, 71, 72, 75, 77, 78, 79,
    98, 100, 118, 119, 120, 125, 126, 127, 133, 140, 141,
    146, 147, 152, 160, 164, 176, 180, 188, 191, 203, 208,
    220, 235, 238
Frustrações 31, 32, 33, 34, 37, 44, 47, 49, 54, 63, 64, 85, 112,
    121, 145, 180, 190
Função psicanalítica da personalidade 176, 191, 208, 233
Funções da mente 36
Furor interpretandi 175

G

Garma 216, 217
Gênero 34, 39, 47, 86, 190, 200
Geraldina Viçosa 217
Gestalt 105, 150, 177, 194, 218
Grinberg 80

Grupo-análise 202, 206, 228
Grupo de reflexão 92, 93, 94, 221, 222, 223, 225, 226
Grupo de trabalho 75, 77, 78, 83, 84, 85, 169, 188
Grupo familiar 32, 41, 42, 43, 47, 61, 72, 73, 174, 208, 215, 226, 239
Grupo fechado 146
Grupo heterogêneo 108, 218
Grupo homogêneo 105, 106, 108, 146, 212
Grupo operativo 92, 162, 220, 221
Grupos terapêuticos 73, 87, 94, 134, 177, 212, 219, 220, 227, 235
Grupoterapeuta 193

H

Hipocondria 60, 61
Histeria 53, 54, 62
Histórico-evolutiva 69
Holding 44, 97, 102, 149, 213, 217

I

Ideal do Ego 42, 50, 51, 56, 57, 85, 127, 132, 142, 169, 190, 214
Idealização 36, 54, 85, 119, 127, 128, 165, 195, 225
Identidade 22, 23, 32, 39, 40, 42, 43, 47, 79, 82, 84, 85, 86, 118, 119, 120, 121, 130, 132, 137, 140, 142, 150, 155, 175, 186, 190, 191, 195, 214, 216, 224, 226, 228, 229, 230, 233
Identificações 32, 36, 39, 43, 44, 49, 70, 78, 84, 85, 87, 93, 96, 97, 100, 102, 117, 120, 121, 122, 130, 132, 133, 160, 164, 165, 174, 187, 189, 190, 191, 195, 196, 205, 207, 211, 215, 216, 217, 225, 226, 233
Ilusão grupal 79, 153, 182, 232
    indicações 106
Início de um grupo 238
Insight 52, 95, 103, 107, 136, 150, 174, 177, 178, 183, 185, 186, 188, 190, 191, 203, 205, 211, 219, 240
Instigador 138
Interação biopsicossocial 29, 216
Interpretação 27, 98, 101, 104, 113, 128, 133, 136, 158, 159, 164, 169, 173, 174, 175, 176, 177, 193, 196, 197, 205, 217, 220, 222, 233, 235, 237, 238, 239, 240
Inveja 47, 85, 89, 93, 99, 101, 127, 133, 139, 153, 161, 175, 181, 188, 218
Irmãos 41, 47, 48, 82, 123, 131, 133, 207, 208, 226

J

José Waldemar Fernandes 81, 172

K

Kohut 30, 45, 95, 188, 189

L

Lacan 30, 38, 51, 91, 95, 119, 188, 189, 190
Laing 171
Laissez-faire 91, 141

Lewin 70, 73, 141
Liberman 71
Lideranças 72, 74, 77, 137, 140, 141, 143
Linguagem 25, 36, 38, 44, 94, 100, 101, 113, 129, 135, 138, 159, 169, 170, 171, 174, 178, 182, 190, 197, 207, 212, 213, 214, 217, 225, 232
Livre associação de idéias 73, 86, 146, 147, 173, 174, 177
Luchina 216, 217

M

Mãe 43
Mahler 30, 31, 46, 63, 95, 130, 188, 189, 190
M. Klein 30, 34, 37, 50, 74, 95, 127, 130, 160, 188
Mania 56
Maratona 88, 146
Martins, C. 201
Matriz 73, 160, 161, 239
Mecanismos de defesa 35
Mello Filho 149, 184, 216
Meyer 216
Midiologia 231
Miller de Paiva 80
Mitos familiares 216
Modalidades grupais 88, 95, 103
Modelo de identificação 27, 45, 148, 165, 177, 196, 198, 219
Monopolista 113, 154, 218
Moreno 70, 95

N

Narcisismo 25, 30, 37, 45, 85, 131, 135, 140, 186, 191, 236
Negação 35, 38, 54, 80, 85, 93, 112, 119, 120, 127, 129, 131, 133, 148, 171, 188, 217
Neurose 27, 53, 54, 55, 56, 57, 109, 160, 162, 163, 205, 230
Neutralidade 55, 146, 147, 197, 215
Nobre 145, 216
Novas patologias 230

O

Obesos 61, 88, 94, 96, 108, 212, 217
Obsessivo-compulsiva 53, 56
Ódio 31, 37, 49, 64, 75, 85, 99, 101, 125, 126, 127, 129, 132, 133, 135, 136, 181, 186, 199, 219
Osório 87, 213, 215

P

Pai 46
Papéis 22, 25, 32, 39, 42, 43, 46, 50, 51, 64, 70, 71, 84, 85, 91, 94, 95, 96, 102, 107, 108, 112, 117, 125, 128, 132, 133, 137, 138, 141, 142, 143, 145, 157, 166, 169, 173, 174, 178, 181, 187, 189, 191, 192, 196, 203, 205, 206, 207, 211, 215, 216, 224, 225, 233, 235
Parte psicótica da personalidade 49, 58, 145, 188
Patologia da Interpretação 174
Pensamento 24, 29, 31, 36, 37, 38, 59, 75, 86, 91, 93, 98, 119, 129, 131, 135, 136, 168, 169, 170, 171, 174, 178, 190, 200, 208, 215, 218, 233
Perda do amor 35, 118

Pertencência 84, 91, 102, 131, 134, 149, 161
Pertinência 84, 91, 121, 149
Perversão 36, 60, 142, 149, 166, 230
Piaget 37, 171
Pichon-Rivière 70, 90, 92, 140, 141, 239
Porta-voz 91, 94, 138, 154, 166, 183, 207
Pós-modernismo 24
Primeira sessão 109, 154
Psicopatias 25, 26, 58, 59, 230
Psicoses 25, 53, 58, 59, 63
Psicossomáticos 31, 60, 211, 212, 216, 217
Psicóticos 26, 35, 36, 42, 53, 58, 59, 78, 95, 102, 104, 108, 118, 119, 145, 162, 171, 190, 203, 208, 211, 212, 217, 227, 230, 238
Púberes 177, 211, 213, 214
Pulsões 26, 30, 31, 34, 36, 47, 49, 55, 56, 60, 63, 85, 99, 102, 118, 120, 125, 126, 127, 135, 142, 163, 203, 208, 219, 233

R

Racker 164
Radar 138, 194
Reconhecimento 129, 208, 232
Reflexão (grupo de) 92
Regras técnicas 146
Regressão 33, 36, 47, 71, 118, 120, 153, 218, 237
René Kaës 79, 80, 162, 237
Representações 31, 32, 33, 43, 45, 46, 79, 207
Repressão 34, 36, 53, 54, 85, 119, 120, 136, 171, 217, 224, 225
Requisitos 76, 83, 194, 232
Resistência 77, 84, 152, 153, 154, 155, 156, 157, 158, 159, 160, 179, 186, 192, 205, 211, 213, 216, 225, 237, 240
Ressonância 146
Rezende de Lima 80

S

Sabotador 91, 139, 153, 155, 207
Sartre 70, 83, 178
Schilder 73
Segredos 43, 149, 153, 215
Seleção de pacientes 107, 204, 229, 239
Senso de Humor 197
Serialidade 70, 83, 175
Setting 64, 83, 89, 102, 144, 145, 146, 147, 148, 149, 152, 187, 195, 204, 205, 211, 213, 218, 240

Setting grupal 145, 146, 147, 205
Sexualidade 21, 25, 33, 37, 42, 54, 55, 60, 62, 171
Sigilo 107, 112, 146, 148, 149, 181, 204, 206, 229
Síndromes clínicas 52, 60
Sistêmica (visão) 22
Stein, G. 80
Slavson 73
Superego 31, 35, 42, 49, 56, 63, 71, 85, 118, 121, 127, 132, 142, 161, 166, 188, 190
Supostos básicos 75, 76, 77, 78, 84, 85, 141, 188

Tempo de duração 100, 104, 144, 146
Teoria psicanalítica 69, 71, 117, 188
Teoria sistêmica 71, 86, 95, 96, 134, 138, 188, 216
Transferência 27, 33, 73, 80, 84, 104, 160, 161, 162, 163, 164, 165, 173, 174, 205, 206, 213, 217, 229, 237, 239
Transformações 26
Transtornos alimentares 61
Transtornos de conduta 59

Vazio (patologia do) 63
Vestal 139
Viçosa, G. 217
Vínculos 38, 48, 61, 64, 72, 76, 82, 85, 91, 110, 118, 124, 125, 126, 128, 129, 131, 132, 133, 134, 135, 136, 175, 240

Walderedo Ismael de Oliveira 80
Werner Kemper 80
Winnicott 30, 43, 44, 45, 79, 95, 97, 99, 149, 184, 188, 190, 197, 214, 238, 240

Z

Zimerman, D. E. 25, 129
Zimmermann, D. 80, 107
Zuckerfeld, R. 80